무경신서

武経新書

李國老

직지

武經新書

저자_ 이국노

초판 1쇄 인쇄_ 2023. 4. 27

발행처_ 직지
발행인_ 이보식

등록번호_ 제195호
등록일자_ 2014. 10. 15

경기도 용인시 수지구 대지로 58, 가-503(선진포리스트) 우편번호_ 16873
대표전화 070-4248-1021, 010-2024-8848, 팩스 031-266-1022

저작권 ⓒ 2023 이국노
편집저작권 ⓒ 2023 직지

ISBN 979-11-955262-4-6 92690

이 책은 저작권법에 의해 보호받는 저작물입니다.
저자와 직지의 서면 허락 없이 내용의 일부를 인용하거나 발췌하는 것을 금합니다.
잘못된 책은 구입처에서 교환해드립니다.
책값은 표지에 있습니다.

독자의견 전화_ 070-4248-1021
홈페이지_ http://www.jikjimedia.com
이메일_ jikji7@gmail.com

좋은 책이 좋은 사회를 만듭니다.
도서출판 직지는 독자 여러분의 의견에 항상 귀 기울이고 있습니다.

入古出新

고전(古典)으로 들어가 새것으로 나온다는 뜻으로,
옛것을 공부하되 새로움을 창조하고, 법도를 떠나지 않으면서
법도에 구속받지 않아야 한다는 뜻.
····

프롤로그

 이 책은 우리나라에 존재하는 무예와 무도의 종류, 문화, 정신에 관한 이야기와 평생을 무도에 심취하여 연마한 실전을 바탕으로 쓴 글이다. 무(武)의 정신은 이기는 것으로 가치가 증명되므로 무기의 품질로만 평가해서는 안 된다.

 무도를 배우는 과정에서 한 단계 한 단계 신체적 기능을 단련하여 그 기능을 극대화하면서 그 과정에서 승리와 패배라는 경험을 얻는다. 승리한 사람의 기쁨과 패배한 사람의 좌절을 몸으로 체험하고 정신으로 받아들이며 정진하여 내일을 위한 수련이 계속된다. 이렇게 반복되는 수련 속에는 자신도 모르게 배우는 예(禮)와 엄격한 질서로 겸손을 체득하게 되고, 이것도 모자라 극기(克己) 훈련을 통해 자신의 정신력을 선천적인 신체의 능력보다도 한 단계 더 높이는 것이다.

 현대를 살아가는 우리는 직업이라는 업을 벗어날 수 없으며, 그 직업은 3만 가지의 다양한 특색으로 구성되어 있다. 이것이 바로 우리가 살아가는 사회로 거부할 수도 피해갈 수도 없다. 따라서 그 많은 직업 중 하나에 내가 서있으며 그 속에서 나는 존재 가치를 창출해야만 성공에 이른다. 이것이 바로 그 쪽 분야의 도사(道士)가 되었다고 흔히들 말한다.

　이 책에서 말하는 무도의 수양(修養)은 이렇게 수련하고 단련된 무도의 과정에서 얻은 참지식이 사회생활에 필요한 밑거름이 되고, 그 가치를 만드는 초석이 될 수 있게 하는 것이다. 그래서 수양은 "도사를 만드는 것이다."라는 실체적 과정이라고 필자는 주장한다.

　무도를 통해 얻은 용기, 지혜, 신의, 충성심, 예와 건강한 육체는 이 사회를 더욱 밝게 할 것을 확신한다.
　무도를 통해서 우리가 가야할 최종 목표는 수양(修養)이다. 여기서 말하는 수양은 도덕군자나 종교의 성인처럼 좋은 말씀과 행동으로 일반 사람들의 존경을 받는 그런 인물이 되는 것이 결코 아니다. 그러한 수신(修身)이라면 서당이나 교회 또는 깊은 산중의 절을 찾아가는 것이 더욱 효과적일 것이다.
　도(道)를 닦는다고 도술(道術)을 부린다는 둥 풍수, 관상, 역점

등으로 방술을 배우는 것과 기공법(氣功法)으로 명상, 단(丹), 선(禪) 단전호흡법 같은 체육활동을 무도로 착각해서는 안 된다. 그것은 그저 보조 수단에 불과하며, 무도의 수행은 강인한 몸을 만들고 삶의 지혜를 배우는 수양에 그 목적을 두어야 한다.

 무도는 그 나라의 문화와 민족의 정신을 내포하는 국가 존폐를 가늠하는 척도라는 것을 잊어서는 안 된다. 왜냐하면 국가와 민족이 말살되는 것은 반드시 무력에 의해 이루어지기 때문이다. 이것이 바로 무도의 정신 이념으로서 그 민족의 얼과 혼을 말한다. 외래 무술을 배우는 것을 배척하라는 것이 아니라, 우리의 정신만은 지켜야 후손들에게 민족의 정기를 전해 줄 수 있지 않을까 생각된다.

 무도에는 맨손으로 하는 무예와 병장기를 들고 하는 무예로 구분하지만 역사적으로 맨손으로 하는 무예는 병장기를 가지고 하는 무예를 하기 전에 수련하는 입예(入藝)로 본다. 또한 모든 무예는 검술(劍術)에서 그 초식이 발생되었다고 보기 때문에 무(武)의 왕(王)은 검(劍)이다.

우리나라는 세계 최고의 검법 「예도(銳刀)」를 만들어 전승해오고 있는 무(武)의 문화 강국이다. 이는 민족을 위해 신(神)이 내려준 검법이다. 또한 맨손 무예로 「태권도」를 만들어 국기로 만든 창의적인 무예 강국이다. 이런 호국 무술은 반드시 후손에게 계승 발전시켜야 할 의무가 있다.

아울러 인간을 위한 무도가 되지 못하고 무도를 위한 인간이 되는 것은 무도의 본질이 아니라고 생각한다.

무도의 생명은 수양에 있음을 다시 한번 천명한다.

2023. 3. 1.

太仙 이 국 노

검도 8단, 태권도 9단
(재) 한국예도문화원 이사장
용인대학교 체육학 명예박사
용인대학교 무도대학 객원교수

차례 • CONTANTS

프롤로그 •8
에필로그 •509

제1장 무의 시원 •19

단군신화(王儉) •21
치우천왕(蚩尤天皇) •23
비파형 동검(琵琶形 銅劍)의 •28
원의(原意) •28
소도와 솟대 •31
신라, 고구려, 백제의 칼 환두대도 •33
백제(百濟)와 전라도 •37

제2장 무론(武論) •41

무인의 삶 •43
무(武)의 정의 •44
또 다른 무의 길 •46
(무의 변천과 지금) •46
무예·무술·무도 •48
무도의 이법(武道 理法) •50
수양(修養)과 무도(武道) •55

진정한 무인(武人)의 모습 •57
사도(邪道), 땡추중 •58
무(武)를 수련할 때의 자세 •60
양반과 무(武)의 중요성 인식 •63
무인(武人)의 진정한 고수가 되는 길 •64
무도인(武道人)과 건달(乾達) •66
동양 3국의 무술(武術) 고찰 •67
무술(武術)은 군인만이 했다 •74
무협지로 인한 환상 •76
무도장(武道場)의 정의 •79
무도장(武道場)과 무도 경기 •80
무도의 등급(급, 단), 또는 품계 •81
무술은 단(段)의 •83
품계에 따라서 지식이 다르다 •83
칭호란 무엇일까? •84
실전 최고수의 7계명 •85
중화지기(中和之氣) •86

지·인·용(知·仁·勇) •88
검(劍)과 도(刀), 창(槍)과 곤(棍) •89
호국신검(護國神劍) 예도(銳刀)를 지키면서 경계해야 할 일본(日本) •91

제3장 국기(國技) •97

무예도보통지(武藝圖譜通志) •99
알아두어야 할 중요내용 •99
예도(銳刀), 중국명(조선세법) •101
조선세법(朝鮮勢法)을 •107
예도(銳刀)라 불러야 한다 •107
우리나라 전통 무예 •110
예도(銳刀, 朝鮮勢法)의 기본동작 •111
예도_대적자세 •114
예도(銳刀)가 •115
국기(國技)라는 정당성 •115
예도(銳刀)의 이념(理念) •119
예도 수련의 목적 •119

국기예도(國技 銳刀)

1. 거정세(擧鼎勢) •122
2. 점검세(點劍勢) •124
3. 좌익세(左翼勢) •126
4. 표두세(豹頭勢) •128
5. 탄복세(坦腹勢) •130
6. 과우세(跨右勢) •132
7. 요략세(撩掠勢) •134
8. 어거세(御車勢) •136
9. 전기세(展旗勢) •138
10. 간수세(看守勢) •140
11. 은망세(銀蟒勢) •142
12. 찬격세(鑽擊勢) •144
13. 요격세(腰擊勢) •146
14. 전시세(展翅勢) •148
15. 우익세(右翼勢) •150
16. 게격세(揭擊勢) •152

17. 좌협세(左夾勢) •154
18. 과좌세(跨左勢) •156
19. 흔격세(掀擊勢) •158
20. 역린세(逆鱗勢) •160
21. 염시세(斂翅勢) •162
22. 우협세(右夾勢) •164
23. 봉두세(鳳頭勢) •166
24. 횡충세(橫衝勢) •168
25. 태아도타세(太阿倒拖勢) •170
26. 여선참사세(呂仙斬蛇勢) •172
27. 양각조천세(羊角弔天勢) •174
28. 금강보운세(金剛步雲勢) •176
본국검(本國劍) •178
본국검 단락 •180
국기 태권도 •184
대한민국의 국기(國技)는 태권도(跆拳道) 조선의 국기(國技)는 예도(銳刀)다 •190
태극(太極) 사상 •194
태권도의 품새(유단자) •197

제4장 무도(武道) •201

근래 무도(武道)에 관한 고찰 •203
근래 우리나라의 검도(劍道) •204
검도(劍道)란? •206
『검도』 대한검도회 •209

유도(柔道), JUDO •215
궁도(弓道) •220
현대의 양궁을 알아보자 •222
궁도(弓道) 궁술(弓術, 국궁) •223
합기도(合氣道) •225
공수도(空手道, 가라테) •230
극진 공수도(가라테 極盡空手道) •231
최영의 · 최배달 •233
최영의의 대결과 승리 •235
그리고 세계화 •235
영춘권 •237
태극권(진씨, 중국무술) •239
주짓수(Jujusu) •241
무에타이(Muaytuai) •242
킥복싱(Kick Boxing) •244
18기(十八技) •245
씨름 •246
택견 •249
전통무예 「24반과 18기(十八技, 무예도보통지와 무예신보)」 •251
일본을 대표하는 검술 •255
현재의 대 일본 검도형(本) •259
일본검도(日本劍道)의 숨겨진 진실 •260
중국 무술 •265
장자의 설검편(莊子說劍篇) •266

소림사의 진실 • 268

경당(扃堂) • 269

화랑도(花郞道) • 269

해동검도 • 270

제5장 수련(修鍊) • 275

예(禮)란 • 277

조선은 동방예의지국이다 • 279

극기(克己)복례(復禮) • 280

무(武)는 근본(족보)이 있어야 한다. • 282

염치(廉恥) • 286

태권도의 예(禮) • 287

무도(정의, 염치, 예) • 288

스승 • 290

명경지심(明鏡之心)과 심일경성(心一鏡成) • 292

도(道) • 293

수양(修養)이 도(道)다 • 294

겸손은 도(謙遜은 道) • 295

도둑놈도 도(道)가 있다 • 297

중화리(重火離) • 299

육참골단(肉斬骨斷) • 301

타면자건(唾面自乾) • 302

담(膽)·력(力)·정(情)·쾌(快) • 303

무도인의 4가지 • 304

경계해야 할 마음(사계(四戒)) • 304

삼살법(三殺法) • 306

무념무상(無念無想) • 307

명경지수(明鏡止水) • 307

잔심(殘心) • 308

수파리(守破離) → 수리파(修離破)로 • 309

평상심(平常心) • 311

유구무구(有構無構) • 312

허와 실(虛와 實) • 313

기(氣) • 314

묵상(默想) • 315

부동심(不動心) • 316

일안(日眼)·이족(二足)· • 317

삼담(三膽)·사력(四力) • 317

공방불이(攻防不二) • 317

기공(氣功)과 선(禪)과 우뚝 선 자세(自勢) • 318

일도삼례(一刀三禮) • 321

계고(稽古)-수련 • 321

교학반(敎學半)-수련 • 322

또 다른 입신(入神) • 323

8단(八段) 검도 심사 • 323

8단이 되려고 나는 이런 공부도 했다 • 326

나의 수련 8단 승단 독행기 • 328

역경을 넘어 • 342

결전의 그날 •356

8단 이후의 삶 •360

제6장 무경(武經) •371

무경칠서(武經七書) •365

김해병서(金海兵書) •367

무오병법(武烏兵法) •368

기효신서(紀效新書) •368

무비지(無備志) •370

무예도보통지 어정 •377

(武藝圖譜通志 御定) •377

무예도보통지와 •380

기효신서, 무비지의 비교 고찰 •380

무예제보(6기) •384

세계의 삼대병서(兵書) •385

우리나라의 무경 인물전 •391

제7장 무담(武談) •411

김유신 장군의 칼솜씨는 •413

지금 검도로 몇 단의 실력일까? •413

무사도(武士道) •415

나이 듦의 기준을 말하다 •418

우리가 꼭 기억해야 할 이야기 •420

검도(劍道)가 한국이 원조냐? •424

일본이 원조냐? •424

전통놀이 해동죽지(海東竹枝) •428

조선의 무예(武藝)「18기」 •429

사육신(死六臣) 그리고 •432

무인(武人) 차별과 교훈 •432

화랑세기(花郎世記) •437

김해병서〈金海兵書〉 •439

신라의 삼국통일 •440

싸우지 않고 이기는 병법이 최고다 •443

하수는 자신이 패한 것도 모르고 진다 •446

임진왜란과 나팔모자 • 449

일본의 무도 • 451

하가쿠레(葉隱) • 456

중국 소림사 한 손 세워 아미타불 • 457

사바세계와 108번뇌 • 459

운명의 선천치(先天齒) • 460

사람의 목을 베어 보았는가? • 463

나무젓가락으로 파리를 잡다 • 466

제8장 수양(修養) • 471

지식의 정의 • 473

어떻게 뜻을 세울 것인가 • 476

뜻을 세웠다면 흔들리지 마라 • 479

인간의 수양(修養) 단계도 • 481

수양(修養) • 482

무엇을 버리고 무엇을 선택할 것인가 • 486

진정한 용기는 정의에서 나온다 • 488

세상을 바라보는 관점을 달리하라 • 490

나를 이기는 수양 • 492

염치와 수치를 알아라 • 494

명예를 훼손당했을 때의 마음가짐 • 495

변하지 않는 인간의 길 효(孝), 의(義), 예의(禮義) • 500

진리로 나아가는 바른 길 팔정도(八正道)와 무아(無我) • 504

가난을 이기는 극기(克己) • 505

에필로그 • 509

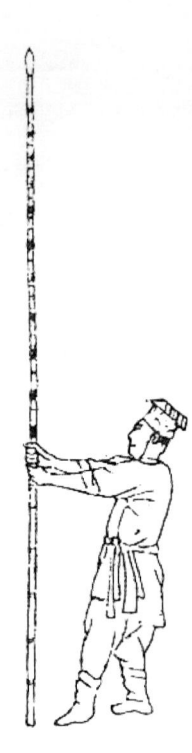

제 1 장

무의 시원 ─ 武의 始原

탁록(涿鹿)의 전투에서 갈로산의 쇠를 캐어 검(劍), 개(鎧), 모(矛), 극(戟), 대궁(大弓), 고시(楛矢)를 만들어 병사를 훈련시켰고, 한 해에 아홉 제후의 땅을 정복했으며, 옹호산에서 구야를 이용해 수금(水金), 석금(石金)을 캐어 세모창, 마늘창을 만들었다. 이 당시 치우(蚩尤)는 야금술을 이용하여 금속 무기를 발명한 전설 속의 인물로 현재의 뿔달린 도깨비 상은 전쟁에서 그가 만든 투구였을 것으로 추측된다.

— 치우천황(蚩尤天皇)

단군신화(王儉)

단군신화는 고조선 건국 신화로 일연 스님이 쓴 「삼국유사」의 첫머리에 소개된 우리 민족의 역사적 여명이다.

그 내용을 살펴보면 하늘을 다스리는 임금 환인(桓因)에게는 환웅(桓雄)이라는 서자가 있었다. 그는 늘 땅을 내려다보며 인간 세계를 다스려보겠다는 야심을 품어왔다. 그의 아버지 환인은 이런 아들의 마음을 알아채고 고개를 숙여 지상 세계를 굽이굽이 살펴보게 된다. 지상의 아름답게 펼쳐진 산과 들의 가운데 삼위태백(三爲太伯)산이 그의 눈에 들어왔다. 이곳에서 인간을 널리 다스려 이롭게 할 만한 근거지로 적합하다고 낙점하게 된다. 그의 아들 환웅에게 인간 세상을 다스릴 수 있는 권한을 부여하는 징표로 천부인(天符印) 3개를 주어 내려가 다스리게 하였다.

환웅은 천상에서 3,000명의 무리를 이끌고 지상으로 내려와 태백산 꼭대기에 있는 신단수(神檀樹) 아래에 도착하였다. 이곳은 천상의 신들이 모여 사는 곳이라 신시(神市)라고도 불렀다. 이 때 곰 한 마리와 호랑이 한 마리가 환웅을 찾아와 사람이 되게 해 달라고 간곡히 부탁하였다. 환웅은 이들에게 신령스러운 쑥 한 뭉치와 마늘 수십 개를 주면서 이것만 먹고 100일 동안 동굴 속에서 지내야 하며 절대로 햇빛을 보아서는 안 된다고 하였다. 여러 날이 지나서 곰은 그의 말대로 실천하여 사람으로 환생하여 여자의 몸이 되었으나, 호랑이는 고통스런 금기를 참지 못하고 밖으로 뛰어나가 사람이 되지 못하였다.

 환웅은 여자로 환생한 웅녀(熊女)와 결혼하여 아들을 낳았는데 그가 바로 단군왕검(檀君王儉) 또는 환검(桓儉)으로 불린 고조선 건국 태조 단군(檀君)이다. 또한 단군은 신서(神書) 천부경(天符經)을 만들어 묘향산 바위 위에 새겨 놓았다고 한다. 천부경은 도학(道學)으로 우주의 진리를 전서체로 기록하였다. 그 바위에 씌어진 81자를 신라의 최치원 선생이 그 당시 문자인 이두로 번역하여 지금까지 전해오고 있다.

 그 내용은 하늘, 땅, 인간은 셋으로 갈라진 우주 만물로 원래 하나에서 갈라져 되돌아 갈 때도 하나로 간다. 삼위 신도 또한 대동소이하며 어떤 이는 이를 합일사상이라고도 한다.

 오늘날 해마다 개천절이 되면 서울 사직공원의 사직관에서 단군왕검을 기리는 제를 올린다. 그래서 무(武)의 시원은 단군왕검(檀君王儉)이라고 정의하는 것이다.

치우천왕(蚩尤天皇)

2002년 한일월드컵 축구경기 때의 일이다.

'붉은 악마'라는 닉네임의 응원단이 붉은 유니폼과 도깨비 같은 모습의 '치우' 상을 앞세워 4강에 오른 우리나라 축구대표 선수들을 응원하였다. 치우천왕은 언론의 주목을 받으며 우리나라 국민들을 하나로 뭉치게 한 계기가 되었고, 치우는 천하무적 전쟁의 신, 승리의 신, 민족 수호의 신으로 우리의 마음속으로 파고들었다. 그 이후 치우는 우리나라 전통무예의 시조로 둔갑하여 받들어 모시는 일이 많아졌다. 물론 근거가 전혀 없는 것은 아니지만 단지 치우가 금속 검, 창 등의 무기를 최초로 만들었다는 이유일 것이다. 물론 칼 중에서 도(刀)의 원조는 수인씨다. 그렇다면 치우에 대해 좀 더 알아보자.

치우천왕은 배달국의 4대 왕이었다.

기록으로 '환단고기(桓檀古記)'의 '삼성기전(三聖記全)'을 보면 환웅천왕이 신시에 도읍을 세우고 그 나라를 '배달'이라고 하였으며, 신시 말기에 치우천왕이 청구를 개척하여 나라를 넓혔으며, 그는 14대 치우환웅이 되어 청구국으로 도읍을 옮기고 109년 간의 재위로 151세에 타계하였다. 그래서 지금도 우리는 치우천왕시대를 일컬어 '배달민족'으로 부른다. 그는 세계 최초로 쇠를 제련하여 병기를 만든 고대국가의 시조이다. 또한 극진 가라데 시조 최영의의 최배달이라는 이름도 이런 민족정신의 산물이다.

치우는 구려(九黎)의 임금(王)으로 동이(東夷)의 천자(天子)다.

　구려는 평양의 대동강 유역을 시작으로 중국의 산동성, 요령성, 하얼빈까지도 배달국으로 점령하였다. 이때에 그는 배달국의 왕으로 있었지만 동쪽의 모든 부족을 통일하여 동이(東夷)족의 천자(天子)가 되었다. 치우는 36개의 묘족을 통일하여 공동의 시조가 된다. 이후 묘만족(苗蠻族)의 시조가 되었으나 현재 남아있지 않다. 훗날 조선, 거란, 여진, 몽고족을 동이족이라고 하였다.

치우가 만든 최초의 병기

　기록상 치우천왕은 땅을 개간하고 구리와 쇠를 캐내어 무기를 만들고 군대를 조련하였다. 탁록(涿鹿)의 전투에서 갈로산의 쇠를 캐어 검(劍), 개(鎧), 모(矛), 극(戟), 대궁(大弓), 고시(楛矢)를 만들어 병사를 훈련시켰고, 한 해에 아홉 제후의 땅을 정복했으며, 옹호산에서 구야를 이용해 수금(水金), 석금(石金)을 캐어 세모창, 마늘창을 만들었다. 이 당시 치우는 야금술을 이용하여 금속 무기를 발명한 전설 속의 인물로 현재의 뿔달린 도깨비 상은 전쟁에서 그가 만든 투구였을 것으로 추측된다.

치우의 활동 영역

 이 전설의 치우는 B. C 2700~2500년에 활동하였으며 청동기 시대의 시조로 볼 수도 있고, 당시의 '배달국'은 현재의 우리나라 한반도뿐만 아니라 말타기를 좋아한 기마 민족으로서 이동이 아주 빨랐고 그의 영역은 중국의 2/3를 모두 지배했을 것으로 추측된다.

치우는 전쟁의 신, 또는 무신(武神)이다.

 치우는 수많은 전투에서 승리했지만 중국 기록에 의하면 '탁록' 전쟁에서 중국 한족의 시조 한원 황제와 싸운 기록을 보면 마지막에는 치우가 패하였다고 하며, 이 전쟁은 동양에서 일어난 최초의 전쟁이었다고 한다. 그러나 우리나라 기록에서는 치우가 한원에게 이겼다고 기록되었다. 초한지의 주인공 유방은 동이족이 아닌 한족이지만, 치우에게 제를 올리고 함양을 평정하여 한왕으로 즉위하고 축관에 명하여 장안에 치우의 사당을 세워 제를 올리게 했다고 한다. 이후 제를 올리는 것은 군사를 주관하는 자의 의무였다.

 환단고기의 단군세기를 보면 16대(단군위나)부터 영고탑에 모시고 사민에게 제사를 지냈는데 천재 한인과 한웅천왕 그리고 치우천왕 및 단군왕검을 배양했다고 한다. 이 밖에도 한국과 중국은 그를 무신(武神)으로 받들어 모셨다. 한동안 중국인은 10월이 되면 각지의 치우 사당에서 제사를 지내고 전쟁에 나가는 장수는 황제를 알현하기 보다는 치우 사당에 제를 올렸다고 한다. 이런 것을 보면 치우는 '탁록' 전쟁에서 진 것이 아니라 승리한 것이다. 치우의 전설 중 '소림사'의 무예시조로 알려진 달마대사가 9년 동안 면벽수련을 했다는 달마동(達磨洞)은 원래 치우가 수련한 치우동이다. 치우는 전술뿐만 아니라 하늘을 빙빙 돌게 하는 힘과 바람과 번개, 구름은 물론 안개까지 능숙하게 부렸다고 하는 것을 보면 도술까지 부린 신이었을 것이다.

최종적으로 결론을 내리면 다음과 같다.

1. 치우천왕은 우리 역사에서 최초의 위대한 전사(戰士)였다.
2. 기무(氣武)와 군무(軍武)를 처음으로 만들어 활용했다. 즉 전쟁을 새로운 국면으로 전환시켰다.
3. 9군 1.8편제라는 군편제가 형성되어 오방진법(五方陳法)이 처음 만들어진다.
4. 돌, 화살, 주먹으로 싸우던 시절 처음으로 청동 무기가 등장하여 동양의 무기체계가 전혀 다른 국면으로 바뀌게 된다.
5. 작은 활로 싸우던 것을 큰 활로 만들어 우리나라를 동이(東夷)라 부르고 활은 우리 민족의 대표적 무기가 된다. 지금도 올림픽 양궁의 솜씨는 이때부터 전해지는 DNA라고 본다.
6. 그때까지 무예라면 사람의 본능으로 손과 발, 돌과 몽둥이로 싸웠지만, 그 기술과 방법을 다듬고 훈련하는 기예(氣藝)의

기초를 만들어 오늘날 무예(武藝)의 기초가 되었다. 이는 그가 만든 무기를 운용하는 것은 바로 무예라는 것이 있어야 가능하기 때문이다. 아직까지도 치우는 하늘의 별이 되어 나라의 난리를 사전에 알리고 전쟁의 신, 군과 승리의 신으로 사람들의 추앙을 받고 있는 우리의 치우천왕이다.

치우천왕(蚩尤天皇)

비파형 동검(琵琶形 銅劍)의
원의(原意)

비파형 동검은 우리나라 최초의 금속칼이다. 고대의 칼을 삼국시대 이전으로 거슬러 올라가 보면 한국 청동기시대의 대표적인 유물중에 비파형 동검이 조명된다.

비파형 동검 모양으로 볼 때 검신(劍身)의 형태가 비파와 비슷하여 붙여진 이름이다. 중국 동북지방에 있는 요하(遼河)를 중심으로 한 요령(遼寧) 지방에 주로 분포하기 때문에 '요령식 동검'이라고도 하며, 광복 전에는 '만주식 동검'으로 불렀다. 학자에 따라서는 부여 송국리에서 출토된 점에 따라 '부여식 동검'이라고도 한다. 한편 형태적 분류에 따라 '곡인청동단검(曲刃靑銅短劍)'으로 부르기도 한다.
이처럼 비파형 동검의 이름은 다양하다. 중국에선 곡인청동단검으로 부르고, 한국에선 비파형 동검으로 불러왔다. 음악과 관계가 없는 청동기 유물을 단순하게 형태가 비파처럼 생겼다고 해서 비파형 동검이라고 명명한 것은 다소 석연치않다. 때문에 최근에는 이 동검의 기원과 출토지와 연계하여 '요령식 동검'으로 부르는 추세이며 국립중앙박물관에서도 그것을 공식 명칭으로 정하고 있다.
한국의 청동기문화의 변천과정을 살피는 기준이 되는 표지유물로서 청동기 유물 중 가장 대표적이며, 한국 청동기 문화를 이해하는 데 기준이 되는 것이 바로 비파형 동검이다.

한국에서는 함경북도를 제외하고는 전국에서 현재까지 약 60여 점이 발견되었는데, 대체로 남방식 고인돌이나 돌널무덤에서 출토되고 있으며 드물게 산비탈의 너덜겅이라고 하는 돌무더기 속에서 발견되는 경우도 있다. 그래서 비파형 동검은 남방식 고인돌이나 돌널무덤과도 깊은 관련이 있다.

비파형 동검에도 칼자루의 손잡이 부분엔 이른바 삼각문(三角文), 뇌문(雷紋) 등 태양을 의부(意附)한 문양이 새겨져 있다. 이것은 비파형 동검도 청동 거울이나 청동 방울과 마찬가지로 태양을 신(神)의 원형으로 숭배한 고대 동이족들의 의식을 표현한 물징(物徵)이다.

동이(東夷)와 동호(東胡)는 사실상 뿌리가 같은 종족이라고 할 수 있으며, 선비족(鮮卑族)도 여기에 포함된다. 이들이 고대 요하 문명의 주인공들이었으므로 역사적 전개에 따라 호칭은 달리 했어도 혈통은 비슷한 족속이라 하겠다. 이들의 종교적 공통점은 태양을 숭배했다는 점이다. 이미 앞에서 언급한 것처럼 이 지역에서 출토된 청동기시대 표지 유물인 동경과 동령에 새겨진 문양들이 모두 태양을 모티브로 한 신의(神意)의 상징이었다.

결론적으로, 청동검은 석기시대의 마제석검과 같이 주로 찌르는 칼로 이용되었으며, 금속 기술이 발달하지 않아서 길이가 긴 장도는 당연히 만들 수 없었다. 조금이라도 길게 만들었다가는 부러지기 때문이다. 그래서 청동기시대 검은 30~40cm 정도의 길이다. 따라서 청동검이 전투용이 아니라 의전용이나 자신을 최후에 방어하는 호신용으로 사용했을 것이며, 장식용 또는 과시용으로의 성격이 강하여 전투용 목적은 아니었을 것이라 추측된다.

지금까지 우리나라에 발견된 청동단검은 300자루 이상이며 형태로 본다면 세 가지의 모양으로 되어 있다. 이 중에서 칼날에 홈을 두 줄로 판 것은 검의 무게를 줄이고 강도를 높여 단단하게 한 것이며 찌른 후에 쉽게 뺄 수 있게 한 고도의 기술이다.

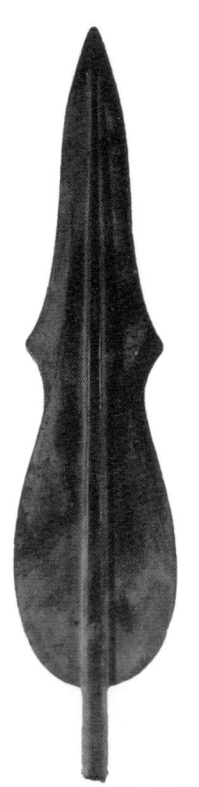

비파형 동검

소도와 솟대

솟대는 우리나라 민족 최초의 토속신이다.

소도에 대한 기록은 「후한서(後漢書)」「삼국지(三國志)」「진서(晉書)」「통전(通典)」 등에 전하는데, 그 가운데 「삼국지」「위서·한전(魏書·韓傳)」의 기록이 가장 자세하다.

해마다 5월이면 씨뿌리기를 마치고 귀신에게 제사를 지낸다. 사람들은 귀신을 믿기 때문에 국읍에 각각 한 사람씩을 세워서 천신의 제사를 주관하게 하는데, 이를 천군이라 부른다. 또 여러 나라에는 각각 별읍이 있으니 그것을 '소도'라 한다. 이곳의 다른 지역에서 그 지역으로 도망온 사람은 누구든 돌려보내지 아니한다. 마한의 여러 나라에는 별읍이 있었는데 이를 소도라고 하였다. 그곳에는 큰 나무를 세우고 방울과 북을 메달아 놓고 귀신을 섬긴다. 학자에 따라서는 소도가 경계 표시라든가 성황당이라든가 하는 의견을 내놓기도 하지만 이 소도는 한국사에서 아주 드문 신전의 구실을 수행한 것으로 생각된다. 그러므로 소도는 한 곳만 있는 것이 아니고 각처에 산재하여 있으면서 농경사회의 여러 제의를 수행하던 곳이었다.

이와 같은 소도의 명칭은 다양하다. 솟대(황해도, 평안도), 솔대, 수살대(함흥지방, 강원도), 소주, 소줏대(전라도), 짐대(강원도), 별신대(경상도 해안지방)를 비롯하여 신간(神竿), 풍간(風竿

), 장간(長竿), 화표(華表, 柱) 등으로 불려졌다.

한편 솟대에 표출된 새는 영매(靈媒)로서 하늘과 인간의 연결기능을 가졌고 신간이 의미하는 수목, 산신숭배, 신탁의 잔영 및 천신(天神), 조신(鳥神)에 대한 종교 심성 등에서 다신적인 원시 신앙복합을 느낄 수 있으며, 이것은 솟대의 사상사적, 양식적 배경을 추측케 하는 자료가 된다. 오늘날 서낭대, 수살대, 서낭간, 짐대, 진대 등 다양한 명칭으로 불리는 좁은 의미의 솟대는 경계신(境界神), 별읍신(邑落神)으로서 인간이 천신께 기구하는 기원의 통로이거나, 신의 계시와 신탁이 전수되는 신로(神路), 또는 신이 내려오는 하강처(下降處)로서 이해된다. 그리고 신간(神竿) 자체는 그러한 의식을 구현하는 제 1차적 신표(神標)이자 신성지역, 나아가서는 의식의 주관자인 천군(天君)의 권위를 대변하는 복합적 신앙 상징물이었다고 생각된다.

그러므로 신간 꼭대기의 새는 우두머리를 상징하는 솔개로 하였다. 솟대는 신(神) 중의 신(神)으로 죽은 사람도 이곳을 지나면 살아 돌아온다고 믿었다고 한다.

솟대의 고대형(古代形)은 신(神)의 고유어 '살'이 한자 '神'으로 문자가 이동

솟대

되면서 솔개의 족표(族標)도 희미하게 사라지고 그 자리에 비둘기, 오리, 기러기, 꿩 등이 자리 잡게 된 것으로 본다. 참으로 안타까운 일로 반드시 고쳐져야 한다.

신(神) 중의 왕은 솟대 신(神)으로 무술(武術)의 첫번 째 품세는 대부분 이를 인용하였다. 예도의 거정세가 바로 여기서 나왔다.

신라, 고구려, 백제의 칼 환두대도

환두대도의 삼엽문과 솔개문

삼국시대 고분 속에서 출토되는 유물 가운데 피장자의 신분과 지위를 알 수 있는 것은 금관과 금제허리띠와 환두대도(環頭大刀)가 가장 대표적이다. 환두대도(고리자루칼)에 대한 설명은 대체로 다음과 같이 요약할 수 있다.

고리자루칼은 둥근 고리형태의 손잡이 머리를 가진 칼이다. 주로 무덤의 껴묻거리로 출토되는 고리자루칼은 한반도의 경우 BC 1세기대부터 출토되었으며, 창원 다호리 1호분의 민고리자루손칼이 가장 연대가 오래된 것이다. 중국의 경우 전한 때부터 후한에 이르기까지 동검이 동칼로 바뀌게 되고 이것이 다시 쇠칼로 변하게 되면서 나타난다. 전체 길이가 60Cm 이상인 것을 큰칼,

30Cm이상 60Cm 미만인 것을 작은칼, 30Cm 미만인 것을 손칼로 분류하는 것이 일반적이다.

환두대도는 삼국시대 지배층의 무덤에서 주로 출토되며 금은장식을 띠고 있다. 특히 백제, 가야, 신라의 5~6세기대 분묘출토품이 전형이다. 환두에 장식되는 도안에 따라 용봉문대도, 삼루문대도, 삼엽대도, 소환두대도로 구분된다. 이중 소환두대도는 다시 은장대도와 상감대도로 세분된다. 삼엽대도는 중국 한대 이후 오랜 기간 동안 유행하는 대도로 각국 대도의 기통형이다. 그 중 신라에서는 위는 둥글고 아래는 네모진 상원하방형의 고리 내에 삼엽문을 베푼 특징적인 대도가 제작되었다. 삼루문대도는 중국도 유례가 있으나 신라에서 크게 유행한 중심적 가치가 있다.

이 삼엽문양은 일본학자가 주장하여 만들어진 것으로 모습이 인동초 잎이라고 주장하지만 근래에 이 문양은 '솔개(백제의 국조)' 모습으로 솔개가 비상하는 모습이 정설이다.

솔개와 매의 문양이 상상적인 용봉의 문양으로 변한 이미지의 발상은 공작새가 그 실제적 배경일 것이다. 모든 문양의 모체는 자연현상이 그 중심이고, 거기에 인간의 상상력이 보태어져 만들어내는 미적 작용의 문양이기 때문이다. 솔개와 매는 맹금류에 속하는 새의 왕자격이다. 솔개와 매는 과가 다른데 대체로 큰 맹금류는 솔개이고, 작은 맹금류는 매다. 솔개는 여우와 늑대까지 사냥한다. 신조 솔개의 본말은 소리개인데 준말인 '솔개'를 더 널리 쓰므로 '솔개' 만을 표준어로 삼는다.

  결론적으로 말하여 고구려는 오랜 전쟁의 전통을 가지고 있으므로 우수한 무기와 제작기술을 보유했을 것으로 의심치 않는다. 다만 현재 지형상 북한으로 되어 있어 고분 부장 유물이 많지 않아 얼마 되지 않는 고구려 유물로 당시 무술을 짐작할 수밖에 없다. 현재 밝혀진 고구려 무기로는 활, 대도(大刀), 환두대도(環頭大刀), 단도(短刀), 손칼(刀子), 쇠창, 갈고리, 쇠낫, 쇠도끼 등이다. 이상하게도 신라나 가야에서 발견되는 유자무기(끌어당기는 무기)는 고구려에서는 아직 발견된 바 없어 유자무기는 신라에서 창안된 무기로 생각된다.

  고구려의 검으로 평안남도 대동군 용악면 상리에서 처음 발견된 유일한 검은 넓고 뿌리가 긴 형식이다. 길이가 57.35cm며 날의 길이는 46.35cm, 날의 넓이는 3.52cm이고 두께는 0.83cm로 단조(鍛造)로 만들고 단면이 볼록한 렌즈처럼 보인다. 환두대도는 손잡이 끝에 끈을 달아 손목에 묶어 전투 시 칼을 놓치는 것을 방지했다. 고구려는 기병전이 강했으므로 직도보다는 베기가 쉬운 환두대도를 많이 사용했고 칼 등이 두꺼워 부러지지 않는 환두대도를 선호한 것이라 볼 수 있다. 따라서 고구려는 양날검을 사용하는 검술이 아니며 편수로 쓰는 도(刀)를 사용했다고 본다. 직도는 깊게 베거나 찌를 때 몸에 박혀 잘 빠지지 않는다.

백제는 패전국으로 인해 남아있는 고증문헌이 없고, 유물 또한 귀하다. 현재까지 발견된 백제의 검은 약 다섯 자루로 검신이 30cm이하의 단검과 50cm이상의 대검이 있다. 백제의 도(刀)는 현재 26자루나 발견되어 백제는 검보다 도를 실용적으로 애용했다고 본다. 초기에는 직도로 여러 모양이 있으나 대표적인 것으로 근초고왕이 일본에 선물했다는 '칠지도'는 날개가 일곱 개인 직도류이다.

백제 중·후기의 주 무기는 쌍수도였으나 대부분 기마부대는 편수도를 썼다. 신라는 당나라와 교역이 많아 초기에는 36cm 정도의 직검이 사용되었고, 크고 검은 볼록렌즈 형으로 손잡이에 사슴뿔과 목재로 사용한 흔적이 남아 있다. 그것은 경주시 월성로 13호 고분에서 처음 발견되었는데 길이가 78cm~101cm까지 다양하고 단면은 이등변삼각형이다. 다만 환두대도는 백제와 같으나 때때로 칼집에 작은 칼(小刀)을 부착하여 사용한 것이 특이하며, 신라는 소도를 다른 나라보다 많이 썼을 것이다. 신라의 자랑인 '본국검법'은 신라 검법으로 환두대도를 사용하였을 것이라고 추측된다. 신라의 김유신 장군이 천관녀(신녀)의 집 앞에서 말의 목을 벤 것과 단석산에서 돌을 벤 것으로 볼 때 이는 검이 아니라 휘어진 도(刀)를 사용한 것으로 증명된다.

이런 기술과 검이 일본으로 전해져 일본도와 장인정신으로 남았으리라 생각된다. 현재 남아있는 고려와 조선시대의 검은 그 당시 일본과의 잦은 전쟁과 왜구의 노략질로 일본도와 혼용되어 사용되었으며, 일본의 발전된 단조 기술로 인해 당시 많은 칼을 수입하여 사용하였다. 물론 우리나라도 고려 초기에는 칼을 만들어 중국에 보내기도 했었다고 한다. 조선 후기 즉 명나라 말기부터는 한국과 중국은 성능이 뛰어난 일본도를 수입하여 사용하였다.

따라서 검과 도를 분리하지 않고 검으로 명칭을 통일해 사용했으며 모양도 일본 칼의 성능이 인정되어 같이 사용하였다.

오늘날 총의 모양을 가지고 나라를 구분하지 않는 것처럼 무기는 효율성으로 사용한다. 다만 우리나라에서 사용한 도(刀)는 날을 둥글게 한 직도로 오늘날 일본이 자랑하는 칼과는 다르다. 일본의 칼은 몸전체가 둥글게 휘어진 고도의 기술과 단조로 뛰어난 기술과 효용성을 인정 받는다.

백제(百濟)와 전라도

망한 나라는 역사가 없다. 삼국사기(三國史記)나 삼국유사(三國遺事)에 백제의 기록이 조금 나오지만 이는 백제가 없어진지 700년 뒤 고려 말에 씌여진 것이다. 백제는 서기 660년 7월에 멸

용문 환두대도

망하고 나서 358년이 지난 후 전라도라는 이름의 행정구역을 고려왕 광종으로부터 이름을 받았다. 이때가 서기 1018년이다.

　백제가 망한 후 300년 뒤 '후백제'가 세워졌지만 고려의 왕건에게 망해 고려로 통합되었고 그 동안은 신라의 귀족들에게 백제의 땅은 나누어 지배되었다가 왕건이 통일한 후 옛날 백제 땅을 '전라도'라고 하사하여 이름을 쓰게 된다. 그 후 100년이 지나서야 옛날 신라 땅도 '경상도'라고 명받아 행정구역이 되었다. 사실 고려는 신라를 계승하다시피한 왕국으로 백제사(百濟史)는 기록이 소멸되고 많은 분야가 왜곡될 수밖에 없었다. 하지만 백제는 우리 역사상 일본, 중국의 산동성, 절강성, 북경, 하얼빈까지 지배한 최대의 해상 강국이었다. 한편 백제의 근초고왕이 보낸 칠지도가 일본 국보로 남아 있다.

　신라와 고구려는 그동안 많은 자료가 있어서 여기서는 다루지 않는다.

제 2 장 무론 武論

처음은 기술로 시작하고, 그 한계에 도달하면 기세를 단련하게 되고, 마지막으로 온유함을 가져야 최후의 목계의 경지에 이르렀다고 할 수 있다. 닭이 이 단계에 이르면 절대로 동요하지 않으며 근접할 수 없는 품격을 갖추게 되고 공격할 빈틈이 없는 높은 경지에 이르게 된다.

- 목계지덕(木鷄之德)

무인의 삶

　무(武), 무예, 무도, 병술, 군인, 무술은 예부터 같은 뜻으로 사용되었다. 평화스럽고 전쟁이 없을 때에는 무(武)를 등안시 하고 군(軍)을 천대하며 문(文)이 득세를 하는 역사가 지속되어 왔지만 그 결과는 참담한 대가를 치르거나 국가를 잃는 굴욕까지 겪었다. 참으로 안타까운 일이다.

　근대에 와서 "군(軍)은 100년을 놀려도 하루를 쓰기 위해 꼭 필요한 존재이기 때문에 제복을 사랑하고 존경하는 국가만이 강대국이 될 수 있다." 그래서 군인은 훈련을 통해 헤아릴 수 없는 용기를 만들어주며, 부귀공명을 멀리하고 애국심과 정의 그리고 진실에 목숨을 걸었다. 옛날에도 무(武)를 수행하는 자는 정신과 육체의 건강으로 반드시 국가를 위해 싸울 준비가 되어 있어야 하는 유비무환의 정신을 갖추었다.

옛 무인(武人)의 말씀 중 "三尺長劍之萬券經書在(세 자의 검에 만 권의 경서가 들어있다)"라는 말은 올바른 칼날이 올바른 인생 그 자체라는 것이다. 스스로 공부하고, 자제하고, 절제하며, 올바른 삶을 산다는 것은 자신의 그림자, 자신의 발걸음 소리와 싸우며 스스로 극기하는 사람이 되어야 하는 것이다. 무인은 항상 국가에 대한 충성과 예의, 스승과 부모에 대한 예의 그리고 다른 사람에 대한 예의를 저버리지 말고 실천하며 살아가야 한다.

무(武)는 스포츠처럼 경기장의 승패를 가르는 것이 아니라 승패를 떠나 진정한 인간 승리를 위한 행동으로 또 다른 승부를 가른다는 것을 잊지 말아야 할 것이다.

무(武)의 정의

글자 무(武)는 '지(止)와 과(戈)' 자로 풀이한다. 멈출 지(止)에 창과(戈)를 결합한 글자다. 여기서 지(止)는 원음이 족(足)으로 발을 의미한다. 따라서, 무(武)란 전쟁이 일어나면 빨리 나와서 창을 들고 무공을 성취하여 입신양명하라는 뜻이다. 그러나 중국 진나라 말에 전쟁으로 너무 많은 사람들이 죽어 참혹함을 보고 족(足)을 止(지)로 바꾸어 전쟁을 멈추라는 뜻으로 변했다고 한다. 무예(武藝)는 목적이 상대로부터 나를 보호하거나 상대를 제압하는 것만이 아니라, 정확하게 상대를 살상(殺傷)하는 데 있으므로 단순하게 자신의 맨주먹으로 내치는 동작이 아니다.

맨손으로 휘두르기만 하는 것은 원래 무(武)라고 하지 않는다. 즉 무기(武技)를 가지고 하지 않는 운동은 무술이 아니라는 뜻이다. 옛날에도 맨손격투기인 수박(手搏), 각저(角抵), 권술(拳術), 권법(拳法)은 무예를 처음 배우기 전에 수족이나 몸을 움직여 실제로 병장기를 잘 다루는 데 도움이 되는 입례(入藝)라고 한다. 그래서 맨손으로도 병장기를 든 것처럼 해야 한다.

무술은 무당처럼 병장기를 들고 화려하고 다양하게 할 수도 없으며, 재주를 부려서도 안 된다. 자신의 건강과 재미로 하는 것이 아니라 상대를 죽이는 것이 목표이기 때문에 엄숙하고 조심스럽고 힘이 있는 기세가 있어야 할 것이다.

무(武)를 익히는 자가 예(禮)를 먼저 익히는 것은 스스로 자신의 절제가 부족하고 도덕규범을 지키지 못한다면 남을 해치고 사회를 어지럽게 하여 자신을 스스로 망치기 때문이다.

그래서 신라 화랑은 심신을 수련함에 있어 신의(信義), 절제(節制), 용기(勇氣), 지혜(智慧), 단결(團結), 그리고 희생정신을 중요시 하였다.

따라서 무(武)의 규범(規範)은 상무숭덕(尙武崇德)이다. 즉, 상무(尙武)라는 말은 무예를 수련하여 몸과 마음을 단련하고 공방의 기교를 훈련하여 용(勇)과 술(術)을 갖추는 무의 숭상을 말하며, 숭덕(崇德)은 도덕을 중하게 여겨 인격도야, 의지, 항심, 정신배양을 통하여 공중도덕과 사회적 책임과 의무를 다함으로써 덕으로 만물을 포용할 수 있는 사람이 되는 것이다. 이와 같이 상무(尙武)와 숭덕(崇德)을 하나로 합하여 무덕(武德)이라고 한다.

또 다른 무의 길
(무의 변천과 지금)

무(武)라는 말은 병(兵)과 술(術)을 포함하고, 병법(兵法)을 총괄하는 말로 전해져 내려왔다. 여기서 말하는 무(武)는 무도, 무예, 무술을 의미하며 인간의 정신적 수양과 육체적인 단련이 포함된 것이다. 그래서 오늘날 '무도(武道)'라 함은 전쟁에서 자신을 보호하고 적을 제압하는 수단으로 발달되었으며, 또한 하늘의 뜻을 중시하고 인륜도덕을 근본으로 수양하는 길이라 할 수 있다. 물론 육체적 단련을 전제로 하는 말이다. 이에 무도는 법식을 중요시하며 예(禮)를 근본으로 하여 정의(正義), 염치(廉恥), 예절(禮節)이라고 말할 수 있다.

첫 번째로 정의는 올바르게 마음을 바로 하고, 몸을 바로 하며, 행동을 바르게 하면 궁극적으로 세상도 바르게 된다는 의미이며 성실(誠實)을 전제로 한다. 따라서 필수적으로 예(禮)로 시작되고 예(禮)로 끝을 맺는다는 것으로 시작하는 마음과 실천하는 행동의 올바름을 말한다.

　두 번째로 염치(廉恥)는 스스로 부끄러움을 아는 것이다. 즉 양심에 가책을 느껴 마음에 책임을 묻는 것이 바로 '부끄러움'으로 이것은 무도인의 정의의 근본이며, 인간성의 기반이 된다. 예부터 무도인은 남들의 조롱을 받는다든가 쑥덕대는 속웃음을 치는 일을 당하면 목숨을 던질 정도였다. 그래서 무도인은 남들에게 조롱을 받지 말아야 하며, 체면을 더럽히면 안 되며, 만약 그렇게 되면 조상 앞에서 얼굴을 들지 못한다고 교육을 받아 왔다.

　세 번째로 예(禮)는 넉넉할 풍(豊) 자에 보인다는 시(示)의 뜻이 합쳐진 말로, 상대방을 존경하여 상대가 이로 인해 불편한 감정이 없어야 한다는 뜻으로 국가, 부모, 친구, 형제 등등 모든 사회 구성을 포괄하는 무한적 대상이라고 보아야 한다. 물론 동식물에도 예가 있다는 것이다. 또한, 스스로 자신에 대한 예의로 자신의 몸을 학대하거나 자세를 불량하게 하지 않고 말과 행동은 물론 겉모양인 모습까지도 예의에 신중을 기해야 하는 것이 무도인(武道人)이다. 이런 것을 배우고 실천하는 인간 형성이 무의 바른 길이라고 할 수 있다. 이를 실천함으로써 일반 스포츠경기와 다른 길을 추구하는 것이 무(武)의 존재일 것이다.

무예 · 무술 · 무도

중국은 무술(武術)이라는 용어를 옛날부터 사용하고 있었고, 현대에도 무협(武俠)이라는 말을 문화적인 용어로 사용하고 있다.

일본의 경우 1919년부터 이를 무도(武道)라고 부르기 시작하여 지금은 모든 분야에 도(道)를 붙여 기능위주의 사상에서 정신적 문화를 강조해서 병행해 쓰고 있다.

한국은 무예(武藝)라고 사용된 글자가 고구려 초기의 을파소가 만들었다는 '조의선인(皁衣仙人)'에 처음으로 기록되었다. 이후 각종 무예서와 기예서에 사용되어 왔고 대표적으로 「무예제보」, 「무예제보번역속집」, 「기예질외」, 「무예도보통지」 등이 있으며, 근대의 예술, 공예, 예능, 서예, 도예 등등에 사용되어

오다가 일본지배 시 일본식으로 도(道)를 붙여 서도, 화도, 다도 등으로 쓰였고, 해방 이후 화랑도, 태권도 등등에도 붙여 사용하게 된다. 하지만 모두 같은 목적의 수단으로 사용되었다. 따라서 굳이 나라별 용어를 따질 필요가 없이 글로벌 용어가 되었으며 무도(武道)도 같은 공용어가 되었다.

참고로 예(藝)는 원래 씨 종자(種字)에서 나온 글자로 종자(種子, 씨앗)와 같은 뜻으로 심는다는 말이다. 씨앗을 심으면 두터운 껍데기를 깨부수고 새로운 싹을 틔우려면 힘(勢)이 필요하여 쓴 글자다. 이런 생명의 시작을 현대의 교육에 비교하여 함축적인 말로 예술(藝術)과 재능(才能), 그리고 기술 등에도 많이 사용한다. 서예(書藝), 도예(陶藝), 기예(技藝), 무예(武藝) 등등이 바로 이에 해당한다. 중국이 사용하는 술(術)도 삽주(蒼朮)라는 한약재 식물이 자라나는 모습이며, 줄기는 하나에 여러 뿌리가 붙어 있지만 각자가 독립적으로 자라난다는 특색 있는 식물로서 예(藝)와 비슷한 점도 있다. 그러므로 술(術)은 분리되어 있으나 독립적으로 존재하는 각자의 기술, 기공(技功)을 의미하며 무술(武術)에서는 각각 독립된 개체로 권종, 문파가 가지고 있는 무(武)의 기능을 발휘하는 예기(藝技)이다.

일본의 도(道)는 술(術)과 예(藝)의 범주인 단병기 무술이 화약이 발명되어 효용성이 떨어지게 되어 일본의 무술 문화는 쇠퇴의 길로 들어 선다. 이를 걱정한 유도인 가노 지고로가 1919년 처음으로 도(道)를 붙여 옥외의 운동문화에서 실내의 도장 문화로 변천시켜 무도라는 용어를 사용하게 되고, 투쟁의 목적에서 수양의 길로 바꾸어 제2차 개명 혁명을 한다. 당시 무도(武道)로는 검도(劍道), 유도(柔道), 궁도(弓道)로 제한되어 불렸으나 현재는 모든 종목에서 도(道)를 붙여 사용하고, 맨손으로 하는 무예 역시 모두 도(道)를 붙여 쓴다. 아직도 일본에서도 일부 무도는 '술(術)'을 사용하고 있다.

무도의 이법(武道 理法)

　무술은 손에 칼, 창, 활, 봉 등을 잡거나 맨 손으로 적을 상대로 하여 이기기 위한 수단으로 개개인의 수련에 관한 정의이며, 무술의 개인기가 아무리 뛰어나다고 해도 자신의 무술에 대한 이법을 모르면 무당이 혼자 춤을 추는 것과 마찬가지다. 따라서 무술은 반드시 상대가 있어야 하고 가장 효과적인 것이 아니라 절대적으로 지켜져야 할 법인 것이다. 이런 점에서 현존하는 태권도나 합기도와 검도, 유도, 궁도, 18기도 같은 입장으로 보아야 한다. 참고로 여기서 말하는 이법(理法)은 원리의 법칙을 말하는 것이고, 이치(理致)는 취지와 정당한 조리(條理)를 말함이다.

   그 첫째가 당당하고 반듯한 자세와 우뢰같은 기합(氣合)으로 상대를 대하는 기세(氣勢)이다. 상대에게 빈틈을 주거나 약하게 보여서도 안 되며 허세를 부려서도 안 된다. 이치로 본다면 허리를 꼿꼿이 세우고, 눈동자를 움직이지 않으며 옷매무새를 바로하고 아랫배에 힘을 주어 편안한 자세로 단전에서 나오는 기합소리로 적을 맞는 것을 어떤 방법과 어떤 격으로 할 것인가를 각각 배워야 한다.

   두 번째가 무기의 바른 운용이다. 즉 각각의 무기는 사용법이 있고 무기가 움직일 때 가는 길이 있다. 그 길을 가장 바른 길과 속도로 운용해야만 이길 수 있다. 맨손이나 발도 마찬가지다. 간단한 것 같지만 무예에서는 이것을 찾는 것이 최고수가 되는 수련이다. 이치로 본다면 도끼로 나무를 쪼개는데 나무의 결을 찾아 똑바로 내려쳐야 나무가 쪼개지는 것과 같다. 이때 도끼가 머리 위로 똑바로 올라가고 똑바로 내려쳐야 하는 것으로, 올라갔다 내려오는 도끼날의 포물선이 일직선으로 이루어져야 한다. 이것은 수련자가 가장 많은 반복훈련을 통해 몸에 익혀야 할 새의 날갯짓과 같다. 날 수 있느냐 하는 것은 바로 이 줄기를 찾아 연습하는 것이다. 또한 가장 빠른 속도를 만드는 기본이다. 물론

치는 방법에 따라서 타(打) 또는 격(擊)과 세법(洗法)으로 나누어
짐도 배워야 한다.

　세 번째가 상대편과 나와의 적정한 거리를 만드는 일이다. 아무
리 내가 훈련을 많이 했고 힘이 좋아도 내가 공격하고자 하는 상
대와의 거리가 떨어져 있으면 헛발질, 헛칼질을 하게 된다. 무술
의 특성에 따라서 각각 공격거리가 있다. 이 거리를 찾지 못하면
100년을 수련하고 100년을 쳐도 소용이 없다.
　거리를 세 가지로 구분하여 본다면, 지금 상대편과의 실제 거
리, 상대와 자신의 움직임의 속도를 감안한 '시간적 거리' 그리고
내가 마음속으로 상대편을 그리고 생각하는 '마음의 거리'로 적
과 나와의 거리를 맞출 수 있어야 한다. 이런 것을 어떻게 예측하
고 계산하는 가를 상황에 따라서 정리하는 것이 중요하다. 아무
리 거리가 가까워도 의미가 없고, 정확한 타격 또는 찌름으로 할
수 없는 상황에서의 무기 운용이야말로 무예의 근본이 무너지는
것이다.

　네 번째는 가지고 있는 무기의 어떤 지점으로 상대편의 어느 부
위를 공격할 것인가이다. 무기마다 또는 손과 발로 공격하여 효
과를 극대화하는 최고점을 찾아야 한다. 무기가 칼이라면 칼날
끝 부위에서 안으로 10cm~20cm의 지점으로 타격을 가해야 하
고, 창이라면 맨 끝 부분이며, 맨 몸이라면 타격부위에 따라서 발

뒤꿈치나 발가락의 모지구, 또는 주먹이나 손을 편 수도를 치느냐와 그 중에서도 잘 훈련된 신체 부위를 말하는 것이다. 아울러 상대편을 공격해야 할 지점으로, 몸통을 결정적으로 타격할 급소를 말한다. 이를 격자부위 또는 격자지점이라고도 표현한다. 타자 지점, 타자 부위도 같은 말이다.

  무술은 스포츠와는 다르다. 예를 들어 얼굴의 어느 곳이냐, 또는 몸통의 어느 부위냐를 가려야 하며, 유도나 씨름에서는 어느 부위가 땅에 먼저 접촉되어 넘어지느냐까지도 가린다. 요즘 태권도 시합에서 머리에 발이 접촉만 되어도 점수로 인정되는 것은 무술이라고 볼 수는 없다.

  다섯 번째가 가격시에 주는 충격의 강약이다. 요즘 말로 임팩트이며, 순간의 속도와 크기로 상대에 결정적 충격을 줄 수 있는 힘을 요구한다. 무술은 일격에 상대를 쓰러뜨린다는 개념으로서의 공격력을 요구한다. 스포츠처럼 점수로 계산하거나 전자식 센서의 접촉으로 불만 들어오면 강약과 관계없이 승리하는 것은 진정한 무도가 아니다. 살생을 전제로 만들어진 것이 무술의 기법이기 때문에 필요한 만큼의 힘이 있는 공격이 가해져야 하는 것이다.

  여섯 번째가 공격이 끝난 후 마음과 행동 가짐이다. 한마디로 "꺼진 불도 다시보자"는 말처럼 공격으로 상대가 쓰러졌다고 방심하지 말고 조심하라는 것이다. 공격당한 자가 선천적으로 대응력이 강하고, 또한 충격이 적어 일어날 수도 있으며, 잘못 공격할 수도 있으므로 상황에 따라서 다시 공격할 마음과 태세를 일정시간 동안 유지하며 대비하라는 것이다. 우리는 권투에서 똑같은 강도의 펀치를 얻어맞고도 한 쪽은 아주 녹다운되어 정신을 잃어버리는 사람도 있고, 또 다른 사람은 다소의 충격은 있었지만 괜찮은 맷집이 아주 좋은 사람이 있다는 것을 마음속에 두고 늘 행동해야만 한다. 그러므로 재공격을 위한 경계심이 항상 필수적이다.

무술은 단순히 승패를 가리는 스포츠가 아니라 목숨을 건 전쟁에서 비롯된 싸움의 개념에서 말하는 것이다. 이런 무술의 이법을 가장 많이 적용된 스포츠가 검도 경기로 우리나라 무도스포츠인 태권도가 많이 배워야 할 것으로 사료된다. 본인이 태권도와 검도의 최고단자로 양쪽을 모두 느낀 대로 말하는 것임을 양해해주길 바란다.

분명한 것은 검도는 이 여섯 가지 중 단 한 가지만 부족해도 심판이 승리를 인정하지도 않고, 설령 잘못 승패를 결정했더라도 후에 승패를 번복하는 이법(理法) 중심의 판가름이 있다. 따라서, 시합에서는 졌지만 검도에서는 이겼다는 말은 이 이법을 충실히 지키고 예의를 갖추었느냐는 것이다. 무도는 이 무술의 이법과 이치를 배우고 수련하여 자신의 인격형성에 인용함으로써 훌륭한 인격형성이 행동으로 옮겨져 실천하는 도(道)가 무도(武道)의 목적이 되며, 인간 교육의 이념이 됨을 명심해야 한다. 결론적으로, 이것이 진정한 무도의 가르침이다.

수양(修養)과 무도(武道)

장자(莊子)의 달생편(達生篇)에 나오는 투계(싸움닭)에 대한 우화 '목계(木鷄)'의 이야기가 있다.

싸움 잘하는 천하제일의 닭은 나무로 만든 닭처럼 되는 것이다. 무위자연(無爲自然)의 도를 완벽하게 몸에 익히고 있는 닭은 마치 나무로 만든 것처럼 되어야만 다른 닭이 이길 수 없다는 이야기로 수행의 단계를 말한다.

처음은 기술로 시작하고, 그 한계에 도달하면 기세를 단련하게 되고, 마지막으로 온유함을 가져야 최후의 목계의 경지에 이르렀다고 할 수 있다. 닭이 이 단계에 이르면 절대로 동요하지 않으며 근접할 수 없는 품격을 갖추게 되고 공격할 빈틈이 없는 높은 경지에 이르게 된다.(木鷄之德)

그렇다고 평생을 무도 수행 목적이 기술적인 향상과 육체적 단련의 길만은 아니다. 무(武)의 수행을 통해서 정신을 단련하고,

인격을 갈고 닦는 것을 중요시 해야 하는 수양(修養)을 도(道)로 생각해야 하는 것이다.

　나이가 들어서 무예(武藝)에 강한 자가 인격적으로 문제가 있다면 아주 큰 일이다. 전쟁이나 국난의 시대라면 그런대로 쓸 모가 있어 괜찮지만 평화시대에는 무예(武藝)를 익힌 무사는 싸움에서는 위정자이기 때문에 인격적으로도 훌륭하지 않으면 큰 일이 날 수 밖에 없는 것이다.

　그래서 무(武)의 기술이 높은 경지에 올라가면 갈수록 인격적으로 성장하지 않으면 안 되며, 평생 무술에 도(道)가 있다고 말하는 것이다. 즉, 오늘날의 고단자를 말한다.

　결론적으로 무인(武人)의 마음을 이상적인 상태, 즉 선(禪)의 평상심(平常心)으로 유지하는 공부를 필히 해야 하며 인격적으로 훌륭하지 않으면 안 된다.

　고단자가 존경받아야 하는 것은 훌륭한 이법 지식, 경험, 품행이다. 기능은 시간이 지나면 한계가 온다.

　또한, 수양이 없는 무술은 한낱 인간 백정으로만 머물 수밖에 없다는 것을 명심해야 한다. 그래서 고단자는 지는 법을 배운다.

진정한 무인(武人)의 모습

　우리 속담에 "겉과 속이 다르다."는 말이 있다. 사람은 겉모습이 자신의 바탕을 넘어서면 형식적이 되고, 반대로 바탕이 겉모습을 넘어가게 되면 거칠어 보인다. 그러므로 겉모습과 바탕이 잘 어우러진 사람을 속이 꽉 찬 사람이라고 한다.

　논어(論語)의 '옹야(雍也篇)'편에 실려 있는 공자의 말씀으로 학문과 수양을 통해 내면을 잘 갖추었다면 그것으로 만족할 것이 아니라 겉으로도 잘 표현되어야 한다는 가르침이다. 다시 말한다면 질(質)은 학문과 수양을 통해 얻을 수 있는 내면의 충실함으로 사람됨의 근본이라 할 수 있다. 또한 문무(文武)도 겉모습인데 내면의 충실함을 겉으로 표현하는 것이다. 즉, 대인관계에서 상대방에 대한 배려와 예의라고 할 수 있다.

　그러므로 학문과 수양은 깊은데 그것이 겉으로 잘 표현되지 못하면 거칠고 야만적으로 보이며, 내면이 잘 갖추어지지 않은데 겉만 번드르한 사람은 가식적이고 위선적인 사람으로 보일 수 있다. 탄탄한 내면과 당당한 겉모습이 함께 어우러져야 진정한 문무가 갖추어진 사람이라고 할 수 있다.

　겉모습도 바탕만큼 중요하고, 바탕도 겉모습만큼 중요한 것으로서 호랑이와 표범에 털이 없는 가죽의 모습이란 개와 양의 가죽만도 못하다고 한다. 호랑이와 표범은 맹수 중 맹수로 그 가죽, 또한 소중한 가치가 있다. 그러나 그 가죽에 털이 없다면 그 가치가 떨어질 수밖에 없으며, 개나 양 가죽과 구별하기도 어렵다는 이야기다.

사람도 마찬가지다. 사람 됨됨이와 탁월한 무도와 인격을 갖추었다고 해도 겉으로 드러나게 할 수 있어야 하는 풍채가 필요하다. 그것을 억지로 감추거나 드러낼 줄 모른다면 평범한 사람과 다를 바가 없게 된다. 진정한 무인의 모습은 무(武)와 문(文)이 융합된 사람으로서 내면과 외면이 자연스럽게 보여지도록 하는 것도 업을 이루는 것이다. 모습은 외면으로 보이는 겉모습도 있지만 말하는 언어, 또한 그 표현과 능력이 겉모습으로 절실하게 요구되는 대목임을 알아야 한다. 그래서 무인은 항상 자신의 모습을 거울에 비춰볼 줄 알아야 한다.

사도(邪道), 땡추중

불교에 나오는 말로 아무리 힘든 고행으로 불법을 닦아도 스승이 없으면 사도(邪道)라고 한다. 즉, 이런 스님을 '땡추'라고 한다. 그래서 좋은 스승을 찾아다니고, 혹자는 선승(禪僧)에 귀의하여 도(道)를 찾으려 노력했던 것이다. 즉, 훌륭한 스승을 만나지 못하면 아무리 노력해도 꽃을 피울 수 없고 열매도 맺지 못한다.

 무예도 똑같다. "3년을 일찍 수련을 시작하는 것보다도 3년을 걸려 스승을 찾아 공부해야 성공한다."는 말이 있다.

 스승이 얼마나 중요한 존재인가라는 말은 올바른 이론과 실기를 지도받고, 역사와 철학을 배우며 나아가 예(禮)를 실행하게 된다. 또한 끈기와 용기를 배우고 부끄러움과 덕(德)을 깨우치게 된다. 그래서 예부터 훌륭한 스승은 배움을 청한 제자에게 땔나무 3년, 밥 짓기 3년, 빨래하기 3년 등의 인내력을 보고 제자로 삼았다는 말이 바로 이것을 의미한다.

 현대의 무예도 스승을 잘못 만나면 나쁜 버릇이 몸에 익혀져 결정적으로 시합이나 승단 시험에서 자신도 모르게 이것이 나와 낭패를 본다. 세 살 버릇이 여든까지 간다는 속담이 바로 처음 교육이 얼마나 중요한가를 말하고 있다.

 사도(邪道)는 정도(正道)의 반대로 충신과 간신으로도 비교되며 사도는 간신으로 가는 길이라 생각해야 한다. 그러므로 무도인이 가장 조심해야 할 것은 처음 배울 때가 중요한 것이다. 사도(邪道)는 계보가 없고 근본이 없는 배움의 길로 본류가 아닌 아류(亞流)라는 것을 명심해야 한다.

 어떤 사람이 형무소에서 빗자루를 들고 「무예도보통지」의 '예도'나 '본국검'을 연마했다고 하는 것은 그래도 솔직해서 좋다. 무술을 누구한테 배웠는지, 어디서 나왔는지도 모르는 무술이 고구려, 백제, 신라를 들먹이면서 집단 베기, 촛불 베기, 대나무 베기 등으로 폼을 잡는다. 이것은 비술이 아니다. 정말 검도 고단자가 볼 때에는 이맛살이 찌푸려지고, 귀가 막혀 할 말을 잊는다. 이런 사람에게 무엇을 배우고, 가르치는 자는 가르치는 것 자체가 돌이킬 수 없는 죄를 짓는 것이다. 이들은 혹자의 눈에는 도사나 스승이 아니라 사기꾼에 불과하다. 무술은 스승다운 스승을 찾아 배워야 한다. 무술을 배우는 것은 영화가 아니다.

무(武)를 수련할 때의 자세

첫째로 몸(身)을 닦는 것이다. 일반적으로 자연체(自然體)라고 하며, 허리를 펴고 자연스럽게 서 있거나 움직이는 모습이 지나치게 긴장하지 않고 방심하지도 않으면서 빈틈없는 유유한 자세를 말하며, 겉모습으로 보면 어깨에 힘을 빼고 단전과 코끝이 일직선이 되는 모양이다. 이것은 무도의 기본자세 중 기본이라 할 수 있다. 병기를 손에 잡을 때에도 흥분하지 말고 자연체의 몸가짐이 필수적이다.

도장에서 도복을 입을 때도 보호 장비를 착용할 때에도 헌것이라도 잘 세탁하고 손질하여 입어야 하며, 그 매무새가 단정하여 남이 보아도 청결한 기품이 보이도록 해야 한다. 비록 낡았다고 헌 것이지만 단정하고 늠름한 자세가 필요하다. 아직은 초보자가 분에 넘치는 비싼 도복과 장비를 착용하는 것은 오히려 흉이 될 수도 있다.

두 번째는 예의(禮義)다. 예(禮)라고 하면 마음이며 진심(眞心)이라고 하는 사람도 있을 수 있으나, 예(禮)는 눈에 보이는 형식적인 것이다. 마음만 있으면 된다는 것은 수련자의 변명이다. "겉으로 표현되지 못하는 예(禮)는 예(禮)가 아니다."라고 말할 수 있다. 예(禮)는 반드시 행동과 마음이 융합된 것으로 상대성이 있다는 것을 무도인은 명심하고 배워 실천해야 한다.

세 번째가 눈이다. 눈은 안법을 말한다. 평소에도 무예를 닦는 사람은 눈이 살아 있어야 한다. 눈으로 상대를 격멸할 수도 있고, 반대로 두려워 쪼그라드는 눈도 있다. 무도(武道)를 수련하면서도 상대를 보는 눈에서 승패가 결정 난다고 한다. 두려워해서도 안 되고, 상대를 깔보아서도 안 되며, 가식이 없는 당당한 눈으로 대해야 하는데, 어떤 이는 증오심으로 가득 찬 눈으로 임하는 무도인도 있다. 이는 해서는 안 되는 안법이다.

결론적으로 눈 역시 자연스럽게 마음을 비운 눈이 되어야 한다. 참고로 무도인을 단계 별로 구별해보면 처음에는 쏘는 듯한 따가운 눈으로 바라보면 4·5단이라고 하며, 상대를 삼켜버릴 듯이 빨아들이는 눈은 6·7단이라고 말하며, 바둑알처럼 눈동자만 분명하고 천진난만한 어린 아이처럼 바라보는 눈을 보면 이는 무도의 최고 단인 8·9단의 입신 경지의 눈이라고 한다. 이를 두고 혹자는 사범의 눈, 선생님의 눈, 신의 눈으로도 표현하고 있다.

네 번째가 하루도 빠짐없는 기본 연습이다. 원래 무(武)란 배우는 것도 중요하지만 잃어버리지 않도록 하기 위해 매일 매일 연습을 해야 한다. 수련시간이 짧아도 좋다. 일 년을 쉬고 일 년을 하는 것보다 하루 걸러서라도 쉼 없이 수련하는 자가 성공한다. 마지막으로 평소 일상생활에서 스스로 몸가짐을 조심하고 행동해야 한다는 것으로 올바르게 배운 것은 올바르게 나타나게 되어 있다는 것을 항상 명심하고 실천하는 것이 스승의 바람이고 무(武)의 가치를 증명하는 것이다. 이것이 바로 무도인이 가야 하는 기본적 무도(武道)이다.

이것을 혹자는 삼정(三正)으로 말하기도 한다.

즉,

1. 마음을 바르게 하라.
2. 몸을 바르게 하라.
3. 무기를 바르게 써라.

이 세 가지 바른 것을 지킴으로써 바르게 배우고, 바르게 가르치는 무도인(武道人)이 되어 자신과 나라의 앞날을 바르게 지도함으로써 성실(誠實)을 이루는 것이라 할 수 있다.

※ 참고로 자세와 구체적인 내용은 〈실전 우리검도(이국노, 직지)〉를 살펴보기 바란다.

양반과 무(武)의 중요성 인식

양반이라는 말은 문신(文臣)과 무신(武臣)이 임금 앞에 도열할 때 동과 서로 양쪽에 서 있다는 말이다. 즉, 문(文)과 무(武)를 똑같이 중요시 해야 한다는 말로 이것이 바로 나라의 두 축이다. 문(文)의 득세로 무(武)가 약해지면 결국 나라는 혼란과 함께 패망한다. 그래서 옛말에도 문(文)과 무(武)는 보호막이 없으면 꽃을 피울 수가 없다고 한다.

그래서 오늘날에도 강대국은 수시로 군사훈련을 하는데 일부 문(文)의 입에서 "전쟁은 일어나지 않는다."라는 말과 훈련비용 등을 거론하며 다른 나라를 이야기 하듯이 하는 것은 참으로 무책임하고 안타까운 이야기다. 문(文)이 사유하는 철학이라면 무(武)는 행동하는 철학, 또는 실천학이다.

무인(武人)의 진정한 고수가 되는 길

괄목상대(刮目相對)라는 말이 있다. 이 말은 "눈을 비비고 상대방을 다시 바라본다."는 뜻이다. '괄목할 만하다.'로 많이 쓰인다. 삼국지에 나오는 이야기로 오나라에 '여몽(呂蒙, 178년 ~ 219년)'이라는 장수를 말하는 고사성어다.

여몽은 가난한 환경에서 자라나 공부를 하지 못해 무식하기가 짝이 없었다. 그러나 그는 큰 뜻을 품고 무술(武術)을 연마하여 손권의 부하로 들어가 공을 세운다.

어느 날 손권은 여몽에게 "그대의 무술은 뛰어나지만, 학식이 부족하니 학문을 익힌다면 우리나라에 더 큰 도움이 될 것이오."라고 말했다. 여몽은 손권의 충고에 스스로 공부를 열심히 했다고 한다. 그러던 어느 날 노숙이라는 대도독이 여몽의 인품과 학식이 달라진 것을 보고는 깜짝 놀라면서 등을 두드리면서 크게 칭찬을 했다고 한다. 이런 노숙에게 여몽은 "선비와 헤어지고 3일이 지나면 눈을 비비고 다시 선비를 바라볼 줄 알아야 한다."라고 했다고 한다. 깜짝 놀란 노숙은 자신의 후임자로 여몽을 도독으로 추천하여 노숙이 죽은 뒤 손권을 보좌해 국력을 크게 키웠다고 한다. '괄목하다.'는 말은 바로 여기서 유래되었다고 한다.

사실 학문을 배우고, 무술을 배우는 것은 어려우나 무술을 배운 사람이 학문을 배우는 것은 마음먹기에 달렸다고 본다. "하면 된다." "믿는 대로 이루어진다."라는 말처럼 모든 것이 마음먹기에 달렸다고 본다.

　정신일도 하사불성(精神一途 何事不成)은 정신을 한 곳으로 집중하여 노력하면 어떤 어려운 일도 이룰 수 있다는 말인데 무도(武道)를 하는 사람은 정신일도 하사불성으로 오로지 한 칼에 집중하면 닦는 무예를 성취할 수 있다는 뜻으로도 사용한다. 어떤 것을 "간절히 소망하면 불가능한 일도 성취한다."는 신념철학도 이와 마찬가지다. 혹자는 '일념통천(一念通天)'으로도 쓴다. 한 가지를 염원하면 하늘도 통한다는 말이다.

　무인도 수양으로 지속적인 변화와 발전을 해야 성공할 수 있다. 한 가지에 몰두하여 염원하면 하늘도 돕는 다는 말처럼 무예나 스포츠에 전념하다 보면 학문을 소홀히 할 수밖에 없다. 무술에 최고가 되어도 잊어서는 안 되는 것은 우선 기본에 충실해야 한다. 모든 것이 기본이 바르면 바른 결과를 낳고, 간단하고 단순한 일이라도 기본을 망각할 경우 그 결과에 대하여 장담할 수가 없다. 품행이 깨끗한 것도 배우는 자의 기본이다. 기본이 안 된 자세에서 좋은 칼이 나올 수가 없다. 최고의 단은 끝이 아니라, 무도로 가는 길의 한 과정에 불과하다는 말이 있다. 결코 성공의 결과가 아니다. 이때부터 학문을 닦아도 늦지 않다는 것을 명심, 또 명심해야 한다. 고수가 무식하다는 소리를 들어서는 안 된다. 고수는 문무(文武)를 겸비해야 진정한 고수다. 고수는 자신과의 싸움에서 이겨야 한다. 자신을 이기는 것은 어제의 나보다 오늘의 내가 조금이라도 발전되도록 한 결과로 내일을 지향하는 것이야말로 무예의 고수라는 말이다.

무도인(武道人)과 건달(乾達)

　무술을 하는 사람은 싸우는 기술을 익히는 자로서 즉, 신체적 힘을 말한다. 이를 통해 훌륭한 사람이 되도록 인격 수양을 해가는 길을 포함한 것이 무도(武道)라 할 수 있다. 이런 무술을 배운 사람 중 극히 적은 일부 사람들이 건달(깡패)이 되는 경우도 있으나, 대부분 잘못 배우거나 저단자일 가능성이 많다.

　사실 '건달'이라는 말은 '건달바(乾達婆)'라는 불교 용어에서 나왔다. 이 말은 산스크리트(Sanskrit) 어로 '간다르바(Gandarva)'를 음차한 '건달바'로 그리스 신화의 뮤즈처럼 수미산에서 음악을 관장하는 신으로서 입에 술과 고기를 대지 않고 향(香)만 먹고 사는 존경받는 신으로 알려졌다. 이런 악사를 비유하는데 쓰여졌던 '건달'은 후에 빈둥거리다가 수시로 난봉이나 부리는 사람을 지칭하여 부르던 말로 둔갑했다가 지금은 '땀 흘리지 않고 돈을 버는 무리배'를 뜻하며 이를 상징하는 '불한당(不汗黨)'과 같은 의미로 쓰인다.

아무런 직업도 없이 거리를 배회하면서 시민을 괴롭히는 것도 '깡패'라고 부른다. 이들도 나름대로 "나는 옳다고 하고 남을 그르다."라고 하는 정의를 말한다. 문제는 이들은 한 번도 땀 흘려서 돈을 벌어본 적이 없고, 법과 도덕을 건너뛰는 행패를 부리고도 부끄러움을 모른다. 이들의 이러한 행위를 후안무치(厚顏無恥), 즉 "낯이 두꺼워 수치스러움을 모르고 살아감."이라고 한다.

무도인이 이런 것을 경계하고, 타인에게 피해를 주지 않고, 선행을 베풀어 살아가는 것이 무덕(武德)이다. 무덕의 결론은 선(善)을 행하여 끊임없이 지속적이어야 하는 것이다.

동양 3국의 무술(武術) 고찰

우리나라의 택견, 씨름, 닭싸움, 사방치기, 연날리기, 쥐불놀이 등은 살생과 전쟁을 전제로 한 무술은 아니었다고 보고 여기서는 제외했다. 「무예도보통지」를 북한에서 유네스코에 귀중한 문화유산으로 등재시켰지만, 아무래도 이는 무예를 보급하는 병서로서 최고라고 하지 않을 수 없다. 여기에서도 활(궁술)을 제외시킨 것은 이 병서가 군사용 훈련 교범으로서 단병기 무술 부분만 독립적으로 다룬 책이기 때문이다. 여기서 말하는 무예 18기는 본국검, 예도, 왜검, 교전의 4가지 외에 14가지 무술이 모두 명나라와 관계가 있는 무기체계가 중심이다. 무예 18반은 반드시 항목에 정해진 것이 아니라 시대에 따라 다르다는 것도 알아야 한다. 처음 무예 18반은 「수호지」의 분류에서 보면 활도 포함되었다. 또한, 명나라 말에 나온 「무비지」에는 쌍수대도가 들어있다. 따라서, 무술은 전투기술이며 무기사용 메뉴얼로 보아야 하고, 지금 한국에서는 무술을 권법, 태권도와 동일시하며 무기로 하는 무기술과 권법을 모두 포함하고 있다. 또한, 무도(武道)라는 말로 통일시켜 부른다.

「기효신서」나 「무예제보」에 보면 척개광은 맨손으로 하는 권법은 무기를 배우기 전에 손발의 움직임을 원활히 하는데 좋은 것이라고 하여 별로 의미를 부여하지 않았다. 아무래도 대규모 전투에서 권법으로는 무기를 지닌 자를 이길 수 없기 때문이다. 또한 무술을 문화적 현상으로 본다면 미술, 무용, 민속놀이와 같이 국적이 있을 수 없다. 무술은 춤을 추는 것처럼 아름다움을 추구하는 동작이 아니라, 파괴력을 위주로하는 목숨이 걸린 문제이기 때문이다, 따라서 힘이 나올 수 있는 자세는 기격으로 단정되어 있어 인체 구조상 국적을 달리 할 수가 없다는 것이다. 문제는 정부가 군인 외에는 무술을 한다면 역적으로 다스렸고 무기 소지가 민간인은 불가했다. 따라서 군외에 무술이 전해졌다는 것은 신뢰할 가치가 없다.

무기 역시 마찬가지다. 미국의 스텔스 폭격기를 가져와서 우리

공군이 이를 배운다해도 전통문화가 될 수는 없는 것이다. 명나라(明代)도 11차례의 무역을 통해 품질이 좋은 일본 쌍수도 칼을 20만 자루나 수입했고, 조선 역시 일본도의 우수성을 알고 전쟁에서 이를 획득한 병사에게 벼슬을 주기도 하였고, 수입한 칼을 군사에게 나누어 주어 사용하였다. 따라서, 지금 우리가 말하는 무술(武術)에서 무도(武道)로의 발전은 살인기술이라는 본래 목적을 상실하고 전투 기술로 효용이 없어져 개인의 수련이나 수양, 그리고 건강 중심의 체육 활동으로 변화된 것이다.

중국을 보면,
천하 무술은 소림사에서 나오고 모든 권법은 소림으로 귀결된다. 이 말은 소림의 권위를 나타내는 말로 무협지와 세간에 퍼져 있는 말이다(天下功夫出少林 萬拳歸少林).
중국을 대표하는 무술은 소림권법으로 1982년 이연걸 배우가 주연으로 나온 영화「소림사」의 배경이 되었던 수나라 말기 왕세충(王世充)이 난을 일으켰을 때의 당나라 태조 이세민을 도왔던 소림 13곤승 이야기가 최초다. 청나라 초에는 반청 인사들의 근거지가 된 소림사가 불에 탄 이후 복건성에 남소림사를 세우고 무술을 전파했다는 것이다. 이는 새빨간 거짓말이다.
이를 계기로 비슷한 시기에 비슷한 반청 인사 모임인 '천지회(天地會)' 결사대를 김용이 소설로「녹정기」를 써서 오늘날 '삼합회'라는 명칭을 만들어냈다. 달마대사가 만들었다는「역근경(易

筋經)」은 이미 위서로 밝혀져 설화의 진실성의 논란이 된 지 오래다. 따라서 영화 소림사는 중국이 중국 무술을 선전하기 위하여 국가가 영향력을 준 작품으로 보아야 하고, 이후 중국 각지에서 몰려든 무술 도장이 소림사 주변에 수 백 개가 만들어졌다고 하는 것이 정설이다. 그나마 명대 이전의 중국무술은 소림권이라는 이름으로 통합되고 청나라 초에 내가권(內家拳)이 대유학자 황종의(黃宗義)에 의해 기공(氣功)이 합해져 그동안 오로지 격투술에만 의존했던 기술이 내공의 개념으로 바뀌게 된다. 그래서 생긴 것이 태극권, 형의권, 팔괘장 등으로 단전호흡, 행기, 운기 등을 합해 단일화했다고 한다. 따라서 무술도 손에 들기 쉬운 절편과 단병기로 발전되고, 보여주기식 소규모 권법이 각광을 받는다. 그 때에도 청나라는 공식적인 무술 연무와 무기 소지를 금했다. 19세기에 들어와 서양의 침범으로 무술의 필요성이 민가에 퍼졌고, 비밀 결사와 '의화단'의 난으로 절정을 이룬다. 이 때에 웃지 못할 일이 벌어졌다. 의식을 거쳐 의화단에 가입하고 주문을 외우면 도검불침(刀劍不侵)이 되어 총알을 맞아도 멀쩡하며 총알이 피해간다고 착각하여 수많은 사람이 총에 맞아 죽었다고 한다. 의화단은 무술과 강신술을 결합했다고 하여 무수한 사람이 화약총이라는 신병기에 목숨을 잃는 일이 벌어지게 된 것이다.

　중국무술의 결정적 대중화는 1910년 이후 곽원갑이 상해에서 정무체조 학교를 만들면서 각지의 권법가들을 모아 중국의 전통 무술의 보존과 발전을 위해 일치단결하자는 취지로 '정무체육회'

를 설립한다. 그후 1953년 이후 '영춘권'이 홍콩에 소개되면서 이 때에 여러 숨겨진 중국 무술들이 공개되기 시작했고, 이것을 시나리오로 만들어 '정무문'이라는 영화에 이소룡 배우가 나오게 된다. 이 영화는 곽원갑이 암살되었다고 가정 했는데 일본의 기록은 곽원갑은 지병으로 죽었다고 한다.

중국이 자랑하는 병가 무술을 제외한 도가무술로 '곡당산', '아미산', '화산' 같은 도교의 성지와 무술을 연관시키는 것도 중국의 복잡한 논리다. 상식적으로 승려나 도사들이 양생체조면 충분할 것을 무술을 힘들여 배울 필요성이 있을까 의심스럽다.

이소룡의 절권도라는 무술도 근래에 그가 이것저것 혼합해서 만든 것이다. 그렇기 때문에 중국은 이렇다할 무술이 없으며, 모두 소설에 의한 가짜이다. 모두 픽션이다. 왜냐하면 명나라 이전부터 민간인은 무술을 금했다는 것이 정부의 정책이었기 때문이다.

일본의 경우를 한 번 살펴보자.

일본의 무술은 검과 도로 한정되어 무사도로 승화되고 사무라이라는 명으로 별칭되어 존경받는 무사 계급이 있었다. 전국시대만 해도 실전적인 전쟁 무기로 검, 창, 봉, 활로 종합해 사용되었지만, 근세에 들어 창술, 검술, 봉술, 유술로 정립되었다. 이렇게 세분화하여 독립된 유파가 생기고 이를 전수하는 방식으로 이어져 내려왔다. 그 중 검술은 모든 무술 속에 대표로 중시되어 보급했고, 그 중에서도 도쿠가와(德川) 가에서 배웠던 '신음류'와 '일도류'가 중심적인 유파이다. 그 밖에 미야모토 무사시의 '이천 이류'와 사스마번의 살마가 만든 '시현류'가 대표적이다. 또한 병서로는 다꾸앙 스님의 '부동지신묘록', 야규 무네노리의 '병법가전서', 미야모토 무사시의 '오륜서'가 전해지며 공식적인 것은 아니지만 거합도(居合)로 하야시 진스케, 보구텐과 각 번에서 변형된 막부 말의 류파로 심형도류, 북진일도류, 신도무념류, 직심영류, 경심명지류, 갑원일도류 등의 신파가 생겨났다.

  물론 강호 중기에 나가누마 시로 오자에몬과 나카니시 츄우죠오가 만든 방구와 죽도를 고안했고, 죽도타격 연습이 세간에 퍼져 오늘에 이른다. 이렇게 발전된 검술은 막부 말기를 정점으로 명치유신 이후 도검소지를 금지하자 무사계급이나 도장 사범들의 생활이 궁핍해지고 검술은 쇠퇴해가고 있을 때 사카키바라 겐키치를 중심으로 검객들을 모아 '격검흥행'이라는 명칭으로 시합 격의 영리형태(상금)를 창시하여 부흥시키게 된다. 그것이 바로 오늘날 죽도 경기 시합의 시초다.

  2차대전 이후 일본의 무덕회 해산과 학교 교육으로 검도를 제외하며 폐지되었다가, 1952년 전일본검도연맹이 결성되고 검도를 스포츠로 재출발시켜 경찰, 학교, 실업단 등을 조직적으로 부활 정비하여 왔다. 1970년 한국도 가입된 국제검도연맹이 창설되었고, 동년 동경에서 제1회 세계검도선수권대회가 열렸다. 2015년에는 일본 중고등학교에 체조과목으로 무도를 넣어 주변국으로부터 군국주의 부활의 걱정과 의심을 유발하고 있다.

이렇게 동양 3국을 비교한 것은 무술은 어차피 근세에 이루어진 현상이고, 문파의 폭발시기도 근대 이후이며, 전투기술로서 효용성이 상실되자 건강과 수양 기술로 목적이 바뀌었다는 것이다. 한국에서도 무예 문파가 생기지 않았다가 1980~1990년대 사이에 많이 생긴 것은 사회적 환경의 결핍과 경제적 해방감으로 승부욕이 강한 민족성 때문이다.

근자에 우리나라에서도 전통무예 중 '본국검'과 '예도'를 연구, 보급하는 단체가 많으나 그 중 대한검도회의 이종림이 본국검을 석사 논문으로 발표했고, 이국노(李國老)가 2017년 〈실전 우리 검도 예도, 본국검〉을 완성하여 출판하여 일본 검도가 한국에서 건너가 모방된 것을 검의 이법으로 발견하여 한국과 일본의 무술이 따로 있는 것이 아니라 이미 혼합되었음을 증명하였다. 따라서 일본검법은 우리나라 '예도'를 인용한 것이라고 이 책에서 저자는 말하고 있다.

분명한 것은 명과 청나라와 조선은 민간인이 무술을 하는 것을 용납하지 않았다. 다만 일본의 경우 오다 노부나가, 도요토미 히데요시는 창검 무술은 전쟁에 바람직하지 않아 크게 사용하지 않았으나 전쟁이 끝난 후 도쿠가와 이에야스는 수신의 문화로 장려한 것이 오늘날까지 3국의 무술이 보존되어 왔다는 것이 정설이다. 당시 막부의 통치수단이었기 때문이다.

무술(武術)은 군인만이 했다

　지금의 무술인이나 도장을 염두에 두고 과거를 연상하면 안 된다. 과거에는 민간 무술인이나 은류무사, 무술 스님과 절, 또는 신사를 생각하는 개념은 절대적으로 존재하지 않았다. 이런 것들을 마치 존재하는 것처럼 현대의 입장에서 생각한 것은 드라마적인 발상들이며, 또는 일본의 패러다임을 모방하거나 무협지에 나온 상상의 가짜 이야기다. 이런 것들은 모두 듣기에는 그럴 듯하고 멋있으나, 실체가 없는 꾸며진 것이라는 것을 알아야 한다.

　예를 들어보자.「임꺽정」을 지은 홍명희는 충북 괴산 사람으로 일본에 유학한 민족주의자로서 일제에 저항하는 민중의 지혜를 일깨우기 위한 소설로 썼다고 한다.「임꺽정」을 보고 즐거워하는 것은 나오는 인물들의 무예(武藝)가 아니라, 정부와 관리가 얼마나 무능했고, 민중을 얼마나 많이 착취당했는가에 초점이 맞추어졌으며, 조선이 왜 망하여 식민지가 되었는가에 대한 문제의식과 망한 국가에 대한 배신감을 모아 조선사회의 부정적인 면을 주로 부각시켰기 때문이다. 소 잡는 백정 임꺽정이 어디서, 누구에게 무술을 배웠겠는가? 저자 홍명희는 왜 공산주의자로 북한의 부주석이 되었는가를 생각해보면 간단하게 답이 나온다. 일제하에서 조선 사회의 정체성을 언급하고 무능한 정부 관리를 이야기해놓고 그 반대로 도둑 집단을 지나치게 부각시킨 것은 무술과는 아무런 의미가 없는 것이다. 임꺽정에 나오는 인물 중 무술(武術)

을 정말로 배운 사람은 아무도 없다고 단정할 수 있는 것은 필자 뿐만 아니라 무술을 조금만 배운 사람도 금방 알 수 있다. 무술에 대해서는 모두 거짓말이다.

　무술(武術)은 전투기술로 옛날에는 아무나 배우지 못했다. 무술은 병법의 하위 단계로 오로지 군인만이 할 수 있었다. 지금이야 도장에서 수업료만 내면 배울 수 있고, 단증을 얻을 수 있지만, 옛날에는 있을 수도 없고 지금의 이런 방법은 모두가 일본에서 유래된 것으로 단(段)증은 일본식 면허 방식으로 보면 된다. 중국도 우리나라와 같이 무기소지가 금지되어 있었고, 청나라 때에는 민간은 무술 연무까지 금지시켰다. 그래서 중국에는 무술이 없다.

　따라서, 무술 수련은 군대에서만 가능했고 간간이 비밀 결사대가 은밀히 전수하는 모습은 그 자체가 전해져 내려오는 신빙성 없는 이야기로 지금도 중앙집권화한 국가에서 전투기술인 무술을 마음대로 수련하도록 내버려두는 나라는 없다. 지금 전투기술인 총과 대포 사격을 일반인이 쉽게 배울 수 없고, 총기 휴대도 금지하는 것도 이와 같은 이치다. 오늘날 민간인이 무술을 배우고 전수한 것은 근대의 일이다.

무협지로 인한 환상

무술의 수련은 혼자서는 불가능하며, 더욱이 책을 보며 육법전서 외우듯 한다는 것은 더더욱 불가능하다. 그래서 훌륭한 스승을 찾아 3년을 떠돈다고 하는 것인데, 요즘 무술에 대한 지식과 환상으로 무협소설과 영화를 보고 많이 착각한다.

자기도 모르는 스승을 우연히 만나 무술의 비결을 전수 받고 혼자 바위에 앉아 중얼중얼 거리다가 몇 시간, 또는 몇 일만에 고수가 되어 버리는 장면이 아이들의 가슴에 불을 질러 흥분시킨다. 무술은 고된 수련과 정직한 시간이 필요하고, 적지 않은 투자가 필요해야 이루어진다. 무술은 절대로 책을 보고 따라하는 방법으로는 어림도 없다는 이야기다.

지금 우리가 알고 있는 무협 소설이라는 것은 모두 1950년 이후에 나온 신무협소설을 지칭한다. 대부분 협(俠)을 숭상하고 이상적인 인간상으로 그려져 있다. 협(俠)은 어려움에 봉착한 사람을 구해주고, 사회적 불의를 참지 못해 정의를 실현한다는 소설 속의 한 인간이다. 모두가 실물이 아닌 지어낸 가공인물이다.

중국의 역사적 무협소설로는 원조가 사마천이 쓴 「사기(史記)」 중 '자객열전(刺客烈傳)'과 '유협열전(遊俠列傳)'으로 보면 된다. 이후 송나라를 거쳐 명나라 때에 체계를 갖추어 민중에 흡수된다. 협의 소설 중 대표적인 것은 「수호지」다. 이 책으로 무술이 발전했고, 무술이 다양하게 소개되었다. 물론 개인 무술을 말하는 것으로서 지금도 이 소설의 주인공인 무송, 노지심, 연청의 이름을 무술의 시조로 삼는다. 청나라에는 포청천으로 유명한 관리의 청렴함을 주제로 펼쳐지는 '삼협오의(三俠五義)'와 '아녀 영웅전(兒女 英雄傳)'의 무예가 판을 친다.

이후 1950년대에 와서 2차 세계대전의 후유증과 새로 시작하는 독립국의 사회 혼란을 틈타서 나온 것이 바로 신 무협소설이다. 대표적으로 김용, 와룡생, 고룡, 양우생이라는 소설가로 초기에는 명말이나 청나라에 한정되었던 소재가 점점 확대되고, 그 배경도 하늘을 날아다니고 장풍을 쏘아 댄다. 뿐만 아니라 집채만 한 바위가 입으로 후 불면 산산조각이 난다. 이러한 황당무계한 것도 모자라 인간의 영혼까지 가져다가 팔아먹는다. 그래도 김용은 홍콩인으로서 역사의식은 있었으나, 대만 작가들은 이를 무시하고 사파와 정파로 나누어 대립함으로써 무협소설의 환상과 비역사성이 난무한다.

한국의 무협소설은 대부분 대만의 아류로 쓰여져 강호의 세계로 몰고 가고 상식적으로 불가능하고 근거가 전혀 없는 허구로 소설과 현실을 착각하도록 만들었다. 지금도 불가능한 것을 옛날에 했다는 것은 거짓말이다. 영화는 더하다. 성룡이나 이소룡이 나오는 영화는 다른 사람보다 좀 더 뛰어난 사람으로 왜곡되었지만 「소호강호」, 「동방불패」는 할 말이 없을 정도의 허구성 만화가 되었다.

경극의 경우도 마찬가지다. 물론 문극과 무극이 있지만 여기서는 무극을 말하는데, 8~90년대의 홍콩 영화배우 성룡도 경극학교 출신으로 무술을 연마했다고 하지만 지금의 경극은 변화해서 동작이 일본 무술처럼 되었다. 이것은 화려한 동작으로 관중을 의식해 변화된 자연 현상이다. 요즘 보면 고구려, 신라를 강조하는 무술이 간간이 보이지만 이는 사실 무근이다. 속담에 "나중에 쌓아 올린 장작이 맨 먼저 탄다."는 말이 있다. 나중에 만들어진 것이 자신의 열세를 만회하기 위해 기원이 오래된 것으로 둔갑하여 큰소리를 치게 된다. 결국 빨리, 먼저 타서 재가 된다는 말이며 그 의미가 없으며 부족함을 말하는 것이다.

그러므로 기원과 토속어를 강조하는 왜곡된 무술일수록 최근 만들어진 것이다. 따라서 무술이 고대의 기원까지 올라가는 것은 잘못된 발상이다. 근래 동양의 무술은 「무예도보통지」를 범위를 벗어날 수 없다고 끝을 맺는다.

1940년대 세상에 나온 홍콩 영춘권의 엽문도 그렇지만 삼한시대에 나왔다고 기록한 태권도도 너무 과장되었다고 생각된다. 합기도도 화랑도로 변해 신라가 원조가 되는 세상이니 할 말이 없다.

무도장(武道場)의 정의

지금 무도장의 종류는 초기와 다르게 많이 변질되었지만, 대부분 종목마다 경쟁을 많이 하고 있다. 물론 유료 도장의 경우는 더 심하다. 우선 크게 나누어 한 번 의미를 살펴보자.

① 호신술 → 자신을 방어하고 공격하는 싸움을 가르친다.
② 무도 → 무술의 기술과 인간 형성의 도를 가르친다.
③ 스포츠 → 승리를 위한 경기력을 가르친다.

문제는 세 가지가 혼용되어 근본 목적보다도 사람들의 관심을 모으는 데 무도의 근본이 이용되는 것이다. 아무리 훌륭한 선생님이라도 아이들에게 학문을 가르치지 않고 사랑만 한다면 짐승을 만드는 것이며, 아무리 훌륭한 무술사범이라도 무술만 가르치고 수양을 지도하지 않으면 인간 백정을 기르는 것이다.

또한, 호신술만 가르치고 도(道)를 모른다면 이는 지하철 무도가 된다. 그저 돈 받고 이기기만 하는 천박한 야바위꾼 무술이라는 이야기다. 무도장(武道場)은 정의(正義), 염치(廉恥), 예(禮)를 무술과 함께 가르쳐야 훌륭한 인간이 되는 것이다. 그리고 이기고 지는 법을 알아야 깨끗한 승복과 승자의 배려를 체험하게 되는 것이다. 이것이 바로 무술과 수양(修養)으로 가르쳐 훌륭한 인격 형성을 이루게 하는 것이 바로 무도장이다. 무도장(武道場)은 달라야 한다. 차별화만이 살 길이다.

  무도는 스포츠와 놀이와는 다른 교육과 체험을 창출해야 한다.

무도장(武道場)과 무도 경기

  쉽게 이야기해 도(道)를 가르치는 장소라고 할 수 있지만 그것은 다만 글자풀이다.

  무엇을 어떻게, 왜 가르치고 또는 무엇을 수련하고, 단련하는 것인가에 문제가 있다. 무술 도장은 한마디로 싸우는 기술을 가르치는 곳이라고 하지만 이것은 수단에 불과하고 목적이 될 수는 없다. 왜냐하면 육체적 기량으로 이기는 것이 무의 최종 목적이 아니기 때문이다. 즉, 단순한 육체적인 승리가 최종 목적이 아니라는 것이다. 도장은 훌륭한 인격을 형성하여 참된 인간의 길을 걷게 하는 곳이다. 즉, 이기고 지는 단순한 겨루기 보다는 '이기는 법', '지는 법'을 통하여 자기 자신을 수양하는 데 그 목적이 있다. 이긴 자는 승리에 도취하기 보다는 패한 자에 대한 배려의 마음과 행동을 갖게 하고, 패한 자는 깨끗이 승복하는 페어플레이 정신을 기르는 것이다.

이를 위해 도장은 예(禮)를 배우고, 올바른 자세와 행동으로 사회에 건실한 인간으로서의 화합을 가르치는 장소이며, 덕행과 스스로 한층 더 발전하는 극기복례(克己復禮)의 정신을 함양하는 곳이라고 말할 수 있다.

때로는 무도의 가르침을 어기고 스포츠 경기에서 이겼다고 춤추며 날뛰거나 괴성을 지르고 패배자에게 비아냥거리며 흥분하는 모습과 진자는 패배를 인정하고 승복하는 것이 아니라 심판을 욕하거나 탓하고 심한 어필로 불손한 태도를 취하는 것은 무도인으로서 반드시 삼가해야 할 덕목이다. 사회생활도 승복과 배려를 실천함으로써 밝은 사회를 만든다는 것이다.

무도의 등급(급, 단), 또는 품계

무도에는 종류와 관계없이 급심사와 단심사를 받아 품계를 준다. 이 단급이 무도에 사용된 것은 1883년 일본 유도의 가노 지고로가 단(段)을 처음 사용했고, 급은 1885년 일본경시청에서 검도가 처음으로 사용하였다. 이 단(段)의 원조는 1,500년 전 중국의 양나라 무제(武帝)가 바둑기사들의 품격을 9등급으로 만들었는데 이를 무술에 도입한 것이다.

① 초단은 수졸(守拙) : 겨우 지킬 줄 안다.
② 2단은 약우(若愚) : 어리석지만 나름대로 움직일 줄 안다.
③ 3단은 투력(鬪力) : 싸울 줄 아는 힘이 있다.
④ 4단은 소교(小巧) : 조금 기교를 부릴 줄 안다.
⑤ 5단은 용지(用智) : 지궁리(머리)를 쓸 줄 안다.
⑥ 6단은 통유(通幽) : 그윽한 경지에 도달했다.
⑦ 7단은 구체(具體) : 틀(골격)을 짤 줄 안다.
　　설계를 할 수 있다.
⑧ 8단은 좌조(坐照) : 앉아서도 훤히 내다본다.
⑨ 9단은 입신(入神) : 마지막 신의 경지에 도달한다.

　현재 종목에 따라서 10단, 9단이 무도의 최고 경지이지만 검도는 급과 초단에서 8단까지만 사용하고 있다. 단(段)이 현대사회에서는 직업을 가지는 수단으로서의 라이센스로 사용되는 것은 무술에 기능을 전달하는 기본 취지와는 다르다고 할 수 있다. 옛날에는 무술을 지도하고 사례는 받을 수 있어도 보수는 받지 않았다. 사례는 배움에 대한 감사의 마음을 담아서 성의를 표시하는 것이고, 보수는 일정 금액을 정해 의무적으로 수강료를 받는 것이다. 그러므로 사례는 사제지간의 표시이고 보수는 상품을 파는 거래의 뜻이 포함 되어 있는 것이다. 따라서 스승이 사례를 받는 것은 예(禮)의 자연스런 표현이다. 현대의 뇌물과는 전혀 다른 품격을 말한다.

참고로 일본의 가노 지고로는 동경제국대학과 황실 교육을 받은 최고의 신분으로 동양 최초의 IOC 의원을 지낸 스포츠 영웅이다.

무술은 단(段)의 품계에 따라서 지식이 다르다

여기서 지식은 자신의 무예에 대한 학식과 통찰력을 말하는 것으로 일반적인 기억력이나 산수풀이가 아니다. 초급자가 생각하고 보는 것과 유단자가 보고 생각하는 것이 전혀 다른 지식의 차이가 있다는 말이다. 최고단자가 생각하는 지식은 크기, 넓이, 경험, 이치 등 모든 면에서 높다. 군(軍)에서도 일등병, 하사관, 소대장, 대대장, 연대장, 사단장이 보는 생각이 각각 다르다. 장자가 말하길 "우물 안의 개구리는 바다를 보지 못한다."는 것은 바로 이런 뜻이리라.

단(段)이 올라갈수록 지식도 높아진다는 것을 명심해야 한다. 단의 품계에 따라서 배우는 품세도 다르고, 지식과 경험이 풍부하며 인격 또한 달라질 수 있다. 이를 통틀어 단의 존엄성이라고 한다.

칭호란 무엇일까?

일본이 무도(武道)라고 총칭을 바꾸면서 각종 무술의 최고수 30명 이내를 뽑아 '범사'라는 칭호를 주고, 종신 연금을 주었다. 1934년 3월 1일 현행처럼 범사, 교사, 연사와 같이 3단계로 제도가 확립되었다.

현재의 제도는 1943년 3월 28일 제정된 「대일본 무덕회 칭호심사」 규정으로 각 지역의 회장이나 지부장이 추천한다. 여기서 연사는 지조가 있고 우수한 기능 보유자로 견실해야 한다. 또한, 교사는 지도력과 인격, 지략이 있어야 하며, 반드시 연사를 획득하고 일정한 기간을 둔다. 범사는 덕조가 고결하고 원숙한 기능자로서 이 분야의 타의 모범이 되어야 가능하다. 칭호는 단급제에 부합하여 5단 이상을 대상으로 심사한다. 지금은 주로 일본과 한국에서 검도와 유도에서만 이 제도를 시행하고 있다.

참고로 우리나라(대한검도회)에서는 고단자의 위계를 아래와 같이 칭호로 표시한다.

1. 연사(鍊士) : 5단 이상으로 기능이 우수하고 품행이 단정한 자.
2. 교사(敎士) : 연사로 인격과 기능이 지도자의 위치에 있고 검도 보급 발전에 기여한 자.
3. 범사(範士) : 교사로 인격이 고매하고 검의 이(理)와 기(技)에

정통하고 공로와 모범이 되는 자.

  심사 소정기간은 연사는 5단 취득 후 만 3년 이상, 교사는 5단 연사 수령 후 7년, 6단은 6년이 초과 되어야 하며, 범사는 교사 칭호 수령 후 10년이 초과되고 만 55세 이상이어야만 한다.
  또한 8단 승단 후 8년이 되어야 하지만 심의 과정을 정당하게 통과해야 한다, 심의 또한 엄격하고 냉정하게 치러진다.

실전 최고수의 7계명

  무술의 천재는 몸속의 여러 힘들을 조화롭게 묶어서 만들고 어떤 다른 힘에도 거스르지 않아야 한다는 기(氣)의 철학이다.

① 최고 단이 되는 것은 스스로 최고수가 되어야 한다는 정신과 본질을 확신하고,
② 스스로 여기에 써야 하는 힘을 일깨워 훈련으로 단련시키고,
③ 자신의 일에 대해 감성을 버리고 이성적으로 대해야 하며,
④ 훈련을 통해 확신과 민첩성을 기로 터득해야 하며,

⑤ 목표에 대해 몰입(정신일도 하사불성 精神一途 何事不成)하고 다른 생각을 하면 안 된다.
⑥ 자신의 버릇을 버리고 스승의 가르침을 철저히 수행하고 익혀야 하며,
⑦ 여러 스승을 찾아 배우고, 훌륭한 스승을 모시고, 그의 제자가 되어야 한다. 자신이 오만함은 낮은 곳만 보고 높은 곳을 보지 못해서 불손해진다.

중화지기(中和之氣)

무도를 공부하다가 보면 여러 말 중에도 '중화지기(中和之氣)'라는 말을 자주 접하게 된다. 이 말은 도(道)의 극치를 설명한 말로 중용(中庸)의 첫 번째 가르침이다.

내용은 이렇다.

하늘의 말씀은 성(性)이며 우리가 이것을 따르는 것을 도(道)라고 하며, 이 도(道)를 깨우치고 닦는 것을 가르침이라 한다. 이 도(道)는 우리를 한 순간도 떠날 수 없어 남이 보거나 듣지 못한다고 행하지 않을 수가 없다.

그래서 무도인은 자신이 홀로 있을 때 더욱 정결한 마음으로 경

계하고 삼가야 된다. 이것을 우리는 수신(修身), 수양(修養)이라고 한다.

　사람이 기쁘고 화가 나고 슬프고 즐거울 때의 감정이 아직은 생겨나기 전을 '중(中)'이라 하고, 그것들이 생겨나서 모든 것이 어김없이 절도에 맞는 것을 '화(和)'라고 하며 몸과 마음이라고 할 수 있다.

　따라서 '중(中)'은 하늘이 명하는 근본이며 '화(和)'는 하늘의 근본을 통하는 길(道)이라고 할 수 있다. 이런 중화(中和)의 경지에 이르면 하늘과 땅이 올바르고 만물이 생겨나 훌륭히 자라는 도(道)의 최종점이다. 이와 같이 과거, 현재, 미래를 모두 아우르는 상태를 만드는 좋은 마음과 몸의 행동을 미래지향적으로 항상 몸에 가지고 살아야 한다. 이를 보고 하늘의 뜻, 하늘의 이치라고 한다.

　이보다 더 큰 에너지는 없으며 기독교에서 말하는 천지창조와도 일맥상통하는 말로 무술에 인용하기는 그 의미가 너무 광범위하다.

지 · 인 · 용(知 · 仁 · 勇)

무도(武道)를 하는 사람은 누구나 알아야 할 교훈이다. 필자가 일본에 방문했을 때 어느 무도 체육관에 가도 이 글은 항상 중앙에 쓰여 있다. 이글은 중용(中庸) 20장에 나오는 공자님의 말씀이다.

공자가 노나라 애공을 만나 그의 질문에 답한 내용으로 공자는 이렇게 말한다.

"천하에 모두가 통하는 도(道)는 다섯 가지가 있으며 그것을 행하기 위한 것으로는 세 가지가 있습니다. 그 다섯 가지는 임금과 신하, 부모와 자식, 남편과 부인, 형과 동생, 그리고 친구 사이의 도(道)가 있는데 이 다섯 가지가 바로 천하에 통하는 길이다. 이 다섯 가지 도(道)를 이루려하면

첫째 知(지) 지혜로움, 둘째 仁(인), 셋째 勇(용)으로 인자함과 용감함이 도(道)를 행하기 위한 것으로 천하를 통하는 덕(德)이다. 좀 더 설명하자면 임금과 신하는 충성(忠), 부모와 자식은 효도(孝), 남편과 부인은 사랑과 존경(存), 형제는 우애(友愛), 친구는 신의(信義)로 보며 이를 항상 행동으로 해야 하는데 이를 수행하려면 우선 지(知) 지혜로운 지식을 배우고, 인(仁) 어진 마음을 가져야 하며, 용(勇) 용감한 용기를 배양해야 하는 수신(修身), 수양(修養)이 필요하다. 이것이 바로 무덕(武德)으로 무예를 배우는 사람이 필요로 하는 가장 중요한 덕목이다.

육군사관학교나 동경 무덕관에도 이 글이 크게 쓰여져 있는 것은 덕(德)을 쌓는 기본 지식을 가르치기 위한 지침으로 생각된다.

배우기를 좋아하는 사람은 지혜로움에 근접하고 힘써 행하면 어짊에 가까우며 부끄러움을 알면 용감해지는 것이다.

검(劍)과 도(刀), 창(槍)과 곤(棍)

병기(兵器)는 수없이 많지만 장병기(長兵器)와 단병기(短兵器)로 크게 나누어진다. 창(槍)과 곤(棍)을 장병기라 한다면 검(劍)은 단병기로 도(刀)와 함께 대표적이라 할 수 있다. 여기서 칼날이 양편에 있는 것을 검(劍)이라 하고, 한 쪽 편에만 날이 있는 것을 도(刀)라고 한다. 그러나 오래 전부터 이 두 가지 모두를 혼용해 검(劍)으로 명칭을 사용함으로써 특별히 구분하기 어렵다.

처음에는 검(劍)을 사용하였지만 도(刀)가 나온 후 도를 주류를 이루게 된다. 문제는 이것이 무기로서의 날카로움이나 둔한 것이 아니라 각 나라마다 습속이 달라서 붙여진 말이며, 대체로 지금은 검(劍)은 사용하지는 않는다. 검은 옛날에 만들었으나 지금은 거의 사용하지 않고, 도(刀)를 요도(腰刀)로 허리에 찬다. 검도 그 종류가 다양하고 형태가 서로 다른 점이 있으며, 오묘한 변화가 다르지만 그 이치는 많은 점이 유사하다.

무예도보통지(武藝圖譜通志)에 실린 무예 중(24기) 본국검 예도, 쌍수도, 쌍검, 왜검, 제독검, 마상쌍검 등은 쓰이는 용도는 다르지만 모두가 환도(環刀)를 쓴다. 우리나라의 환도(環刀)는 칼등이 두텁고 무게가 가벼우며 날카로운 것이 특징으로, 허리에 차고 다니는 칼이다. 이 칼은 검의 장점을 살려 만들고, 도의 이로움이 있어 단병기로 가장 훌륭하다고 할 수 있다. 검과 도는 그 형태가 달라 수련법과 용도의 차이가 있고, 도(刀)의 모양은 한 쪽은 칼날, 한 쪽은(반대쪽) 칼등으로 몸에 붙이거나 손으로 눌러 사용해도 상처를 입지 않는다. 따라서, 도(刀)는 돌리고, 손으로 받쳐 들고, 눌러 치고, 겨드랑이 안에 감추어도 괜찮으며 상대편 병기를 호나 칼등으로 막을 수도 있다. 또한 강력한 힘, 속도, 호의 길이와 빠르고 날카로운 베기에 적합하며 철갑주와 두꺼운 옷을 입었을 경우에도 다양한 찌름도 효과적이다.

반면 검은 얇고 한 손으로 쓰는 것이 주이며, 찌르기와 빠르게 찍어 치는 것 외에는 효율성이 떨어진다. 도검의 무게는 사람의 신장에 따라 길이와 무게가 다르다. 사용하는 사람의 신장과 체중에 따르고, 체격에 맞추어 사용하나 반드시 그 크기와 무게가 승패를 좌우하지는 않는다. 작은 것이 큰 것을 이기고, 큰 것이 반대로 작은 것을 이기는 것은 사용하는 사람의 훈련과 기술 수준 그리고 환경에 따라서 변수가 있다.

　무예도보통지에는 환도의 길이가 3자 3치, 무게는 한 근 8량으로 기록되었으나, 현대의 척도와 옛날의 척도가 다르므로 칼끝의 길이는 칼을 지면 위에 세워서 배꼽정도의 높이를 기준으로 삼았고, 무게는 1근 8냥을 기준으로 하였다. 칼의 무게 중심은 손잡이 쪽에 가까워야 하며, 가벼운 단조로 칼날과 칼등의 강도가 다르게 담금질 되어야 한다. 일본의 경우는 자신의 팔 길이를 기준으로 한다. 또한 자신의 신장에 0.43을 곱한 수치를 쓰며, 여자의 경우는 0.5를 곱하는 것이 통상적이다.

호국신검(護國神劍) 예도(銳刀)를 지키면서 경계해야 할 일본(日本)

　'예도' 또는 '조선세법'은 대부분 한문으로 「무예도보통지」나 「무비지」에 쓰여져 있습니다. 문제는 동양에서 한문으로 쓰였던 나라는 중국, 일본, 베트남 그리고 우리나라로 각 나라마다 조금씩 다르다는 것이다. 즉 한국은 한국식 한문으로 사용되어 중국 사람이 한국의 고전은 번역이 불가능하다. 그래서 제가 한국인으로서 믿을 수 있는 내용과 후손들에게 전달을 목표로 쉽게 쓰고 새로운 무술산업으로서의 가치를 창출할 수 있는가에 대한 고심과 우리를 돌아 볼 수 있는 기회를 만드는데 노력했다. 예도는 우리 문자가 없을 때 쓰여진 우리 검술법 한문으로 되어 있음을 전제로 말씀드린다.

역사적으로 중국은 칼에 관한 것은 잊어버린 지 오래되었고 중국에 속박되어 있던 우리나라도 무(武)를 숭상하지 않아 자세한 무술이 전하지 못하고 부분적으로 말과 동작이 남아있다. 다만 일본은 선비 사(士)를 무사 사(士)로 공포(1603 덕천가강)하고 사(士), 농(農), 공(工), 상(商)의 신분제도 중 가장 윗부분에 자리 잡게 통치한다. 여기에다가 무사계급에게는 칼을 찰 권리를 주고 성(姓)을 주며 무사로서의 명예와 헌신으로 가치를 부여했지만 상인과 소작 농민에게는 칼은 물론이고 성(姓)도 가질 자격이 없었다. 당시 무사는 상급 하급 모두 전 인구에 8%정도 였으며 우리나라 양반 비율도 비슷했다.

분명한 것은 1483년 중국은 67,000자루의 일본 칼을 수입했고 1616년에도 명나라는 87000자루의 칼을 수입해 가져갔다. 우리나라의 경우도 임진왜란(1598) 끝난 후 일본군에 참여했다가 귀화한 사람들에게 벼슬은 물론 무술을 가르치는 사범으로 기용했다. 정부는 일본 칼을 받고 크게 상도 주었으며 1724년 영조 임금의 취임식에 축하선물로 육중한 갑옷 50벌, 칼 350자루, 67대의 창과 23정의 화승총을 보내오기도 했습니다. 비공식으로 흘러 들어온 칼의 숫자는 상상을 초월한다.

　이와 같이 무기를 만드는 기술은 곧 무력(武力)을 의미하는 것으로 당시의 일본 칼 제련 기술이 세계 어느 나라도 따라가지 못한 기록도 있다. 철을 달구어 두드리고 접고 담금질하는 단조 횟수가 400만 번 했다는 가네모토(15세기)가 만든 칼은 서양의 기관총 총열을 두 동강 냈다는 역사도 있으며 갑옷도 최고로 모든 나라가 수입해갔다.(단조22회 반복)

　그렇다면 일본의 당시 실제 무력은 어떠했는가 보자. 임진왜란 시 수많은 의병과 조선, 명나라 연합군에 패퇴했다는 우리의 주장은 애국심에 의한 이야기 일뿐, 명나라 공식 문서를 한 번 보면 이렇다.

　풍신수길이 일으킨 임진년 침공은 7년을 싸웠다. 사상자만 수십만으로 조선과 명은 손잡고 싸웠지만 승기를 잡지 못했다. 오직 관백(풍신수길)의 죽음으로 전쟁의 참회를 끝낼 수 있었다고 기록되어 있다. 이런 일본은 1970년에도 2022년에도 만든 칼을 3등분으로 나누어 진 등급으로 등록하도록 정부가 나서 최고의 1등급은 국보, 2등급은 중요문화재, 3등급은 중요예술품으로 지정한다는 것에 경계심을 가져야 한다.

　이와 같이 동양의 무술은 일본에 남아 있을 수밖에 없으며 그들은 전쟁에 있든 없든 지속적으로 문화를 발전시켜 왔다. 더욱이 기록 문화와 찬탈해간 고급문화재도 귀중하게 보관되어 있다는 사실을 부정 할 수는 없다. 중국 역시 우리와 마찬가지다. 다행히

도 우리 조상만이 예도(銳刀)를 조선세법(朝鮮勢法)으로 남긴 호국무예(護國武藝)를 중국은 통째로, 일본은 부분적으로 자기 나라 것처럼 주장한다. 여기다 북한도 세계문화유산으로 유네스코에 지정하게 된다. 큰일은 또 있다.

현대 검도는 죽도로 경기와 승부를 가리는 스포츠로 위장하고 실제 내용은 대일본형의 검법을 중용하고 있다는 것이다. 결론적으로 죽도검도도 이검의 이법에 따라서라는 단서가 붙어 있다. 이것은 일본 검에 대한 본뜻을 숨기고 표현하고 내용의 인간 성격에 대한 은유의 원천으로 보아야 한다.

그들이 만들어놓은 검도의 이념도 그렇다. 그들이 말하는 훌륭한 인격형성이란 검을 통해서 만들어지며 그들이 말하는 검은 사무라이로 죽음을 아는 정신으로 훌륭함이 꽂혀 있다. 경악할 노릇이다. 우리가 쓴 한문을 중국인이 해석할 수 없듯이 우리도 해석이 다를 수 있다는 말이다. 검도의 최종 목적은 수양(修養)으로 본다는 필자의 주장은 이 수양이 검도의 이념을 대신한다. 이에 조상이 우리 민족을 위해 내려주신 신검 '예도'를 국기(國技)로 만들고자 함이다. 그래서 신이 내려주신 검이라고 감히 이름을 지었으며 서양의 그 누구보다도 100년 전에 일본 천왕이 자신을 상징하는 징표로 칼을 주어 신임한 검의 역사를 한 번쯤은 새겨보아야 한다.

신을 경배하고 상급자에게 복종하고 친절하며 도덕적으로 표현하는 말에다가 세계 최고의 예술 산업을 지향하는 나라 일본을 배워야 하지만 그 속을 관찰해야 할 것이 바로 정신이다. 속는 자는 속이는 자보다 순수하지만 어리석다는 말이다. 과거를 경계하고 허물어야만 미래를 혁신해 무예보국(武藝報國)에 한발자국이라도 밟아 보고자 한다는 말이다. 우리는 일본도 중국도 모른다로 시작해야 미래에 희망을 주는 것이다.

장개석도 시진핑도 우리나라를 중국의 변방으로 입방아를 찧는다. 6.25 전쟁 당시에 장개석의 참전 지원을 불같이 거절한 이승만 대통령의 호국정신도 중국을 경계하라는 역사적 소명이다. "뭐라고! 청나라 군대가 다시 온다고!" 청나라(원세개_袁世凱)도 한일합방 전 9년 동안 우리나라 국권을 침탈했다.

상해 임시정부는 장개석에게 공식 정부로 인정해달라고 요구하였으나 끝내 거절한 이유는 종전 후 중국은 조선을 자신의 국가 변방으로 종주국 행사를 해야 함으로 독립을 인정할 수 없었던 것이다.

제 3 장

국기 國技

예도(銳刀)는 최고의 법식으로 구비된 검법으로 세계 어느 검법도 이 범주를 벗어날 수가 없다. 또한 그 범위가 너무 넓어 우리나라 전군이 하는 무술이었다고 본다면 질과 양에서 우월하다.

예도(銳刀)는 우리 선조가 후손에게 물려준 문화유산 중 세계 제1의 호국신검(護國新劍)으로 반드시 이어지고 발전되어야 할 호국무예(護國武藝)이며 정신이다.

- 예도(銳刀)

무예도보통지(武藝圖譜通志) 알아두어야 할 중요내용

　무예도보통지의 통(通)은 이 책의 모든 내용을 완벽하게 이해하고 소통하는데 막힘이 없는 상태를 말하는 것으로 대전통편 (大典通編), 병학통(兵學通)을 합쳐 3통이라 부른다.

　무예도보통지는 임진왜란 이후 만들어진 「무예제보」「무예제보 번역 속집」「무예신보」를 총망라한 18기(18가지)에다가 마상무예 등 6기를 더 해 1790년 만들어진 조선시대의 최고 단병무예 병서이다.

　이 책은 중국의 병서 「기효신서」「무비지」를 인용하고 일본과 이여송 검법을 추가 시켰고 우리나라의 「예도」「본국검」을 찾아 실어 세계최초의 단병기 병서로 세계 문화유산으로 「유네스코」에 등록되었으며 그 내용은 다음과 같다.

2016년 북한이 자신들이 보존한 무예도보통지를 아시아 태평양 지역 기록 유산으로 등재했다가(베트남) 2017년 10월 북한 단독으로 세계 기록 문화유산으로 등재했다. 이 무예도보통지는 현재 서울대학교 규장각, 육군 박물관, 장서각(국가)등에 보관되어 있으며 북한은 평양 인민대 학습당에 있다고 한다.

또한 일본 「쯔꾸바 대학」 도서관에도 1부가 있다고 하며 여기에 보관된 책은 판본 책의 표지 순서가 춘, 하, 추, 동으로 되어있어 다른 곳에 소장되어 있는 권 1~4로 표기된 것과 다르다. 참고로 이 병서는 단체 군사 조련과 군인 개인의 무예 훈련에 중점을 둔 군사 전투 훈련에 필수적이었다. 더 괄목할 것은 고이표(考異表)를 붙여 전군 표준화 한 것은 높이 평가된다. 그 내용을 구체적으로 살펴보면 다음과 같이 역사적으로 정리할 수 있다.

참고로 이 무예 이름을 「18技」 로 부르기도 하지만 실제는 18가지의 무예로 사도세자 때에 임수웅이 만들었다는 무예신보의 내용으로 18반(般)으로도 부르며 「조선의 국기」 라고 하는 것은 중국, 일본 등의 무예가 주류 16가지로 보아 타당성이 없다.
따라서 국기(國技)라 함은 그 중 예도(銳刀)이며 본국검은 예도에서 파생되어 인용된 검법으로 보는 것이 옳다. "우리나라 국기는 「예도」 이다." 라는 것이 옳다고 본다.

조선의 시대적 무예서 편찬도

병법서	편찬연도	편찬담당	편찬내용	총기예
무예제보	선조 31년 (1598)	훈련도감 훈구랑 한교	곤봉, 등패, 낭선, 장창, 당파, 장도	6기
무예제보 번역속집	광해군 2년 (1610)	훈련도감 도청 최기남	권법, 청룡언월도, 협도곤, 왜검	4기
무예신보 (무기신식)	영조 35년 (1759)	훈련도감 군교 임수웅	죽장창, 기창, 예도, 왜검, 교전, 월도, 제독검, 협도, 쌍검, 본국검, 권법, 편곤	18기
무예도보통지	정조 14년 (1790)	규장각 이덕무, 박제가, 장용영 초관 백동수	기창, 마상월도, 마상쌍검, 마상편곤, 격구, 마상제	24기

※ 총기예 수에 무예제보 번역속집은 포함되지 않는다.

예도(銳刀), 중국명(조선세법)

예도가 우리에게 밝혀진 것은 1621년 명나라 모원의라는 장군이 쓴 「무비지」라는 책에 '조선세법(朝鮮勢法)'으로 개명하여 24세를 기록하여 밝혀진다. 그것도 모원의는 최근 호사가가 조선에서 이 도보를 구해왔는데 동서고금의 자료 2400권을 보아도 이처럼 잘 된 검법이 없어서 이 책에 싣게 되었다고 하면서 이 검법은 당나라 때에 중국에서 하던 검법이라고 말한다. 자신들이 잃어버린 것을 변방인 4개의 오랑캐국중 조선에서 구해왔는데 이름을 몰라 조선세법이라고 한다고 하였다. 또한 세법이 확실하게 구비된 검법으로 세상 어느 검법도 이 범주를 벗어날 수가 없다고 했다.

다만 그 증거로 당나라부터 내려오는 「검결가」라는 시 한 편을 제시했다. 그리고 검보를 중국 복색에 양날검으로 바꿔치기로 그려 넣었다. 문제는 이 책이 발간되면서 국가의 금서로 지정하여 황궁 금고 속에 감추어 두고 아무도 볼 수 없게 봉인을 한 것이다. 명나라가 망하고 청나라가 지배하면서도 풀리지 않았다. 조선에서는 이 책을 어떻게 하든지 구하고 싶었지만 구하지 못했다. 심지어 영조 왕은 중국으로 가는 사신마다 손바닥에 '武字'를 써주며 잊지 말고 어떻게 하든 구해오라고 간곡하게 부탁을 했다고 한다. 결국 어느 역관에 의해 구해져 평양에서 처음으로 인쇄된다. 누구보다도 무예에 관심이 많았던 사도세자가 만들었다는 「무예신보」와 그의 아들 정조 대왕이 만든 「무예도보통지」에 18기 중 한 종목으로 우리나라 고유의 무예로 본국검과 함께 실어 밝혀지게 된다.

무예도보통지는 정조가 직접 서문을 썼고 당대 최고의 책벌레라는 이덕무, 최고의 서예가 박제가, 당대 최고의 무사 선달 백동수를 주간으로 240명의 화원, 조각가, 무술가 등 관련자와 '장용영'의 군사까지 동원하여 1년간의 각고 끝에 1790년에 완성하게 된다.

이덕무라는 사람은 출신이 서출로 백동수의 매형이지만 친구처럼 지낸 사이로 한 번 책을 들면 해가 뜨는 시간에 맞추어 동쪽으로 돌아서서 읽기 시작하여 해가 질 때에는 서쪽에 머리를 두어 하루 종일 책을 보는 것을 보고 사람들은 그를 '책 읽는 바보'라고 했다고 한다. 신분이 서출이라서 과거 볼 상황이 아니지만 역사나 학문으로 그를 따를 자가 없었다고 한다. 글씨의 박제가는 '열하일기'로 유명한 연암 박지원 선생의 수제자로 눈빛이 파란색이라는 묘한 학자로 글씨를 아주 잘 썼다고 한다. 마지막으로 백동수는 29세에 무과에 급제하고 선달로 주유하다가 45세에 국왕호위 부대인 '장용영' 초관에 임명되어 정조의 특명으로 「무예도보통지」 편찬 무술 총감독을 맡아 간행했고 비인 현감과 박천 군수를 지냈다. 그를 당대의 석학인 박지원은 '전서와 예서'에 뛰어난 서예가라고 칭찬했고 박제가는 '경서와 사서를 논할만한 사람'이라고 했으며 성대중은 무(武)로써 문(文)을 이룬 사람이다 라고 말했다.

백동수는 당시의 화원에서 최고로 존경받던 김홍도가 그린 그림을 보는 앞에서 찢어버리고 화법에 대해 비난함으로써 장안의 화제가 되었다는 이야기도 전해진다. 훗날 김홍도는 「무예도보통지」의 그림을 총감독했다고도 한다. 아무튼 그는 당대에 최고의 남자로 불리어졌으며 호를 스스로 '야뇌'라고 하여 '들개'로 자유롭게 살려고 했었다.

과연 이 창검 무예의 당대 최고수 백동수는 누구인가?

백동수(白東脩 1743~1816)는 무가(武家)의 집안에서 태어난 서자 출신이다. 그의 증조부인 백시구(1649~1722)는 고을수령을 일곱 번이나 지냈고 평안도 병마절도사와 수군절도사를 지냈으나 손이 귀해 평민 출신의 두 번째 부인을 얻게 되고 그 부인의 둘째 아들 백상화가 할아버지다. 할아버지 역시 무과에 급제했고 부친인 백사굉을 낳고 백사굉은 백동수를 낳았다. 수원 백씨로 무관의 명문 집안에 태어난 그 역시 서출이라는 집안 내력을 이어받아 무과과거에 합격하지만 등용을 못하여 선달로 지낸다. 그는 다행히 할아버지와 증조부 덕분으로 어려서부터 말타기와 무술, 그리고 학문을 배우게 된다. 뒤늦게 삼고초려를 하면서 만난 무예스승이 김광택(金光澤)으로 김체건(金體乾)의 아들이다. 조선 최고의 검선(劍仙)이라고 불리우는 김체건은 효종 때 훈련도감군병으로 합격하여 포수가 되었으며 글을 아는 힘이 좋고 날렵한 병사로 검술에 뛰어난 재주를 가졌다.

김체건은 부산 주재 일본 역관으로 들어가 일본 무술을 배워 오라는 호명을 받고 잠입하여 검보와 함께 검술을 배워왔다(1679

년). 1681년 훈련도감으로 복귀하고 병사들에 사범 역할을 명받아 시행했다. 이때에 숙종은 김체건의 검술을 친람하고 크게 칭찬한다. 병조판서 김석주(1634~1684)는 그를 별무사로 임명하고 자신의 휘하에 두게 되며 어영청과 금위영의 군사에게 검술지도를 하게 된다. 이때에 예도(조선세법)를 익힌 고후점을 만나 우리 검법인 예도(銳刀)를 정립하고 왜검의 기법으로 '교전'이라는 대련법(1683년)으로 이때에 만든 검이 나무 목검에다 가죽 주머니를 씌워서 '피검(皮檢)'이라고 이름 지어 사용했다고 한다. 주로 왜검을 가르쳤다고 한다.

김체건은 한, 중, 일의 삼국 검술을 모두 몸으로 익히고 가르쳐 당시 포도청의 포교들이 왜검과 예도를 필살기로 익혔다고 한다. 1684년 이후 검계, 또는 살수계 등이 활동 할 때도 포교들이 예도를 익혔고 1697년 1월 장길산의 역성혁명 주도자 이영창을 체포하기도 했다. 일반 사병에서 '종 4품 만로'까지 올랐으며 지금 계급으로 대령쯤 된다고 본다. 하지만 관직을 받은 후 불행하게도 경상도 근무성적이 꼴찌를 하여 파직 당하는 수모도 겪었다고 한다.

김체건은 그의 아들 김광택(金光澤)에게 모든 무술을 전했고, 김광택은 백동수를 제자로 가르쳐 「무예도보통지」를 만드는데 예도와 왜검을 본국검과 함께 지도한 것임에 틀림없다. 김광택 역시 1720년부터 연임군(영조)의 호위무사로 측근에서 시중을 들었다고 한다.

　백동수는 거절하는 김광택을 스승으로 모시기 위해 무단히 노력을 했다. 그래서 나온 말이 "3년 일찍 수련을 시작하는 것보다, 3년 걸려도 좋은 스승을 찾는 것이 더 낫다."라는 무술에 배움을 이야기하는 실례로 삼고 있다. 무비지는 총 240권으로 1621년에 중국에서 처음 간행되었지만 우리나라에 처음 간행된 것은 1738년 '평양감영'에서 인쇄하여 전국의 병영에 배포했다.

　백동수는 조선의 검보인 예도(銳刀)에 미친 사람처럼 이치와 자세를 복원하고 매력을 느낀 무사였다. 불행하게도 무예도보통지를 만들고 정조왕의 파격적 인사로 혜인(충남) 현감으로 갔다가 갑자기 불어 닥친 풍랑에 어전에 가는 예물배가 뒤집혀 파직 당하고 뒤늦게 함경도 박천군수로 발령 받았으나 전국군 평가에 꼴지를 해 파직당하여 말년에는 경기도 양주 땅에서 졸한다. 그가 재연한 예도(銳刀)는 다음 28가지다. 예도나 본국검은 무당춤이 아니다. 엄숙하고 과감한 동작으로 내 생명을 지키고 적을 죽이는 동작이다. 무비지에 나오는 그림을 한국 옷으로 칼을 우리 환두대도로 바꾸어 원형으로 재연했다. 이미 당시에도 검의 이치상 그림과 이름이 바뀐 것을 알았다.

조선세법(朝鮮勢法)을
예도(銳刀)라 불러야 한다

예도(銳刀)가 처음 밝혀진 것은 명나라 장수 모원의(茅元儀 1594~1640)가 할아버지 때부터 수집한 병서 2,000권에서 발췌하고 집대성한 「무비지(武備志)」로 1621년 발행된 책 86편에 처음으로 소개된 검법 이름이 조선세법이다.

이 검법은 당나라 검법으로 그동안 문치주의로 자신들이 잊어버렸는데 최근 호사가가 네 군데 오랑캐 땅(거란족, 몽고족, 여진족, 조선족) 중 조선에서 구하여 왔다고 하였다. 그 증거로 당나라 검결가를 제시한다. 그런데 이름을 모르니 그 이름을 '조선세법'으로 한다라며 그림 속의 사람과 복장을 중국인으로 바꾸고 칼까지도 중국식 양날 검으로 바꾸어 놓은 것을 1759년 사도세자(무예신보)와 1790년 정조왕은 「무예도보통지」를 만들면서 이를 보고 이 검법의 이름을 우리나라에 오래 전부터 전해 내려오는 '예도(銳刀)'로 찾아 원명으로 바꾸고 우리나라 복장과 칼을 '환도'로 바꾸어 우리 이름으로 복원시켰다.

2016년 10월 1일 이국노(李國老)는 〈실전 우리검도(직지 발행)〉를 내면서 이 검법은 이치상이나 검의 운용상 양날검으로는 할 수 없는 한쪽 날의 도법으로 모원의의 거짓이 증명되고 그 이름이 예도(銳刀)로 부르는 것이 정명이라고 했다. 그 예로 찌르는 부위에 따라서 칼날을 돌려야하며, 세법은 양날 검으로는 불가능하고, 격법 또한 효능이 없음을 증명했다. 따라서 '조선세법'이라 부르는 것은 당나라(중국)검법이라고 하는 것으로 사대주의를 따르는 잘못된 이름이다. 그러므로 '예도'라고 불러야 한다고 강력히 주장하는 바이다. 조선세법이라고 하는 것은 매국 행위로 "후한 무치의 수치다." 라고 하겠다.

조선세법은 모원의(1621년)가 예도를 중국 것으로 바꾸다보니 원문에 있던 도보(그림)를 중국에서 전통적으로 주로 사용된 양날 검(劍)으로 바꾸었다.

문제는 검의 이치상 한쪽 날인 도가 아니면 할 수 없는 여러 가지 세(勢)의 동작과 용어가 수없이 많이 나온다. 칼날을 돌리거나 찌르는 동작, 평대세와 치는 격법은 물론 칼을 손으로 눌러 치는 찬격과 봉두세, 등교세, 호혈세 등 세법도 양날 검으로는 하지 못한다. 따라서 모원의는 검술을 잘 모르는 것으로 판단된다. 그림, 또한 양날검으로 바꾸고 복장 또한 중국인 모습으로 표현했다. 오죽하면 이것을 보고 분함과 한탄스러운 마음으로 탄식을 하고 정조 왕과 이덕무, 박제가, 백동수 등은 원이름을 찾아 '예도(銳刀)'로 바로 잡고 그림 또한 검에서 도로 바꾸어 찾았다고 본다. 이 '예도'는 본국검과 일맥상통한다. 시조가 연개소문의 김해병서라고도 한다(단재 신채호). 더욱이 한 손으로 하는 양날 검이 아니라 두 손의 무거운 칼이다(刀). 언젠가 원본이 나오리라 믿는다. 우리나라에서도 '조선세법'이라고 부르는 일부 무도인들은 연령이 많고, 사대주의 사상에 젖어있는 사람들이 생각 없이 너무 쉽게 따라서 한 것으로 반드시 고쳐져야 한다. 독도를 다케시마하고 부르는 것으로 조선세법이라 함은 중국무술이라는 뜻이 된다.

　더욱이 역사적으로 검(劍)의 원조(元組)는 한국인의 선조로서 동이(東夷)족의 장군으로 추앙받는 '치우천왕'으로 금속을 소재로 처음 검(劍)을 만들었다. 또한 도(刀)는 수인씨가 원조라고 한다. 치우천왕은 2002년 월드컵 축구경기 때 우리나라의 '붉은 악마' 응원단이 사용한 도깨비 얼굴로도 유명하다.
　오늘날 일본 검도의 90%가 예도를 인용한 검법으로 내용 또한 유사하다. 1738년(영조) 「무비지」가 우리나라에 들어오기 전 효종은 관무제 행사를 보고 본국검은 중국의 「무비지」의 검법과 같다고 하였다. 예도는 「무비지」가 발견되기 이전에 우리나라에 있었던 무술이다.

우리나라 전통 무예

　우리나라의 전통무예는 단 두 가지로서 본국검(本國劍)과 예도(銳刀)뿐이다. 무예제보(한교)는 중국 기효신서(척개광)에 단병기 6기를 모아 놓은 것이며, 「무예제보속편(최기남)」은 「무예제보」에 왜검을 추가한 속편이며, 정조(1790년)시절 만들어진 「무예도보통지」는 「무예신보(사도세자)」 18기에 마상무예 6기를 추가하여 24기를 만들었다. 그러나 이 중 '본국검'과 '예도'만 그 원천이 우리나라이고 나머지는 모두 중국, 일본에 뿌리를 둔 무술이다. 따라서 순수 우리 무술은 두 가지뿐이다. 물론 본국검은 예도(銳刀)에서 군사훈련용으로 만들기 위해 인용하여 간추려진 검법으로 확인되고 있다. 따라서 우리나라 전통무예는 예도(銳刀)뿐인 것이다.

　예도(銳刀) 만이 무예의 왕으로서 세계 제1의 검법으로 세계 어느 나라 검법도 이 범주를 벗어 날 수가 없다. 전통무예로서 누구나 인정하는 우리나라 최초, 최고의 무예 국기(國伎)이다. 정조도 5군영에 모두 훈련하도록 했다.

　예도(銳刀)는 28세(勢)로 다음과 같다.

　다만 무예도보통지에 나와 있는 '예도 총보'는 그동안 해온 우리 군사를 위해 마지못해 실은 것으로 구형 도보이다. 새로 수련하는 것은 28세로 했다. 따라서 예도 총보는 할 필요성이 없다. 반드시 하나 하나 28세로 해야만 한다.

예도(銳刀, 朝鮮勢法)의 기본동작

검법(劍法)중 우선적으로 배우고 알아야 할 것은
1) 안법(眼法), 2) 격법(擊法), 3) 세법(洗法), 4) 자법(刺法)이 있으며 자세한 내용은 다음과 같다.

1) 안법(眼法) -3세
① 조천(朝天) : 해가 뜨는 산을 볼 때에 가까운 곳에서부터, 높게, 길게 전체를 본다.
② 백원출통(白猿出洞) : 의심많은 하얀 원숭이가 뛰어 나와서 관찰하는 모습(동이 아니라 통으로 본다) 의심, 경계의 눈으로 본다.
③ 역린(逆鱗) : 임금이 용상에서 갈기를 꺼꾸로 세우고 고개를 길게 뽑아 노기에 차서 노려보는 것. 분노하는 화난 얼굴로 본다.

2) 격법(擊法) -5세(자세한 부위를 설명한 그림은 「실전우리검도」 예도 p.424 수록)
① 표두격(豹頭擊) : 표범의 머리를 위에서 아래로 수직으로 빠르게 내려치는 것.(좌측 어깨 정면 위)
② 과좌격(誇左擊) : 왼쪽 어깨 쪽으로 칼을 머리 위에서 스쳐 흘

리고 좌측에 걸쳤다가 위에서 아래로 내려치는 것.(좌어깨)

③ 과우격(誇右擊) : 오른쪽 어깨 쪽으로 들어 오는 칼을 머리 위에서 스쳐 흘리고 우측에 걸쳤다가 뒤 위에서 아래로 빗각으로 내려치는 것.(우측 어깨 뒷면 위)

④ 익좌격(翼左擊) : 좌측 날갯죽지로 위에서 눌러 내려 베는 것.

⑤ 익우격(翼右擊) : 우측 날갯죽지로 위에서 내려 베는 것으로 양날갯죽지를 쳐서 베는 것이다.(날개 죽지는 양팔, 손)

3) **자법(刺法)** −5세(자세한 부위를 설명한 그림은 실전우리검도 p.425)

① **역린자(逆鱗刺)** : 목구멍을 아래에서 위로 올려 찌르는 것.

② **탄복자(坦腹刺)** : 배(복부)를 찌르는 것.(명치 아래에서 낭심 위까지)

③ **쌍명자(雙明刺)** : 두 눈을 찌르는 것.(형세)

④ **좌협자(左夾刺)** : 좌측 옆구리에 끼고 적의 우폐를 찌르는 것(우측 어깻죽지와 우측 갈비뼈 사이).

⑤ **우협자(右夾刺)** : 우측 옆구리에 끼고 적의 좌폐를 찌르는 것(좌측 어깻죽지와 좌측 갈비뼈 위 사이).

4) **격법(格法)** −4세, 이는 하나의 틀 또는 폼 또는 고정된 대적 자세로 보면 된다.

① 거정격(擧鼎格) : 칼을 머리 위로 들어 올린 대적세(현 상단세의 품과 같다, 내려 베려는 자세)
② 선풍격(旋風格) : 왼쪽(좌측) 또는 오른쪽(우측) 어깨 위에 칼끝을 오른쪽(좌측 목) 어깨 쪽으로 하고 칼날은 수평으로 한 자세. (칼을 어깨 위 옆으로 돌려치는 것)
③ 어거격(御車格) : 앞으로 또는 약간 사각으로 밀어치려는 자세(현 중단세, 가마를 메었을 때의 손 높이, 삭으로 싹둑 자르는 자세, 칼을 중단세로 잡은 대적세)
④ 요략격(撩掠格) : 칼날을 반대로 숨겨서 위로 옆구리에 뒤로 붙여든다.

5) 세법(洗法) −3세(자세한 부위를 설명한 그림은 〈실전우리검도〉 p.424 하단 수록)

① 봉두세(鳳頭洗) : 좌우로 위에서 아래로 사각으로 내려 베는 것.
② 호혈세(虎穴洗) : 수직으로 눌러 밀어서 내려 베는 것.
③ 등교세(騰蛟洗) : 아래에서 위로 사각으로 올려 베는 것.(봉두세의 반대) 또는 수평으로 베는 것.

세법(洗法)은 짧게 베는 것으로 밀어베거나 당겨베는 속도와 정확성이 요구되는 세련된 검법이다.(빠른 스냅)

예도_대적자세

1. 거정격(格)

쉽게 보면 대적자세로 본다. 솟대 모습의 자세로 신(神)의 자세 현대검도에서 상단세이며 발을 앞으로 내는 것을 기준으로 좌거정, 우거정으로 본다. 거정세는 적을 일격에 쓰러뜨린다는 기세로 정면에서 당당히 공격하며 죽음을 불사한다. 나보다 기술이 좋은 사람에게는 불리하며 손이 작고 키가 작으면 불리하다. 적을 압도하고 위협하는 공포감을 줄 수 있는 솟대의 신 자세다.

2. 어거격(格)

현대 중단세로 적의 목이나 양 눈을 겨냥한 자세로 공격과 방어에 유리한 위치에 있어 공격, 방어, 응변에 최고의 자세다.

3. 선풍격(格)

목을 겨냥해 선풍기 돌아가듯 치는 자세로 현대 검도에서는 사용하지 않는다. 적의 목을 치는 스윙자세로 세법을 포함하고 있다. 따라서 돌리는 식의 자세다.

4. 요략격(格)

현대 검도에서 허리칼 이라고도 한다. 칼끝은 아래로 오른쪽

겨드랑이 밑에 칼을 잡고 칼끝을 적에게 보이지 않게 한다. 칼날은 양세로 손바닥이 하늘을 보도록 잡는다. 능숙한 고수의 자세로 적에게 칼을 숨겨 방어 거리를 속임으로써 유리하다고 하지만 현대검도(죽도)에서는 속도 때문에 불리하다.

예도(銳刀)가 국기(國技)라는 정당성

1. 검은 무예의 왕이다. 劒은 모든 맨손 무예, 병장기 무예를 대표하는 무술로 되어있다.
2. 대한민국의 무예 중 국기는 태권도로 되어있다. 하지만 태권도는 맨손 무예로서 병장기가 없어 무예를 대표할 수 없다는 약점이 있다.
3. 맨손 무예는 검술 하기 전 입례로 무예의 본류라고 보기 어렵다는 역사적 기록이 많다.(기효신서, 무비지, 무예도보통지 등) 검을 배우기 전 맨손으로 하는 초식을 입례라 한다.
4. 모든 무예(병장기, 맨손)가 검법에서 나왔다. 검(예도)만이 대표성이 있다.

5. 예도(조선세법)는 세계가 인정하는 검법이다. 1620년 무비지 모원의는 세계 어느 검술도 이 검법을 벗어날 수 없다(현재 일본검도도 이를 인용한 검법이 주를 이룬다).
6. 중국도 자기나라 검법이라고 한다. 조선세법은 조선에서 구했지만 자신들이 잃어버린 것으로 조선은 변방 오랑캐 국으로 자신들의 속국이다라고 한다(도법을 양날 검법으로 옷 모양을 중국 것으로 바꾸었다).
7. 현존하는 가장 오래된 법이 구비된 검법이다. 검법의 법식이 완벽하게 구비 된 도법(刀法)으로 우리의 문화유산이다.
8. 무예도보통지(정조) 24기 중 우리나라 무술은 예도뿐이며 본국검은 여기서 파생된 군사훈련 검술이다.
9. 예도는 정조대왕시에 장용영을 비롯해 5군영 전군이 필수로 훈련했다.
10. 예도를 비롯한 '무예도보통지'는 유네스코에 기록 문화유산으로 등재되어있다. (북한명으로)
11. 무예는 병장기 무예가 진짜로 예도가 태권도(맨손)보다 앞서야 한다.
12. 구비된 예도 검법을 300년 만에 우리나라에서(이국노) 처음으로 재복원 하였다.
13. 검은 무예를 상징하며 무인의 애국정신을 의미한다.
14. 예도의 목적이 상무 정신으로 충과 효를 수양하여 훌륭한 인성을 기른다.

15. 무예는 나라를 지키는 행동 규범이다.

 우리나라 역사상 무예로 정신적 문화유산은 오로지 예도와 본국검뿐이다. 본국검은 예도를 실전군사용으로 만든 것으로 본다. 예도는 최고의 법식으로 구비된 검법으로 세계 어느 검법도 이 범주를 벗어날 수가 없다. 또한 그 범위가 너무 넓어 우리나라 전군이 하는 무술이었다고 본다면 질과 양에서 우월하다.

 아직도 일본은 이 검법으로 인용해 만든 검도를 자기화하고 있고 중국은 옛날이나 지금이나 통째로 모두 자기 것이라고 우겨댄다. 글자가 당시 한문문화로 되었던 것을 알면서도 그런다고 하지만 사실 실체가 전무한 거짓으로 본다.
 이미 1790년 무예도보통지(정조)에서 이에 대한 반론과 사실을 그림과 우리말로 밝혔고 근자에 태선 이국노가 예도와 본국검을 재연하여 제 1회 세계학생무예대회(진천), 3.1운동 100주년기념, 2.8 독립선언(동경), 전국중고학생 검도 용인대학 총장배(청양)와 서울시 광화문광장(2022. 5. 25)에서 특별시연과 유튜브 방송으로 세계로 실체를 밝혀나가고 있다. 더욱이 〈실전 우리검도(2016 직지)〉가 처음 발표되었고 이번에 〈무경신서〉에 지난 번 부족했던 발동작까지 쉽게 풀이해서 후세에 전한다.
 일본이나 중국은 호시탐탐 노리는 문화유산 중 가장 욕심 내는 무술로 이보다 더 큰 무예문화유산은 없으며 반드시 전통문화유산으로 지켜져야 한다. 국가가 없어지거나 망하는 것은 반드시 무(武)가 약해서 라는 것과 이를 망각한 시대에 왔다는 사실을 잊어서는 안 된다. 文은 문화를 발전시키지만 武는 목숨을 지킨다는 속언을 반드시 기억해야 한다. 따라서 예도(銳刀)를 후손에게 가르치고 전해서 젊은 사람들의 정신 속에 올바른 검의 이치가 신의(信義)와 용기(勇氣)로 발생되고 충과 효(忠.孝)를 다하는 예(禮)가 이루어질 것을 믿어 의심치 않는다.

이렇게 훌륭한 문화유산을 국기로 하고 정의가 살아있는 상무정신이 영원히 민족의 의식에 남아있기를 간절히 바란다. 이것이 바로 배달민족 정신이다.

예도(銳刀)는 우리 선조가 후손에게 물려준 문화유산 중 세계 제1의 호국신검(護國新劍)으로 반드시 이어지고 발전되어야 할 호국무예(護國武藝)이며 정신이다.

전쟁의 승패가 무기의 우월성으로 결정되는 것이 아니다.

다만 사용하는 검은 일본도가 우수해 고려 중반부터 우리나라도 사용했으며 이순신 장군의 칠성검도 다르지 않다. 병기는 국적을 따지지 않는다.

예도(銳刀)의 이념(理念)

예도를 수련하여 몸과 마음을 수양하고 배달민족 정신을 함양하여 올바른 사회인이 된다.

예도 수련의 목적

예도기예(銳刀氣藝)를 수련하여 몸을 건강하게 하고 정신을 단련하며 절제와 용기, 충절과 예(禮)로 신의(信義)를 지키는 사람을 만드는데 목적을 둔다.

설명 : 이념은 정신적 의미로 예도가 이성으로 얻을 수 있는 최고의 개념으로 이상(理想)이며 이데아라고 본다. 여기에는 민족의 피와 얼과 정신이 포함되어 미래에 얻을 수 있는 희망을 염원하는 것으로서, 가장 완전하다고 여겨지는 최고의 개념으로 실천적 의지와 행동을 규정하는 것이다. 따라서 이념은 우리 배달민족의 혼(魂)을 담아 있어야 한다. 그리고 가야할 방향을 가르켜야 한다.

목적은 이념을 바탕으로 구체적인 행동규칙과 능력으로 얻을 수 있는 결과를 우리민족과 사회에 기여해야만 하는 도덕과 의지를 배양하는 것이다. 따라서 목적은 좀 더 구체적이어야 한다. 참고로 검은 무기 이상의 가치와 주술적 정신이 포함된 혼(魂)이 있어 일반 스포츠와는 다르다.「나는 검도를 배우고 싶지만 일본인이 되고 싶지 않다」는 어느 외국인의 검도 배움을 거절한 이야기를 꼭꼭 곱씹어 보아야 한다. 무술을 익힌 무인은 인격적으로도 훌륭해야 한다. 마음의 공부가 없는 검객은 인간 백정에 불과하다는 격언이다. 그리고 정신은 얼이고 얼굴이다.

참고로 일본은 우리와 다른 문화와 정신이다. 우리는 인격형성이 훌륭한 선비로 보지만 일본은 인격형성을 훌륭한 사무라이로 생각한다는 것을 알아야 한다. 따라서 훌륭한 인격형성은 훌륭한 사무라이가 된다는 무서운 이야기가 된다.

중국 또한 마찬가지다. 20년 전에 망해 없어진 명나라를 우리가 세워 주자. 그래야만 임진왜란 때 입은 은혜를 갚는 길이다라고 재조지은(再造之恩)을 외치던 사대주의가 우리 조상들이다. 우선 머리속에 막혀 있는 이 더러운 사상 유물도 버려야 한다. 그리고 중국에 대해서는 어물적 임시응변이 아니라 분명한 정의만이 호국정신임을 깨달아야 한다. 그들의 속도 모르기 때문이다.

1. 거정세(擧鼎勢)

擧鼎勢者, 卽擧鼎格也, 法能鼎格上殺, 左脚右手平擡勢,
向前掣擊中殺, 退步裙襴, 看法

거정세는 거정격이다. 하는 법이 정격으로 위를 쳐 죽이고 왼발과 오른손으로 평대세를 하여 당겨, 가운데르 내려 벤다. 뒤로 물러나면서 군란자세를 한다는 것이 법이다.

도보 1 〈무예도보통지〉〈무비지〉「예도」 거정세 _ 평대세

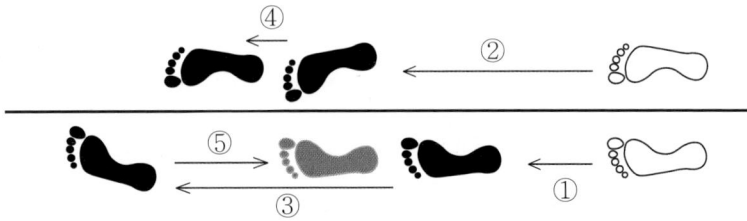

순 서	동작설명
① 좌거정격 (擧鼎格) (좌상단, 좌솟대)	〈1〉 폼, 자세로의 요령이다. 왼발을 앞으로 내딛으며 칼을 뽑아 왼쪽 이마 위 끝 위로 주먹 한 개 정도 높이로 들어올린다. 이때에 칼머리는 앞을 향하고 칼 끝은 뒤로 향하되 약간 우측으로 칼날이 올라가야한다. 왼발과 오른발 사이는 어깨 넓이로 앞뒤 거리는 자연체로 편안해야 한다. 검선(劍先)은 정중선(正中線)이다. (현대 일본형 대도1본이 이를 모방했다.) ①
② 정격상살 (上殺)	〈2〉 오른발이 앞으로 힘차게 1족 나가면서 칼날을 정중선으로 세워 정면을 던지듯이 머리를 두 팔을 펴 친다. 이때에 왼손 주먹과 칼머리는 앞의 목표물 머리를 향해 던지고 머리 위의 손목과 팔꿈치 코킹을 풀어치며 이 모습은 '낚시대'나 '도리깨질' 할 때 던져치는 모습과 같다. 이것은 격(擊)이 아닌 타(打)이다. ②
③ 평대세(도보1) ④ 제격중살(中殺)	〈3〉 뒤에 있는 왼발을 앞으로 크게 나아가면서 칼날을 몸 밖으로 젖혀 어깨 위 왼쪽 목 옆에 당겨 칼날을 위로 반듯하게 수평으로 평대세를 한다. 이어 뒷다리(오른쪽)를 당기면서 동시에 칼을 정중선으로 머리 위로 올려 상대의 배꼽 아래까지 내려 벤다. 격(擊)으로 도끼, 떡메를 치듯 멈춤없이 내려친다. (일본 거합도에 인용됨) ③ ④
⑤ 퇴보군란	〈4〉 마무리 동작으로 앞에 있는 왼발을 뒤로 한 발짝 물러나며 우측 무릎 옆으로 칼날을 아래로 하여 뿌리 듯 스냅을 주어 내친다. 칼에 묻은 오물을 씻어내는 과정으로 요즘 혈진과 같다. 일명 치마닫이 라고도 한다. (대부분 일본 거합도가 이를 모방했다) ⑤ (정리정돈의 자세)

* 참고로 칼을 칼집에서 빼는 것과 칼집에 넣는 것은 실제 전투에서는 없으나 후세에 상업적으로 보여주는 식의 관상용으로 발전되어 왔다.
* 반드시 두 번의 살상으로 이루어졌고 두 동작이 서로 다르다.

2. 점검세(點劍勢)

點劍勢者, 卽點劍刺也, 法能偏閃奏進搶殺, 右脚右手 撥艸尋蛇勢, 向前掣步 御車格, 看法.

점검세는 점을 찌르는 것으로 앞으로 힘차게 나아가면서 칼날을 좌우로 돌려 번쩍 번쩍 가상점을 찔러 채 갈겨 벤다. 오른발, 오른손으로 발초심사세를 하고 앞으로 당겨 걸어 나아가면서 어거격을 한다는 것이 법이다.

도보 2 〈무예도보통지〉〈무비지〉「예도」 점검세 _ 발초심사세

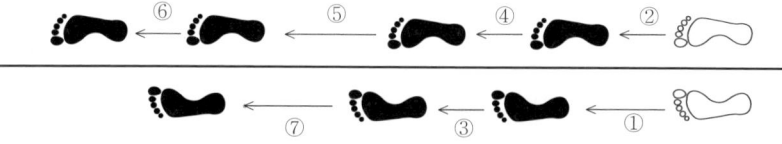

순 서	동작설명
① 점검자 자세	〈1〉 왼발을 앞으로 비스듬히 하고 편안한 낮은 자세로 오른손은 칼자루를 잡고 왼손은 손을 펴 엄지와 검지 사이로 얹저 놓고 칼등을 위에서 아래로 살짝 눌러 아래 지편 앞의 가상점을 정해 칼끝을 뒤집어 겨눈다. ① ②
② 편섬주진창살 (槍殺)	〈2〉 이어서 오른손으로 칼날을 좌우로 돌려가며 가상한 점을 찌르고 왼손으로 눌러 당겨 훑어 벤다. 이 모습이 빛에 번쩍 번쩍하도록 하게 된다. 이때 발은 게처럼 옆으로 가는 모습니다. (일본 거합도가 많이 인용해 사용함) ③ ④
③ 발초심사세 (그림)	〈3〉 오른발 크게 나가며 칼을 머리 위로 들어 발목 아래까지 크게 잎을 내리친다. (뱀이 숨어있는 풀숲을 쳐 뱀이 놀라서 나오게 하는 것) 그림이 바로 발초 심사세이다. ⑤
④ 어거격(格)	4〉 이어서 그 자세에서 앞으로 나가 뒷발(왼발)을 당겨 어거격을 한다. 현재 중단자세로 칼끝이 상대편 목이나 양쪽 눈을 겨냥한 가장 편안하고 많이 사용되는 대적세로 왼손과 칼자루 머리가 배꼽아래 단전에 주먹하나 정도의 사이를 둔 겨눔의 자세이다. (일본 검도 대적세 중 가장 많이 쓰는 중단세이다.) (잔심을 포함한 경계 자세이다) ⑥ ⑦

* ②, ②는 두 번을 힘차게 밀어 나아가야 한다. 여기서 주진(奏進)은 칼보다 몸이 먼저 나아간다고 본다.

3. 좌익세(左翼勢)

左翼勢者, 卽左翼擊也, 法能上挑下壓, 直殺虎口, 右脚右手 直符送書勢, 向前掣步, 逆鱗刺, 看法.

좌익세는 왼쪽 날개 죽지로 치는 것이다.
이 법은 위로 돌아 올렸다가 내려 눌러 손아귀를 베고 오른발과 오른손으로 직부송서세를 하여 앞으로 당겨 걸어 목구멍을 찌른다는 것이 법이다.

도보 3 〈무예도보통지〉〈무비지〉「예도」 좌익세 _ 직부송서세

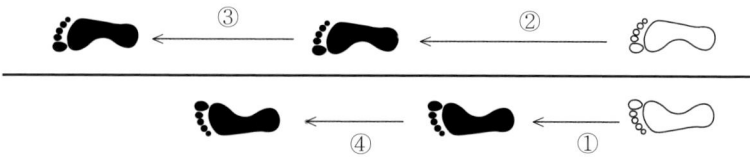

순 서	동작설명
① 좌익격	〈1〉 왼쪽 팔쭉지에 중심을 두고 칼을 잡아 멈춤 없이 내려치는 법으로 왼발 나가면서 상대편 칼을 내 칼 능각으로 스쳐 받아 올리고 상대편이 칼을 쥐고 있는 손아귀를 눌러서 내리 벤다.(현대 일본형 대도 6본이 이를 모방한 것이다) 동작이 작고 빠르게 해야 한다. 이는 호열세로 세법(洗法)이다. ①
② 직부송서세	〈2〉 오른발 앞으로 나아가면서 칼날을 위로하고 오른쪽 어깨 위에 수평으로 자세를 취한다. (그림 참조) ② 그림 직부송서세이다.
③ 향천체보 ④ 역린자	〈3〉 이어서 앞으로 오른발 조금 나가며 왼발이 따라 붙으며 앞의 적의 목을 두 손으로 찌른다. (칼날이 돌아가면 안 된다) ③ ④

* 직부송서세에서 역린자 할 때에 칼은 앞으로 칼자루 머리가 배꼽 아래 단전까지 내려왔다가 그대로 올려 찔러야 한다. 칼날이 음세(아래, 땅)로 찌른다.
* 좌익격은 손이나 손목을 사용하지 말고 좌측 어깻죽지로 눌러 베어야 한다. (호구직살)

4. 표두세(豹頭勢)

豹頭勢者, 卽豹頭擊也, 法能霹擊上殺, 左脚左手泰山壓頂
勢, 向前擎步挑刺, 看法.

표두세는 표범의 머리를 치는 것으로 번개치듯 위를 치고, 왼발과 왼손으로 태산 압정세로 눌러 앞으로 당겨 걸어 올려 찌른다.

도보 4 〈무예도보통지〉〈무비지〉「예도」 표두세 _ 표두격

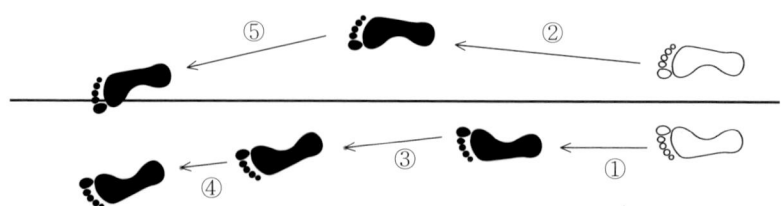

순 서	동작설명
① 표두격	〈1〉 표범 머리를 치는 동작으로 오른발 앞으로 칼을 뽑아 머리위로 올려.
② 뇌격상살	〈2〉 오른편으로 약간 나아가면서 달려오는 표범의 정중선에서 벗어나며 빠르게 표범의 정수리를 번개처럼 내친다. 〈①②는 한 동작으로 이루어져야한다.〉 ① ②
③ 태산압정세	〈3〉 왼발 앞으로 서서히 나아가면서 벽에 압정을 눌러서 박듯이 천천히 압력을 조심성있게 칼끝을 표범을 향해 밀어대면서. ③
④ 향전체보도자	〈4〉 목표물(표범)에 조심스럽게 가까이 다가갔다가 왼발 앞으로 오른발 당겨 빠르게 올려서 도두어 찌른다. ④ ⑤ - 이 경우 죽은 표범을 확인하는 잔심의 의미가 있다고 본다.

* ①, ②번의 동작은 한 동작으로 빠르게 칼을 뽑는 동작과 베는 것까지 순간적으로 해야 한다.

5. 탄복세(坦腹勢)

坦腹勢者,卽坦腹刺也,法能衝刺中殺,進如崩山,右脚右手
蒼龍出水勢,向前進步腰擊,看法.

탄복세는 배를 찌르는 것으로 산이 붕괴되듯 들어가 충돌하는 기세로 배를 찌르고, 오른발, 오른손으로(그림처럼) 창룡출수세로 앞으로 한발짝 나아가면서 허리를 친다는 것이 법이다.

도보 5 〈무예도보통지〉〈무비지〉「예도」 탄복세 _ 창룡출수세

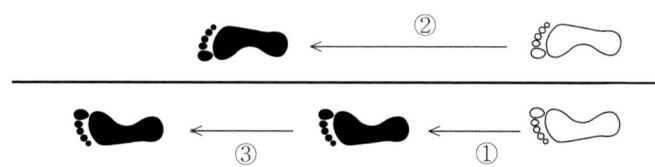

순 서	동작설명
① 탄복자는 배를 찌른다	〈1〉 오른발 왼발로 자연체로 선자세에서 칼을 뽑는 순간
①-1 충자중살	〈2〉 이어서 왼발 앞으로 나아가며 상대의 배를 찌르는데 아주 가까이 다가가서 힘차게 찌른다. ①
①-2 진여붕산	〈3〉 이때 찌르는 기상이 산이 무너지도록 찌른다. (일본형 대도 3본이 인용됨) ①
② 창룡출수세 ③ 진보요격	〈4〉 칼날을 돌려 위로 하고 용이 물을 가르듯이 앞으로 달려들어 한 발짝 걸어 들어가면서 허리를 친다. ② ③ 〈그림은 창룡 출수세이다〉

* 남자 화장실에서 소변을 볼 때 소변기에 가까이 가라는 표현을 충자(沖刺)라고 한다. 즉 단전을 앞으로 내밀고 힘차게 찔러야 한다는 것이다.

* ②, ③은 한 동작으로 한다.

6. 과우세(跨右勢)

跨右勢者, 卽跨右擊也, 法能撩剪下殺, 左脚右手綽衣勢, 向前進步橫擊, 看法.

과우세는 우측에 걸쳐 친다. 겉으로 우측 어깨 위로 칼날을 돌려 걸치고 돋우어 내려친다. 왼발 앞으로 오른손으로 작의세로 돌려 나아가면서 허리를 횡으로(수평) 친다는 것이 법이다.

도보 6 〈무예도보통지〉〈무비지〉「예도」 과우세 _ 작의세

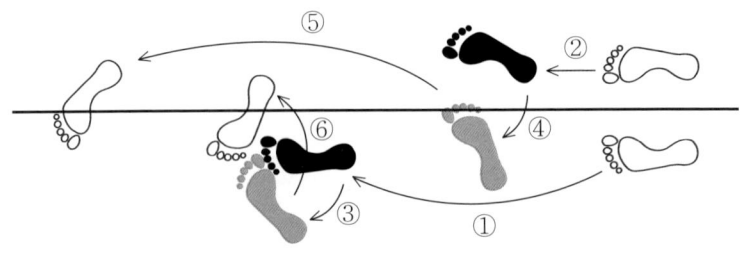

순 서	동작설명
① 과우격으로 한다	〈1〉 뽑지않은 칼자루가 위로 향하게 왼손으로 칼집을 누르고 오른손으로 칼자루를 잡는 동시에
② 효략전 하살	〈2〉 왼발을 반좌향 앞으로 나가고 오른발이 그 뒤로 당겨 나아가면서 몸과 머리가 왼쪽으로 벌리는 것과 동시에 칼날을 머리 위로 올려 칼날의 호로 적이 내려치는 칼을 우측 어깨 밑으로 받아 흘러(스쳐 흘러) 순간적으로 적의 오른 쪽 어깨를 멈춤 없이 좌에서 우로 칼날을 돌려 내려친다.(격격)(뒤에서 앞방향으로) 이때 이미 몸은 우측을 향하고 발바닥도 우측을 향한다. ① ② (일본형 소도 2본 인용함)
③ 작의세	〈3〉 좌측 발과 우측발이 정면을 향해 움직이면서 동시에 칼을 오른쪽 옆구리로 붙이고 돌리며 몸통을 오른쪽으로 꼬아 정면을 본다. 이때 칼날은 수평으로 하고 몸의 텐션을 유지한 채 앞을 바라본다. ③ ④
④ 횡격(橫擊)	〈4〉 이어서 앞으로 뒤에 있는 오른발이 한발자국 힘차게 나아가면서 꼬아있는 허리를 풀면서 앞의 적을 횡으로 돌려 친다. 발을 '탕' 하고 구른다. 발은 그림 ⑤번 모양이다. ⑤ ⑥

* 작의세는 바느질하는 속도로 천천히 허리 텐션을 만들고 칠 때에는 빠를수록 좋다. 정확성을 기하기 위해 처음에는 천천히 풀고 최종에는 가장 빠르게 치는 훈련이 필요하다.
* 마지막 칼털이는 그 자리에서 칼끝을 아래로 세워 칼털이를 하고 납도 하는 것이 모양이 좋다.

7. 요략세(撩掠勢)

撩掠勢者, 卽撩掠格也, 法能遮駕下殺, 蔽左護右, 左脚左手長蛟分水勢, 向前掣步鑽擊, 看法.

요략세는 요략품으로 한다. 동작은 칼날을 양세로 우측 옆구리 아래쪽으로 돌려 잡아 좌페와 우측을 호위하는 모습으로 숨겨 크게 돌려 내려치고, 왼발과 왼손으로(그림) 장교분수세로 앞으로 당겨 걸어 비벼친다는 것이 법이다.

도보 6 〈무예도보통지〉〈무비지〉「예도」요략세 _ 장교분수세

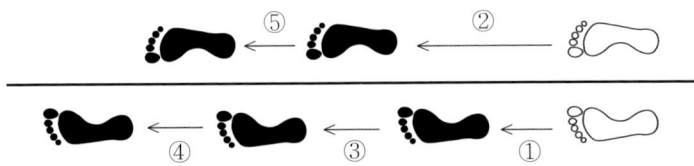

순 서	동작설명
① 요락격(挌)을 한다 ① 좌폐우호	〈1〉 좌측발 앞으로 나아가면서 칼을 위로(양세) 하여 우측 옆구리에 붙치고 칼끝은 오른발 무릎 아래로 내린다. 칼날을 양세로 한다. 적에게 칼날의 방향 칼의 길이, 모양을 감춘다는 자세로 대적세이며 폼으로 겨눈다. (일본형 4본 선도가 이를 인용했다) ① 모습이 좌측 폐를 가리고 우측을 호위하는 모습 니다. ②
② 차가하살 (下殺)	〈2〉 이어서 오른발 앞으로(그림②) 크게 나아가면서 그 자세로 칼을 뒤에서 머리위로 크게 돌려 올려 큰 동작으로 내려친다.(그림) ②
③ 장교분수세	〈3〉 좌측발 앞으로 나아가며 그림처럼 오른쪽 옆구리에 붙쳐(장교분수세)자세(폼)를 잡는다. 따라서 오른손이 왼손 앞에 있어야 한다.(그림 원문) ③
④ 체보찬격 (鑽擊)	〈3〉 이어서 앞으로 당겨 걸어(밀어 걸어) 찌르듯 밀어 베고 눌러 당겨 베어 친다. 왼발 반보 나아가고 오른발 따라 붙으며 찌르고 당겨 친다. (그림) ④ ⑤

* 찬격은 시멘트를 비비는 삽질과 같다.

국기(國技) | 135

8. 어거세(御車勢)

御車勢者,卽御車格也.法能駕御中殺,削殺雙手.左脚右手衝鋒勢,向前退步鳳頭洗.看法.

어거세는 어거폼(form)으로 가마를 멘 두손을 싹둑싹둑 베고, 왼발 오른손으로 봉을 잡는 식으로 가볍게 잡고 빠르게 들어갔다가 뒤로 물러나면서 봉황의 머리를 벤다는 법이다.

도보 6 〈무예도보통지〉〈무비지〉「예도」 어거세 _ 충봉세

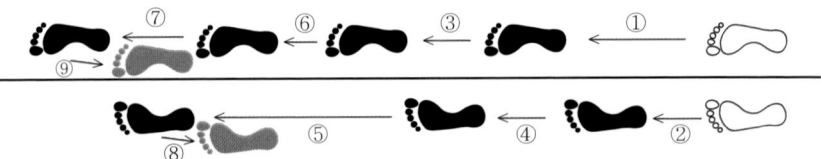

순 서	동작설명
① 어거격(格)	〈1〉 처음 우측 발이 앞으로 나간 자연체 대적자세로 현재 검도의 중단 자세로 시작하는 폼을 잡는다.
② 차거중살	〈2〉 이어서 우측 발 나가고 좌측 발 따라가며 가마를 메고 있는 사람의 양손을 깎아 친다. 이때 칼의 각도는 10°~15° 정도가 좋다. ① ② ③ ④ ⑤ (현대의 검도 중 작은 손목을 치라고 본다.
③ 충봉세	〈3〉 좌측발이 앞으로 나아가며 오른손으로 약간 위로 올려서 칼끝이 자루보다 높아야 한다.(그림) 칼자루는 배꼽 높이다. 이것은 창 ⑤ ⑥
④ 퇴보 봉두세	〈4〉 이어서 충봉세 자세로 앞발을 한발자국 내면서 칼날을 우로 돌려 찌르듯 밀었다가 오른발(뒷발) 뒤 빼고 앞발을 따라 나오면서 칼날을 반대로 돌려 우에서 좌방향(45° 정도)으로 내려 갈긴다. 즉 빠르게 스냅으로 당겨서 친다. 이때 동작이 커서는 안 된다. ⑦ ⑧ ⑨

* 봉황새 머리를 치는 것으로 가위같은 모양으로 치는 것이다. (洗는 작게 스냅으로 베는 것이다) 각도는 45° 정도이다.
* ⑧, ⑨, ⑩ 은 한 박자

9. 전기세(展旗勢)

展旗勢者, 卽展旗擊也. 法能剪磨上殺. 左脚左手托塔勢, 向前掣步點劍. 看法.

전기세는 깃발을 펴치는 것으로 칼을 몸에 붙혀 올라가면서 치고 다시 칼날을 돌려 반대로 치고, 왼발 왼손으로 탑탁세로 앞으로 당겨 걸어 점검한다는 법이다.

도보 6 〈무예도보통지〉〈무비지〉「예도」 전기세 _ 전마 상살

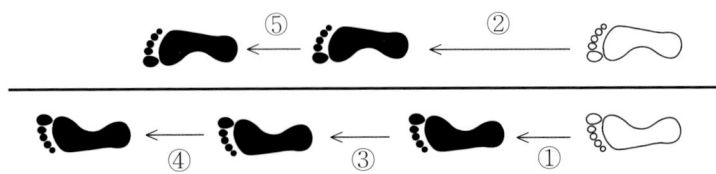

순 서	동작설명
① 전 기 격 (展旗擊) (剪磨上殺)	〈1〉 칼을 뽑아 왼발 나아가면서 아래에서 위로 좌측 몸에 붙여서 위로 치고 다시 오른발 나아가며 오른쪽 몸에 붙쳐서 반대로 올려친다. 그 모양이 X자이다. X 치는 방향. (그림①, ②가 이 모습이다) ①, ②
② 탑 탁 세 (?塔勢)	〈2〉 왼발 한 발짝 앞으로 나아가면서 칼을 잡은 왼손이 앞에 있고 칼날을 뒤쪽으로 세우고 탑돌이 하듯 자세를 하고 기회를 보았다가 ③
③ 향천체보점검	〈3〉 이어서 왼발 앞으로 나아가며 오른발 따라 붙어 당겨 걸어 나가 칼끝을 가상 점에 찌르는 식으로 자세로 점검한다. ④ ⑤

* 그림처럼 옆구리에 붙여 돌려쳐 올린다.
* 점검(點劍)과 점검세(點劍勢)와는 다르다.
* 점검은 폼(Form)을 잡는 행위다.
* 탑돌이는 탑을 돌면서 치는 행사.
* 그림의 자세는 골프의 백스윙 자세로 참고하시길 바란다. * 그림의 자세는 골프의 백스윙 자세로 참고하시길 바란다.

10. 간수세(看守勢)

看守勢者,卽看守擊也.法能看守諸器攻刺守定,諸器難進
相機隨勢滾殺.左脚右手虎蹲勢,向前進步腰擊.看法.

간수세는 가려서 치는 것으로 여러 병기가 막고 찌르고 혼잡하였을 때 기
회를 잡아 형세로 찔러 죽이고, 왼발과 오른손으로 호준세로 앞으로 한발
짝 나가면서 허리를 친다는 법이다.

도보 6 〈무예도보통지〉〈무비지〉「예도」 간수세 _ 호준세

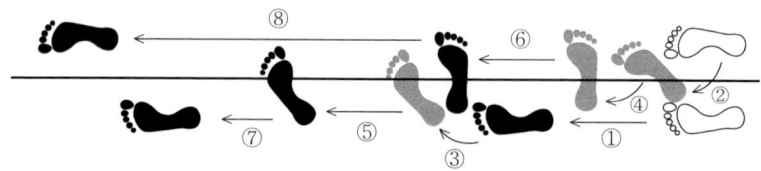

순 서	동작설명
① 간수세	〈1〉 많은 무리가 싸우는 것을 보고 공격할 기회를 보고 치는 것으로 여러 병기가 사용되서 붙이치고 혼란스러울 때 기회를 본다. 손바닥을 펴 눈위 이마에 대고 좌우로 고개를 움직이면서 살핀다. 칼날을 위로 칼끝을 앞으로 하여 기마자세로 어깨와 나란히 칼을 잡는다. 이때 자세는 좌각우수이다.
② 수세(隨勢) (형세) 찔러댄다.	〈2〉 이어서 앞으로 나아가며 게걸음식으로 찔러 나아간다. 옆으로 기마자세가 되고 밀어 걷기 식으로 밀고 나아가며 찔러댄다. ① ② ③ ④ ⑤ ⑥ ⑦ ⑧
③ 호준세(虎蹲勢)	〈3〉 좌측발이 앞으로 나아가고 오른손이 앞으로 호랑이가 쭈그리고 앉은 자세로 그림처럼 꾸부려 낮은 자세로 앞을 살펴보다가 ⑨ ⑩
④ 향전진보요격 (進步腰擊)	〈4〉 이어서 오른발 앞으로 크게 나아가면서 칼을 왼쪽어깨 위에서 45°로 허리를 친다. ⑪ ⑫

 * ①, ②는 한 자세로 본다.

11. 은망세(銀蟒勢)

銀蟒勢者,卽銀蟒格也.法能四顧周身,又能掠殺四面.向前則左手左脚,向後則右手右脚,動則左右旋風掣電殺.看法.

은망세는 구렁이 폼으로 동, 서, 남, 북 4면을 노략해서 치면서 경계하고 몸을 돌려 살핀다. 앞을 향해서는 좌수좌각, 뒤를 우수우각으로 선풍기처럼 번개치듯 돌려쳐 목을 살하는 법이다.

도보 6 〈무예도보통지〉〈무비지〉「예도」 은망세 _ 선풍격 자세

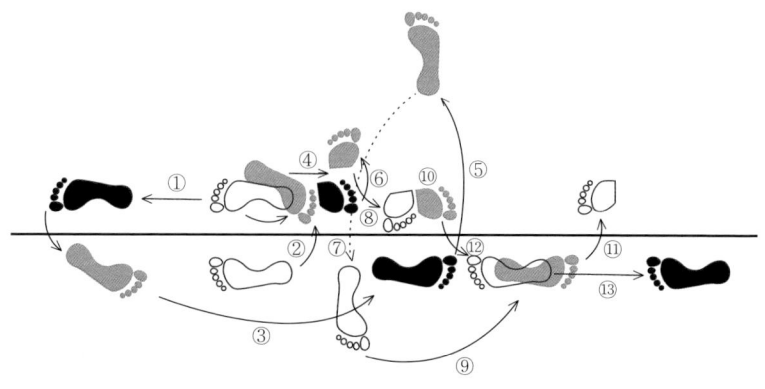

순 서	동작설명
① 사고주신 략살(掠殺)	〈1〉 4방향(동서남북)으로 돌면서 신중히 살피고 아래에서 칼날을 양세로 바꾸었다가 머리 위로 들어 올리면서 음세로 바꾸어 아래로 친다. 살피고 쳐서 동서남북을 경계하는 동작이다. ① ② ③ ④ ⑤ ⑥ ⑦
② 은망세(格)	〈2〉 칼을 왼쪽 어깨 위로 목을 기준으로 삼아 칼날을 밖으로 수평으로 돌려 칼끝은 뒤로 칼머리는 좌측 어깨 위 정면으로 대적자세(폼)를 잡는다. (은망격)
③ 좌우선풍	〈3〉 기회를 보아 앞좌측으로 왼발 나아가며 왼손으로 칼을 돌려 친다. 이때에 오른쪽 어깨에 칼을 메고 앞을 친다. 그 반동에 칼은 왼쪽 어깨 위를 지나가고 다시 후 우방향으로 돌아 오른발 오른손으로 뒤를 돌려 친다. (은구렁이가 목을 감는 자세로 보라) ⑧ ⑨ ⑩ ⑪ ⑫ ⑬

 * 은망세는 허리를 치는 것이 아니라 목을 치는 것으로 일반적인 선풍기 날개 돌아가는 식의 검법이다. 선풍기도 우에서 좌로 시작하여 바람을 만들 듯 은망세도 선풍기 원리를 말한다. 골프의 「스윙」 동작으로 보면 된다.
 * 은망세는 둥글게 감아 치는 것이 은빛 나는 구렁이 같다는 것으로 칼의 색깔이 그렇게 보인다.

12. 찬격세(鑽擊勢)

鑽擊勢,即鑽擊也. 法能鑽擊搶殺. 鵝形鴨步奔衝,左脚左手白猿出洞勢,向前掣步腰擊. 看法.

찬격세는 비벼치는 것으로 찌르고, 눌러 채갈겨 살하고, 거위 폼과 오리 걸음으로 뛰어 들어가 왼발 왼손으로 백원 출동세하고, 앞을 향해 당겨 들어가 허리를 친다는 법이다.

도보 6 〈무예도보통지〉〈무비지〉「예도」 찬격세 _ 백원출동세

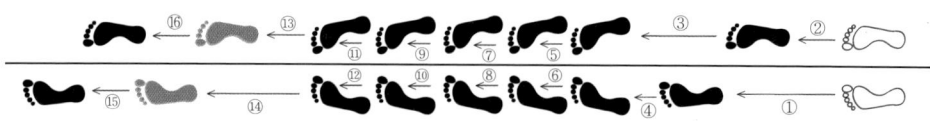

순 서	동작설명
① 창살 찬격	〈1〉 칼날을 돌려 짧게 찌르고, 핵 : 채칼겨 죽이고 다시 비벼 쳐라. ① ②
② 아형압보	〈2〉 이어서 거위처럼 크게 팔을 벌리고 오리걸음으로 앞으로 나아가다가 뛰어 들어가 칼을 들며 약한 점프로 (날라 들어감) ③ ④ ⑤ ⑥ ⑦ ⑧ ⑨ ⑩ ⑪ ⑫
③ 백원출동	〈3〉 좌측 발을 앞으로 좌측 손이 앞을 향해 좌측 어깨에 15° 정도 걸쳐 들고 앞을 살피다가 원숭이 모습으로 낮게 구부린 자세다. ⑬ ⑭
④ 체보요격 (腰擊)	〈4〉 이어서 좌측발 앞으로 우측발 따라 붙으며 밀어 걸어 허리를 45° 각도로 내려친다. ⑮ ⑯

* 오리걸음은 상황에 따라서 완급을 조절한다.
* 거위 폼은 두 팔을 벌리고 칼날을 수직으로 떨어뜨려 잡고 크게 위엄 있게 폼을 잡는다.(허세)
* 핵 : 쳐 갈긴다는 것은 벼 훑기를 상상하고 비벼 치는 것은 삽으로 시멘트를 섞는 모습이나 가마솥에 밥을 비비는 모습임
* 백원출동은 하얀 원숭이(영물)가 튀어나와 통찰한다는 뜻임.

13. 요격세(腰擊勢)

腰擊勢者,卽腰擊也. 法能橫衝中殺 身步手劍疾若迅雷,
此一擊者,劍中之首擊也. 右脚右手斬蛇勢,向前進步逆鱗.
看法.

요격세는 허리를 치는것으로 몸과 발과 손과 검이 일체가 되어 횡으로(가로로) 우뢰와 같이 빠르게 친다. 이 일격이야말로 검술 중에 으뜸이다. 우각우수로 참사세로 앞으로 나아가면서 목에 갈기를 세우고 노려본다는 법이다.

도보 6 〈무예도보통지〉〈무비지〉「예도」 요격세 _ 참사세 (역린)

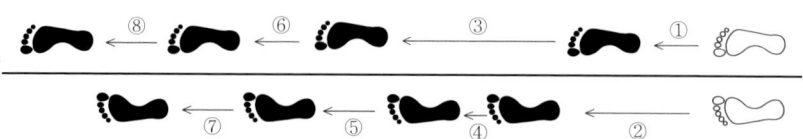

순 서	동작설명
① 요격 횡충중살 (橫衝中殺)	〈1〉 우측발 앞으로 칼을 뽑아 우측허리 쪽으로 몸과 칼을 돌려 몸과 어깨가 텐션을 이루고 우측 발이 앞으로 크게 나가면서 칼날은 뒤에서 앞의 적을 수평으로 돌려 친다. 다시 좌측에서 좌측 발 나가면서 친다. 꼬여있던 코일이 풀리는 것으로 점점 칼날의 속도가 빨라야 한다. 그 모습이 몸, 허리, 손, 발이 하나로 천둥번개 치듯 빠르게 친다. 이 검법이야말로 검술 중 최고로 친다. ① ②
② 우각우수 참사세	〈2〉 오른발 크게 나아가며 칼날을 아래로 허리 높이에 잡고(그림) 뱀을 베는 자세로 앞을 살핀다. ③ ④
③ 진보역린 (進步逆鱗)	〈3〉 앞으로 한두 발짝 걸어 나아가며 눈을 부릅뜨고 목에 힘을 주고 갈기를 세워 앞으로 목을 길게 빼어 앞을 노려본다. ⑤ ⑥ ⑦ ⑧

* 역린과 역린자는 전혀 그 뜻이 다르다. 어류는 목에 난 비늘을 의미하고, 동물은 목에 꺼꾸로 일어나는 목 갈기를 말하며, 사람은 목구멍을 말한다.
* 화가난 임금이 용상에서 아래의 신하를 목을 길게 빼고 노려보는 모습을 역린이라 하며, 안법이다.

14. 전시세(展翅勢)

展翅勢者, 卽展翅擊也. 法能絞格上殺, 撩掠下殺. 右脚右手偏閃勢, 向前掣步擧鼎格. 看法.

전시세는 전시하는 식으로 치는 것으로 칼을 뒤집어 위를 향하여 치고 다시 칼날을 돌려 내려친다. 오른발 오른손으로 편섬세했다가 당겨 걸어 거정품을 잡는 법이다.

도보 6 〈무예도보통지〉〈무비지〉「예도」 전시세 _ 편섬세

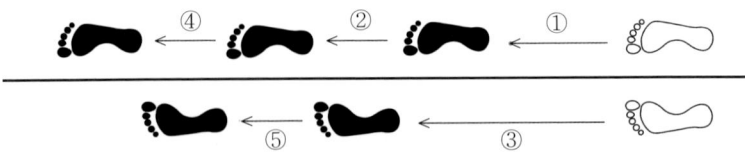

순 서	동작설명
① 교격 상살 요략하살 ② 教格上殺	〈1〉 칼을 뽑아 즉시 왼쪽 허리 아래로 칼날을 반대로 돌려 꼬이게 잡고 오른발 나아가며 그대로 위로 크게 올려 벤다. 이어서 머리위에서 반대로 칼날을 돌려 반대 방향으로 크게 내려 벤다. 그 모습이 깃발을 위.아래로 휘두르는 그런 모습이다. ①
③ 우각우수 편섬세	〈2〉 오른발 앞으로 나아가면서 칼날을 좌우로 돌리고 아래 일정한 가상점을(그림) 찌른다. (이때 칼날이 번쩍 번쩍 빛이 난다) ② ③
④ 거정격 (擧鼎格)	〈3〉 이어서 오른발을 1족 정도 앞으로 나아가고 뒷발이 따라 들어오는 당겨 걸면서 칼을 머리위로 들어올려 우상단자세(우거정)를 취하고 앞을 노려본다. 현대 검도의 잔심이다. ④ ⑤

* 거정세 참조. 우상단은 칼을 똑바로 일직선으로 양눈 사이로 하여 머리 이마 위로 올라간다.
* 우상단, 우솟대, 우거정으로 불린다.

15. 우익세(右翼勢)

右翼勢者, 即右翼擊也. 法能剪殺兩翼. 左脚右手鴈字勢, 向前掣步腰擊. 看法.

우익세는 오른 어깻죽지로 치는 것으로 양쪽 어깻죽지를 가위 방향으로 친다. 왼발과 오른손으로 안자세로 앞을 향해 당겨 걸어 허리를 치는 법이다.

도보 6 〈무예도보통지〉〈무비지〉「예도」 우익세 _ 안자세

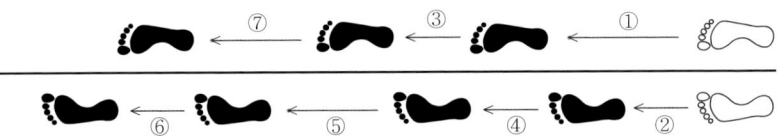

순 서	동작설명
전살양익 (剪殺兩翼)	⟨1⟩ 오른발 앞으로 왼발 따라 당겨 걸어 칼을 머리위로 들고 X자로 우측에서 좌, 좌에서 우측 상대편 어깻죽지를 내려 벤다. (현재 검도 연격과 비슷함) ① ② ③ ④
② 안자세 (雁字勢)	⟨2⟩ 모양이 기러기 안(雁) 글자로 왼발 앞으로 크게 나아가면서 그림처럼 칼날을 위로 하여 좌측어깨에 가까이 놓고 우측 쪽의 적을 바라본다.(雁) ⑤
③ 체보요격 (腰擊)	⟨3⟩ 그 자리에서 왼발 앞으로 나아가고 오른발 따라 붙어 밀어 걸어 오른쪽 적의 허리를 45°로 내려친다. ⑥ ⑦

16. 게격세(揭擊勢)

揭擊勢者, 卽揭擊也. 法能剪格上殺, 步步套進, 左脚左手
虎坐勢, 向前退步衝洗. 看法.

게격세는 들어치는 것으로 앞으로 밀어걸어 좌우머리를 척살하고 좌측발과 좌측손으로 잡고 호좌세(그림)로 뒤로 물러나면서 빠르게 스냅으로 내려 베는 법이다.

도보 6 〈무예도보통지〉〈무비지〉「예도」 게격세 _ 호좌세

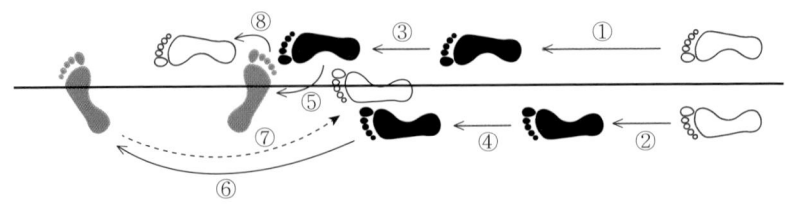

순 서	동작설명
① 계격세는 들어치는 것	〈1〉 칼을 머리 위로 높이 수평으로 들되, 정중선을 기준으로 한다.
② 전격상살 (剪格)	〈2〉 앞으로 밀어걸어 나아가며 좌우 머리를 친다. ① ② ③ ④ (연격)
③ 좌각좌수 호좌세 (左脚左手 虎坐勢)	〈3〉 그림처럼 왼발 앞으로 옆으로 기마자세를 하고 칼머리를 앞으로 칼끝을 뒤로 칼날은 위로 하여 가슴 높이에 잡고 앞을 응시한다.(호좌세) ⑤ ⑥
④향전퇴보 충세 (向前退步 ?洗)	〈4〉 뒤로 앞에 나간 발이 한발자국 물러서면서 두 손목을 앞으로 젓처 빠르게 스냅으로 내려 벤다. ⑦ ⑧

＊ 계격은 일본검도에서 연격으로 인용되었다.
＊ 호좌세는 호랑이가 앉아있는 자세다.
＊ 충세는 호혈세로 가깝게 수직으로 짧게 스냅으로 내려벤다.

17. 좌협세(左夾勢)

左夾勢者, 卽左夾刺也. 法能衝刺中殺. 右脚右手獸頭勢, 向前進步腰擊. 看法.

좌협세는 왼쪽 옆구리에 끼고 찌르는 것으로 깊이 가운데를 찌르고, 오른발, 오른손으로 수두세로 앞으로 한발자국 나가면서 허리를 친다는 법이다.

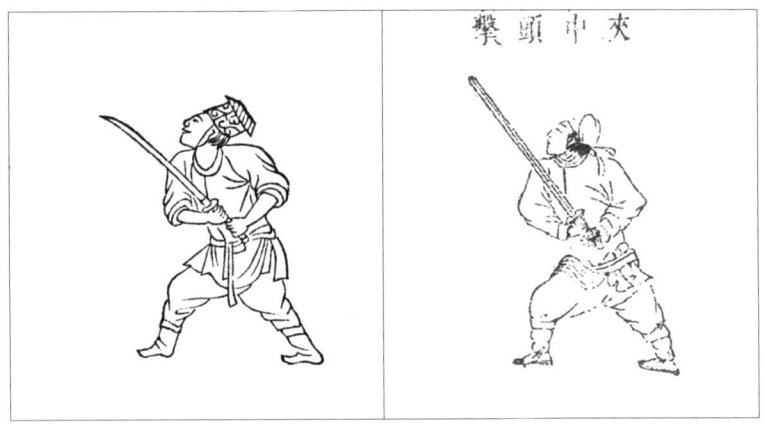

도보 6 〈무예도보통지〉〈무비지〉「예도」 좌협세_수두세

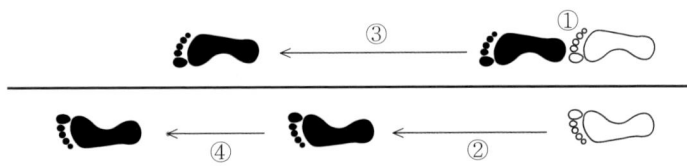

순 서	동작설명
① 좌협자	〈1〉 대적세 없이 오른발 앞으로 하면서 칼을 왼쪽 옆구리에 붙여 들되, 칼날을 아래로 한다. ①①
② 충자중살 (衝刺)	〈2〉 깊게 왼발이 앞으로 다가 들어가 칼날을 반대로 돌려 위로 향하게 하면서 상대의 우페를 찌른다. ②
③ 수두세	〈3〉 그림처럼 오른발 앞으로 나아가면서 칼날을 위로하고 가슴 아래 왼쪽 단전으로 끌어 당겨 앞을 향한다. ③
④ 진보요격 (腰擊)	〈4〉 왼발 앞으로 한발자국 나아가면서 상대의 오른쪽 허리를 45° 각도로 내려친다. ④

* 우페는 우측 어깨뼈와 우측 가슴 갈비뼈가 붙어 있는 사이를 말하며 반드시 칼날을 위로 돌려 찔러야 가능하다.
* 수두세는 짐승머리를 옆구리 쪽에 끌어당겨 논 상태다.
* 그림은 수두세에서 나가는 동작이다.
* 칼을 뽑는 동사에 멈춤 없이 시작한다(대적세가 없다).
* 중살(中殺) : 명치는 아니다. 칼날 방향상 폐가 옳다.

18. 과좌세(跨左勢)

跨左勢者,卽跨左擊也.法能掃掠下殺.右脚右手提水勢,向前進步雙剪.看法.

과좌세는 왼편 어깨 위로 걸쳐 받아치는 것으로 왼편으로 쓸어내리고, 바로 좌측 어깨를 내려치고, 오른발, 오른손으로 제수세를 하고, 앞으로 나아가면서 두 번을 45° 각도로 크게 좌우 머리를 갈기는 법이다.

도보 6 〈무예도보통지〉〈무비지〉「예도」 과좌세 _ 제수세

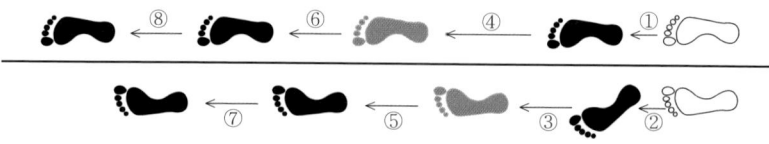

순 서	동작설명
① 과좌세는 과좌격	〈1〉대적자세가(폼) 없이 바로 빠르게 과좌격으로 한다.
② 소략하살 (掃掠下殺)	〈2〉 오른발 우측 앞으로 1족 나아가며 칼날을 반대로 하늘을 향하도록 뒤집어 좌측 어깨 위에서 칼날 능각으로 스쳐서 받음과 동시에 몸을 돌려 뒤집은 칼날로 그 자리에서 좌측 어깨를 친다. 속도가 중요. 이때의 머리는 위에서 적 좌측으로 칠 수 밖에 없다. ① ②
③ 제수세 (提水勢)	〈3〉 그대로 그림처럼 오른발 앞으로 방향을 잡고 칼날을 아래로 하여 수평이 되도록 하고 왼쪽 옆구리에 붙여 내린다. ③ ④
④ 진보쌍전 (進步雙剪)	〈4〉 왼발 앞으로 나아가며 제수세에서 그대로 칼을 머리 위로 올려 우에서 45°우, 오른발 나아가며 머리 위로 올려 우에서 좌로 치고 다시 한 번 우에서 좌, 좌에서 우로 크게 내려 갈긴다. ⑤ ⑥ ⑦ ⑧

* 쌍전 가위식으로 X해서 두 번
* 쌍전은 곤장을 치듯이 자세가 커야한다. 인분 바가지를 연상해라. 특히 긴막대기 끝에 등을 메어 놓은 것을 이라 한다. 이것을 휘두르는 것이다. 시골에서 타작시 도리깨질 하듯 머리 위에서 좌우로 교차시켜 내려 갈긴다.

19. 흔격세(掀擊勢)

掀擊勢者, 卽掀擊也. 法能掀挑上殺, 搶步鑽殺. 左脚右手 朝天勢, 向前退步坦腹刺. 看法.

흔격세는 높이 흔들어 치는 것으로 머리 위에서 크게 스쳐내고, 내려치고 창걸음으로 비벼 치는 것이다. 이어 왼발 오른손으로(그림) 조천세를 하였다가 뒤로 물러나며 배를 찌른다는 법이다.

도보 6 〈무예도보통지〉〈무비지〉「예도」 흔격세 _ 조천세

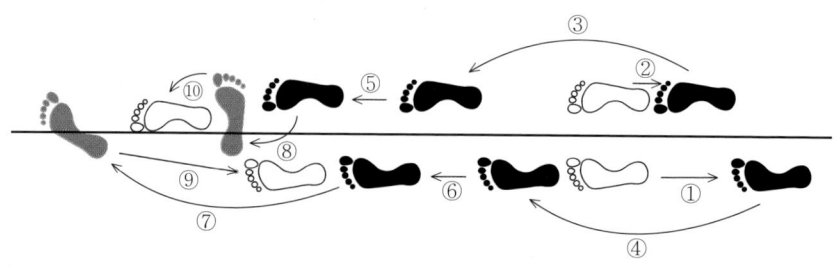

순 서	동작설명
① 흔격세	〈1〉 대적세 없이
② 흔조상살 (掀挑上殺)	〈2〉 칼날을 중단에서 상대편이 머리를 치고 들어오는 순간 발바닥을 땅에 스쳐 빠르게 뒤로 반보 물러나면서 상대편 칼날을 머리 위 앞에서 크게 스쳐 올려 튕겨내고 다시 앞으로 발바닥을 붙쳐 밀어 상대의 머리를 크게 치고 발바닥으로 앞으로 밀고 나가면서 비벼친다. (일본형 5본 후도와 같다. 이를 일본이 인용했다.) ① ② ③ ④ ⑤ ⑥
③ 조천세 (朝天勢)	〈3〉 왼발을 앞으로 그림과 같이 칼날 끝을 앞의 위쪽으로 칼날을 위로(양세)하여 중심을 오른쪽에 두고 왼발 앞쪽을 두고 전방의 먼 곳, 중간, 가까운 곳까지 살펴본다.(관찰한다) ⑦ ⑧
④향전퇴보탄복자 (退步坦服刺)	〈4〉 바로 앞에 나간 왼발을 뒤로 한발자국 물러나면서 상대편 배를 찌른다. ⑨ ⑩

* 흔조 : 크게 올려 스치는 것이다.
* 조천세 : 먼강, 중간강, 앞개천을 모두 한꺼번에 보는 안법이다. 왼 발바닥을 세우고 중심을 뒤로 둔다.
* 찬격(鑽擊) : 돌려 친다는 식의 타법(打) + 자법
* 창보(搶步) : 창을 들고 발바닥을 붙쳐 움직이는 것.

20. 역린세(逆鱗勢)

逆鱗勢者,卽逆鱗刺也.法能直刺喉頸.右脚右手探海勢,
向前掣步左翼擊.看法.

역린자는 목의 비늘(갈기)을 거슬러 찌르는 것으로 칼날을 바로하여(음세)
목구멍을 찌르고, 우측발과 우측손으로 탐해세를 하여 앞으로 당겨 걸어
손아귀를 친다는 법이다.

도보 6 〈무예도보통지〉〈무비지〉「예도」역린세 _ 탐해세

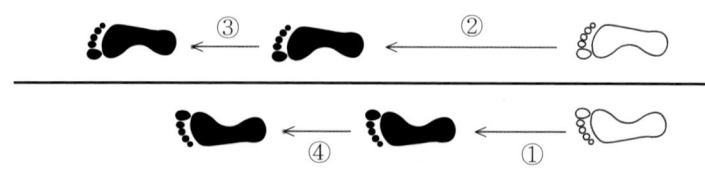

순 서	동작설명
① 역린자	〈1〉 아무 대적세도 좋다.
② 직자후경 (直刺喉經)	〈2〉 칼을 뽑아 아래에서 위로 왼발 나아가면서 그대로 적의 목구멍을 올려 찌른다(그림) ①
③ 탐해세 (探海勢)	〈3〉 오른발 한 발 나가면서 칼자루를 앞으로 하고 칼끝을 우측 무릎정도 내려잡고 물속을 살피듯이 조용하게 본다. ②
④ 향전체보 좌익격 (左翼擊)	〈4〉 우측 발 앞으로 1족 나아가고 뒤 좌측 발 따라붙으며 당겨 걸어 상대편 손아귀를 눌러서 내려친다. ③ ④

* 후경 : 목구멍(역린)
* 탐해 : 바다 속을 살피는 것
* 호혈 : 양손 손아귀(좌익격)

21. 염시세(斂翅勢)

斂翅勢者,卽斂翅擊也.法能佯北誘賺.左右手脚拔蛇勢,
倒退進步腰擊.看法.

염시세는 양날개를 감추고 치는 것으로 거짓으로 속이고, 쫓기고, 꾀어내는 속임수로 몸짓을 했다가 좌우발사세로 발을 바꾸며 앞뒤로 뛰어 왔다 갔다 하다가 뒤로 뛰어 나가며 허리를 친다는 법이다.

도보 6 〈무예도보통지〉〈무비지〉「예도」 염시세_(좌우수) 발사세

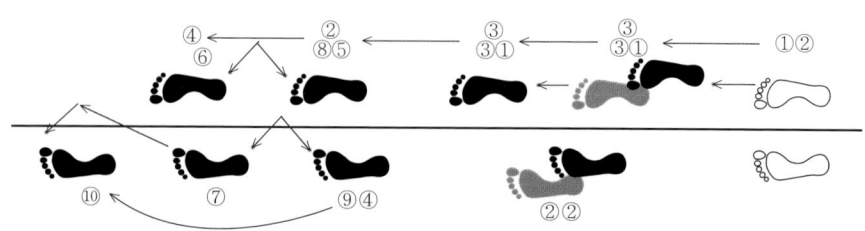

순 서	동작설명
① 날개를 거둔다	〈1〉 대적세 없이 바로 양팔을 보이지 않게 뒤로하여 감추고 칼도 뒤로 감추고 소매 속에 손을 감춘다.
② 양북유 (洋北誘)	〈2〉 거짓으로 기만을 하는 행위로 상대를 안심시키고 꾀어내어 치려는 몸짓을 좌우로 하고 있다가 ① ②
③ 발 사 세 (拔蛇勢) ③-①도퇴진보 (倒退進步)	〈3〉 짝발로 뛰어 칼을 좌우로 바꾸면서 공중으로 뛰어올라 발을 바꾸어 앞뒤로 들락날락 왔다갔다 하다가 앞으로 나가면서 ④ ⑤ ⑥ ⑦ ⑧
④ 요격(腰擊)	〈4〉 허리를 친다. ⑨

* 날개를 거둔다는 것은 감춘다는 의미도 있다. 옷 속에 손을 감추는 행위도 가능하다.
* 양북유는 고개를 좌우로 흔들고 몸을 좌우전후로 흔들어대어 혼란을 야기시켜야 한다.
* 도퇴진보 짝발로 위로 두 발을 뛰어올라 앞뒷발을 바꾸어 내려온다. 좌우손도 좌우로 바뀐다.
* 도(倒) 꺼꾸러질 듯이 공간을 넓게 사용한다. 들에서 밖에서 사용한다.

22. 우협세(右夾勢)

右夾勢者,卽右夾刺也. 法能絞刺中殺. 左脚右手奔衝勢,向前立步擧鼎格. 看法.

우협세는 칼을 오른쪽 옆구리에 껴서 찌르는 것으로 칼날을 돌려 가운데를 찌른다. 왼발 오른손으로 뛰어날라 들어가 앉았다가 서서히 일어서면서 거정세 폼을 한다는 법이다.

도보 6 〈무예도보통지〉〈무비지〉「예도」 우협세 _ 분충세

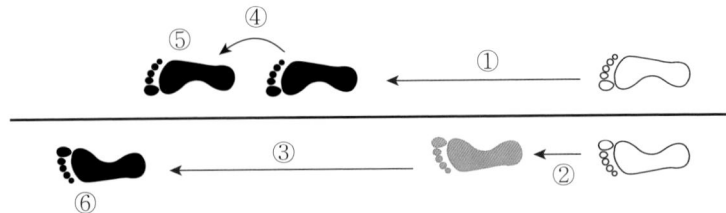

순 서	동작설명
① 교자중살 (絞刺中殺)	〈1〉 대적세 없이 바로 우측 옆구리에 끼고 찌르는 자세로 칼날을 감어 돌려 가운데를 찌른다. (좌페) ① ②
② 분충세 (奔衝勢)	〈2〉 왼발과 오른손으로 칼끝으 위로하고 땅 위로 뛰어 올라 다가들어가 좌측발이 앞방향 앞으로 내려오며 안으로 쑥 들어가 내려 앉아 살짝 쭈그려 앉았다가, ③ ④
③ 입보거정 (立步擧鼎)	〈3〉 그 자리에서 서서히 일어나면서 거정격를 한다.(좌상단. 좌솟대세) 일어나면서 칼끝을 머리 위를 지나 높이 좌상단(좌거정) 상단을 해 앞을 경계하고 문제가 발생 시 다시 치려고 하는 잔심이 있어야한다. ⑤ ⑥

* 일본검도에서 마지막 남은 힘을 모아 일어나려는 적에 대비하는 자세와 마음을 잔심(殘心)이라고 한다. 〈잔인하고 혹독한 마음〉
* 일본검도에서 우상단, 좌상단 모두가 여기에서 인용된 것이다.
* 좌솟대세, 우솟대세로 해야 한다.

23. 봉두세(鳳頭勢)

鳳頭勢者, 卽鳳頭洗也. 法能洗刺剪殺. 右脚右手白蛇弄風勢, 向前挈步揭擊. 看法.

봉두세는 봉황의 머리를 베는 것으로 찌르듯 당겨 가위 방향으로 베고 오른발 오른손으로 백사농풍세를 하고 앞으로 당겨 걸어 게격(좌우로 갈긴다)하는 법이다.

도보 6 〈무예도보통지〉 〈무비지〉 「예도」 봉두세 _ 백사농풍세

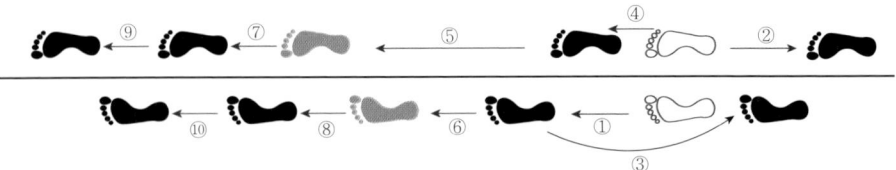

순 서	동작설명
① 봉두세 (鳳頭勢)	〈1〉 대적세 없이 칼을 뽑아 왼발 앞으로 깊이 들어갔다가 다시 나오면서 ① ② ③ ④
② 세자전살 (洗刺剪殺) - 베는 것, 치는것 X	〈2〉 칼날은 가위식으로 왼쪽으로 칼날을 비스듬히 돌려 찌르고 반대로 오른쪽으로 돌려 당기며 낚아채듯이 당겨 벤다. 아주 빨라야 한다. (스냅으로 베는 것으로 타격과는 다른 차원이다) ① ② ③ ④
③ 백사농풍세 (白蛇弄風勢)	〈3〉 오른발을 앞으로 오른손으로 칼끝으로 뱀을 아래 위로 올리고 내리다가(그림) 위로 들어 올린다. 뱀을 가지고 장난친다는 모습을 하다가 ⑤ ⑥
④ 체보계격 (掣步揭擊)	〈4〉 앞으로 당겨 걸어서 앞발에 뒷발이 따라붙어 좌우로 머리위에서 내려친다. (현대 검도 연격식으로 45° 정도 좌우로 돌려서 친다) (⑦⑧⑨⑩)

* 계격 : X방향의 전(剪)격이다.

24. 횡충세(橫衝勢)

橫衝勢者,卽橫衝擊也.法能疾奔飄閃滾殺進退,兩手兩脚隨勢,衝進挈步撩掠.看法.

횡충세는 가로로 돌려 치는 것으로 빠르고, 날라들어가듯 번개처럼 빛을 내면서 횡으로 치고 뒤로 나오며 반대로 친다. 양손 양발로(그림) 수세로 깊히 앞으로 당겨들어가 칼날을 돌려 요략하는 법이다.

도보 6 〈무예도보통지〉〈무비지〉「예도」 횡충세 _ 수세 (형세)

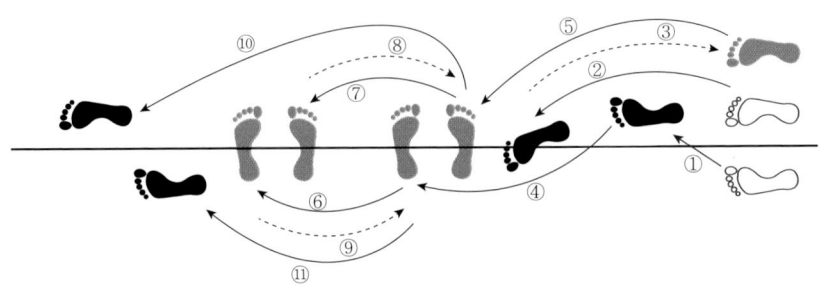

순 서	동작설명
① 횡충격	〈1〉 대적세 없이 바로 칼을 뽑아
② 질분섬인곤살	〈2〉 빠르게 허리에 바싹 칼을 부치고 뛰어 날듯이 들어가 다가가 번개처럼 횡으로 돌려 베고 뒤로 나오며 반대로 또 돌려 벤다. (그 모습이 번개처럼 빛을 내면서 빠르다) ① ② ③
③ 진퇴 양수양각수세 (隨勢)(형세)	〈3〉 칼끝을 앞으로 하고 그림처럼 어깨 위에 걸쳐서 찌르고 앞뒤로 움직이다가, ④ ⑤ ⑥ ⑦ ⑧ ⑨
④ 요략(撩掠)	〈4〉 앞으로 강하게 부딪히면서 당겨 걸어서 칼을 풀어 돌려내리면서 앞을 겨눈다. 여기서 요략은 칼을 양세에서 음세로 풀어주며 앞을 응시하고 경계하는 잔심이다. ⑩ ⑪

* 마지막 24세로 적을 경계하는 중단세로 풀어 끝을 맺는 잔심이 있다.

25. 태아도타세(太阿倒拖勢)

太阿倒拖勢者,初入套中先以左手牢執刀腰次擧右手向天高托一呼,又以右手輕打右膝以右足橫打,左足因入擧鼎勢.

태아도타세는 처음 들어가면서 좌측손으로 칼허리를 잡고, 오른손은 하늘을 향하여 높이 들고 소리를 지른다. 이어 오른손으로 오른쪽 무릎을 스쳐치고 왼발을 스쳐나가며 거정격으로 앞을 치는 법이다.

도보 6 〈무예도보통지〉「예도」 태아도타세

* 태아검이라는 전설의 최고 보검으로 치는 검법이다.

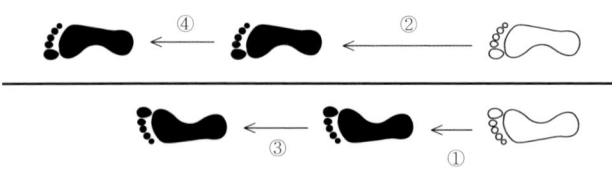

순 서	동작설명
	⟨1⟩ 왼발 앞으로 나아가면서 먼저 좌측 손으로 칼허리를 잡고 오른손은 하늘을 향하여 높이 들어 '얍!' 하고 소리를 지른다.(그림) ①
② 거정세	⟨2⟩ 그리고 오른발 무릎을 오른손으로 슬쩍 치고 스쳐 나아가며 칼을 잡아 왼발 앞으로 나아가면서 칼을 머리 위로 크게 들어 오른발 앞으로 나가며 앞을 향해 던져 친다. ② ③ ④ ⑤ ⑥

* 칼집을 찾을 경우는 손으로 칼집 허리를 누르고 잡는다.
* 오른발을 수직으로 높이 무릎을 올려 나아가면서 무릎을 옆으로 스쳐서 친다.
* 왼발 앞으로 나가면서 칼을 들어올려(거정격) 나아가면서 뒷다리(오른쪽)를 당겨 걸어 크게 갈켜 친다.
* 태아 세상에서 가장 좋은 명검 이름.
* 토타 : 죽음으로 인도함.
  태아도타세 : 태아검으로 쳐 죽음으로 보내는 세(검법)
* 태아검(太阿劍): 중국 춘추시대 오나라와 월나라의 흥망에 대한 기록으로 초월서 오월춘추에 나오는 전설의 명검으로 이 검은 월절서(越絕書)라는 문헌의 전설로 유명하다. 이 검에 욕심을 가진 진(晉)나라 왕이 초나라 성을 3년간 포위하고 공격했으나 초의 왕이 이 검을 가지고 성루에 올라 흔들어 대며 군을 지휘해 진나라를 괴멸시킨 것은 검의 영성이었다고 한다.

26. 여선참사세(呂仙斬蛇勢)

呂仙斬蛇勢者,以左手支腰右手橫捉刀腰,向空高擲丈餘刃脊輪轉而墜稍,進一步以手承之如是者.

여선참사세는 왼손은 허리춤을 괴고, 오른손으로 칼허리를 가로로 잡아 공중으로 한 길정도 높이 던져 칼날 등이 돌아 떨어질 때 한걸음 앞으로 나아가 칼자루를 잡는(이것을 3번 한다) 법이다.

* 여선검이라는 전설의 보검을 수련하는 기술.

도보 6 〈무예도보통지〉「예도」 여선참사세

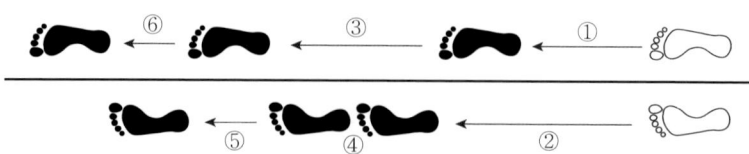

순 서	동작설명
	〈1〉 왼손으로 허리춤을 고이고 오른손으로 칼 허리를 잡아 공중으로 한길정도 던져 올려 칼날이 돌아 내려올 때 한발자국 앞으로 나아가 칼자루를 손으로 잡아 받는다. (①②③④⑤⑥⑦)

* 손재주와 담력을 기르는 훈련과 수련으로 현재는 도장의 천장 높이와 위험으로 삼가해주길 바람.
  검사가 단 0.1초라도 칼을 놓는 것은 있을 수 없는 금기임.

* 칼을 칼집에서 발도 했다가 다시 칼집으로 납도 하는 것을 3번 하는 것으로도 대신해도 좋다.
* 백제군은 환두에 끈을 묶어 손목에 감고 칼이 손을 이탈할 수 없게 했다. 칼은 전시에 손에서 떨어지면 바로 죽음이다.
* 여선(呂仙)이라는 영검이다. 려선으로 예부터 내려오는 전설의 칼로 신선이 사용했다고 한다. 이 칼로 뱀을 베었다는 유사한 전설은 일본에도 있다.(야마타이 오로치) 칼의 이름은 쿠사나기 노 쓰루기의 삼종 신화(천황) 또한 한 고조의 삼척검(중국사기)의 전설로 큰 뱀을 죽인 뒤 천하를 통일했다고 한다. 이 검은 참사(斬蛇) 검이라고도 한다.

27. 양각조천세(羊角弔天勢)

羊角弔天勢者, 自套中小退跪坐以右手執刀柄橫駕刀脊于左手第一指右手緊緊彈刀頭則繞指輪轉轉到次指至于無名小指閒而止望之若銀甕.

양각조천세는 자리에서 뒤로 약간 물러나 꿇어 앉는다. 오른손으로 칼자루를 잡고 칼날을 위로, 가로로 왼손 엄지에 메우고 검지와 중지로 중심을 잡아 머리 위로 높이 올려 오른손가락으로 칼머리를 톡톡 쳐 돌리는 법이다. 그 모습을 바라보니 은독과 같다.

* 양머리를 놓고 천신(天神)에게 제(祭)를 올린다.

도보 6 〈무예도보통지〉「예도」 양각조천세

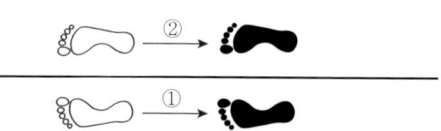

순 서	동작설명
	〈1〉 뒤로 약간 물러나 꿇어앉는다. 오른손으로 칼자루를 잡고 가로로 왼손 손가락 엄지, 검지, 중지로 끼워 잡아 중심이 흔들리지 않게 이마위로 높게 잡고(그림) 오른손으로 칼머리를 톡톡 쳐서 돌리면 칼날이 마지막 손가락까지 오도록 하여 그친다. 이 모습이 은빛 나는 항아리처럼 보인다. ① ②

* 옛날 신단에 의식적인 토속신앙의 행사로 본다. 양을 제물로 받쳐 소원 성취하는 신녀의 신비로 보며 검은 생명으로 신뢰와 존경심을 유발한다.

* 하늘, 태양에 예를 올리는 의미도 있다.

* 검에 무릎을 꿇고 절을 하는 '예'도 이와 같은 의미다.

28. 금강보운세(金剛步雲勢)

金剛步雲勢者 三次回身左右顧眄高擧刀, 刃繞頭上揮斥

금강보운세는 3회에 걸쳐 칼을 높이 들고, 몸을 돌려 좌우를 살펴 경계하고 이어서 칼을 머리 위에서 앞방향으로 휘둘러 쳐 내리는 법이다.

* 구름 위에서 세상에서 제일 강한 금강검을 휘두른다.

도보 6 〈무예도보통지〉「예도」 금강보운세

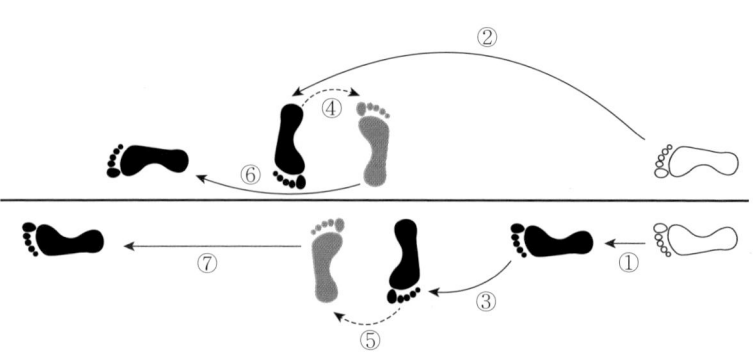

순 서	동작설명
	〈1〉 3차례 몸을 돌려 앞 좌우 칼을 높이 들어(거정격) 살피고 경계하고 칼을 높이 들어 머리위로 크게 돌려 앞으로 내친다. ① ① ② ③ ④ ⑤ ⑥ ⑦

* 강력함과 명확함을 보여주는 검법이다. 금강은 불교의 금강경 금강산, 금강석으로 다이아몬드로 본다.

* 좌우고면 : 칼을 머리 위에서 가운데까지 천천히 쳐내려오면서 점검하는 것으로 이를 3방향으로 모두 한다.

* 휘척 : 머리위에서 좌에서 우로 크게 돌려서 앞을 향해 친다.
* 가장 강한 칼을 들고 구름 속으로 들어가 회오리 바람처럼 치는 검법이로 본다.

본국검(本國劍)

　본국검은 신라검법으로 세계에서 가장 오래된 법식이다. 이 검법으로 신라화랑의 황창(蒼昌)이 백제로 건너가 임금 앞에서 시범을 보이다가 백제왕을 칼로 찔렀다고 한다. 어떤 이는 가야가 본국(本國)이라 했으니 가야에서 시작했고 김유신이 가야 사람으로 가야검법이라고도 한다. 그러나 김유신은 충북 진천에서 어머니 뱃속에 20개월이나 있다가 태어나 12세까지 자란 사람으로 신빙성이 부족하다.

　또 다른 해설은 신라 화랑 초기에 거칠부가 변장하여 고구려에 들어가 몰래 배워 신라에 돌아와 검법으로 개발했다고 한다. 검법의 이치상이나 역사로 보아 가장 신빙성이 있다. 이 검법은 검이 아니라 도(刀)로 하고 모든 용어나 검리가 예도(조선세법) 중 가장 강하고 실전적인 것만 선택하여 만들어졌다. '예도'보다는 강력하고 전투에 실효성이 있도록 쉽고 담대하게 만들어졌다는 특색이다. 배우기가 쉬워서 하급 무사용이라고도 한다. 따라서 본국검은 고구려의 예도(김해병서)를 인용하여 만든 거칠부의 신라검법으로 보는 것이 가장 타당하다고 본다.
　당시 신라는 일본 전역에 가서 노략질을 했다고 한다. 결국 오늘날 일본 검도는 여기서부터 전해졌다고도 한다. 따라서 본국검은 신라가 원조로 이어오다가 사라졌고 1790년 정조왕 시절

「무예도보통지」를 만들며 우리에게 밝혀졌다. 그 내용 중 18기에는 검법으로 예도, 왜검, 교전월도, 협도, 쌍검, 제독검과 함께 본국검이 실려 있지만 본국검은 이미 효종 때부터 관무제에서 시범을 보였다고 왕조실록에 기록으로 남아 있다.

이 검법은 반드시 두 손으로 칼을 잡는 도(刀)법으로 한 손으로 하는 검법이 아니다. 이 본국검은 모두 33세로 격법 12수, 타법 12수, 자법 9수로 구성되었고, 근래 1980년대에 대한검도회 이종림의 연구와 발표가 처음으로 이루어져 지금은 검도 단(段) 승단 시험 과목으로 채택되어 있다. 이후 그의 제자 이국노(8단, 용인대학교체육학 명예박사)가 10년간 연구 끝에 본국검의 단락을 찾아 2010년 10월 1일 「실전 우리검도(직지)」라는 책을 발간하였다. 일본, 중국의 검법을 비교하고 '예도'와 관련하여 알기 쉽게 재연하여 실었다. 이 검법은 삼국통일에 가장 큰 기여를 했으며, 최근 1998년 세계학생무술대회(진천), 2020년 일본 동경에서 열린 3.1 독립운동 100주년 기념식에서 저자가 우리나라 검도를 시연하였다. 많은 무술 단체에서 와전되고 잘못된 검법으로 대중을 혼란시키는 무예인들도 많이 있다. 저자는 가장 중요한 본국검 총보와 칼의 운용을 찾아 실었으며, 살적(殺賊)은 타(打), 격적(擊賊)은 격(擊)으로 치는 방법이 다르다는 것을 알린다.

본국검 단락

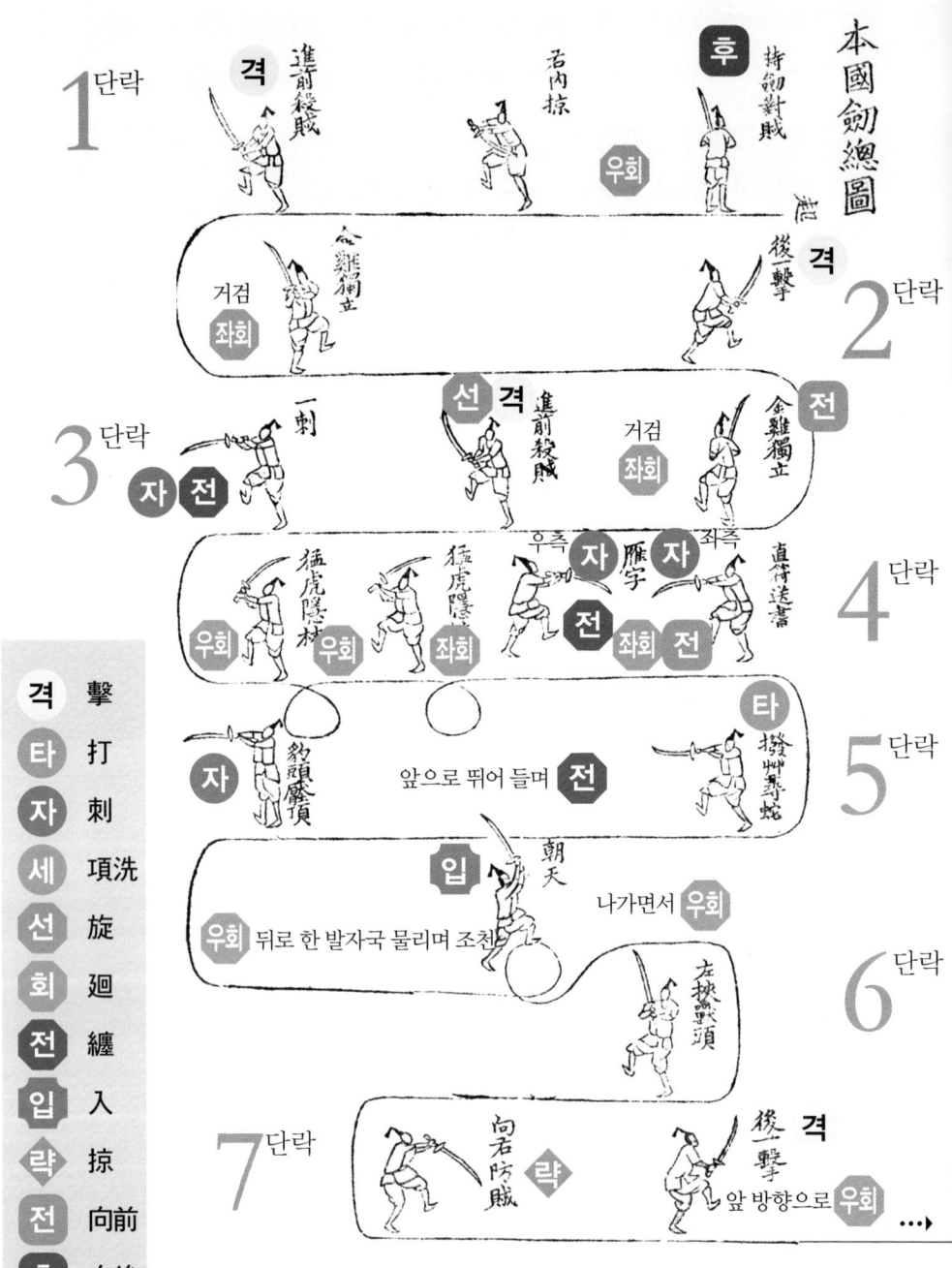

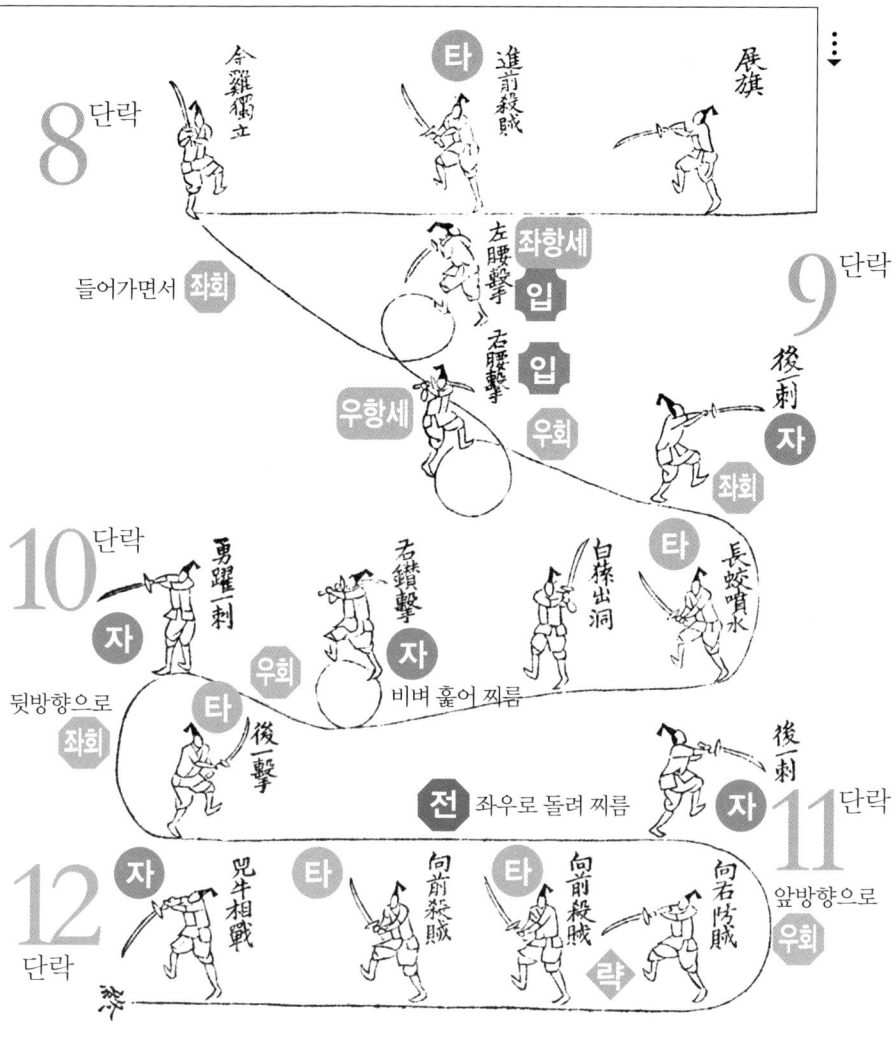

① 향우(向後) 뒷방향 ② 향전(向前) 앞방향 ③ 우회(右廻) 우측으로 돌아 ④ 좌회(左廻) 좌측으로 돌아 ⑤ 격(擊, 양단) 끝까지 내려치는 것 ⑥ 자(刺) 찌르는 것 ⑦ 타(打) 끊어치는 것 ⑧ 세(洗) 베는 것 ⑨ 선(旋) 돌려서 빗각을 치는 것 ⑩ 단락 : 일단 멈추어 다음 동작을 준비하고 숨고르기를 하며 다음 동작에 대한 기회를 본다.(12~13단락) ⑪ 거검거각(擧劍擧脚) 칼을 들고 무릎을 올려라. ⑫ 좌우전(左右纏) 칼을 좌우로 돌려라. ⑬ 입(入) 한발 더 들어가 ⑭ 좌·우항세(左·右項洗) 좌우 목을 벤다. ⑮ 략(掠) 내략, 외략 우측으로 돌면서 친다.

※ 실전에서는 제 6단락을 연결시켜 한 단락을 줄여 총 13단락을 12단락으로 재구성하였다.

국기 태권도

원래 역사란 지금을 미래의 시대에 미래의 사람이 정하는 것이다. 아무리 사실에 입각했더라도 추정과 바라는 마음으로 기록할 수밖에 없다. 우리는 태권도라는 지금의 이름은 60년 전에 만들어졌다고 하더라도 태권도의 정신과 행위는 삼국시대에 고구려의 선배제도와 신라의 화랑정신을 이어 받았다는데에서는 이의를 달아서는 안 된다.

이는 불교의 선사상(禪思想)과 유교의 충효사상(忠孝)으로 삼국 통일을 한 신라 화랑을 정신적 지주로 하는 것에는 이의가 없다. 화랑의 내면적 정신은 태권도와 동일하며 이를 수련 함에 홍익인간(弘益人間), 평화정신(平和精神), 정의실현(正義實現)을 하얀 도복 안에 간직하고 실천함으로써 긍지를 가져야 하는 한민족의 국기(國技)라고 하는 것이다.

태권도는 공격 목표의 적정 부위를 ①얼굴 ②몸통 ③아래(낭심 위)로 보며 공격과 방어의 타격 사용부위로 나눈다면 ① 주먹 ② 손 ③ 팔목 ④팔꿈치 ⑤발 ⑥정강이 ⑦무릎으로 나눌 수 있다. 이를 법식(法式)으로 기술 품세(형)를 만들게 된 것이다.

이는 태권도의 정신과 기술을 모아 심신 단련을 통해 인간 수양에 그 목적을 둔다. 태권도의 품세는 태극 1장부터 2, 3, 4~8

장 까지 수련을 하고 유단자 형으로 고려형, 금강형, 태백형, 평원, 십진, 지태, 천권, 한수, 일여형으로 구성되었으며 대부분 형의 이름과 동작의 투로가 서로 관련이 깊다. 예를 들어 십진은 움직임이 십자(十字)로 한수는 수자(水字), 일여는 卍자(卍字)로 되어 있으며 최고단자 심사에는 한수형과 일여형을 필수 품세로 하고 있다.

  이 품세를 기반으로 세 번 겨루기, 막대 겨루기, 총 겨루기와 한 번 겨루기, 즉 시합 겨루기를 한다. 일반적으로 얼굴과 몸통을 보호하기 위해 보호 장비를 착용하고 규정된 경기장에서 세계태권도연맹 규정에 의하여 승부를 가르는 경기도 마찬가지다. 참고로 1973년 국기원 개장과 함께 제 1회 세계 태권도 대회가 공식적으로 출발하여 미국, 독일, 에콰도르, 덴마크, 스페인, 그리스, 필리핀, 중국, 캐나다, 독일(2003)로 이어져 오고 드디어 88년 서울올림픽을 시작으로 올림픽 정식 종목으로 채택되어 핀급의 남자(54kg 이하), 여자 (47kg)로 시작하여, 플라이급, 벤텀급, 페더급, 라이트급, 웰터급, 미들급, 그리고 헤비급(남자 84kg 초과 여자 72kg 초과) 등 총 8체급으로 경기를 해왔다. 그러나 올림픽 경기에는 남자는 58kg~80kg 초과까지, 여자는 49kg 이하부터 67kg 이상으로 각각 4체급으로 하여 총 8개의 메달을 주고 있다.

  태권도는 우리나라의 메달 Box로 국위 선양에 크게 이바지하고 있으며, 세계의 각국에서 참가하고 우리나라 역사상 한국인

사범 코치가 가장 많이 파견된 세계적인 스포츠 경기로 되어 있다.

우리나라 5,000년 역사에 이보다 더 한국을 대표하는 스포츠는 없으며, 이보다 더 잘 만들어지고, 잘 수련되고, 발전된 전통 무예 또한 없다는 것으로 우리나라에 유일한 국기(國技)임에 자랑스럽다는 말로 끝을 맺는다.

여기서 태권도인으로 꼭 알아들어야 할 두 사람을 소개한다. 아직까지 무도인으로서 뿐만 아니라 역사상 가장 존경받아야 할 인물이다. 천재 태권도인으로 보면 된다.

김운용

국기원 설립/ 창설 원장 겸 이사장, 세계태권도 연맹 창설 총재, IOC수석 부위원장, 올림픽 정식종목 채택, 체육학 명예박사

 1931년 대구 태생으로 경동고등학교 재학 중 YMCA 권법부 윤병인 창무관 창설자에게 태권도를 배웠다. 연희대학교(현 연세대) 재학 중 한국전쟁에 참전 했으며, 미국 육군보병학교에 군사유학을 다녀온 뒤 주미, 주UN, 주영 참사관을 지냈다. 세계태권도연맹을 창설하여 총재가 되었고 태권도를 전 세계에 보급하는데 앞장섰다.

1986년 IOC 위원이 되었고 성공적인 서울올림픽 개최 이후 1992년 IOC 부위원장에 선출되었다. 1994년 파리 IOC 총회에서 만장일치로 태권도를 올림픽 정식 종목으로 채택시켰다.

국기원장, 대한태권도협회장, 세계태권도연맹총재, 대한체육회장, KOC 위원장, GAISF 회장, IOC 수석부위원장 등을 역임했다. 유창한 외국어 실력과 친화력을 바탕으로 스포츠 외교를 통한 한국의 스포츠와 외교적 위상을 크게 끌어올리는 성과를 거두었으며, 대한민국 체육상 공로상, 체육훈장 청룡장, 황조근정훈장 등 다수의 훈장을 수훈했다.

지금 국기원의 '국기 태권도'라는 박정희 대통령 친필은 그가 받아온 것이다.

최홍희

국제태권도연맹 창설, 태권도 명칭 창안 제정, 태권도 품세 제정

1939년 일본 중앙대학 법학과에 진학한 뒤 무술을 수련했다. 1944년 학도지원병 반일봉기 모임인 '평양 학병 사건'에 참여하다가 발각되어 수감되었으나 광복을 맞아 풀려났다. 그 후 군사영어학교에 입교해 1946년 1월, 조선경비대 육군 소위로 전남 광주에서 군 복무를 시작했다.

한국 전쟁이 일어난 후 1953년 9월, 보병 제 29사단을 창설 할 때 대위였던 남태희를 부관으로 두고 사단 장병들에게 태권도를 교육했고, 설악산으로 부대를 옮긴 뒤 체육관을 짓게 하고 그 곳을 오도관이라 칭한 뒤 청도관 출신 남태희 사범으로 하여금 태권도를 지도하게 했다.

1958년 방한한 월남(베트남) 대통령의 요청에 따라 태권도 시범단을 파견하기로 했는데 우리나라 최초의 태권도 시범단장으로 임명되어 월남육군사관학교와 경찰, 학교 등에서 3주간 시범을 주도했다.

1959년 9월 청도관, 오도관, 송무관, 창무관, 지도관, 무덕관의 관장들을 설득해 현 대한태권도협회의 창립을 주도했다. 1961년 육군 소장으로 예편한 최홍희는 말레이시아 대사로 일하면서 태권도의 특징과 장점을 부각하기 위한 기술연구에 힘을 기울였다. 천지틀과 단군틀을 만들어 태극형이라 지칭하고 기존에 있던 화랑, 충무, 계백, 을지틀을 합해 20개 틀을 완성시켰다. 24개 틀 중 나머지 4개는 1966년 완성했다고 한다.

1964년 귀국해 다음 해 1월 대한태수도협회 회장으로 선출된 뒤 '해외 태권도 순회시범' 사업을 진행했다. 1959년부터 1960년대 초까지 국군태권도시범단과 태권도외교사절단을 이끌고 베트남과 대만, 아프리카, 중동, 유럽 등지에서 시범공연을 하면서 태권도 국제기구 창설을 구상하여 1966년 국제태권도연맹을 창설했다. 1968년부터 해외에 태권도를 보급하고 지도할 수 있는 국제사범을 키우기 위해 '국제사범양성소'를 설치해 운영했다.

1968년 독자 협회 구성 및 해외 태권도 사범 파견과 단증 발급의 주도권을 놓고 대한태권도협회와의 갈등이 시작되자 캐나다로 이민했다. 이후 국내 태권도계와 대립된 행각을 보이면서 1979년 북한에 태권도시범단을 이끌고 방문했다. 북한에서의 활동을 넓히며 태권도 사범 요원 교육을 맡아 활동했다. 1980년 중후반 아시아, 아메리카, 유럽 등에서 활발하게 활동했다. 북한의 태권도를 이끌어 왔지만 태권도가 올림픽 종목으로 정식 채택 된 후에는 점점 쇠퇴해지고 있다. 오늘날 태권도를 만든 실제 인물이다. 그의 고향인 북한 함경도에서 사망했다.

대한민국의 국기(國技)는 태권도(跆拳道) 조선의 국기(國技)는 예도(銳刀)다

태권도의 정체성을 어떻게 정의해야 하는 문제는 역사적인 고증문제로, 어느 것이 옳다, 그르다 할 수는 없다. 더욱이 지금까지 밝혀지지 않은 관련 문화유산이 지속적으로 발견되고 학자들의 고증이 계속되고 있으며, 이런 자료들은 우리나라에만 존재하는 것이 아니라 전 세계에 퍼져 있다.

예를 들어 현재까지 발견 된 무예의 교본으로 가장 귀중한 무예제보가 병인양요 때 프랑스 군이 강화도에서 탈취해가 아직도 프랑스 박물관에 보관되어 있다. 따라서 태권도의 원조가 언제부터 시작되었는가는 아주 중요한 문제로 보이지만 인내를 가지고 후손에게 맡겨 보자. 택견, 수박, 각저 등 전통무예도 유사하다.

근래 우리나라의 태권도의 시작은 일본식 가라데로 시작, 공수도, 당수도가 설득력이 있다. 초기 사범들이 모두 일본에 유학생으로 가서 배워온 사람들이다. 그 대표적인 사람이 창무관의 모태인 윤병인, 청도관의 이원국, 무덕관의 황기등과 오도관 창립자인 최홍희를 주관으로 송무관(노병직), 지도관(윤쾌병)등이 모두 합심하여 대한태수도 협회를 창립하게 된다(1959년 9월).
이 때 비로소 가라데(당수도, 공수도) → 태수도(跆手道) → 태권도(跆拳道)로 명칭이 바뀌며 품세, 또한 일본형인 기본형, 평안형, 철기형, 밧사이 등이 우리말인 천지, 단군, 율곡, 원효 등등 태극형 이름이라 명하고 기존의 화랑, 충무, 계백, 을지 등을 합해 24개의 품세를 완성했다(1966년). 이분들은 모두 일본에서 가라데를 배운 분들이다.

이로써 태권도는 한국이 창조한 전통무예로 확실히 자리를 잡는다. 1966년 태권도는 국제적으로 인정받기 위해 국제기구인 국제태권도연맹(ITF)을 창설(최홍희)했고, 1973년에 세계태권도연맹(WTF)을 창설(김운용)하여 양분되기는 했으나 김운용 회장의 탁월한 능력으로 1975년 10월 국제경기연맹(CFAISF)에 가입하고 1980년 모스크바 IOC 총회에서 세계태권도연맹(WTF)의 태권도가 올림픽 경기 종목으로 승인 받는다. 1988년 서울올림픽 시범 종목으로 채택되고 드디어 1994년 9월 파리 IOC 총회에서 태권도가 2000년 시드니올림픽 정식 종목으로 채택되어 오늘날까지 지속적인 각광을 받고 이어져 내려오고 있다.

이 일을 주도한 김운용 회장은 서울 종로에 있는 YMCA 권법부에서 윤병인 창무관 설립자에게 태권도를 배우고 제 7대 대한태권도협회장과 IOC위원, GAISF회장, IOC 수석부 회장으로 1998년 세계 스포츠계에 가장 영향력이 있는 지도자 2위, 2015년에 '올해의 스포츠영웅'으로 선정되었고, 태권도 10단에 추서된 인물이다.

 더욱이 그는 '국기원 건립 및 창설 위원장'으로 오늘날 태권도가 국기라 할 수 있는 '국기 태권도' 라는 국기원 현판을 1971. 3. 20. 당시 대통령이었던 박정희 대통령의 친필 휘호를 받아 국기원에 걸어 놓은 우리나라 최고의 스포츠영웅이다.

 태권도란 이름의 시초는 태권도협회를 창립한 최홍희 장군이 이승만 대통령을 모시고 군태권도 시범단의 시범을 보이게 되는데, 시연자인 남태희(청도관 출신)의 동작에 대통령께서 "태견 같구면" 이 말씀이 인솔자인 최홍희에게 충격을 주어 발족(足), 손수(手) 자(字)가 들어가는 태수도(跆手道), 태권도가 만들어졌다는 말이 정설이다.

 이런 과정에서 국제태권도연맹(ITF)은 최홍희가 북한으로 넘어가 북한이 주도하는 단체로 있고, 우리나라가 주도하는 세계태권도연맹(WTF)은, 남한을 중심으로 세계를 석권하고 있다.

 이후 태권도는 국기냐 아니냐라는 일부 몰지각한 학자나 타 무술인들의 의심이 계속 되다가 2018년 3월 5일 대한민국 국회에서 태권도 진흥 및 태권도 공원 조성 등에 관한 법률 일부 개정법율안이 이동섭(용인대학교) 의원을 대표로 224인의 의원 이름으로 발의 되고 2018년 3월 30일 국회 본회의를 통과하였다. 내용은 대한민국의 국기(國技)를 태권도로 한다(법률 3조 2항)로 명실상부한 국기(國技)로 법적 지위를 확실히 가지게 된다. 또한 지금의 품세 '태극형'은 김순배(제정위원)의 노력이 가장 크다고 말한다.

원래 무술은 인간이 존재하는 곳에서는 계속 발전되어 나간다. 우리 것과 유사한 다른 나라의 무술 장점이 있다면 당연히 우리 것과 혼합해 더 좋은 무술로 발전되는 것으로, 변형된 그것이 우리 이름, 우리 품세로 법식이 발전되어 창조되었다면 그것은 당연히 우리 것이다.

화랑정신이 원광법사의 세속오계라고 해서 중국 것은 아니다. 따라서 대한민국의 국기(國技)는 태권도 뿐이며, 대한민국을 대표하는 스포츠이자 전통무예임이 틀림없다. 세계 어느 나라도 태권도라는 이름과 태극형의 품세와 화랑정신은 없기 때문이다. 따라서 태권도는 근세 우리나라의 창조적 역사 이력과 정서가 응축되어 있는 화랑 민족정신을 대표함에 전혀 부끄러움이 없다.

또 한 가지 잊어서는 안 된다.

택견에 대한 기록은 1921년 경 최영년이 수박(手搏), 수벽치기가 택견의 전신이다라는 말과 함께 우리나라 옛날 풍습을 말한 것은 1925년 그의 제자가 발행한 '해동죽지'라는 책이다.

이 책에는 맨손으로 하는 무술은 검기(劍技)에서 나왔는데 수박, 수벽치기도 그렇다. 즉, 맨손으로 하는 무술은 검술법을 배우기 전 맨손으로 연습하는 것에서 시작되었다는 것이다. 고려의 수박(手搏)은 정조(1777~1800) 때에 이성지가 쓴 재물보에 수박이 택견이다(手搏爲下角刀爲武若今之)로 기록되었다.

따라서 오늘날 국기 태권도의 원조는 수박, 수벽치기로 택견과 같다고 보는 것이 옳다. 이미 태견과 태권도는 뒤죽박죽 되어 있다고 본다.

또한 맨손 무예가 태권도라고 하면 단병기 무예는 모든 무예의 왕인 검도로서 세계 유일의 최고 검법 예도(銳刀)이다. 이 예도는 무예도보통지 24기 중 가장 뛰어난 검술로 세계가 인정하고 있으며, 이보다 뛰어난 검술은 아직까지 발견되지 않았고 이를 능가할 검술은 없다고 1621년 명나라 모원의의 「무비지」에도 소개되고 있다.

그러므로 국가에서는 지금이라도 조속히 이를 국기(國技)로 지정해야 한다. 맨손 무예는 태권도, 병장기 무예는 예도(銳刀)로 우리나라 국기로서 부끄러움이 없다.

태극(太極) 사상

가운데 홍색과 청색으로 그려진 태극 모양은 모든 동물과 식물의 근원인 씨를 말한다. 태극은 우주 만물이 생기기 전 덩어리인 무극(無極)을 말하며 봄, 동쪽을 계절과 방향의 시작과 최초로 하고 있다.

　이러한 공허의 상태에서 최초의 질서로 생성하는 음양의 질서를 말하는 것으로 이 음양은 반드시 공존하며 그 기운에 의하여 끊임없이 변화한다. 그 의미가 너무 많아 글로 설명하기는 불가능 할 정도로 끝이 없다. 다만 태극의 음과 양은 무한한 에너지로 분화하여 헤아릴 수 없는 무한한 우주의 만물의 근원으로 보면 된다.

　또한 네 방향의 검은 줄 기호는 태극을 둘러싸고 보호하며, 팔괘 또는 소성괘(小成卦)의 대표적 '괘'로 5,000년 전 중국의 복희(伏羲)라는 사람이 창안한 부호로 천지운행의 道와 인간 삶을 표현하는 주역의 기호로 시작되었다.

　☰ 태극기의 첫 번째 기호는 '건(乾)'이고 하늘(天)을 의미한다. 태양과 낮으로 방향은 서 방향이다.

　☲ 의 기호는 괘 이름을 '리(離)'로 보며 모양 상으로 불(火)을 의미한다. 방향은 남 방향을 의미한다.

　☵ 괘 이름을 '감(坎)'으로 읽을 때는 물(水)을 의미한다. 방향은 북 방향이다.

괘는 '곤(坤)'으로 오행상 모양을 땅(地)이라고 한다. 밤과 달로 음의 기운을 가진 흙(土)으로 방향은 서남 방향이다.

따라서, 태극기는 한국을 상징하는 국기이지만, 그 내용은 음양의 조화로서 무궁무진한 미래의 발전과 희망이며 이를 둘러싼 8괘 중 4괘는 동서남북과 태양과 달, 물과 불로 하늘 아래 땅의 조화를 추출한 무한의 가치와 영광을 의미한다.

이런 조화 속에서 태어난 것이 또한, 우리가 사용하는 '日,月,火,水,木,金,土'를 음양을 5행이라고 하며, 이는 쉽게 '日'은 태양, '月'은 달, '火'는 화성, '水'는 수성, '木'은 목성, '金'은 금성, '土'는 토성을 말하며 움직이지 않는 별을 의미한다. '火生土', '土生金', '金生水', '水生木', '木生火'라는 오행은 불이 타면 흙이 생겨나고 흙에서 금이 나오며, 금은 물을 만들어야하고 물은 나무를 살리며, 나무는 불의 씨앗이 된다는 말이 된다. 일주일을 표기하는 일, 월, 화, 수, 목, 금, 토는 이런 원리로 만들어졌다.

이 태극기는 우리나라 국기로 사용되며 처음 만들어 사용한 사람은 갑신정변 3일 천하로 일본 망명 중 그렸다는 박영효라는 사람이 정설이다. 물론 다른 이야기도 있다.

태권도의 품새(유단자)

고려품새

* 선비 사(士)자 투로
  고구려의 선배제도의 얼이 들어 있다.

금강품새

* 뫼 산(山)자 투로
  세상에서 제일 강함을 의미하여 금강산, 금강역사의 기품으로 남성을 상징한다.

태백품새

* 지을 공(工)자 투로
  단군 조선의 개국 땅과 홍익인간의 사상이다.

평원품새 ──────── * 한 일(一)자 투로
넓은 땅에서 평차와 투쟁으로 사람이 살아가는 터전을 의미한다.

십진품새 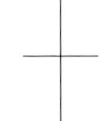 * 열 십(十)자 투로
십장생의 해, 달, 산, 물, 돌, 소나무, 불로초, 거북, 사슴, 학을 의미하는 믿음과 희망을 상징한다.

지태품새 ┴ * 한글 (ㅗ)모음 투로
하늘을 향해 두 발로 서있는 사람으로 인간의 생존경쟁을 의미한다.

천권품새

* 한글 (ㅜ)모음 투로
하늘로부터 무한한 능력을 받아 한 민족의 태권도를 만들고 그 정신을 이어간다.

한수품새

* 물 수(水)자 투로
만물의 생명이 되는 큰 물을 뜻하며 물의 흐름은 포용력과 자연의 힘을 내포하고 부드러운 자연체를 의미한다. 부드러움이 강함을 이긴다는 무예의 천리를 포함한다.

일여품새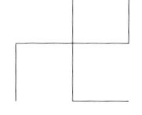

* 불교의 만(卍)자 투로
원효대사의 마음과 몸의 일심동체 원리로 점, 선, 원이 하나가 된다는 원리로 무예의 진리를 내포하고 있다. 화랑정신이다.

※ 태권도 품새 및 겨루기는 국기원 공식 교본이 많이 발행되어 본 서에서는 다루지 않았다. 국기원 공식 교본을 참고하길 바란다.

제 4 장 무도 武道

술(術)과 도(道)가 다른 것은 도(道)는 기술에 정신이 들어가 생명이 있다는 의미로 생각해야 한다. 또한 도(道)는 수행의 길로 수양(修養)이며, 수양을 행하는 장소를 도장(道場)이라고 일컫는다.

- 무도(武道)

근래 무도(武道)에 관한 고찰

　무도(武道) 중 검도(劍道)라는 용어가 처음 등장한 것은 후한시대 기원전 220~25년 반고라는 사람이 저술한 「한서 예문지」 병서부 병기고에 사용되었다. 이후 중국은 검술, 한국과 일본은 격술, 격검이라고 부르다가 1919년 일본의 가노 지고로(嘉納治五郎)가 처음으로 무술을 무도로 바꾸고 유도, 검도, 궁도를 통틀어 무도라 정의했다. 이후 '도(道)'가 유행이 되어 공수도, 태권도, 화랑도, 합기도 등등 모두가 사용했고 서예를 서도라고 하듯이 화도, 다도, 기도 등등 모든 예술 분야가 사용하게 된다. 심지어는 춤을 추는 것도 무도라고 하였다.

　술(術)과 도(道)가 다른 것은 도(道)는 기술에 정신이 들어가 생명이 있다는 의미로 생각해야 한다. 또한 도(道)는 수행의 길로 수양(修養)이며, 수양을 행하는 장소를 도장(道場)이라고 일컫는다.

따라서 무도(武道)라는 말은 세계 모든 국가의 공통어가 되었다. 물론 우리도 마찬가지다. 일부에서는 오늘날 우리나라 검도가 일본 문화라고도 하지만 사실은 우리의 전통 검도 예도(銳刀)를 그들이 도용해 만들었다는 것을 알아야 할 것이다. 늦었지만 이 같은 세계 유일의 이 검법은 문화재와 국기가 되어야 한다. 왜냐하면 무예의 왕은 검이기 때문이다.

오늘날 무도나 검도라는 용어가 무엇이며 그 문화의 바탕이 어디에서 유래되었는지 살펴볼 필요가 있다. 우리 무도의 실제적인 역사와 진실을 이제는 찾아야 할 때다. 역사를 잃어버린 민족은 민족이라고 할 수가 없는 것이다.

근래 우리나라의 검도(劍道)

우리나라에서 지금의 검도가 처음 시작된 것은 1896년 5월 13일(고종 건양원년)에 경무청(경찰청)에서 치안상 필요로 격검(擊劍)을 경찰 교습과목으로 채택함으로써 시작된다. 그리고 평양의 오산중학교에서 1916년 5월 청년들을 대상으로 학생들이 시작한 것으로 1927년 4월 1일부터는 전국 중학교에 의무적으로 체조 종목에 넣어 확산되어 오다가 1945년 8.15해방을 맞이 한다. 이때에 검도는 경찰서, 교도소, 학교에서 주로 수련했으나, 이후 학교에서는 일반적으로 왜색이 강하다고 하여 퇴출되기 시작했다. 우리나라 최초의 일반 도장은 1921년 11월 19일 개장한 창덕궁 근처에 있던 조선 무도관(강낙원 선생)이며, 종로 2가 YMCA에서 권법부를 최초로 신설한다. 1953년 11월 20일 그동안 사설단체였던 '대한검사회'를 '대한검도회'로 정식 창립하고, 대한체육회에 정식 가맹함으로써 지금은 (사)대한검도회가 탄생한다(초대회장 이익흥(李益興)).

이어 1955년 3월 26일 제 3회 전국무도개인선수권대회를 당시 대통령(이승만)의 친람으로 개최하고, 이충무공(이순신)의 보검(의장용)을 보수(김영달 검도 9단)하여 봉안했으며(※ 이 검은 실제 사용한 것이 아니라 의전용임. 충남 아산 현충원 소장) 그 해에 처음으로 전국체육대회(36회)에 검도 일반부 경기가 열리게 된다.

1970년 4월 4일 제 1회 세계검도선수권대회가 시작되어 1973년 4월 7일 미국에서 개최된 제 2회 세계검도선수권대회에서 우리나라 최초로 개인전 3위(동메달)를 이종림(李種林)이 입상한다. 이후 1988년 5월 28일 제 7회 세계검도 선수권대회를 서울에서(88체육관) 개최하였고, 우리나라 고유의 본국검을 병행하여 기초 초식을 수련과 단급제도로 시행하고 오던 중 2016년 이종림의 제자 이국노(李國老)가 본국검과 예도(銳刀)를 「실전 우리 검도」로 완성하여 4,000여 장의 사진 시연과 함께 출간하였다. 이후 제1회 세계학생무예(충북 진천)와 3.1운동 100주년기념 동경(이종걸, 한완상) YMCA에서 본인이 직접 시연하였다. 현재 일본검도가 예도에서 인용되었음을 보여주어 법식을 증명하였다.

2022년 7월 16일 용인대학교 총장배 전국 중고등학교 검도대회(청양)에서도 예도를 시연하고 동년 9월 25일 서울 광장에서도 '예도' 시연을 하였다. 또한 우리검도 예도르 YouTube방송으로 영상을 남겼다.

검도(劍道)란?

한마디로 칼을 들고 싸우는 것이다. 검도는 역사적으로 격검(擊劍), 또는 격도(擊刀)라고 불리었고 후세에 와서 격술(擊術), 격법(擊法), 또는 도술(刀術), 도법(刀法), 또는 병법(兵法) 등으로 사용되어 왔다. 굳이 말하자면 검도(劍道)라고 사용한 말은 중국의 반고라는 사람이 썼다고 하는 「한서 예문지」의 검도 38편에 수록되었다고 하나, 수나라 당나라를 지나며 소실되어 목록만 있을 뿐이다. 이 말은 근래까지도 사용되지 않았고 검술(劍術)로 사용하였다.

 우리나라의 경우 고구려 을파소가 만들었다는 '조의선인'(검은 옷을 입은 용사)'의 교육 과목에서 격검(擊劍)이라는 종목이 들어가 있고 삼국 중 신라가 이를 본따 '화랑'이라는 제도를 만들면서 격검, 격술을 화랑훈련 종목에 주를 이루었다. 물론 가야를 포함해서 하는 말이다.

 대표적 근거로 고구려의 김해병서와 신라의 무오병법이 있었으며 현재까지 내려오는 '예도(조선세법)'와 '본국검'이 일본으로 전수되었다는 것이다. 이후 고려는 무인시대로 잘 전해져 오다가 조선개국 초 사병척파로 무술은 끊어진다. 이후 임진왜란으로 왜군의 침략과 청나라 침략으로 무(武)의 필요성으로 선조 때 무예제보를 만든 국사(國士) 한교와 정조왕의 명에 무예도보통지(이덕무, 박제가, 백동수)를 만들고 군사를 훈련한 바 크게 발전했으나 문관의 사색당파 싸움에 밀려 흐지부지 되다가 1910년 일본의 침략과 합방으로 우리의 무예는 완전히 소멸되었다.

 1919년 일본에서 가노 지고로(嘉納治五郎)에 의해 무도(武道)라는 말을 처음 사용하면서 그 동안 전쟁에 사용되었던 무술을 도장(道場) 문화로 끌어들이며 무(武)를 통해 인격을 수련, 수양한다는 정신문화로 변화되었다. 이때에는 화약 병장기의 발전으로 칼, 창, 활은 전쟁에 사용될 수가 없었다. 이에 유도, 검도, 궁도를 무도(武道)라고 처음 정했고, 이후에 현재의 공수도, 합기도, 화랑도 등 모든 무예(武禮)에 도(道)를 붙여 사용하였으며, 다른 예술에도 화도, 서도, 다도 등으로 따라 불려져 오늘에 이르게 된 것이다. 제 2차 대전으로 한동안 사라졌던 검도라는 용어는 1953년 10월 14일 전일본검도연맹이 창립되면서 다시 쓰게 되었다는 것이 정설이다. 우리나라의 국기인 태권도(跆拳道)도 마찬가지다.

오늘날 스포츠화한 검도는 일본에 의해 만들어졌고, 대나무 죽도로 상대편의 머리, 손목, 허리를 치고 찔러서 승부를 겨루는 경기로 만들었다. 검술을 통해 훌륭한 인격형성의 수양을 포함한 도(道)를 연결시키며 진검의 이법과 무사정신을 포함시킨 무(武)의 경기가 만들어진 것이다. 현재 세계 50여 개국에서 스포츠 경기로 성행하고 있으며, 우리나라는 대한검도회가 주가 되어 전국에 800여 도장이 있으며, 태권도 다음으로 많은 사람이 수련을 한다. 태권도가 우리나라가 종주국인 것처럼 현대 검도, 또한 일본이 종주국이다. 검도는 다른 운동과 다르게 정신 운동과 '예(禮)'를 스포츠에 융합시킨 것이 특색이다. 검도가 스포츠라는 탈을 쓰고 한편으로는 무사도 정신을 요구해 우리의 순수한 얼(魂)을 빼앗아 갈 수도 있다는 것을 우려해야 한다.

『검도』 대한검도회

　현재 죽도를 가지고 하는 검도는 일본의 명치유신(明治維新) 이후에 폐도령(廢刀令)이 내려진 후 일본에서 만들어진 스포츠화한 경기 방식으로 만들어진 것을 말한다. 물론 이전에도 대나무에 가죽을 씌워 검술의 연습 방법으로 사용해 내려왔던 것을 지금처럼 4조각을 모아서 만든 죽도로 경기하는 것은 이때부터이다.
　우리나라는 일제강점기 때 일본에 간 유학생이나 한국에 온 일본인들에게 배워서 전국의 경찰서, 교도소와 일부 학교에서 시작되었고 서울YMCA 체육관에서 처음으로 사설도장이 시작되었다가 8.15 해방과 6.25 사변이 지나고 1953년 서정학, 호익룡, 김영달, 이종구, 조의용, 유훈, 김영배 등이 주선하여 이익흥 회장을 대표로 대한검도회(검사회)를 창립 발촉하여 현재까지 이르렀다.(이사장 서정학) 지방에는 부산의 도호문, 전북의 전승호, 전맹호 전남의 김기성과 대구의 정태민을 말할 수 있다.

　(사) 대한검도회는 우리나라를 대표하는 검도 단체로 국제검도연맹에 가입되었고 국제 검도연맹의 경기규칙에 따라서 운영한다. 또한 여기서 발행되는 공인단증은 일본과 공유한다. 우리나라는 세계대회 3회부터 입상하기 시작하여 지금까지 단체전 1위와 개인전 2,3위를 함으로써 종주국인 일본과 항상 우승을 다투는 강국이다. 현재는 충북 음성군에 '중앙 연수원'을 가지고 있

고 각 시도별 검도회를 17곳과 초등학교연맹부터 소속 단체 연맹을 5개나 가진 대한민국을 대표하는 무도단체이며 사설도장도 전국적으로 800개가 넘는다.

현대 무술이 전쟁이나 대결에 의미가 있는 것이 아니라 체력 단련과 수양에 목적을 둔다면 우리나라에서 가장 성공한 무도단체다. 일부 사람들이 애국심으로 검도를 한국의 것이라고 너무 강조하는 무의미한 논쟁으로 다소 혼란스럽게 보이지만 태권도가 일본 공수도에서 왔고, 공수도 역시 중국 당나라에서 왔다고 하지만 어느 일본인도 태권도가 한국이 종주국이고 국제연맹규칙이 한국이 만들었다는 것을 인정하지 않는 사람이 없다. 현재 스포츠화된 검도는 일본이 확립했고 국제 경기와 규칙을 일본이 제정했으며 그들에게 배웠다는 점에서 스포츠화된 검도를 인정하는 것이 무도가 지향하는 의의에 부끄러움이 없을 것이다.

다만 진검으로 수련하는 검술은 전혀 다른 반대의 논리가 타당하다. 한국, 중국, 일본의 동양 3국의 무도(武道)는 서로 서로 흡수되어 발전됨으로써 검도 역시 이 범주를 벗어나지 못함이다. 굳이 따진다면 어느 한 동작만을 구분할 수는 있을 것이다. 따라서 '본국검'이나 '예도'는 우리나라의 것이다.

일본 역시 검의 이치로 볼 때 예도(銳刀)를 도용했으며 이 범주를 벗어나지 않았다. 따라서 검도는 우리나라의 예도(銳刀)가 원조임이 확실하다.

우리나라의 검(劍) 또는 도(刀)

 무(武)의 왕은 검(劍)이라고 흔히 말한다. 그래서 대표적으로 조사해보았다. 참고로 검과 도를 혼용해서 사용했다는 것은 명칭을 그렇게 불렀다는 것이다.

이인검(二寅劍_호랑이해)

인년인월(寅年寅月)에 최종 날을 다듬어 만들었다는 시간 개념의 칼이다. 특별한 의미가 없다.

삼인검(三寅劍_호랑이해)

인년, 인월, 인일에 최종 날을 세워 만든 검으로 보통 왕이 장군에게 하사하는 검이다. 검신에 북두칠성이 새겨져 있으며, 길이는 134.4cm~115.6cm로 현재 육군사관학교 박물관에 소장되어 있다.

진검(辰劍_龍)

진검, 이진검, 삼진검, 사진검으로 나누며 용의 해에 만든 것이다. 주술적 의미가 포함된 것으로 용은 호랑이와 함께 용맹을 상징하기에 이간지에 해당하는 년월일시(年月日時)에 시간을 정해 만든 것이다. 이것은 인(寅)검과 같은 대접을 받는다.

사인검(四寅劍_호랑이해)

검신에 북두칠성이 그려져 있고, 길이는 120.4cm나 된다. 제검 시 숯을 사람의 뼈를 섞어 사용한다고 하여 인년, 인월, 인일, 인시에 날을 세워 마감한다. 이 검을 소지하면 십만 명의 병사가 경호를 하며 왕권의 상징이 된다. 검이 길고 무거워 실제로 한 손으로 사용하기는 불가능하며 현재 육군사관학교 박물관에 소장되어 있다. 관상용이다.

칠성검(七星劍)

검신에 북두칠성이 새겨져 있으며 길이는 92.3cm이고 칼날 길이는 69.2cm이다. 생사를 주관하는 북두칠성에 의탁한 검으로 칼의 쇠태가 둥글다. 중국 검과는 그 제식이 달라서 이것이 바로 한국 검의 형태라고 한다. 이순신 장군이 사용한 검도 바로 이 검이었다고 한다.

창포검

지팡이나 대나무 속에 감추어 사용했던 호신용 칼이다. 칼코등이가 작고 밑변이 넓고, 이등변삼각형의 좁은 칼로 날이 예리하지 않아 군사용으로는 쓰지 않았다.

이외에도 월도(月刀)라는 장검(長劍)은 외날로 나무자루에 꽂아 사용하는 5척 9촌의 긴 칼이다. 이 경우도 도와 검을 혼용해서 불렀다.

　이밖에도 도(刀)로 불리는 것도 마찬가지다.

환두대도

쌍수대도다. 일반적으로 전투에 많이 쓰는 칼이다. 고대의 우리나라를 대표하는 칼이다. 대부분 칼머리에 둥근 가락지를 붙여 줄을 손목에 매어 사용토록 했고, 허리에 차고 다닌다.

패검

환도와 동일하지만 길이가 중간이며 휴대가 간편했고, 검이라는 글자가 새겨있지만 외날도이다.

운검

패검과 마찬가지로 환도 중간으로 운검의 뜻은 "용이 타고 하늘로 승천하는 구름"을 말하며 왕을 보좌하는 무사들이 많이 사용했다. 길이가 73cm이고 무게가 690g정도이다.

별운검

길이가 53.3cm이고 무게가 380g정도의 날카롭고, 작은 칼로 별운검이라는 직책의 호위무사가 전용으로 썼다.

중도(中刀)

전라도와 경상도에서는 박도(薄刀)라고 부르기도 한다. 예도, 패도, 운검, 별운검이 중도에 속하며 80cm 전후의 길이로 칼의 길이에 따라서 분류했다.

쌍검(雙劍)

두 자루의 칼로 중도나 소도를 사용한다. 보통 80cm 이하 40cm 이상의 칼이다.

소도(小刀)

55cm이하의 칼을 소도라고 부른다. 일본에서는 주로 대도와 함께 차는 칼이다.

도자(刀子)

작은 손칼이다. 호신용으로 사용되었다.

귀두도(鬼頭刀)

월도나 장도로 보며 손잡이에 귀두가 양각되어서 귀두도라고 부른다. 주로 참수형에 많이 썼다.

장도(粧刀)

부녀자들이 호신용으로 많이 소장한 상징적 의미가 있다. 은으로 만든 것을 은장도라고 하며 양반집 아녀자에게는 수절을 의미하는 상징적 손칼이다.

이외도 더 있을 수 있으나 우리나라에서 사용되었던 우리 칼은 일본 칼이 들어옴에 품질상 경쟁이 되질 못했다. 따라서 일본 칼을 선호해 사용했다고 한다.

유도(柔道), JUDO

지금은 올림픽 스포츠로 서서 하는 기술과 굳히기에 제한되어 있는 경기 종목이지만 유도는 유술(柔術)로 작은 힘으로 어떻게 큰 힘을 제압하는가 하는 기술(技術)이었다. 즉 격투기로서 던지기 기법, 차기, 치기, 역(逆)을 잡는 기술과 굳히기 등등이었으나 위험한 것을 제외하고 입기(立技)와 굳히기(固技)로 정립하여 어린이나 노약자도 수련이 가능하게 만들었다.

1952년 국제유도연맹이 결성되었고, 1956년 일본 도쿄에서 제

1회 세계유도선수권 대회가 열렸으며, 1980년부터 여자 유도세
계선수권 대회가 시작되었다. 1964년 도쿄올림픽에 정식 종목으
로 채택되어 68kg, 80kg, 80kg 이상과 무제한급으로 4종목만
메달을 주었으나, 1992년 여자부 경기가 추가되고 남녀 각각 7
종목 씩 총 14개의 메달로 증대되었다. 한편 아시아 경기는 1986
년 제 10회 서울아시아경기 때부터 정식 종목으로 채택되었다.

국제유도연맹의 정관에는 유도가 일본의 가노 지고로(嘉納治
五郞)에 의하여 심신 단련의 교육체계로 창안된 것임을 인정하고
그의 이념이 명시되어 있다.

가노 지고로(嘉納治五郞)는 1919년 무술(武術), 유술(柔術)이
라고 부르던 것을 무도(武道)와 유도(柔道)로 바꾸어 무술에다 수
양을 합친 도(道)를 처음 만든 천재 무술인이다. '텐진신요류(天
神眞楊流)'와 '기토류(起倒流)'의 유술을 수련한 가노 지고로는
텐진신요류의 급소지르기와 굳히기, 기토류의 메치기 기술을 중
심으로 '다케우치류(竹內流)'의 포박 기술, '세키구치류(關口流)'
의 낙법 기술 등을 비교 연구하여 개량하였으며, 여기에 새로운
기술도 개발하여 체련법(體鍊法) · 수신법(修身法) · 승부법(勝負
法)으로 체계화하여 그때까지 부르던 유술(柔術)을 유도(柔道)라
고 명칭을 바꾸었다. 이후 격검(擊劍)과 궁술이 검도와 궁도로 바
뀌고, 이 세 가지를 무도(武道)라 정의 했다. 가노 지고로는 1909
년 아시아인으로는 처음 IOC 위원이 되어 유도를 세계화한 유도

의 아버지로 불리운다.

우리나라는 고구려 벽화의 그림이 씨름과 유도와 같다고 해서 그것으로 유도의 원조가 우리나라라고 하지만 고증할 자료가 없고 무도인(검도8단, 태권도 9단)인 저자로서는 솔직함과 부끄러움에 다음과 같이 말한다.

참고로 옛날부터 전해져 내려오는 수박과 권법도 사실과 다르다. 우리나라 유도는 고종 때에 유술(柔術)이라는 말이 처음사용되었고, 1906년 처음으로 명동에 우찌다 도장이 일본식 건물에 운영되었다. 이후 1948년 10월 28일 조선유도연맹을 창설했다가 1950년 11월 대한유도회로 1956년 5월 국제유도연맹과 아시아유도연맹에 가입하여 국제적으로 등장한다. 여자의 경우 1978년부터 체급별 선수권대회가 시작되었고 1982년 12월 파리에서 개최된 세계여자선수권 대회에 처음 참가했다. 우리나라에서 처음으로 유도를 한 여자는 윤명신(尹明信) 여사로 기록되었다.
※근래 대표적인 유도인으로는 대한체육회 회장과 용인대학교 총장을 역임한 김정행씨가 있다.

1956년 도쿄 올림픽에서 김의태가 동메달을 획득 후 각종대회에서 한국은 일본 다음으로 많은 메달을 획득했다. 유도 역시 유도를 통한 인격형성과 수신을 단련하는 도장(道場)문화가 메달 중심의 경기문화로 바뀌어 엘리트화 함으로써 유도를 배우는 사람이 점점 줄어들어가고 있어 미래에 대한 숙제를 안겨주고 있다. "무도(武道)가 도(道)를 잃어버린 경기(스포츠)가 되면서 쇠퇴해 가는 선두주자가 바로 유도(柔道)이다."라고 말하는 사람도 있다. 인격수양이 목적이 아니라 이기면 된다는 승부의 수단이 걱정된다는 것이다.

유도(柔道)는 원래 유술(柔術)이라고 했던 것을 가노 지고로(嘉納治五郞)가 승부에 목숨을 걸기보다는 승패를 떠나서 심신을 단련하는데 중점을 두게 되며 술(術)에서 도(道)로 승화시킨 것이다. 유(柔)는 심신 건강과 평화 및 신체지론을 의미하고 술(術)은 적을 상대하기 위한 기술로서 힘의 과시를 위함이고 최후의 승리가 목적이 되어 폭력을 부정하고 평화의 수단과 호신술로서 자신의 마음의 깨달음을 도(道)로 하는 목적이다.

즉, 도(道)가 유(柔)의 본체라면 술(術)은 부수적으로 들어가는 수단방법이다. 이 유도의 최고의 정상은 기술을 성취한 다음에는 기술을 버리고 리(理)를 배워 리(理)를 다한 후에 리(理)를 버려 무아(無我)에 들어가 신무(神武)의 경지에 들어갈 때에 비로소 유도(柔道)를 성취했다고 한다. 참고로 일본의 무도(武道)는 모두가 유교(儒敎)와 불교(佛敎)의 심오한 이론을 빌려서 응용했다는 것이 공통적이다.

첨언하여 "유도가 우리나라에서 일본으로 건너가 전수된 무술이다."라는 말은 고 신채호 선생이 쓴「조선 상고사」에 고구려 때에 송도(개성)에서 행하던 '수박'이 중국으로 들어가 '권법'이 되었으며 일본으로 건너가서 '유도'가 되었다는 구절을 인용한 것으로서 추정과 억측으로 말하는 것이며 신빙성에 문제가 있다. 다만 선조 때에 영의정 이덕형이 말한 유술은 생각해봐야 한다.

일본에 유도라는 말이 처음으로 도입된 것은 1637년 진신류 유도(眞信流 柔道)라는 기원보다 39년 앞선 1598년 6월 22일 조선왕조실록에 이덕형이 처음으로 유도를 병법으로 소개한 대목이 (선조 31년 101권) 3회에 걸쳐 기록되었다. 유능제강(柔能制剛) 부드러운 것이 강한 것을 이긴다. 유도제지사(柔道制之使) 유도를 사용하여 상대를 제압한다는 말이다. 아이러니컬한 것은「육도삼략」에는 내용이 다르다. 유도가 우리나라 전통무예라고 주장하는 말도 타당성이 있다고 본다. 근래 우리나라 유도는 용인대학교를 원조로 보아야 한다.

궁도(弓道)

우선 우리나라 전통으로 내려왔던 국궁(國弓)을 알아보자. 옛날부터 우리 민족은 활의 나라였다. 수천 년 전부터 중국은 우리나라를 동이족(東夷族)으로 불렀다. 이 말은 겉으로 보면 동쪽의 활 잘 쏘는 오랑캐라는 의미이다. 활을 잘 쏘고 활을 주병기로 사용하는 활이 강한 민족으로 생각할 수도 있고, 중국이나 일본에 비하여 활의 크기가 아주 작지만 활의 성능이나 사정거리가 비교가 안 될 정도로 강한 것이 우리나라 활이다. 우리 각궁의 경우 사거리가 200m~300m를 날아가지만 일본이나 중국의 활은 절반도 가지 못하며 활의 크기는 두 배가 넘는다. 또한 우리 활의 재료를 복합재료로 써서 가볍고 복원력이 강한 첨단 소재를 개발한 것이다.

뿐만 아니다. 장거리 공격을 위해 제작된 '쇠뇌'는 요즘 화포와 같은 파괴력을 가졌던 무기였으며, 특히 영화로 나왔던 「신기전(神機箭)」은 현대의 로켓 같은 다발포 미사일이었다. 대나무로 만든 화살대 위에 약통(로켓엔진) 같은 것을 달고 방화통을 위에 얹어 놓아 도화선을 연결하여 목표물에 부딪히거나 시간이 되면 폭발하는 미사일 역할을 했다. 임진왜란 시 이순신 장군도 이 '쇠뇌'를 잘 사용했으며, 고구려의 양만춘과 연개소문이 당나라 황제 이세민의 오른쪽 눈을 맞추어 승리했다는 역사는 활의 민족임을 증명한다. 고려말 황산벌(남원) 싸움에서 왜장의 투구 끝을 쏘아 승리한 이성계의 활솜씨는 전설의 신궁이었다. 활의 탄력성을 높이기 위해 산뽕나무와 참나무 그리고 대나무를 복합 주재료를 쓴다. 그리고 안과 밖으로 물소 뿔과 쇠심줄을 둘러 사용하고 접착성을 높이기 위해 민어 부레와 방습을 위해 자작나무 껍질을 사용하였다.

각궁은 180°를 반대로 뒤집어쓰는 '만곡궁'으로 탄력이 중국이나 일본 활에 비해 두 배가 넘는다. 이 궁도를 일본은 무도로 인정하면서 유도, 검도, 궁도를 무도라고 정했다. 천만 다행인 것은 국궁이 택견, 씨름에 이어 2020년 7월 30일 국가지정무형문화재 제142호로 지정되었지만 택견과 같이 특정 단체나 보유자를 전승자로 인정하지 않는다는 것이 문제다. 속설로 중국은 창, 일본은 칼, 그리고 한국은 활이라고 동양 3국의 무예를 차별하여 비교하며 조선의 무과 과거시험의 주과목이 활쏘기였다. 그 유명한 이순신 장군도 무과시험에 첫 번째 낙방한 것이 말을 타고 활을 쏘다가 떨어져 다리의 골절과 함께 실패했다고 전해진다. 고려말 이성계가 위화도 회군 시 오랜 장마로 민어 부레로 붙인 접착제가 풀어져 활의 사용이 불가했다는 상소문도 기억해야 한다. 옳은 말이기 때문이다.

오늘날 사용하는 올림픽 양궁에서 사용되는 활 제작 기술이 한국이 최고로 각국 선수가 선호하는 것도 이런 것이 도움이 되었으리라 믿는다. 올림픽에서 다른 나라의 추종을 불허하는 우리나라 양궁(남녀)실력은 예부터 활의 민족 DNA가 이어졌다고 보아야 할 것이다. 참고로 우리나라 스포츠 양궁 실태를 한 번 살펴보자.

현대의 양궁을 알아보자

활을 가지고 하는 스포츠로 일정 거리 이상 떨어진 과녁에 화살을 맞추는 경기다.

양궁의 역사는 1538년 영국의 헨리 8세가 처음으로 대회를 열었던 것으로 알려져 있다. 그 후부터 전 유럽에 널리 보급되어 1931년에는 국제양궁연맹이 조직되었다.

현대적인 의미의 양궁이 올림픽 종목으로 채택된 것은 1972년부터이며, 이 당시에는 개인전 한 종목만 있었다. 이후 1984년까지는 단체전 없이 개인종목만 있었으나, 1988 서울올림픽부터 단체 부문이 생겼다. 즉, 올림픽 역사를 보면 메달 수는 오히려 늘었고 줄어든 것이 아니다. 2020년 도쿄올림픽에는 혼성종목이 추가되어 5개의 메달이 되었다.

사실, 이 스포츠 자체는 과거 총이 생기기 이전의 전쟁에서 거의 모든 나라가 주요 원거리 공격 무기로 사용하던 궁술을 스포츠화한 것이다. 양궁은 캐나다나 미국, 일본 등 외국의 경우에는 어느 정도 대중화가 이루어졌으나, 한국에서는 엘리트 체육이라는 인식이 워낙 강하여 선수 외에는 양궁을 즐기는 인구가 그리 많지 않다. 동호인 인구가 어느 정도 존재하는 국궁과 비교되는 부분이다. 한편 양궁은 다른 종목보다 왼손잡이가 적은 편이다. 전용 활을 구하기가 어렵기 때문에 대부분 오른손을 이용한다.

양궁은 스포츠 중에서도 심판의 개입이 가장 적은 종목 중 하나다. 시합의 결과가 과녁에 그대로 나타나기 때문이며, 따라서 판정 시비도 나지 않는다. 비슷한 유형인 사격 역시 마찬가지다. 참고로 점수 경계선에 맞으면 높은 점수로 인정된다.

궁도(弓道) 궁술(弓術, 국궁)

인류가 활을 발명한 것은 구석기 시대 말로 보며, 1~3만년 전 중근 동아시아(中近 東亞細亞) 지방의 민족이 처음으로 만든 것으로 추정한다. 우리나라는 삼국시대 이전의 유물 '조개무지'에서 발견된 석촉(돌을 가공한 화살촉)으로 활의 사용을 추정하고 있다.

중국의 「후한서」, 「동이열전」에 보면 "활의 길이는 4자, 그 힘은 노(弩)와 같고, 살은 고로 만들며, 그 길이는 1자 8촌으로 푸른 돌과 같이 보인다. 이 나라 사람들이 모두 활을 잘 쏘고, 활을 쏘았다면 사람을 백발 백중으로 맞춘다."고 기록되어 있어 당시 한반도에 활이 전 지역에 걸쳐 사용되었다고 한다. 물론 당시의 1자는 24.5cm정도다.

또한 「고구려전」에서도 고구려는 일명 맥(貊)이라고 불리며 이 나라에는 맥궁(貊弓)이라는 좋은 활이 만들어진다고 하였다. 이 활의 성능과 품질이 좋아 중국인이 선호했으며, 이것을 호궁(胡弓)이라고 불리었다. 당시 활은 사냥으로 생계유지나 전투적인 중요한 도구로 동양이나 서양이 같은 시기에 만들어졌다고 본다. 활의 명칭은 단궁, 각궁, 맥궁 등으로 불려졌으며, 고려 때에는 무사 선발 기준으로 정했으며, 조선 시대에 무과 과거시험 과목으로 태종 8년에 처음 시행되었다.

참고로 세종 10년 11월 기록에 건장한 사람이 240보에서 1차 3권을 맞힌 자와 180보에서 1차 3권을 맞힌 자를 구분해서 선발했고, 세종실록에도 "신장이 8척 이상의 건장한 사람을 뽑아 보사(步射)를 180보에서 3발을 쏘아 2발 이상을 맞추는 자와 말을 타고 세 발을 쏘게 하여 1발 이상을 맞추면 갑주를 입고 궁전(弓箭)과 환도를 차고 300보를 달리게 하여 이 세 가지 무예를 잘하는 사람을 선발했다."고 한다. 임진왜란(선조) 이후 국민들에게 상무심(尙武心)을 불러일으키려고 불타버린 경복궁 안에 오운정(五雲亭)을 세우고 이를 개방하여 활쏘기를 장려한 바도 있으며, 군사훈련에도 많은 활을 사용했다. 이것은 우리나라의 국궁(國弓)을 말한다. 지금 올림픽에서 사용하는 양궁과는 활의 형태와 기술이 다르다.

참고로 현재 우리나라 국궁 훈련장이 380여 개에 이를 정도로 국민적 관심을 가지고 있다. 활의 민족정신이 되살아나는 듯한 현상이다. 국궁은 씨름, 태껸과 같이 무형문화재로 지정되어 정부의 지원과 보호를 받고 있다. 참고로 국궁장의 최소 사거리를 145m로 많은 땅이 필요하다.

합기도(合氣道)

일본 발음으로 아이키도(合氣道 Aikido)라고 하며 창시자는 우에시바 모리헤이(植之盛平 1883-1969)로 원래는 검술의 달인이었다. 지금도 일본 고류 무도업계에서는 검술, 봉술, 창술, 유술을 총망라한 인물로 유명하다. 따라서 합기도의 체술(體術)은 맨손과 단도, 검, 창, 봉(棒) 등을 사용해 자신을 지키는 호신술이라고 한다.

수비 위주로 공격을 하며 관절꺾기, 급소치기를 잘하는 운동이다. 창시자 우에시바는 1883년 출생하여 유도와 검도(신가게류)를 배웠고 1904년 노일전쟁에 참전했으며, 그는 '신가게류(柳生新陰流)'의 사범 실력을 인정받았다고 한다. 그는 거칠고 두서가 없던 아이키도를 1940년을 기준으로 점점 부드러워지며 맨손으로 꺾기, 던지기, 찌르기 등으로 발전시켜 검도 보다는 유도와 가라테와 비슷하게 보여진다고 한다.

합기도가 근본적으로 다른 무술과 다른 것은 체술(體術)이 검을 들지 않고 손으로 하는 검술이라는 점이다. 창시자 우에시바 모리헤이는 '야규 신가게류' 검법과 '신무소류' 수련을 통해 검술이 가지고 있는 독특하고 무리 없는 몸 움직임의 이치를 터득하여 합기도 체술로 만들었다고 한다. 즉 검의 이치를 맨 손에 접합시킨 격투기로 보면 된다.

명나라 병서인 「기효신서」의 척개광도 말했고, 선조의 명에 의해 만들어진 「무예제보」와 「무예도보통지(한교, 정조)」에도 "맨손으로 하는 무예는 무기로 하는 것을 대신 수련하는 방법으로 충분한 조건을 갖춘다."라는 말과 "이는 실제로 전시에는 사용할 수는 없다."라고 말한 기록이 있다.

다행히 합기도에서는 체술 외의 많은 검술과 장술 등을 가르치고 있다는 것은 반대로 체술을 익히는 데도 능동적인 검술이나 장술이 효과적이라는 것이다. 합기도에서는 항상 손에 검을 쥐고 있다고 생각하고 기술을 행한다. 또한 합기도에서도 검도처럼 허리를 펴고 어깨에 힘을 빼고 낮추어 부드러움으로 대적하며 기술이 끝난 후에도 잔심(殘心)을 보여 상대에 대한 경계심을 나타낸다. 풀잎에 마지막 이슬 한방울이 떨어지는 그런 마음도 포함된다. 후발선지를 모토로 한 운동으로 대표적인 격투기다. 우리나라는 너무 많은 계파로 분산되어 운영되고 있는 격투기이기도 하다.

우리나라 합기도 역사를 보자.
최용술(崔龍術, 1899~1986)은 충북 영동군 황간면 광평리에서 태어나 일본인 산전대길의 도움으로 일본에 건너가 대동합기유술의 지도자 다가니다 소오가꾸를 만나 대동합기 유술을 배우게 된다. 최용술은 해방 후 귀국하여 경북 대구(대구시장 북로 양조장 2층)에서 도장을 열고 가르친 것이 처음 시초이다. 이 합기도는 그 때까지 '대동류합기유술'로 배운 지한재씨는 '대한합기도회'로, 서인선씨는 '국술원'으로 하다가 통합 기술 개발을 하고 일본의 양해도 없이 '아이키도'를 차용하여 '합기도'라 명명하고는 보급했던 신흥창작 무술이다. 이후 일본의 대동류합기유술과는 형태가 조금 달라지고 원리까지도 상이하게 변했다. 합기도는 사실상 한국에서 수많은 종파와 전통무예라고까지 하면서 다양하게 변형된 무술이다. 또한 합기도가 불교, 무술 또는 인도에서 온 무술이라고 하는 것은 모두가 근거 없는 말이다. 합기도는 일본 '대동류합기유술'이 근본이다. 현재 합기도는 상대를 제압함에 있어 독자적인 특성이 존재하는 무도로 경찰 공무원의 자격인정과 경호 무도에서 실전적인 호신술 목적으로 다양하게 활용되고 있다. 합기도의 최정상은 무박자(無拍子) 진수의 경지로 기(氣)를 조절할 수 있는 능력으로 어떤 상대와 대적해도 싸움에 승리를 쟁취할 수 있다고 한다. 마지막으로 대동류 유술의 합기심법(企氣 心法)은 다음과 같다.

1. 적을 완전히 자기 영역에 들이게 한다.
2. 자신의 권한대로 공격받지 않는 안전한 위치에 선다.
3. 적이 전진하면 들어가 적을 대적하고, 물러서려하면 그대로 보내라.
4. 적을 약하게 하고자 한다면 기선을 잡아 과감히 공격하라.
5. 수많은 창(槍)으로 둘러싸이면 자신의 마음을 방패로 삼아라.
6. 지배하는 검(劍)은 천의 자세로 취해 신속히 들어가 공격하고, 빠지면서 무엇이든지 벤다.
7. 앞 뒤 모두 적의 장창에 포위되었을 때 적의 무기를 방패로 삼고 베어 들어가 승리를 쟁취한다.
8. 수많은 검(劍)과 맞닥뜨렸을 때에는 공격을 유도하라.
9. 상대의 마음을 방패로 이용하여 상대를 공격한다.
10. 무리가 나를 포위하고 공격할 때에는 그들이 한 명이라고 생각하고 싸움에 임한다.

11. 앞에 적이 나를 보고 검을 들어 공격하려고 하면 그 때쯤 나는 적의 뒤에 선다.
12. 상대 검(劍)에 눈을 두지 말고 상대의 손을 보면 어디를 치는 것을 알 수 있고, 흐트러진 상대를 보며 유도하며 그 뒤로 빠져서 공격하라.
13. 중단에서 상대의 마음을 곧장 중심으로 옮겨 동작 시점을 적의 주먹에 맞서야 한다.
14. 상단에서 뛰어들어 적의 마음의 통제권을 빼앗고, 음(陰)의 마음을 양(陽)의 마음으로 보아라.

이렇게 하면 어떤 적이라도 이길 수 있고, 신의 경지에 올라 대동류합기유술의 달인이 된다. 이런 경지의 도달 즉, 신체지론(身體知論)의 깨달음을 터득해야만 도를 얻을 수 있다. 이것이 바로 신체와 정신, 그리고 기(氣)를 조화시키고 합하여 끊임없는 수련을 통하여 자신의 진정한 본질을 발현한 자아로 신(神)에 이르는 도(道)이다. 합기는 신의 활동력을 만드는 것으로, 신의 활동력은 바로 무산합기(無産合氣)라고 한다.

현재 국내에는 대한합기도회(이규진, 김두영, 서인선), 대한합기도협회(지한재, 오세림) 국제연맹 합기회(명재남)가 주류로 되어 있다.

공수도(空手道, 가라테)

 공수도(空手道)는 일본 오키나와의 고무술로 전해졌던 것을 실전적으로 변화하여 두 가지 형태로 전해진다. 일본공수협회는 나카야마(中山)를 근대 공수도 제 1인자로 하고, 또한 최영의가 창시한 실전 극진공수도를 최고로 보는 것이지만 원래의 모체는 근대 공수도의 아버지로 불리우는 후나코시 기친(船越義珍, 1868~1957)에 의해 20세기에 오끼나와에서 일본에 들어왔다. 당시는 당수(唐手)라고 했는데 중일전쟁 발발 후 중국 이미지가 좋지 않아 발음이 같은 공수(空手)로 바뀌었다고도 한다. 그러나 이 말은 불교의 무아(無我)사상을 인용하였다. 일본어 발음이 당(當)자나 공(空)자가 모두 다 '가라'로 부른다. 따라서 당수나 공수가 모두 '가라테'이다. 불교 경전「반야심경」에 있는 "색즉시공, 공즉시색(色卽是空, 空卽是色)" 빌 공(空)자를 빌려서 공수(空手)라고 했고, 이후 도(道)는 일본의 사무라이 무사도(武士道)에서 빌려왔다고 한다.

 공수도는 몸에 전혀 무기를 지니지 않고 일권일축(一拳一蹴)으로 순간에 적을 쓰러뜨린다는 것에서 발전되었고, 기술 보다는 심술(心術)에 무게를 두고 평소에는 예의와 수양으로 체력을 단련하고 정의를 위해 전력을 다한다는 것이다. 그래서 공수도는 무시무시한 표현으로 한방으로 제압한다(一拳一蹴)는 말을 썼지만 수련시에는 촌전중지(寸前中止)라는 말로 주먹이나 발의 기술이 목표물 앞에서 멈추도록 하고 있다. 겨루기 시합에서도 상대를 타격하는 것은 위험을 방지하기 위해 반칙으로 한다. 이를 통해 자신의 자제력과 남에게 이기기 전에 자기를 이기는 것이 중요하다고 교육한다.

현재 국내에는 창무관(윤병인, 김중영)이 공수도라는 명칭을 사용해오다가 태권도로 통합되어 유명무실해져 찾아보기가 어렵다.

극진 공수도(가라테 極盡空手道)

우리나라에서는 「바람의 아들」로 영화화된 재일교포 오야마 마스타츠(大山倍達)는 1950년 맨손으로 소와 대결하여 뿔을 손으로 쳐 부러뜨리고, 황소 47마리를 쓰러뜨렸으며 그 중 4마리를 현장에서 즉사시키는 가공할 능력을 보여 세상을 놀라게 했다. 그의 한국이름은 최영의(崔永宜)이다.

최영의는 1923년 전라북도 김제에서 최승현과 김부영의 6남 1녀 중 4남으로 태어났다. 아버지가 소학교와 중학교를 설립해 운영할 정도로 그의 집안은 유복하고 사회적 의식이 높았다.

최영의는 어려서부터 무도에 관심을 가졌다. 1932년 아버지가 세운 김제의 용지소학교에 입학한 그는 택견, 씨름 같은 고유 무술을 알게 되었다. 5년 뒤인 1937년에는 서울로 올라와 중학교에 입학하여 계속 무술을 연마하였다.

그의 일생에서 큰 전기는 1939년이었다. 그 해 3월, 16세의 소년 최영의는 홀로 군산에서 일본 나가사키로 갔다. 그 때가 그의 삶의 주된 무대를 선택한 중대한 결단이었다. 지금과는 비교할 수 없이 불편한 교통, 통신 때문에 무척 멀고 외로웠을 여정을 어린 나이에 홀로 떠났다는 사실은 그의 견고한 마음을 보여준다. 최영의는 야마나시 소년항공학교에 들어갔고, 거기서 앞으로 자신의 삶을 지배할 가라테를 처음으로 배웠다. 이후 이름을 최배달(崔倍達)로 개명하고 미야모토 무사시의 「오륜서」를 공부하였고, 일본 전역을 돌며 '도장깨기'로 제패하고 현대의 무도인에게 주는 교훈을 남긴다.(11가지)

① 무도는 예로 시작하여 예로 끝난다.
② 쉬지 않고 정진한다.
③ 늘 자세를 정진하라.
④ 무도는 천 일을 시작하고 만 일을 훈련하라.
⑤ 자기 반성은 기예의 숙달이다.
⑥ 사심을 버려라.
⑦ 두려워 하지마라.

⑧ 나 외의 모든 사람이 내 선생이다.
⑨ 천 일 수련은 초심이고, 만 일 수련은 극에 도달한다.
⑩ 실천이 증명하고, 증명이 없으면 신용이 없으며, 신용이 없으면 존경이 없다.
⑪ 머리는 낮게, 눈은 높게, 입은 좁게, 마음은 넓게, 효(孝)를 중심으로 타인을 이롭게 한다.

극진 가라테(極眞空手)는 1994년 최영의(오야마 마스다스 大山倍達) 사망 후 문장규(다쓰이 쇼케이)를 후계자로 지목하여 내려왔고, 2002년 12월 한국 극진 지부가 부산에 세워졌다.(김경훈 사범) 극진의 급은 무급은 백띠, 5~10급은 오렌지, 7~8급은 파랑색, 5~6급은 노랑색, 3~4급은 녹색 그리고 1~2급은 갈색 띠를 맨다. 이 무술은 증명이 없으면 존경도 없다는 실전 위주의 수련을 강조한다.

최영의 · 최배달

최영의는 전라북도 김제 사람이다. 그는 태평양 전쟁의 막바지인 1944년 학도병으로 차출되는 위기를 겪기도 했지만, 곧 일본이 패전하면서 본격적으로 무도를 수련하기 시작했다. 그는 1945년 8월 도쿄에 공수도연구소를 열었고, 이듬해 4월에는 와세다대학 체육과에 입학했다. 1946년 그는 미노분 산사에 들어가 무도 연마에 정진했다. 첫 번째 입산 수도였다. 자신의 무도를 '극진가라테(極眞空手)'로 명명한 것도 이 때였다. 그는 무사시가 그랬듯이, 실전에 사용할 수 있는 무도를 중시했고, 그런 생각을 극진(極眞)이라는 단어에 담았다고 생각된다. 그것을 증명하기 위해 '도장깨기'로 시련을 스스로 겪는다.

1년여에 걸친 혹독한 수련의 결과는 놀라웠다. 최영의는 1947년 9월 종전 뒤 처음 열린 전일본가라테선수권대회에서 우승하였다. 그러나 그는 만족하지 않았고, 곧바로 다시 두 번째 입산수도를 시작하였다. 1944년 4월부터 치바 현 키요즈미 산에서 20개월 동안 훈련한 성과는 더욱 컸다. 최영의의 무도에서 가장 극적인 장면은 맨손으로 소를 쓰러뜨리고, 그 뿔을 부러뜨렸다는 사실일 것인데, 그런 가공할 능력을 이때부터 보여주기 시작한 것이다. 1950년 11월 최영의는 치바의 다테산(館山)에서 맨손으로 소와 대결해 47마리를 쓰러뜨렸고, 그 중 4마리는 즉사했다. 27세의 청년은 범접하기 어려운 무도의 고수로 성장해 있었다.

최영의의 대결과 승리 그리고 세계화

1951년 3월 도쿄에서 유도·검도의 고수와 대결한 것을 시작으로 그는 세계를 돌며 사바트(프랑스 무술)·복싱·타이복싱·레슬링·카포에이라(발리 무술)·쿵푸 등 수많은 무도의 고수들과 100번이 넘는 대결을 펼쳤다. 톰 라이스(미국 레슬러, 1954년)·보몬(프랑스 사바트 고수)·무이슈킨(무체급 레슬러)·블랙 코브라(태국 무에타이 웰터급 챔피언, 1957년) 등이 그 대표적 상대로 손꼽힌다. 1954년 현풍관 도장에서 유도 고단자 100명과 대결한 것도 유명한 일화다. 그것은 모두 격투에 가까운 실전이었고, 한 번도 패배하지 않는 신화를 남겼다.

맨손으로 소의 뿔을 부러뜨리는 놀라운 힘과 기술도 여러 차례 선보였다. 실전에 사용할 수 있는 무도를 지향한 극진가라테의 창시자답게 그는 가장 위대한 실전의 고수로 평가된다. '신의 손(God's Hand)'이라는 칭호는 그런 평가를 집약하고 있다.

그 뒤 최영의는 극진가라테를 세계에 보급시켰다. 그의 일본 이름은 오야마 마스다츠(大山倍達)인데, 1955년 5월 도쿄에 자신의 이름을 딴 오야마 도장을 개설함으로써 본격적인 교육과 전파에 나섰다. 그의 이름은 우리나라 배달민족을 의미한 최배달로 남아 있다.

세계화의 출발은 미국이었다. 1953년 3월 최영의는 처음으로 미국을 방문해 시카고를 비롯한 30여 개의 도시에서 극진가라테를 선보였다. 1958년에는 FBI와 미국 육군사관학교인 웨스트포인트에서 지도해 큰 명성을 얻었다.

선수권대회도 확대되었다. 1959년부터는 하와이·북미·이스라엘·호주·남미·동남아시아·파키스탄·헝가리 등에서 지역선수권대회를 개최했다. 1969년 9월에는 제1회 오픈 토너먼트 전일가라테선수권대회를 시작했다. 그 대회는 다른 종목의 선수도 참가해 실전에 가까운 직접 타격을 펼치는 방식이었는데, 이것은 격투기 역사에서 획기적인 변화로 평가된다.

6년 뒤에는 세계대회로 확대되었다. 1975년 11월에 개최된 제1회 세계대회에는 36개국 120여 명의 선수가 출전했다. 횟수를 거듭하면서 세계대회의 참가자와 관중은 계속 늘어났고, 최강의 선수를 배출하는 산실이 되었다. 1994년 최영의가 타계한 뒤 제2대 관장으로 지명된 문장규(일본 이름 마쓰이 쇼케이, 당시 32세)는 1987년 제3회 세계 대회의 우승자였다.

지부도 많아졌다. 1960년대 후반부터 북미·유럽·중동·남미·동남아시아 등에 지부를 열고 1964년 6월 도쿄에 극진회관 총본부를 설립한 뒤 지금은 세계 20여 개 국 80여 개 지부로 성장했다. 현재 극진가라테는 세계 120여 개 국에서 1,400만 명이 수련하고 있으며, 한국에도 여러 도장이 개설되어 있다. 최영의는 다른 도구를 전혀 쓰지 않고 오직 몸과 정신의 힘으로 가공할 위력을 발휘한 극진가라테를 개발하고 세계에 보급였으며, 그는 1994년 4월 26일 폐암으로 별세했다. 향년 71세였다.

"검도와 대결할 때에는 3단 차이가 난다. 동급으로는 절대로 하지마라."는 격언과 함께 그의 명언 중 "실천이 없으면 증명할 수 없고 증명이 없으면 신용이 없으며, 신용이 없으면 존경이 없다."라고 하였다. "머리는 낮게, 눈은 높게, 입은 좁게, 마음은 넓게 하며 효(孝)를 원점으로 삼아 타인을 이롭게 한다."는 말씀이 유명하다. 최영의는 태권도의 김운용, 최홍희와 같이 우리나라 권법 무술의 3대 무도인으로 추앙받는다.

영춘권

중국을 대표하는 권법이다. 많은 이야기가 있지만 오늘날 이소룡과 엽문 선생의 말씀을 기준으로 한다.

청나라 초에 소림사는 반란을 유도한다는 이유로 청나라 군대가 쳐들어오고 수많은 승려들이 희생되었으며 절은 불타 없어지게 된다. 이때에 간신히 탈출한 오매 선사가 후난 마을 근처 절로

피신하였고 그때에 두부 장사를 하던 엄마와 그의 딸인 엄영춘을 만나 포악한 불량배에 시달리는 것을 구해주기 위해 스스로 방어할 수 있는 소림검법을 전수하게 된다. 전수에 전수를 거듭하던 중 1906년 영춘권을 세계에 널리 알린 엽문이 나오게 된다.

엽문 선생은 1893년에 태어나 1906년에 진화순 스승을 만나 영춘권을 배웠으며 스승이 돌아가신 후 엽문은 홍콩에 있는 스테판 대학에 진학하고, 그곳에서 오늘날 영춘권을 완성하게 된다. 1950년 엽문은 홍콩으로 이주하고 터득한 영춘권을 다시 한번 정립하여 굳건한 기틀을 만들게 된다.

이 영춘권의 많은 제자 중 특출나게 유명한 사람인 이소룡(1940-1973)이라는 배우가 나타나 빠른 속도로 세계로 퍼져 나간다. 그 역시 영춘권에다가 다른 무술을 융합시켜 만든 대표적인 것이 '절권도'로 영춘권의 기본인 중심선 이론을 중요한 원리로 삼고 있다. 그의 대표적 영춘권 영화는 정무문, 당산대형 등이 있으며 이로 인해 세계 각국으로 퍼져 나가 있다.

이 영춘권은 팔과 팔이 엉키는 근거리에서 공방이 적합한 기술이었지만 지금은 이 단계를 훨씬 넘어서는 공격으로 진화되고 발전되어 특별히 타권법 무술과 구분하기가 어렵다. 그러면서도 강(强)과 유(柔)의 두 가지 에너지를 적절하게 조화하고 실현해 나가는 무술임을 강조한다. 이소룡이 태어났다는 불산에는 지금도 작은 방(3평)이 남아 있다. 그는 미국인이었다.

분명한 것은 우리나라에 퍼져 있는 중국 무술 쿵후, 18기, 36계, 선, 단 등등은 모두 근거가 불확실하며 영화, 또한 사실과 전혀 다른 소설이라는 것을 알았으면 한다. 총, 칼을 맨손으로 이기는 것은 사실과 전혀 다른 재미 위주의 소설일 뿐이다.

태극권(진씨, 중국무술)

중국의 태극권은 공원이나 몇 사람만 모여도 부드럽게 팔과 다리, 그리고 몸을 움직이며 춤을 추듯 하지만 춤과는 다르게 기(氣)가 있는 듯하고 많은 사람들이 아침 체조 하듯 하고 있다.

이것이 무술이라고 한다면 척개광의 「기효신서」나 모원의가 쓴 「무비지」에 나와 있어야 한다고 본다. 지금 여기서 소개하는 태극권은 중국무술이 오래되고 다양하더라도 최근에 만들어진 무술로 보며 그 중 대표적인 것이 진씨 태극권이다.

이 진씨 태극권은 진정뢰(陳正雷) 라는 하남성 사람이 시조로 진장뢰는 1949년 5월에 태어났다. 집안 대대로 300년을 내려 온 비기라고 하지만, 그는 백부와 당숙에게 배웠고 1972년부터 이를 전수하고 보급했다고 한다. 1983년부터 세계로 홍보와 시범을 보였고 한국에는 2000년 12월 처음으로 방문했다고 한다. 진정뢰는 어려서부터 백부 진조비로부터 노가(老架)의 일로이로(一路二路)의 기초 움직임과 도(刀), 창(槍), 검(劍), 곤(棍) 등등의 무술과 권법술을 배웠다고 한다. 1982년 이후 중국 정부는 중국 무술 보호와 발굴 사업을 시작하게 되고, 이에 참여한 진씨는 1997년부터 1999년에 이르러 진씨 태극권 술(陳氏 太極拳 術)을 완성 출판하여 그 면모를 확실히 한다. 이 외에도 중국의 태극권이라는 이름의 무예는 수도 없이 많으며, 그 용도 또한 각양각색으로 보여지며 단편으로 행해지고 있다. 소문과 글자는 있어도 실상이 없는 것이 중국 무술로 보아 태극권이나 쿵후라는 말에 속아 낭패를 보는 경우가 많다고 한다. 중국은 명, 청나라 때부터 일반인은 무술을 금지시켰다.

  현재도 영화배우 성룡도 경극 배우로 성장한 인물로 무술인이 아니다.

주짓수(Jujusu)

주짓수는 일본의 유도(柔術)가 근본이며 남미 브라질로 건너가 브라질 전통 격투기인 발리투도와 결합해 나온 브라질리언 주짓수가 있으며, 유럽 쪽으로 전파된 유럽피언 주짓수가 있다. 주짓수라는 용어는 유술(柔術)을 일본어로, '주주쓰'라고 하는 것이 주짓수(Jiu-Jitsu)가 된 것으로 메치기, 누르기, 급소 지르기 등의 기술에 기반을 두어 발전되었고, 부드럽고 융통성 있는 자신의 기술과 힘으로 상대방의 힘을 조작하는 것이다.

원래 주짓수(JuJusu)는 무기를 사용하지 않고 맨 몸으로 무장한 적을 물리치기 위한 방법으로 일본 사무라이가 봉건시대에 싸우기 위한 기술 개발과 짧은 무기를 사용하기도 했다. 따라서 이 기술은 메이지 유신 후에 유럽으로 전파되기 시작했고 UFC 등 종합격투기가 성행하면서 더욱 유명해졌다.

제 1회 UFC챔프가 주짓수로 작은 체구를 극복하고 우승하여 유명해진 브라질 태생의 호이스 그레이시의 활약으로 현재는 종합격투기 선수가 주짓수를 배우지 않고 나가는 것은 자살 행위라고까지 한다. 따라서 종합격투기(MMA)의 필수과목이라고 평이 나 있다.

우리나라는 1977년 설립된 국제연맹(JJIF)에 2014년 대한주짓수협회(KJJA)와 대한주짓수회(JJAK)가 2016년 4월 정회원 및 아시아 부회장을 맡아 있다. 관할구역은 동아시아, 중국, 일본, 북한, 대만, 홍콩, 마카오, 몽골, 한국 등이다. 호신술로도 크게 각광을 받고 있으며 도복도 유도복과 같으며 화이트 벨트, 블루 벨트, 블랙 벨트로 수련 정도를 구분하여 엄격한 상하관계가 이루어져 있다.

참고로 주짓수 수련에서 유명한 말중 "복싱은 사자와 같이 용맹스럽고 무섭다. 그러나 물 속에 가면 아무것도 못한다. 주짓수는 상어와 같아 수족관에서 사자와 싸우는 것과 같아 링 위에서도 똑같다." 는 명언이 있으며, "주짓수는 싸우는 법을 배운다고 한다면 너는 싸우지 않을 것이다."라는 주짓수의 유명한 격언으로 대신한다.

무에타이(Muaytuai)

무에타이는 태국을 대표하는 무술로 맨 손으로 하는 '람무아이'와 무기를 사용하는 '크라비크라봉'으로 나누어진다. 이 무에타이는 태국이 5,000년 동안 외세에 한 번도 지배를 받지 않게 도와준 국기로 국민적 사랑을 독차지한다. 동양의 무술이 그러하듯 중국은 자신의 무술이라 하고 인접국들도 자신들이 원조라고 하지만 근거가 희박하다.

무에타이는 태국에서 2,000년 전부터 존재해왔고, 수많은 외침에 대응하여 전쟁에 사용되었으며 평상시에는 도박이 가미된 격투술로 국민들의 환호를 받았다고 한다. 이 무에타이는 근대화 물결을 타고 스포츠화하면서 규정과 룰을 만들어 스포츠로 자리매김하였다.

또한 1950년대를 기준으로 복싱 글러브가 도입되고, 4각 링을 만들어 경기를 치른다. 현재는 각종 이종격투기 선수라면 무조건 익혀야 하는 기술로 인정받아 격투기로도 성공한 것으로 유명하다. 더욱이 단단한 신체부위를 사용하여 뼈와 근육을 단련시키고, 파괴력을 증대시키기 위해 정강이, 팔꿈치, 무릎 등을 단련함으로써 지나치게 신체를 혹사하여 대부분의 선수가 수명이 짧아 조기 은퇴하는 것이 단점이다.

선수는 낭심 보호대(까잡) 외에는 특별히 착용하지 않으며 링은 정사각형으로 되어 있다. 특색이 있다면 한 쪽 팔에 신성한 헌겁(파프랏치앗)을 묶을 수 있으며 3분씩 5라운드 시합을 한다. 스포츠 경기에서는 모든 기술을 허용하고 있으나 다만 박치기, 물어뜯기, 던지기, 걸어넘어뜨리기, 급소공격은 금지하고 있는 것이 특징이다.

킥복싱(Kick Boxing)

　킥복싱은 1960년대에 일본에서 탄생한 무술로 공수도와 복싱 그리고 태국의 무에타이를 결합하여 만든 새로운 격투기 스포츠이다. 특색은 주먹만 사용하는 복싱이나 발을 많이 사용하는 태권도와는 다르게 주먹과 발 그리고 무릎, 팔꿈치 등 인체에 모든 부위를 사용하는 격투스포츠로 만들어졌다.

　무에타이와 다른 것은 복싱과 극진 공수도(가라테)가 합쳐진 것으로 경기 규칙이 공격 기술과 반칙 범위가 다르다는 것이다. 킥복싱은 무에타이와 다르게 상대를 잡는 것이 금지 되어 있고 팔꿈치와 무릎 공격을 제약하며 상대와 일정한 거리를 두고 주먹과 발로 공방하는 컴비네이션이 다르다. 그저 정구와 테니스, 그리고 태권도와 가라테 정도의 차이로 보면 되지만 현재 종합격투기를 하는 사람은 필수적으로 해야 한다. 많은 사람들이 호신술로 배우고 있는 실전 무술이라고 인정받고 있다.

18기(十八技)

 18기를 공식적으로 근래에 처음 재연한 사람은 김광석(金光錫) 씨로 그동안 18기 중 대표 무예격인 본국검이 문헌상 처음 발견된 것은 헌종 14년(1673)에 실시한 관무재(觀武才)에 실시했다고 승정원일기에서 밝혀져 있다. 그 전승 경로는 기록되지 않았지만 본국검의 '세(勢)'명이 예도 24세와 같고 신라에서부터 전해졌다는 것이다. 해범(김광석) 선생은 구한말의 무관이었던 윤명덕 씨로부터 18기를 배웠다고 한다. 6.25동란시절 부산 피난처에서 윤명덕(오공)을 처음 만나 매일 천마산에 올라가 18기를 배웠지만 그때까지도 「무예도보통지」를 알지 못했다고 한다. 이때에 배운 것이 이론과 실기 그리고 수양에 필요한 양생법까지 4년을 수련했다고 한다.

 이후 1970년 서울역 부근에 최초로 18기(十八技) 도장을 열었다. 그때에 이 18기가 중국 무술이 아니며 「무예도보통지」에 있는 것임을 알고 민속학자 심우성과 함께 「권법요결(1992)」과 「본국검(1995)」을 번역하고 해석, 시연하여 책으로 내었다.

 지금은 '18기 보존회'를 만들어 그의 제자인 신성대(辛成大) 회장이 제자를 양성하고 각종 행사에 시범단을 이끌고 있으며 연구하고 있다. 다만 정부의 지원책이 부족하고 유사한 외래 단체들과 경쟁에서 상당한 어려움을 겪고 있는 것이 안타깝다.

한편 전통무예로 국가 인정을 받기에는 18기 중 '본국검'과 '예도' 외에는 모두 중국 및 일본 무술로 인용되어 있어 아무리 변형시켰다 해도 16가지는 아류로 그 명분이 부족하다.

또한 검술의 이합을 이해하지 못한 해석은 앞으로 많은 연구와 실전이 요구된다.

무술은 글자 풀이식으로 해서도 안되며 수십 년의 수련과 경험이 없으면 무당춤이 될 수밖에 없다. 일본 무술을 모르고 검법이나 창법을 연구했다면 신뢰할 수 없다. 실력으로 증명하지 못하는 무술은 믿으면 안 된다.

씨름

씨름은 고구려 초창기 을파소 때에 만든 '선배' 제도의 '조의선인'이라는 국가 특수 무술 단체격인 모임에서 격검, 깨금, 택견, 수박, 씨름을 하고 실력에 따라서 선인, 대형, 태태형으로 나누어 불렀다고 한다. 또한 고구려 시대 고분의 대부분의 벽화에 씨름이 나와 있듯이 그 역사가 깊다. 문치주의로 무관을 하대함으로써 다른 무예는 잘 전해지지 않았지만, 씨름만은 무술을 떠나 풍습 놀이로 개념이 바뀌어 고려, 조선과 현재까지도 명맥을 유지하는 스포츠가 되었다.

　조선시대에도 국가가 주관하는 무예 연습 종목에 씨름을 포함시킨 것은 씨름이 무예에 긍정적이었다고 보며, 왕궁은 물론 이순신 장군도 씨름대회를 열어 관람했다고 한다. 조선 후기에는 단오절과 설날이면 각 지방마다 황소를 걸고 씨름대회를 했으며 어떤 사람들은 전국 씨름판이 열리는 장날을 기준으로 전국을 순회하면서 소를 싹쓸이 하는 패거리도 있었다고 한다. 심지어 우승자를 놓고 도박을 하는 구경꾼이 많았다고 한다.

　현대 스포츠 개념으로 바뀐 것은 1927년 9월 일제강점기 때 조선씨름협회를 창단해 제 1회 전국조선씨름대회를 서울 희문고등학교 운동장에서 열었다. 이때에는 체급이 없었다. 이와 같은 민속놀이는 일제의 방해와 압력으로 1941년 제 6회 전조선씨름선수권대회를 끝으로 열지 못했다.
　그러나 1945년 8월 15일 일본에서 독립하여 1946년 조선씨름협회가 대한씨름협회로 바뀌게 되고 1947년 전국씨름선수권대회로 씨름 경기를 개최하기 시작하여 1956년 제 12회를 기점으로 체급별 대회를 도입함으로써 현대 스포츠로 자리를 잡게 된다.
　우승 상품도 고려 때는 '삼베'를 주었고 조선시대 말까지는 일반 상품을 주었으나 소를 상품으로 내걸고 하는 것은 주로 1950~60년대로 이때에 직업씨름꾼이 나왔다고 한다. 1970년대에 들어와 황소 대신 상금으로 주고 상패를 주기 시작하다가 1983년 4월 13일~17일 서울 장충체육관에서 열린 제1회 천하장사 씨름 대회를 열어 전국적으로 씨름 붐을 일으키고 국민들의 관심을 사로잡는다.

당시 100년에 한명 나올까 하는 씨름 천재 이만기 천하장사가 우승함으로써 전 국민의 스타가 되고 씨름계의 제왕으로 등극하여 온 나라를 흥분의 도가니로 만들었다. 그러나 잦은 내분으로 연맹이 무너지고 승부에 집착한 결과가 흥행을 무너뜨려 어려움을 겪어오고 있었으나, 2017년 1월 4일 무형문화재 제 131호로 등재되면서 정부의 지원으로 전통을 이어가는 전승개념의 국가 보호를 받을 수 있게 되었다. 다만 특정보유자나 보유 단체를 인정하지 않아 개인 지원은 받을 수 없다.

또한 2018년 11월 26일 남북 공동으로 유네스코 인류 무형 문화유산으로 등재시킴으로써(명칭 : 씨름, 한국전통레슬링) 세계적인 스포츠로 발전해 나갈 것으로 믿는다.

씨름은 근본이 기술로 심신의 힘과 체력으로 내부적 힘과 외부적 힘의 이치를 바탕으로 하는 자연적 몸의 중심을 가지고 하는 원리다. 따라서 씨름의 공방원리는 상대의 힘을 거스르지 않고 그 힘을 이용하기도 하고 자기의 힘을 합쳐서 뜻하는 방향으로 상대의 몸의 중심을 무너뜨리는 것이다. 되치기도 마찬가지다.

  씨름의 기술을 종류로 나눈다면 ① 손기술 ② 다리기술 ③ 허리기술 ④ 혼합기술로 크게 나누며 샅바를 잡는 방법은 앉아서 잡는 방법과 서서 샅바를 잡는 방법으로 이는 북한에서 쓰고 있다. 앞으로 씨름은 태권도처럼 올림픽 경기 종목으로 채택해야 하는 것을 최대의 목표로 삼아야 할 것이다.

택견

  1983년 6월 1일 택견은 중요무형 문화재 제 76호로 지정되어 법으로 보호받는 민속놀이다.

  역사적으로 많이 나오는 수박, 수벽타, 각저 등 다른 용어가 비슷하며, 지금과 같은 택견과 같은 용어와 모습으로는 1846년 기산의 풍속도에 씨름판 옆에서 택견하는 아이들 모습이 있고, 1921년 해동죽지(海東竹枝)라는 최영년이 쓴 탁견희(托肩戱)라는 한시에 주석으로 달아놓은 옛 풍습 속에 각술(脚術)로 서로 마주보고 서서 상대의 다리와 어깨, 그리고 머리 위의 상투를 찬다. 이것으로 돈내기도 하는 등 투기를 하는데 다리, 어깨, 머리끝에 차는 것에 대하여 상품이 다르고 머리 상투 끝에 놓인 사기그릇을 떨어뜨리는 것이 가장 큰 점수를 받았다고 한다. 이후 1895년 미국 선교사가 찍은 택견 모습 사진이 발견되어 입증되는 자료가 되었다. 이때에도 그냥 민속놀이였다.

이후 송덕기(1893-1987)가 18세에 임호라는 분에게 태견을 지도 받고 1970년대 초에 신한승(1928~1988)에게 전수하여 오늘날 체계적인 정리가 이루어졌다.

'택견'이라는 말은 8.15 해방 후 가라테(최홍희, 남태희) 시범을 보던 초대 대통령 이승만(1875~1965)이 "택견이구만!" 하였다는 말과 1990년 민속학자 이능화(李能和) 저서 「조선해어화서(朝鮮解語花史)」의 번역출판(동문선, 신성대)에 의하면 남사당패가 미동(美童)을 차지하려고 여러 사람들이 각법(脚法)으로 싸워 이긴 자가 미동을 차지하는 것으로 정리된다.

이 택견은 현재 태권도 경기에서 얼굴 공격, 몸통공격 등의 점수를 차등시키는 것과 유사하다. 또한 현대의 태권도, 권투, 합기도, 유도, 씨름, 검도 등을 습득한 사람은 단기간에 습득할 수 있듯이 유사성이 많다고 한다. 현재는 대한체육회 가맹단체로 다른 무술 단체를 따라 품계제도와 단증을 교부하고 있다.

무예의 단은 일본이 처음 시작했다. 옛 것을 현대 경기 방식으로 발전하다보면 필연적으로 유사성 있는 무술은 운동 원리가 같아질 수밖에 없다. 오늘날 택견이 우리나라 충주에서 꽃을 피운 것은 충북지사와 국회의원으로 세계무술협회장을 역임한 이시종의 공로라고도 한다.

택견을 세상에서는 '급기롱(給寄弄)'이라고 하고, 1849~1887년까지 (철종, 고종) 성행하다가 지금은 없어졌다고 한 기록이 최근 밝혀졌다.

택견은 무술이 아니라 놀이로 보는 학자도 많다. 지금의 택견은 태권도와 혼합된 유사성도 보여진다.

전통무예 「24반과 18기(十八技, 무예도보통지와 무예신보)」

우리나라에 18기를 본류로 연구하고 실연하는 단체는 많으나 그 중 대표격인 단체로 활발하게 움직이는 곳은 두 곳이다.

그 중 첫 번째가 전통무예 18기 보존회다. 이미 소개한 바 있지만 김광석씨를 창시자로 비영리 단체인 18기 보존회는 「무예도보통지」를 교본으로 하고 있고, 제자인 신성대(동문선 대표)씨가 「본국검」, 「무예도보통지」, 「무학」, 「무덕」 등 많은 연구와 번역본을 출판보급하고 경기문화재단과 남한산성문화 관광 사업단의 주최로 매주 일요일 남한산성에서 남한산성 수어청 18기 연무의식을 하고 있으며, 전국에 보급하고자 노력하고 있다. 박식한 지식과 논리를 가지고 있지만, 국가의 경제적 지원이 부족해 어려움을 겪고 있는 무도인들이 모두 그러하듯 너무 외골진 고집으로 좀처럼 일본을 인정하지 않고 있지만 훌륭한 인품을 갖춘 무도인이다. 다만 18가지 무술을 모두 할 수 있다는 것은 불가능하므로 신뢰성이 떨어진다.

두 번째가 민족도장 '경당'이다. 1970년대에 들어서 각 대학을 중심으로 우리나라 전통문화에 대한 관심이 폭발적으로 일어나면서 풍물놀이와 탈춤 등에 관심을 가졌다. 이렇게 국민적 관심을 얻게 되니 근본도 없는 '도사', '선사'가 속출하고 자신들이 전통무예의 시조라고 하기도 하고 중시조라고 한다. 어떤 사람은 산 속에서 기도하던 중 산신령이 내려와 비법을 가르쳐 주었다고 하기도 하고, 어느 절에서 부처님께 기도하던 중 스스로 깨달음을 얻었다고 하는 웃기는 사람도 있었다.

그러나 임동규(林東圭)선생은 광주일고와 서울대학을 나와 고려대학교 노동문제 연구소 총무부장으로 재임하다가 '통혁당' 사건으로 무기징역을 받는다. 그는 이때에 「무예도보통지」를 보고 10년 동안 연구와 수련을 했다고 한다. 1988년 10년만에 석방되어 고향으로 내려가 민족도장 '경당'을 세우고 동지와 제자를 모아 지금까지 연구와 보급을 해왔다. 현재 수원성에서 18기 연무의식을 하고 있다. 임동규 선생은 비록 정통무술인은 아니라도

'정도술(안일력)'을 배운 바 있어 무예에 대한 기본지식을 가지고 있었다. 심신을 단련한다고 '선(禪)', '국술(國術)', '요가'라고 하는 것과 족보도 없는 무술을 논하는 사람도 있겠지만 무예도보통지는 24기가 모두 기능을 전제로한 기예이기 때문에 그 방향, 그 품목에 전문가가 아니면 복원이 불가능하다.

하물며 많은 사람들이 이를 번역하거나 복원한다고 했지만 필자가 검도와 태권도의 최고단자 입장에서 볼 때 의심스럽다. 다만 자신의 모자란 검결의 부족함을 솔직하게 말함으로써 기술적인 이법을 제외한 모든 내용을 신뢰할 수 있다고 본다. 임동규 선생은 이를 인정함으로써 훌륭한 무도인으로 보는 것이다. 하지만 스승이 없는 무술임에는 틀림이 없다. 교도소에서 빗자루를 들고 검술을 연마했다면 이는 신뢰해서는 안 된다.

이외 많은 사람들이 단편적으로 발표했으나, 그리 믿을 만한 근거를 제시하지 못하고 있다. 대부분 합기도의 분파가 많고, 정도관의 안일력, 화랑도협회의 최종표 회장, 국선도 덕당 김성환 정사, 선술의 선도 허일웅, 특공 무술의 장수옥, 태기의 창시자 최종균, 한풀의 신상득, 소림사 선무도의 골굴사 양익 스님, 기천문의 박사규, 통일무도의 석준호, 원화도의 한봉기, 혈기도의 허창수, 여자국선도의 철선녀, 「본국검예」의 임성묵, 본국검협회의 이재수 등등이 새롭게 자신의 무술파를 전파시키고 있다.

또한, 대한검도회의 이종림 선생이 본국검과 조선세법을 연구하여 가장 많이 보급했고, 김재일 선생 또한 중국의 연변 대학 허일봉 교수와 함께 본국검과 조선세법을 연구 저술까지 했으나 검술을 모르는 중국학자의 의견만으로 저술되어 신뢰할 수가 없다. 더욱이 '조선세법'으로 명명함으로써 사대주의적인 인상과 중국 검술로 인정하는 오해의 소지가 있다고 한다. 예도를 조선세법으로 부르는 것은 독도를 '다케시마'라고 부르는 것으로 사대주의의 극치로 삼가해야 한다.

끝으로, 분명히 말하지만 무예는 실기이기 때문에 훌륭한 스승을 만나 배우지 않으면 믿을 수 없는 무술이다. 무술이 혼자 깨달음을 얻는 것은 책으로 하거나 말로 하는 것이 아니라 훌륭한 스승에게 기능과 이론을 모두 배우고 나서야 가능한 것이라고 생각해야 한다. 또한 다른 무술과 다른 나라의 무술도 익혀보는 과정이 끝난 후에야 자신의 무술을 말할 수가 있다. 이것은 필자의 경험이며 스승의 가르침이다.

중국 화교에게 배웠다고 하거나 어느 스님에게 배웠다고 하는 것은 신뢰할 수 없고 책을 보고 혼자했다는 것은 믿어서는 안된다. 스스로 증명하지 못하면 존경받을 수 없는 것이 무술이다.

그 밖의 수많은 무예기술이 있으나 대부분 검도, 유도, 태권도, 합기도, 18기 등등에서 파가 갈라지거나 이권에 분쟁을 일으켜 나누어 진 것으로 깊은 이법(理法)이 없다는 생각이 든다.

일본을 대표하는 검술

1. 신가게류(新陰流)

시조는 가미즈미 히데츠나로 1508~1557년 사람으로 오고(大胡) 출신이다. '신가게류'는 자세를 가지지 않는 자세로 전국시대 실전검 히라세이간(平晴眼) 자세로 겨누며 몸을 반신 상태를 돌려 발을 넓게 벌려 삼각 보법을 쓰는 것으로 야규 신가게류로 유명한 야규 무네요시가 그의 제자로 쇼군 도쿠가와 사범을 지냈다.

2. 야규 신가게류(生新陰流)

에도의 도쿠가와 이에야스가 에도 막부시대를 열며 '야규 신가게류'와 '이토오류'는 쇼군과 쇼군 가문의 정식 검술 유파로 지정된 최고의 일본 무술이다. 야규 가문은 야마도 지방 작은 호족 출신으로 신가게류의 명인 가미이즈미에게 사사 받았고 그의 다섯 번째 아들 야규 무네노리를 쇼군 사범으로 천거하여 2대, 3대 쇼군을 모셨다. 1606년 사망하였고, 특색은 무형(無形)으로 별도의 자세를 가진 검은 살인검이며, 자세가 없이 살아있는 검은 활인검(活人劍)이라고 하였다. 야규는 하나의 자세보다는 유유히 흐르는 물과 같이 자연스러운 변화를 근본으로 하는 것을 요

구한다. 그는 한 사람을 죽임으로써 100명을 살린다면 그것은
활인검이다라는 말과 일본을 대표하는 병서로 「오륜서(미야모토
무사시)」와 함께 「병법 가전서」를 남겼다.

3. 도다류(富田流)

도다 규로 자에몬 나가이에가 창시자며 에치젠(무쿠히현) 출신
이다. 기본형이 33본으로 조금 작은 칼(小大刀)을 사용했으며,
검술로 상대를 제압하기보다 무(武)의 덕으로 재난을 미연에 방
지하는 평온무사를 추구하는 길을 이념으로 하였다. 정조(1790)
가 발행한 「무예도보통지」에 왜검으로 나오는 '호전류(戶田流)'가
일본어로 도다라고 부른다. 바로 이 검법이다.

4. 잇도류(一刀流)

이토오 잇도사이 가게하사가 시조로 현대 죽도검도의 원천으
로 일본 역사상 가장 큰 영향을 준 대표검술이다. 잇도류는 정신
적 수양보다도 검의 자체 이치를 깨달아 정확한 기술 체계를 세
워 역사상 어느 누구도 넘보지 못하는 검술로 발전했다. 잇도는
1560~1653년까지 살았으며 이즈 오시마 출신으로 알려져 있
다. 도쿠가와 이에야스의 명에 의해 쇼군 가문 검술 사범으로 야
규 신가게류와 함께 라이벌 관계이다.

야마오카 뎃슈의 잇토우쇼덴 무도류(一刀正傳 無刀流)가 유명

하며 현재 손목 보호대(호완)로 시합시 수련자를 보호하기 위해 두툼한 가죽으로 만든 소수(小手)를 고안한 것으로 유명하다. 상급자는 노란색으로 하급자는 하얀색을 사용하였다.

5. 시현류(示現流)

사스마(가고시마)에서 전통적으로 내려온 유파로 시조는 도교 시케카다로(1561~1653년)라는 인물이다. 1588년 교토에서 불교의 선승 젠키치(善古)를 만나 배운 검법을 발전시킨 것으로 실전 검술로 반막부군의 대표(사이고 다카모리)격으로 사람을 반으로 갈라놓고 상대편이 막은 칼이 부러져 나가는 일도양단의 검법이다. 본국검의 '금계독립세'와 유사한 자세와 검법으로 반드시 단칼에 상대를 베어 눕혀야 한다는 죽음의 혼신을 다한 일격, 일도양단을 요구하고 혼자 몰래 수련하라고 하는 지침이 있으며 비슷한 '노다치 지겐류(里子太刀)'가 있다. 얼마나 무서웠으면 '신선조(막부친위대)'에서도 "첫 칼을 피하라."고 곤도 이사무 두목의 특명이 있었다고 한다. 한 번 내려친 칼이 30cm의 바둑판을 가르고 아래 다다미와 받쳐놓은 각목까지 잘라졌다고 한다. 특히 훈련 과정중 말뚝을 세워놓고 아침에 3,000번 오후에 8,000번을 친다.

6. 이아이도(居合道)

거합도는 좁은 공간에서 칼을 칼집에서 뽑는 순간 동시에 상대를 베는 기술을 중심으로 만들어졌으나 현재는 발전되어 칼을 빼어 상대를 베는 기술(누키우치)과 상대를 벤 후 오물을 털어내는 혈진(치부리), 그리고 칼을 칼집에 넣는 납도로 구성되어져 있다.

시조 하야시 자키 진스케 시게노부(林崎)는 1558년 야마카다현 출신으로 장기를 두다가 살해된 부친의 원수를 갚기 위해 무술을 연마했고, 그의 나이 15세에 묘진(明神)에게 기도하던 중 꿈속에서 원숭이에게 검법을 터득하여 17세에 아버지 원수를 갚고 고향에 돌아와 '하야시 무소류(林崎夢想流)'를 창시한다.
재미있는 것은 그의 아명이 민치환(民治丸)이며 나중 이름을 바꾼 것이 임(林)씨다. 아마도 조상이 한국인지도 모른다. 민씨를 임씨로 개명한 것이다.

이 검법은 제 2대로 내려오며 '다미아류(田官流)'로 분파되고 7대에 와서는 하세가와 에이신(長谷川英信)의 개량으로 그 이름을 '무소지키텐 에이신류(無雙直傳英信流)'라고 하여 토사번에 정식류파로 지정되었다. (사카모토료마, 다케치, 이조 등)

마지막 16대 종가는 메이지시대 검성으로 불리우는 나가야마 하쿠도(中山博道)라고 하며, 그는 이를 발전시켜 '신토무넨류(神道無念流)'의 대가로 명칭은 다르지만 기술 체계는 유사하다고 하고 그 원조를 하야시 자키로 하고 있다. 다만 발도와 납도, 혈진의 동작은 후세에 만들어진 보여주기 식의 도장 상술로 본다. 실전에서는 할 수 없다.

7. 이도류(二刀流)

미야모도 무사시가 창시자로 양손에 칼을 들고 하는 검술로 지금도 죽도로 많이 하고 있다.

현재의 대 일본 검도형(本)

1886년 일본 경시청에서는 전국 600개가 넘는 각파의 기술을 엄선하여 10개의 기본형을 만들어 '경시청류 격검형'으로 명했다가 1906년 일본 무덕회(武德會)에서 검술형 3본인 상, 중, 하(上, 中, 下)단으로 천, 지, 인(天, 地, 人)을 정해 시행 중 1911년에 중학교 검도를 정규과목으로 개설하여 국가적 차원에서 1912년 모든 고류형을 통합하고 대도(大刀) 7본과 소도 3본을 제정하여 '대 일본제국 검도형'으로 칭하게 된다.

이후 1917년과 1933년에 보완하고 1981년 검도해설서를 내놓고 현재까지 보충 설명하며 시행하고 있다. 또한 거합도(居合道)

역시 이를 본따 '제정거합도' 10본을 만들어 같이 시행하고 있으며 우리나라를 비롯하여 세계 모든 국가가 똑같이 하고 있다. 다만 근래에 밝혀진 우리나라 전통 검법 예도(銳刀)와 너무도 흡사한 동작과 원리로 밝혀졌다. 「실전우리검도(저자 이국노)」에서 저자는 현재 일본형이나 거합도의 기술과 기법이 우리나라에 전해져 내려오는 예도(銳刀_조선세법)에서 인용한 검법이 틀림없다고 주장한다.

일본검도(日本劍道)의 숨겨진 진실

현대검도의 역사적 배경을 한번 짚어보자.

대정봉환으로 잘 알려진 메이지 유신정부와 반군인 사스마군과 첫 대결인 서남전쟁 때의 이야기다. 압도적인 유신군이 사스마 군의 지겐류(示現流) 검술에 고전하고 그 필요성을 인정하고 반성하여 메이지 유신 정부는 검술을 필수과목으로 선택하게 된다.

경찰청은 전국에 고수 검도인을 초청하여 경찰에게 많은 유파의 장점을 살린 검술을 개발하였다. 이때의 검술을 경시청류라고 한다. 그래서 현대검도의 검리를 19세기말 메이지 유신을 단행한 후 경시청이 경찰을 중심으로 교수한 이 경시청류가 근원이라고 말하는 것이다.

 이때에 초빙된 인사들 25명은 오노하잇도류, 직신카게류, 다미아류, 교신 메이치류, 호쿠신 잇도류, 쿠라마류 계통의 검술로 이때 만들어진 결과물이 경시청 형으로 이형은 대일본 검도형으로 바뀌어 수정과 수정을 거듭하여 발전한 것이 오늘날 검도에서 수련하는 대(大)일본 검도형이다.
 물론 과거 경시청 품세와 지금의 검도 품세는 시대의 변화에 따라서 많은 수정한 것이 사실이다. 이때에 만들어진 10가지의 품세는 지금과는 전혀 다른 실전 위주의 형이며, 그 중 5본까지는 사스마, 조슈, 도사번 사람들이 주로 수련한 유파의 북진일도류, 시현류, 신도무넨류, 직심경류, 경심명지류이며 나머지 5본은 다른 유파에서 인용되는 것이 정설이다.

 당시만 해도 시합 중 상대에게 발을 걸어 넘어뜨리고 상대와 부딪혔을 때 유도식으로 집어 던지고 죽도 손잡이로 잡아 젖히는 기술이 공공연하게 사용되었다. 심지어 넘어진 상대 가슴 위로 올라타고 상대의 얼굴 호면을 벗겨 한판으로 승리했다. 상대의 호면을 벗기는 것은 전국시대에 무사가 상대의 수급을 베는 것으로 자신의 승리로 명예를 얻었다는 것을 증명하는 것이다.

이 메이지 정부는 1894년(메이지 28년)에 대일본 무덕회를 만들고 1919년 동경에 무도전문 대학을 만들어 검도, 유도 지도자를 양성하며 이 대학 출신들은 군에 엘리트 장교를 특채하게 된다. 경찰도 마찬가지다. 이때 이 학교 지도자로 유명한 검사가 바로 나까야마 하구도, 나이토 다까하루, 와타나베 노보류 등이 있으며 나카야마 하쿠도는 신도무넨류와 야마구지 잇도류를 대표했고, 나이토 다까하루는 호구신 잇도류 그리고 와타나베 노보류는 오무라 잇도류의 대가이며, 비슷한 취지로 생긴 교도 고등사범학교는 그 유명한 다카노 사사브로가 지도자로 발탁되었다고 한다.

이때 만들어져 생긴 현대검도의 기본 동작 연격(기리가이시)은 좌우면과 정면을 계속 치면서 전진과 후진을 하는 기본 연습을 수련시켰다고 한다. 도장에 따라서 다르지만 1시간 정도를 연격만 시켰다고 한다. 이렇게 훈련받은 학생은 시합에서는 좋은 성적을 거둘 기회가 없지만 일본군의 무시무시한 돌격과 검도로 새로운 시대를 만드는 데 크게 공헌했다고 한다.

이 연격은 잇도류 뿐만 아니고 야규류, 세이아류(井蛙流)도 이와 비슷한 동작으로 케사기리(가사 베기)와 연속공격 그리고 우치코미(打込, 치고 들어가기)를 중점적으로 수련생에게 시켰으며, 특히 케사기리는 어깨에서 가슴까지 베는 동작으로 중이 어깨에 두른 가사의 방향대로 왼쪽에서 오른쪽 가슴으로 빗겨

치는 것이다. 이것이 오늘날 좌우면을 치는 연격으로 변했으며 〈실전우리검도〉 「예도」의 과좌 · 과우세와 우익세가 비슷하다. 지금도 집단을 베거나 대나무를 벨 때 위에서 아래로 비스듬히 내려 베는 것과 횟집에서 생선을 뜰 때 칼날을 비스듬히 써는 것이 효과적으로서 케사기리에서 나왔다고 보면 틀림없다.

더욱이 중요한 것은 이 운동을 하는 검사가 검의 움직이는 길과 날이 향하는 위치로 칼날은 언제나 목표 부위와 직각을 이루는 것(刃筋 하스지)이다.

1945년 일본의 패망으로 미군이 일본을 점령하면서 각종 무술을 폐지시켰다가 스포츠를 육성한다는 핑계로 미군의 인정을 받아 다시 시작되면서 미군은 검도 수련 중 기합은 넣지 못하게 했다고 한다. 기합 없이 죽도 소리만 나는 시합 장면은 정말 진풍경이었을 것이다.

미군은 일본군의 돌격에 크게 상처를 입었고, 특히 일본군이 칼 하나만 높이 쳐들고 들어오는 사무라이 정신에 놀라서 일본 점령 후 가장 먼저 검도 관련 무술을 폐지시켰다는 것이다. 1983년 현재의 대도 7본과 소도 3본으로 이루어진 대일본형은 처음에 만들었던 형과는 많은 변화를 가져왔고 거듭 발전과 집약으로 수정 보완된 것이다.

일본에 옛날 검법이 수백 가지라고 하지만 실제로 살펴보면 15가지 정도이며, 각각 가지고 있는 품세도 10가지 내외로 태반이 5가지 이내로 정리된다. 또한 지금의 일본형이 10본 중 진검의 이치로 볼 때 대도 7본, 소도 3본 외에는 우리나라 검법 「예도(銳刀)」에서 인용된 것으로도 볼 수 있다.

결론적으로 우리가 알아야 할 일본 검도는 화약무기의 발전과 2차대전에서 패하여 미군의 경계를 피하기 위해 교묘하게 발전된 무도 경기로 스포츠화되었다고 보지만 그 내면에는 일본의 사무라이 정신이 숨어 있는 일본의 정통문화이다.

모든 검도는 죽도로 하지만 진검의 이법에 따른다. 죽도검도의 처음 동작이 연격으로서 그 속에는 가사기리와 하스지가 실제로 진검의 이법이며, 전일본의 검술의 공통된 중점이다. 또한 정안(正眼) 자세로 몸을 정면으로 내세우고 검을 몸 중심에 두어 자신의 정중앙을 지키고 상대의 검과 상대의 중앙을 베어 내리는 것이 잇도류를 대표하는 자세이며, 손목 보호대와 찌름의 자세가 여기서 시작된 일본을 대표하는 유파이다. 이것이 현재 죽도로 수련하는 검도로 발전되었다.

세계 어느 나라 검법도 「예도(銳刀)」 검법을 벗어날 수 없다는 「무비지」를 생각해보아야 한다.

중국 무술

검(劍)은 모든 무술을 대표한다. 그동안 수많은 중국 무술 소설이나 협객 영화로 중국에는 검술이나 무술이 크게 발전되었으리라 생각할 수 있다. 또한 '소림사'라는 절과 달마대사로 한 층 더하다. 그러나 내용을 들여다보면 아무것도 신뢰할 것이 없다. 다만 역사적인 기록이나 이야기가 전해 내려올 뿐이고 근래에 만들어진 보여주기식 조작된 것으로 관상용 무술이 대부분으로 판단된다. 그 증거로 명나라 말기(1620년) 모원의가 쓴 「무비지」에도 중국에는 있기는 있었는데 전해 내려오지도 않고 세계 방방곡곡 찾아보아도 구할 길이 없던 중 최근에 조선에서 좋은 검법을 가져온 것을 보니 옛날 당나라 때에 자신들이 했던 것이었다. 그러나 이 검법의 이름을 알 수 없어 '조선세법'이라고 하노라는 것으로 증명된다. 다만 옛날부터 내려오는 검도에 관한 문헌 몇 가지를 소개한다.

① 검도(劍道)라는 말은 후한시대(25~220) 반고(班固)라는 사람이 썼다는 「한서예문지」에 병서(兵書) 중 '병기고' 편에서 검도라는 글자가 처음 발견된다. 이 한서예문지는 한나라 일대의 역사책으로 반고는 쓰다가 죽고 그의 누이 동생인 반소(班昭)가 완성했다고 한다. 그러나 불행하게도 이 병서는 없어지고 목록만 남아 있어 내용을 증명할 수 없다.

② 묵자의 기격편

묵자는 겸애(兼愛) 사상으로 유명한 사상가이며 병법가로 공자가 죽은지 100년 후에 태어난 인물이다. 그는 70여 편의 저서를 남겼으나 병법에 관한 책은 20여 편으로 호령, 전법, 공수전술(攻守戰術), 그리고 기격(技擊)편이 있었는데 이상하게도 검도(劍道)에 관한 기격편만 분실되어 전해 내려오지 않는다. 다만 지금도 중국 일부에서는 묵자를 무성(武聖)으로의 의(義)를 존중하여 제사를 모신다고 한다. 그는 전쟁의 천재라고도 전해진다.

장자의 설검편(莊子說劍篇)

장자는 노자(老子)의 사상으로 분류되지만, 어느 누구보다도 현실적 감각이 뛰어났고 학문 또한 광범위했던 춘추전국시대 사람이다. 그의 원명은 주(周)이며 공자와 묵자의 사상 중 잘못된 것을 신랄하게 비판했던 사상가로 어느 누구도 그를 등용하지 못했다. "우물 안의 개구리는 바다를 보지 못한다."라는 그의 대표적인 말이 있으며, 검(劍)의 종류가 왕이 사용하는 천자의 검, 제후들이 쓰는 제후의 검, 그리고 서민들이나 사용하는 서민의 검이 있다고 하며 왕을 설득한 「설검편」이 유명하다.

　지금도 검도(劍道)에서 가장 중요한 공격과 승리하는 방법인 삼선(三先)은 여기에서 인용된 것으로 검 중의 검은 후발선지(後發先之)로 칼을 늦게 빼어 이기는 것이 최고의 검술 진리라고 한다. '선선의 선(先先의 先)'으로 상대의 선을 먼저 제압한다는 허실(虛實)까지 논한 것이 그 유명한 장자의 설검편(莊子 三劍)이다.

　이후 송나라 때에 만들어진 무경칠서(武經七書, 손자병법, 육도, 삼략, 오자병법, 사마법, 위료자, 이위공문대)와 삽십육계, 소서, 제갈공명심서를 합하여 10대 병서로 조선시대에 무과 시험 과목으로도 사용되었다.

　여기서 소서(황석공)는 초한지의 유방의 책사 장량이 10년을 공부했다고 해서 유명하다. 근래에 와서 이소룡이라는 영화배우가 나오면서 중국 무술을 소개하게 되어 '쿵후'가 각광을 받는다. 등장하는 인물 소재가 '아미파', '무당파', '소림사'로 되고 '영춘권'이라는 무술이 소개되기도 한다. 그러나 구전으로 전해진 것이나 추상적으로 그려진 소설로 확실한 자료가 없지만 중국인이 가장 많이 즐기는 '태극권'은 근래에 기(氣)를 전제로 하는 운동이지 격투기는 아니다.

소림사의 진실

소림사 전설을 한 줄 쓴다. 소림사는 오랜 전통을 가진 무술을 연마하는 곳으로 유명하다. 이곳에 달마대사가 방문하여 무술 시합을 하게 된다. 이 때에 소림사는 달마대사에게 무참히 패배하고 그날부터 달마대사를 스승 사범으로 과거 내려오던 무술을 달마무술로 바뀌게 된다. 또 수백 년이 지나고, 이후 명나라 말에 정충두(鄭沖斗)라는 장군이 이곳을 지나가다 달마대사와 똑같이 시합을 청해 무참하게 소림사를 꺾는다. 이후 소림사 무술은 정충두 장군의 무예로 이어져 내려온다. 이 또한 소림사의 화재로 소실된지 오래다. 이 말은 아무리 좋은 무술도 실전 경험이나 시대에 떨어져서는 아무런 효험을 발휘할 수 없다는 것이다. 중국 무술은 지금도 거짓으로 현실성이 없는 글자 무술이라고 본다는 것이 옳다. 대표적인 이소룡은 미국에서 태권도(이준구 사범)를 배웠다.

건신양생(建養身生)으로 법문을 공부하기도 힘들었을 텐데 무술을 수련한다는 것은 불가능하다. 고기와 마늘, 더덕, 부추, 마라는 5적 식품은 불가에서는 금한다. 체력적으로 무거운 병장기를 휘두르기는 근본적으로 문제가 있다.

경당(扃當)

 고구려 때의 사학기관(社學機關)으로 무예와 학문을 가르치던 곳으로 젊은 청년을 뽑아 경전(經典)을 읽게 하고, 활쏘기 등을 교습시킨 기관이었다. 경당은 전국 곳곳에 퍼져 있었으며 평민을 주로 대상으로 했던 군사훈련 기관으로도 이용되었고, 여기서 교육받은 학생을 하급관리나 무관으로 채용하였다. 이 경당은 신라의 화랑 제도와 비슷하며 처음 설립은 기원전 372년(소수림왕 2년)으로 보고, 427년 평양으로 수도를 옮긴 후 성행했다. 지금도 우리나라에서 일부 전통무예를 표방하여 사용하는 사람도 있다고 한다.

화랑도(花郎道)

 신라 진흥왕(576년) 37년에 전국 각지의 인물을 등용해 쓰기 위해 만들어진 제도로「삼국사기(김부식)」에 의하면 초기(576년)에 생긴 것과 후에는 다른 변모를 가져왔다. 그 내용은 다음과 같다.
 여기서 특이한 것은 화랑의 우두머리라는 '국선(國仙)' 또는

'풍월주'로 임기는 짧게는 1년 길게는 5~6년 정도로 32명이 있었으며, 그 유명한 김유신(15세)만 9년을, 김춘추도 4년을 재임한 아주 민주주의 임원 선출이었다고 한다. 밝혀진 신라의 대표적 화랑국선은 다음과 같다.

화랑의 국선(풍월주)은 총 32명으로 주요인물로 1세 위화랑, 5세 사다함, 8세 문노, 10세 미생랑, 13세 용춘공, 15세 김유신공, 18세 김춘추공, 32세 신공으로 끝난다. 김춘추는 4년 김유신은 9년을 풍월주로 있었다. 당시에도 국선이나 풍월주는 종신하는 제도가 아니다.「화랑세기」는 김대문(金大問)이 저술한 것으로 성덕 왕 때이다.

근자에 어느 단체에서 전통무예를 재현하면서 국선을 한 사람이 독점함으로써 눈총을 받는다고 한다. 또한 화랑도(花郎道)라는 무술 단체는 근래 만들어진 이름이다.

해동검도

해동검도에 관한 설 중 신빙성을 전제로 하여 오정교의 「해동검도」를 인용한다. 해동검도가 일반적으로 대중에 나타난 것은 1968년 5월 서울 성동구에 있는 불교 조계종 '심검도 호법 총관'

이름으로 체육관을 개관하고 회원을 모집하여 해동검도를 보급하였다. 당시 처음 관장은 김창식(원광스님)이었으며, 수유리 화계사에서 예부터 전해 내려오는 검술이라고 한다. 김창식 스님은 검 수련과 불교의 선(禪)을 병행하여 수련했다고 한다. 불교의 내제자 계율 훈련식으로 검도를 병행하다가 1969년에 동대문 신설동으로 이전하여 6년을 더 해동검도를 보급하였고, 1975년 김창식 관장은 당시 사범이던 나한일에게 검도장을 위임하고 미국 보스톤으로 불법과 심검도를 보급하고자 이주한다. 나한일 사범은 1980년 김두철이라는 영화사 사장의 주선으로 서초동으로 총관을 옮기게 된다.

여기서 수련을 하던 최태민씨의 주창으로 일반 대중들에게 친숙하고 역사적 이념을 가미해 '심검도 총관'을 '해동검도'로 간판을 바꾸게 된다.

더욱이 옛날 중국에서는 우리나라를 바다 건너 동쪽이라고 해동(海東)으로 부르고 해방전 전통으로 내려오는 잡기의 책이 '해동죽지'라는 이름으로 널리 알려져 있었다. 이 때가 1984년이다. 1988년 서울올림픽이 끝난 후 정신적 힘과 육체적 힘이 결합되고 「모래시계」라는 드라마가 히트를 하면서 검도가 학생과 일반 모두의 관심사로 대중적 인기를 얻었다. 또한 나한일씨의 배우 활동도 큰 역할을 했다고 본다.

1990년 대한체육회의 대한검도회와의 갈등과 정통성 분쟁이 지속되어 오다가 1993년 해동검도 협회의 내부가 분열되어 어려운 상황에 이른다. 1995년 이후 파벌을 해소하여 해동검도 중흥을 노력하여 현재도 전국에 많은 도장과 수련생을 가지고 있다.

해동검도의 검법이라면 기본 동작을 마친 후 쌍수검(쌍수도)으로 1번부터 12번까지 여러 형태의 검법을 보여주며, 실전 위주의 진검 수련으로는 두 번째로 하는 심상검이다. 심상검은 쌍수검의 통합된 모습으로 빠르고 힘을 요구하는 검법이다. 상대가 어디에 있던지 자신을 지킬 수 있다는 신념으로 행하여지는 쌍수검법의 진수다. 이 심상검은 1번에서 4번까지로 일본의 거합도(居合道)와 비슷하고 「무예도보통지」의 예도(銳刀)와 비슷하다. 다만 예도(銳刀)나 거합도(居合道)는 한 칼로 승부를 내거나 두 번으로 검을 찌르거나 벤다. 그러나 심상검은 3~4회를 격자(擊刺)한다. 근자에는 예도(銳刀), 본국검(本國劍)을 추가했으나 원전과는 거리가 멀고 조의신검(早衣神劍), 운류쌍검(雲流雙劍)은 그 근거를 찾기 어렵다고 본다. 검의 이합이 좀 더 연구되어야 전통검도라고 할 수 있지 않나 하는 사람이 있으며, 고도화된 일본검도와는 다르며 검의 이치와 깊이가 부족하고 승단 제도의 문제와 도덕적 문제로 어려움을 겪고 또한 해동이라는 이름도 사대주의로 볼 수 있다. 중국을 중심에 둔 이름이다.

제 5 장

수련 ― 修鍊

도(道)는 훌륭한 사람이나는 결과물을 얻기 위해 가는 길이다.
무(武)의 수련을 통해 효(孝), 정의(正義), 예(禮)를 배우고 터득하여 실천하는 것이 바로 무도이다.
이를 겸손(謙遜)이라고도 한다.

예(禮)란

　세계 모든 나라가 각자의 풍습과 예와 법을 가지고 있지만, 예(禮)는 중국에서 처음 시작되었고 상생과 더불어 발전을 했으며 예(禮)의 정신과 중요성은 지구상 어느 민족과도 비교할 수가 없다. 중국문화는 예의 문화이며 예의 민족이고, 예의 정치와 통제이며 중국의 역사도 예의 역사라고 말한다. 그러므로 예(禮)는 법(法) 이전에 인간의 생활 속 문명 행위의 규범으로 인식되어 왔다. 법(法)은 행위가 끝나고 결과에 대한 규범이지만, 예(禮)는 행위의 결과가 나오기 전 진행과정을 의미한다. 이 예는 사람들 사이의 계약이며 선배가 후배에게 가르침을 주는 것이고, 사회의 우두머리 완성인이 만든 계율로 보면 된다. 문제는 예가 사람들의 행위를 제약하는데 사용하여 왔고, 사람의 주관적 욕구와 객관성의 현실 사이에 모순점을 조절하였으며, 인류사회의 평등과 존재를 평형으로 유지할 수 있도록 했다고 할 수 있다.

중국의 고대 예의 제도는 5가지 유형으로 보고 첫째로 길례(吉禮), 흉례(凶禮), 빈례(賓禮), 군례(軍禮), 가례(嘉禮)로 분류한다. 이것을 우리는 오례(五禮)라고 하며 그 중 길례를 최우선으로 하고 길례는 제사를 지내는 의례로 "제사보다 중요한 것은 없다."고 했다. 예기(禮記)에 보면 "제사는 예의 근본이다."라고 했다. 여기서 제사는 천신(天神), 지기(地祇), 인귀(人鬼)에게 제사를 지내는 것을 포괄했고 행위에 있어서 상(裳), 제(祭), 사(射), 어(御), 관혼(冠婚), 조빙(朝聘)의 목적에 맞추는 것이라고 본다. 따라서 종합적으로 보면 5례는 인간 생활의 모든 사회생활의 영역을 포용하고 있으며 일종의 규범으로 자리 잡고 국가의 중요한 행사나 개인의 일상생활 속까지 깊이 자리 잡고 있어 또 다른 면에서 인간의 행위를 제약하는 작용을 하고 있다.

예(禮)는 사람으로서 지켜야 할 도덕과 가치관으로 사람들의 행위를 통제하여 질서와 조화를 이루는 사회를 만드는 것으로서 우리 생활의 무의식 속에서도 행하고 지켜지는 사전 계율이다. 요즘 말하는 '배려'라는 말도 넓은 의미로 예(禮)라고 보면 된다. 무도에서 예는 시작과 끝이며 전부라고 해도 과언이 아니다.

조선은 동방예의지국이다

　동방예의지국은 우리 이야기다. 이 말은 좋은 뜻은 아니다. 우리나라는 고대부터 중국에 조공을 받쳐 환심을 사려했다. 가야, 신라, 고려, 조선까지 점점 정도가 심해져 괴로움을 당한 적이 한두 번이 아니다. 지금도 속국임을 부인하면서도 속국을 자랑하던 사대주의 사상이 아직도 살아있는 사람이 있다. 옛날 중국에 큰 행사가 있을 때면 변방의 각 나라에서 선물(조공)을 상당히 많이 싣고와 명나라 황제에게 받친다. 황제 아래 각 나라의 사신이 엎드려 머리를 조아리고 있을 때 황제가 남방(베트남, 라오스, 태국 등)에서 온 사신들을 보고 크게 충고를 한다. 이때에도 이들은 반항심이 강했다. "야! 이놈들아!", "저기 조선을 좀 본받아라. 저 조선은 동방예의지국이다!" 라고 자신의 중국입장에서 동쪽에 있는 나라라고 말하며 본받으라는 이야기다. 뒤집어 말하면 조공을 많이 가져왔다는 말이다. 빈손으로 온 다른 나라 사람에게 한 충고였다.

　그런데 이 말을 들은 사신은 돌아와 '동방예의지국' 이라고 자신이 크게 칭찬을 받은 훌륭한 나라의 선비로 자랑을 하게 되어 나온 말이다. 이 말은 50년 전만해도 늘 자랑으로 여기며 실제 의미도 모르는 채 우리는 말해왔다. 우리 주변에 무예를 하는 사람도 그런 사람이 아주 많다. 우리나라의 자랑스러운 세계적 무술인 '예도(銳刀)'를 '조선세법(朝鮮勢法)'으로 호칭하여 중국 무술로 인정하고 만들어 버리는 것은 새로운 사대주의를 보는 '신 동방예의지국'과 같은 의미다. 이런 것은 예가 지나쳐 우를 범하는 것이다. 어쩌면 후세 친중파 매국노라고 해도 할 말이 없을 것이다. 해동(海東)이라는 말도 같은 뜻이다.

　우리나라가 중국의 속국에서 벗어나 청일전쟁이 끝나고 을사조약을 맺은 후 고종이 왕에서 황제로 등극하면서 중국과 동등한 독립국이 된다. 왕에서 황제로 바뀐 것이 바로 이를 말하는 것이다. 현재 서울시 서대문에 있는 독립문이 청나라로부터 독립을 축하한 기념문이라는 것을 잊어서는 안 된다. 일본에서 독립한 것을 기념하는 것이 아니다.

극기(克己)복례(復禮)

　극기복례는 종목과 관계없이 무예(武藝)를 하는 사람은 꼭 알아야 할 격언이며 반드시 숙지해야 한다. 여기서 극기(克己)는 육체적, 정신적으로 매우 힘든 훈련을 통해 자신이 가지고 있는 현재의 능력을 시험하고 이를 극복함으로써 자신을 한 단계 더 높이 숙성시키는 물리적 수련을 말한다.

일반적으로 검도나 유도를 수련하는 사람들이 여름에 가장 더운 날을 잡아 훈련하는 것을 모서훈련, 겨울에 하는 것을 모한훈련이라고 하며 정기적으로 하고 있다. 이 훈련은 승부를 겨루는 경기에 목적을 두는 것이 아니라 자신의 능력의 한계를 다른 무엇과 싸워서 한 단계 높이는 수단을 극기라고 보면 된다. 자신의 정신과 육체를 어려운 추위와 더위 속에서 한계를 넘는 훈련과 고행으로 정신과 육체의 능력을 한 단계 높이는 것을 말한다. 따라서 고행으로 얻어지는 열반(涅槃)같은 인내심과 수행이다. 현재도 검도와 유도에서 관습적으로 하고 있다. 이 훈련은 남과 싸워 이기는 것이 아니다. 다만 자신의 능력을 한 단계 높혀 사용하되 예의를 갖추어 행동하는 것이다.

 복례(復禮)라 함은 이렇게 높여진 자신의 능력을 함부로 사용하거나 과시하는 만용을 부리지 말고 자신을 낮추고 겸손하게 예의를 갖추어 향상된 능력을 보여주거나 사용해야 한다는 것이 복례이다.

 예를 들어, 우리나라 천연기념물 중 '솔개'라는 맹금류 매가 있다. 이 솔개는 삼한시대는 물론 백제의 국조라고 한다. 솔개는 그 크기가 45cm~55cm까지로 일반 보라매, 송골매보다는 크고 용맹스럽다. 사냥 범위가 어린 아이도 채어간다는 이야기까지 있다. 이 솔개가 태어나 40년이 되면 너무 늙어서 몸은 커지고 날개와 발톱, 부리가 무뎌져 사냥을 하지 못한다. 이때에 솔개는 무거운 몸을 이끌고 높은 산 바위 위에 기어 올라가 스스로 부리를 바위에 문질러 갈아 날카롭게 만들고 그 부리로 자기의 발톱을 뜯어내어 무뎌진 발톱을 재생시킨다. 어렵게 단련 재생시킨 이 발톱과 부리로 날개와 몸통의 묵은 털을 뽑아내기 시작한다. 물론 이 과정에서 솔개는 반 피투성이가 되지만 결국 홀가분한 몸과 더 날카로워진 부리, 발톱으로 다시 태어나 사냥을 하게 된다. 그리고 이 솔개는 바위를 내려와 다시 40년을 더 살고 자신의 수명인 80년의 삶을 조심스럽게 산다고 한다.

바로 이것이 극기복례(克己復禮)라고 할 수 있다. 무(武)를 익힌 자의 또 다른 수행이며 한 단계 높은 깨달음을 얻어 어떻게 살아 가는가 행동하는가에 대한 자연의 교훈이다. 그래서 무(武)를 아는 많은 사람들은 '극기복례'를 첫 번째 이념으로 삼는다. 극기복례는 중용 대학편 15장에 자세히 설명되어 있다.

또한 하늘 높이 날리는 연(鳶)은 예부터 솔개를 숭상하는 의미로 솔개 연(鳶)자를 쓴다.

무(武)는 근본(족보)이 있어야 한다.

세상에는 어깨 너머로 배운 무술을 가지고 무슨 산에서 내려온

'도사' 처럼 기인 행세를 하고 하찮은 재주를 보이며 생업의 수단으로 삼는 사람도 있다. 그것을 무슨 대단한 무예인 줄 알고 배우다가 얼마 안 되어 또 다른 불량 기인이 되어 버린다. 이런 것에 속으면 안 된다.

예를 들면 제도권 밖에서 공부하는 재야 학자도 마찬가지다. 이들은 대부분 스승이 없거나 제대로 학업의 계통을 밟지 않고 혼자 독학을 하고 체계적인 학문을 배우지 못하여 기초가 부족하고 자신의 실력을 공개적으로 평가 받을 기회가 없어 외통수의 길로 가는 바람에 돌이킬 수 없는 자가당착의 함정에 빠질 수밖에 없다. 다시 돌아가려고 해도 그 동안의 시간이 아깝고 자존심은 있어 편협한 성격과 옹졸해지는 행동으로 결국은 외톨이가 되고 만다.

수양의 길도 마찬가지다. 이들은 대부분 스승의 말씀 한마디면 쉽게 알 수 있는 기초적인 문제도 수십 년 혼자 연구하며 깨닫지 못하는 경우가 많다. 그래서 "거울을 만들겠다고 평생 벽돌을 갈아대는 어리석음을 범하는 것이다." 이런 사람을 우리는 근본이 없다. 족보가 없다고 말한다. 예를 들어, 혼자서 골방에 틀어박혀 육법전서를 달달 외워 사법고시에 합격한 사람과 명문대 법학과에서 자타가 공인하는 훌륭한 법학 교수 밑에서 체계적인 법학 공부를 하여 합격한 사람이 품격이나 생각하는 실력은 전혀 다르다. 법의 정신, 법의 정의, 법의 철학이 책이나 시험지로 전해지지는 않는다는 이야기다. 그들은 그렇게 법관이 되어도 훌륭한 법관이 되기는 어렵다. 되어서도 안된다.

하물며 무예(武藝)는 목숨이 왔다 갔다 하고, 자신 또한 죽음을 각오해야 하는 생사의 무기 법식이 있다. 즉, 학문으로 되는 것이 아니라 몸으로 하는 것이다. 몸으로 오묘한 이론을 체득해야 하고 마음을 합쳐 전해야 한다. 그래서 수천 년 동안 한 사람, 한 사람 전해져 내려오는 대대로의 족보가 있고 근본이 있어야 가르침이 엄하고, 바르게 전해지고, 배움 또한 바르게 이어진다는 것이다. 이것이 바로 무학(武學)이요 무덕(武德)으로 이어진다.

잘못된 무학(武學) 중 옛이야기를 한 번 살펴보자.

옛날 어느 마을에 형제가 살고 있었다. 그런데 부모가 돌아가신 뒤 어느 날 그 형이 부모로부터 물려받은 유산을 동생에게 모두 물려주고, 출가해 무술을 닦으러 산으로 들어갔다고 한다. 그 후 10년의 세월이 지난 날 그 형이 돌아왔다. 동생이 질문한다.

"형님! 물어보기는 뭣하지만 불문(佛門)에 귀의했던 10년 동안 어떤 깨달음을 얻으셨나요? 그리고 무술은 어느 정도의 실력입니까?"라고 하니, 형은 "그래 나와함께 강가로 나가자구나! 네게 한번 보여주마." 라고 말하며 동네 앞 강가에 이르자 형은 잠시 눈을 감고 명상에 잠기듯 하면서 주문을 읊조리더니 어느새 강 건너편 뚝방에 우뚝 서 있었다. 그러고는 손짓을 한다. 동생은 깜짝 놀란 가슴을 진정시키고, 뱃사공을 불러 뱃삯을 쥐어주고 강을 건너갔다. 그리고는 "형님, 정말 대단하십니다. 세상천지 유혹을

다 뿌리치고 산에 들어가 명상과 고행을 한 결과가 고작 돈 몇 푼의 가치에 불과한 이런 곡예 재주였다니 도저히 믿을 수가 없습니다. 형님이 10년 걸린 것을 저는 세 푼에 강을 건넜습니다."하고 말한다. 이런 것이 바로 진정한 무예가 아니라는 가르침이다.

또한 도인(道人)은 도술(道術)을 부리는 사람이 아니라 덕(德)을 닦는 사람을 일컫는 말이다. 무인이든 문인이든지 수양(修養)을 하는 것이 도(道)를 닦는 것으로 그것의 최종 종점은 성(誠), 신(信), 의(義)로 보아야 한다. 무가(武家)의 성(誠)은 지극한 정성으로 잡생각이 없는 무념무상의 정성을 말하고, 신(信)은 두 마음이 아닌 것으로 마음 다르고, 말 다르고, 행동이 달라서는 안 된다는 것이며, 의(義)는 실천하는 행동으로 옳은 마음과 그에 대한 행동으로 실천을 다하는 직접적인 행위를 말하는 것이다. 무인(武人)은 항상 이런 마음과 행동을 가지고 있는 존심(存心)이 마음속에 있어야 한다.

무인이 도를 닦는 것은 잔재주를 부려 남을 현혹하고 사리사욕을 차리는 것이 아니라 성(誠), 신(信), 의(義)로 합일(合一)하여 꾸밈없이 자연스럽게 만사에 대처하는 것이다.

염치(廉恥)

　염치는 무도인이라면 누구나 평생 마음속에 간직하고 살아가야 할 부끄러움이다. 옛 성현의 말씀은 예, 의, 염, 치(禮, 義, 廉, 恥)라는 네 가지 근본이 없으면 그 사람은 사람이 아니며, 국가는 국가가 아니고 짐승만도 못하다고 했다. 염치(廉恥)라는 단어는 「조선왕조실록」원문에도 1,514번이나 나오는 중요성이 내포된 단어다. 체면을 차릴 줄 알고 부끄러움을 아는 마음이 곧 염치라고 말한다. 부끄러워할 치(恥)는 귀 이(耳)와 마음 심(心)으로 합성된 글자다. 귀를 막고 부끄러움을 모를 정도의 뻔뻔한 것을 몰염치(沒廉恥)라고 하며, 그런 사람들을 모두 파렴치한(破廉恥漢)으로 부른다. 또한 염치없는 정도를 넘어서 낯가죽이 두껍고 뻔뻔스러움이 도가 넘는 경우를 후안무치(厚顏無恥)라고 부른다.

　한 가지 무도인이 조심해야 할 것은 자신이 파렴치한이라는 사실을 모르고 "내가 도대체 무슨 잘못을 했다는 것이냐."라고 생각하는 것이다.

　일본의 부모들은 어린 자식이 밖에 나갈 때에는 반드시 남에게 폐를 끼치지 말라는 말을 한다. 이 말 역시 부끄러움을 알라는 이야기다. 가슴속 깊이 새겨 두어야 할 말이다.

태권도의 예(禮)

 태권도 품세란 태권도의 근본을 말하며 태권도가 가지고 있는 정신과 기술의 점수를 모아 놓은 공방원리로서 심신단련과 수양을 직간접적으로 나타낸 공격과 방어의 기술이 규정된 형식(틀)에 맞추어 수련하게 만든 형(型)이다.

 태권도의 경우 태극형부터 시작해 십진, 한수, 일여형까지 있지만 어느 형을 시작하더라도 두 주먹을 단전 아래로 짜 쥐고 단전에 힘을 모으는 '기본 준비서기', 두 손을 펴서 오른손등 위에 왼손 바닥을 살짝 덮어서 단전에 힘을 모으는 '겸손 준비서기', 그리고 오른 주먹을 왼손 바닥으로 감아 쥐고 가슴 앞으로 하는 '보주먹 준비서기'가 있다. 이것은 태권도를 시작할 때 항상 예(禮)로 시작함을 나타내는 것으로 이 예(禮)는 상대편과 자신, 그리고 태권도 본문에 대한 예로 보아야 한다. 또는 인사로 보아도 마찬가지다. 서양의 권투나 마구잡이 싸움식의 스포츠 격투기와는 다른 높은 차원으로 또 다른 의미가 있음을 알아야 할 동양 무술이다. 검도의 본(本)도 마찬가지고 다른 무술, 또한 예(禮)의 동작을 우선한다.

무도(정의, 염치, 예)

　무도는 무술이나 무예를 통해 이루려는 훌륭한 인간 형성을 말하는 것으로 그 목적을 정의(正義), 염치(廉恥), 예(禮)로 둔다. 물론 무술이나 무예라고 한다면 사람을 살상하는 기술 또는 재주를 의미하지만 도(道)는 이 기술에다가 정의, 염치, 예를 합쳐 이끌어 낸 말이다.

　정의(正義)라면 올바른 일로 올바른 마음과 올바른 지식과 올바른 행동으로 불의(不義)와 반대의 의미가 있다. 그러나 염치(廉恥)는 체면을 차릴 줄 알면서 부끄러움을 알아야 하는 것이다. 창피하고 민망스럽고 면구하면 망신당한다는 것이며, 반대말 중 '내로남불' 이라는 몰염치한 말도 있다.

　치(恥)의 글자로 보면 耳(귀 이)자에 心(마음 심)자를 합한 것으로 자기 귀가 울려서 양심에 가책을 받는 것이다. 또한 수치심은 자기 마음에 책임을 묻는 것으로 자신의 부끄러운 행동을 타인이 비난함으로써 생겨나는 감정을 말한다. 이 수치심은 남 앞에서 조소당하거나 거부당하거나 조롱당했다고 믿을 때 생겨나는 것이다. 부끄러움을 아는 것이야 말로 정의의 근원이며 인간성을 기르는 토양으로 명예와도 깊은 관계가 있다. 목숨을 초개와 같이 버리며 이름을 더럽힐 수 없다고 죽음을 택한 신념으로 나라를 지킨 사람을 의사(義士)라고도 한다. 무도인이 겉과 속이 다른 행동은 상대방뿐만 아니라 자신에게도 좋지 않다. 특히 지금 남을 비웃는다면 언젠가 자기도 비웃음을 당한다는 사실을 깨달아야 한다.

　예(禮)는 도(道)와는 불가분의 관계가 있음으로 내용이 중복된다. 사람이 해야 할 기본적인 이치로 자연이 운행하는 순서적 존재로 보아야 한다. 그래서 무(武)는 첫째도 예(禮)로 시작하여 마지막 끝에도 예(禮)로 끝을 낸다는 예(禮)를 전부라고도 한다. 물론 국가에 대한 예, 스승에 대한 예 그리고 서로 동료 간에 대한 예를 중시하며 이를 통틀어 삼례(三禮)라고 한다. 이런 모든 예(禮)는 부모님께 효도(孝道)하는 것이 바로 시작이며 근본(根本)이라는 것이다.

　교사(敎士)라는 말이 있다. 가르칠 敎는 孝자와 文자로 풀이한다면 스승이 학문을 가르칠 때에는 효를 먼저 가르치라는 의미가 내포되어 있고, 士의 경우 열십(十)자와 한일(一)자로 "배우는 학생은 스승이 하나를 가르치면 열을 알아라."라는 의미가 있다. 따라서 학문의 첫 번째 교육이 효도임을 알아야 한다.

　이 예(禮)는 마음이 우선이지만 행동으로 이어져야만 한다. 따라서 예(禮)는 형식이 따라야 함을 명심해야 한다. 형식이 수반되지 않는 예의는 빛이 없는 암흑과 같다. 무도(武道)도 불교의 화작(化作)처럼 수행의 최고 단계는 인연에 따라서 모양이 바뀌는 것으로 자신 스스로 환경에 따라서 변화하고, 자신을 발견하는 길을 찾는 것이 진정한 무예의 길일 것이다. 수양(修養)과 같은 길이다.

  결국은 기술이나 재주를 숙달하면서 그 속의 이치를 인간이 훌륭히 살아가는데에 대한 길(道)을 만들자는 것을 무도(武道)로 보면 된다.

스승

  우리는 가르치는 사람을 스승이라 하고 배우는 사람을 제자라고 한다. 이런 인간관계에서 만남을 통틀어 '인연'이라고 하며 이 인연을 가볍게 해서는 안 된다고 한다. '인간시장'을 쓴 유명한 김홍신 작가의 이런 이야기가 있다. 인간이란 좁쌀 한 알이 바람에 휘날리다가 하필 땅 속에 거꾸로 박혀 있던 바늘 끝에 탁 꽂혀버린 확률만큼이나 소중하고 특별한 것이다. 옷깃을 스쳐도 인연이라고 하는데 스승과 제자의 만남은 정말 소중한 것이다. 그런데 이 만남을 사랑과 즐거움으로 그냥 순간적 놀이로 넘기려는 사람이 있다고 한다. 당장은 좋겠지만 무도인으로서 가치가 없다. 조선 후기 발행된 「무명자집(無名子集)」에 윤기라는 선비는 "제자를 사랑하기만 하고 가르치지 않으면 짐승을 기르는 것과 같다."라고 하였다. 즉 교육의 도(道)를 말한 것이며 이것은 사람답게 살아가는 수양(修養)의 법과 인간 존재를 말한 것이다. 즉 무도를 가르친다고 사람 살상 기술만 가르친다면 그 제자는 인간이 아닌 인공지능(AI), 아바타로 인격형성이 무너질 것이다. 짐승이나 로봇이 사람처럼 깨달음을 아는 능력과 미래에 대한 예지 능력을 갖추지 못하듯 인격 형성의 도(道)를 배울 수는 없을 것이다. 무도에서 도(道)는 인격형성의 길이다. 스스로 자신의 허물을 반성하고 고쳐나가는 그런 사람을 의미한다.

참회(懺悔)라는 말이 있는데 반성하라는 뜻이다. 참(懺)은 과거로부터 지은 잘못을 뉘우치는 것이고, 회(悔)는 지금부터 미래에 이르도록 지을 허물을 지우는 것이다. 이를 '묵상'이라는 행위로 혼자서 깨우침을 얻어내는 것이다. 이것이 스승이 제자에게 가르쳐야 할 도(道)라 할 수 있다. 스승은 제자에게 인간 백정을 가르치는 것이 아니라, 홍익인간을 가르치는 것에 무도(武道)의 희망이 있는 것이다. 무술에 고단자가 되어 스승이 되었다고 제자를 가르칠 수 있는 공부를 게을리 하면 스승이 아니며, 그런 고단자는 개, 돼지를 기르는 스승이 될 것이다. 스승도 끝없이 배워야 한다. 그리고 스스로 반성할 줄 아는 사람을 가르치는 것이다.

명경지심(明鏡之心)과 심일경성(心一鏡成)

격렬하게 파도가 치고 출렁거리는 수면 위에는 하늘에 떠 있는 달이 비치지 않는다. 날아다니는 새도 보이지 않는다. 그러나 파도가 가라앉고 수면이 잔잔해지면 달도 보이고 새도 보인다. 불가에서는 이를 삼매(三昧)라고 한다. 이는 마음을 한데 모아 거울을 이루는 경지에 이른 것으로 인간은 누구나 본래가 그런 바탕을 지니고 태어났다고 한다. 그러므로 중요한 결정과 문제 해결을 위해 눈앞에 있을 때 우선 마음을 가라 앉혀야 한다는 말이다.

그리고 공심(空心)으로 마음을 비우고 생각하라는 자세다. 원래 흥분한다고 하는 것은 피가 거꾸로 솟는다는 말로 상반신으로 혈액이 올라오는 것과 몸과 마음의 중심이 위로 올라온다는 두 가지를 포함한 의미다. 특히 몸과 마음이란 균형 감각을 잃어버리는 것을 포함한다. 역으로 말하면 중심을 아래로 내리면 흥분증에서 해방되게 된다는 간단한 원리다. '평상심', '중화지기', '중사평' 이런 말이 모두 같은 말이다.

무도(武道) 시합에서 흥분하여 자신의 실력을 절반도 발휘하지 못하고, 실패하는 경우는 수도 없이 많다. 그 결과를 '운수가 나빠서', '재수가 없어서', '되는 일이 없다'고 하는 경우가 비일비재하다.

외적으로 쉽게 본다면 고수, 또는 달인은 숨소리가 적막하리만큼 고요하다. 즉, 경지가 높을수록 스스로 호흡을 고르는 것이다. 시합장에서 숨소리가 들리는 상대는 이기기가 쉽지만 들리지 않는 상대는 이길 수가 없다. 상대는 가슴이 두근거리는 것을 참는다는 말이다. 빨리 흥분하는 증세를 참고 아래의 단전으로 내림으로써 몸과 마음이 치유되어 호흡이 잔잔해져서 승리하는 위대한 효과를 얻을 수 있어 진정한 무예의 고수가 되는 것이다.

숨을 삼켜 단전호흡을 하는 것도 바로 마음을 잔잔히 다루는 것이다. 끝없이 노력해온 지금 이 한 가지만 더 보태도 바라던 바가 이루어지는 것이다. 그저 흥분은 배꼽 아래로 내려 보낸다는 것을 중얼거리면 된다. 그러면 생각나고 행하게 된다.

도(道)

노자(老子)도 도(道)는 너무 많아 나도 모른다고 했다. 따라서 사용되는 곳에 따라서 그 뜻과 의미가 다를 수 있는 것이다. 다만 문자로 수(首)는 머리수 + 쉬엄쉬엄 갈 착(辶) 자는 떠받침을 의미해 머리가 가는 데로 가는 것을 말한다. 즉 한마디로 '길'이라는 뜻이다. 이 길은 높을 수도 낮을 수도 있고, 방향이 다를 수도 있으며, 큰 길 작은 길도 있고, 갈 수 없는 길과 하늘을 나는 길도 있을 수 있다. 이 길(道)을 인생에 접목시켜 수신, 수양으로도 말하고 인륜도덕으로 인의예지신(仁義禮智神)의 충효(忠孝)를 말하는 유교의 덕목이다. 무술에서의 길이라 한다면 수련자의 길로 그냥 로(路)이다. 그러나 무도(武道)라고 한다면 유교의 덕목을 포함시킨 의미이다. 따라서 무도에서는 종목과 관계없이 충, 효, 인, 의, 예, 지, 신을 포괄하고 심신을 단련하는 길(道), 즉 융합의 길을 주장한다. 무도가 스포츠화하면서 이것이 무너져 한쪽 길로 가는 것이 안타깝다.

수양(修養)이 도(道)다

수양이란 겉으로 보이는 몸가짐을 가다듬고, 입으로 내뱉는 언어를 다듬으며 머리속에서 신중하게 판단하여 범사에 처신하고 나아가 단련을 통해 가슴 속에 있는 뜻을 고양해 나아가는 일체의 과정이다. 그래서 "젊은 마음으로 뜻을 세우고 성취하라." "좌절하지 말고, 자만하지 않아 끈기 있게 궁리하고 개선하라." "매일매일 자신을 반성하고 솔직하고, 담백한 태도로 당당하게 인생과 싸워 나아가라."고 외친다. 사람은 누구나 출세하고 높은 지위를 탐한다. 명령 받기보다는 명령하는 사람이 되길 좋아하고, 부자가 되길 원하면서도 부자를 인정하려 하지 않는다. 그런데 이를 이룰 수 있는 쉬운 도(道)가 없다. 종종 길이 보이지 않을 때도 많다. 방황하고 괴롭기도 하고 좌절하고 포기도 하려고 한다. 그래도 포기할 수는 없다. 자신이 선택한 길을 꾸준히 걸어갈 수 있는 용기가 필요하다. 이 수양(修養)은 그렇게 자신의 길 위에 서있는 사람들에게 말하고 싶다. "너는 너만의 너의 큰 길을 가라." 그것이 바로 도(道)다. 도와 수양은 나이와는 전혀 관계가 없이 마음이 청년이어야 한다는 말이다.

수양은 인생의 도(道)를 완성하는 수단과 방법으로 실천하는데 그 의미가 있다고 본다.

겸손은 도(謙遜은 道)

누구나 말하기를 '겸손' 해야 된다. 사람이 살아가면서 겸손은 성공하는데 큰 무기로 사용될 수도 있고 잘못하면 실패한 인생의 표본이 될 수도 있다. 따라서 겸손은 좋은 마음에서 행동으로 옮겨지는 인생의 최고 수단이며 이를 위해 학습이 요구되는 길이다.

평소 무도인(無道人)이 절대적으로 갖추어야 할 근본으로 인간관계에서 항상 지녀야 할 존심(存心)이다. 여기서 겸(謙)과 손(遜) 두 가지의 뜻으로 겸은 다스리는 자, 또는 윗사람이 해야 할 도리(道理)와 예(禮)로 통치자의 미덕(美德)이며 윗사람을 말한다.

손(遜)은 반대로 아랫사람의 행동지침으로 다스림을 받는 사람의 예(禮)와 행동(行動)을 의미하는 것으로 교만한 행동의 반대의 성격이다.

겸손은 진심이 배어 있는 몸으로 행하여지는 것으로 지나치면 상대로부터 거부감을 주거나 염치없는 사람으로 오해를 받는다. 따라서 교만으로 얻는 이익과 성공은 없으며 겸손으로 얻은 성공과 이익은 수없이 많은 것이다.

겸손은 자신이 아는 것을 버리고 무아(無我)지경에서 말과 행동하는 것으로 어려서부터 훈련되어야만 몸에 익혀 습관화되어 자연스럽게 나타나는 것이다. 또한 훌륭한 스승의 가르침 속에서 더욱더 빛날 수 있으며, 머리만 숙인다고 겸손이 아니라는 말이다.

무인(武人)의 경우 전쟁에서 전진과 후퇴를 능란하게 한다면 상하간의 명령과 복종이 바로 겸손이다. 명령하는 자는 오기와 교만을 경계하고 끝없는 수양으로 지혜와 용기, 그리고 덕망을 가져야 하고, 후자는 명령에 움직이는 자로서 복종하는 겸손이 부하의 생명을 보호하고 전쟁을 승리로 이끄는 것이다. 무인이 도장에서 배우는 것은 이기고 지는 법을 배우는 것이다. 즉, 승자는 패자에 대한 미안함과 위로의 마음으로 겸손해야 하며, 패자는 승자에 대한 패배에 깨끗하게 승복하는 것이 겸손한 마음이다. 이것이 바로 무인의 도이며 반복된 훈련이 필요하며 스스로 자연스럽게 표출해내는 것이 바로 수양된 겸손이라고 할 수 있다.

도둑놈도 도(道)가 있다

　춘추 말기 노나라 사람으로 도척이라는 유명한 도둑놈 두령이 있었다. 당시 노나라 재상으로 있던 도척 형이 공자에게 부탁한다.
　"동생이 도척이라는 도둑놈 수령으로 태산 밑에 600명이나 되는 부하를 거느리고 나라를 어지럽혀 큰 고민이며, 그 세력이 강해 군대로도 해산이 불가능 합니다. 방법이 없겠습니까?" 하고 공자를 바라본다. 이에 공자는 자신 있게 "그야 내가 가서 인의(仁義)로 설득해보겠습니다. 걱정하지 마십시오." 하고는 떠나갔다. 그래서 공자와 대면한 도척은 공자의 인의에 대하여 설명을 듣고 이렇게 대꾸한다.
　" 야! 네 놈이 바로 공부라는 놈이냐? 네가 농사를 지어 보았느냐? 가축을 길러보았느냐? 좋은 음식에 가죽 허리띠를 왜 하고 다니느냐! 이곳저곳 문전걸식을 하며 세치 혓바닥으로 감언이설이나 해서 취직이나 하려는 놈이 나를 설득하러 왔어, 이놈 당장 배를 갈라 간을 도려내어 소금에 찍어 먹어야겠다. 당장 칼을 가져와라."며 소리를 질러댄다.

이에 놀란 공자는 말고삐를 세 번이나 놓쳐가며 도망을 쳤다. 도척은 지식이 충만한 도둑놈이었다. 그에게 물어보았다.

"도둑질에도 도(道)가 있습니까?"

도척이 대답하기를 "물론 있다. 어디든 도가 없는 곳이 있겠느냐. 도둑질 할 때에 방안에 무엇이 들어 있는지 잘 알아 맞히는 것이 성(聖)이다. 처음 털러 들어갈 때 가장 앞장 서는 것이 용(勇)이며, 나올 때 맨 나중에 나오는 것이 의(義)이다. 또한 도둑질이 성공할지 안 될지 아는 것이 지(知)이며, 훔친 것을 공평히 나누는 것이 인(仁)으로 본다." 라고 설명했다고 한다.

이 말은 장자 '거협편'에 나오는 장면으로 인과 의(仁義) 성과 인(聖仁)에 대하여 이렇게 설교했는데 도덕과 정의 그리고 명분을 보는 시선이 잘 드러나 있다. 순수한 본의나 목적이 있어도 앞서 자신의 욕심이나 권력욕과 이익 때문이라면 싸늘한 결과를 가져온다. 도척 무리가 아무리 변명을 한다 해도 도둑놈은 도둑놈으로 결국은 멸문지화를 당하게 된다. 악화(惡貨)가 양화(良貨)를 구축할 수는 없다는 역사적 사실이다. 아이러니 하게도 이 도둑놈은 85세까지 장수했다고 하니 도(道)가 있긴 있었나 보다. 도둑놈도 도(道)가 있는데 무술을 하는 사람들이 자신이 가야할 도(道)가 없다면 무도(武道)라고 하겠는가?

중화리(重火離)

  중심을 잃어 마음과 행동이 따로 움직이는 형상을 말하며 이런 형상을 '리(離)'라 보는 것이다. 문자로 보면 떠난다. 갈라진다. 쇳물을 녹이는 용광로에서 쇳물의 온도가 1,320°c 이상 올라가면 쇠가 녹아 액체화되고 상부에 가려져 있던 표면막이 갈라져 속의 액체가 올라온다. 이를 "열기에 흩어진다."라고 말한다. 이런 형상을 중화리(重火離)라고 한다.

  이를 인생에서 보면 깨달음을 얻어진 처음 순간으로 주체할 수 없는 끼, 예술의 열정, 미친 사람 같은 집착, 밝은 기운, 불같은 열정 등으로 나타나게 된다. 즉, 걷잡을 수 없는 마음이다. 자신이 스스로 균형 감각을 잃어 흥분 상태가 온다. 불안감을 넘어 빨리 달아오르고 쉽게 식기도 한다. 무도(武道)도 마찬가지다.

  어떤 무예든 최고의 경지에 올라가는 순간 아무것도 보이지 않으며, 스승도 무시하고 자신이 최고이며 세상이 눈 아래로 보인다. 즉 흥분한 상태가 가라앉지를 않으며, 행동 또한 걷잡을 수가 없다. 이제부터 시작이라는 최고의 단(段)이 마치 세상을 정복한 사람처럼 아래 위가 없어진다. 따라서 "열기에 흩어진다."는 것은 좀 더 생산적이고 먹고 살아가는 본연의 일보다 다른 일에 도가 지나치도록 신경을 쓰고 몰두한다는 속성이 있다. 즉, 직업에 충실해야 할 때에 취미생활이나 허황된 일에 빠져 정신을 잃어버린 모습도 이 범주에 들어간다.

이런 상황은 한동안 주춤했다가 더 세게 번지는 불과 같은 경우도 나타난다. 열기의 본질은 구분이 쉽지 않다. 이를 바로 잡으려면 순종하는 자세, 희생과 노력으로 여유로운 참을성으로 "양을 길러라", "암소를 길러라" 하는 수양(修養)으로 순종과 희생을 해야 한다. 이런 것을 혹자는 중용의 도(道)로서 근본적인 처방이라고도 한다. 잘못하면 리(離)의 기세(氣勢)에 폭력적으로 변하고 전혀 다스려지지 않아 엄청난 재앙을 부를 수도 있다는 것을 명심해야 한다.

일본 검도에서 이를 잘못 해석하여 수파리(守破離)라고 한다. 불교의 경전 중 「반야심경」의 말씀을 인용해 수리파(修離破)를 수파리(守破離)로 잘못 사용하고 있다. 스승의 가르침을 따르고, 배워서 스승의 경지를 올랐을 때 자신의 흥분을 억제하고 수양하여 스승을 떠나 새로운 창조적 뜻을 세우기 위해 새롭게 살림을 차리는 것을 말한다. 즉, 스승과 제자가 깨어지는 독립을 말하는 것이다. 이것은 방심하면 태우고 죽이고 버림받고 만신창이 된다는 격언도 있다. 주체할 수 없는 열기의 팽창을 수신으로 재구성하여 새롭게 발전되는 다른 창조의 변화를 만드는 것이다.

육참골단(肉斬骨斷)

글자 풀이로 한다면 肉(고기 육), 斬(벨 참), 骨(뼈 골), 斷(끊을 단) 자로 자신의 살을 내어주고, 상대편의 뼈를 자른다는 뜻으로 작은 손실을 보는 대신 큰 것을 얻는다는 뜻이다. 손자병법 36계 중 11계인 이대도강(李代挑僵)이라는 말의 뜻은 "자두나무가 복숭아나무를 대신하여 넘어진다." 라는 말이다.

검도 고단자 선생님 중 전영술(8단, 범사) 선생은 항상 아끼는 제자에게 이 말씀을 꼭 하신다.
"살을 주고 뼈를 잘라라."
검도에서 이 말은 상대와 대적시 손목은 내어주되 머리를 쳐 갈라는 뜻이다. "한 손목은 없어도 살 수 있지만 머리가 쪼개지면 죽는다. 이것이 바로 나의 검법이다."라고 말씀하신다. 검의 이치가 그렇다는 말이다.

타면자건(唾面自乾)

 무예를 하는 사람이 꼭 마음속에 담아두어야 할 이야기다. 옛날 당나라 시절 측천무후 여자 황제 때 일이다. 당시 루사덕이라는 재상의 동생이 좌천되어 지방장관에 임명장을 받고 형에게 인사를 와서 덕담을 해달라고 한다. 이에 류사덕 재상은 "가슴에 참을 인(忍)자를 항상 품고 가거라." "절대로 경솔한 짓을 해서는 안 된다."라는 말씀에 동생이 "네! 잘 알겠습니다. 어느 놈이라도 제 얼굴(面)에 침(唾)을 뱉으면 그냥 닦아내겠습니다. 형님."이라고 하니까 형의 말씀이,
 "그게 아니라, 침을 닦아내면 화를 내는 상대와 다른 것이 무엇이겠느냐? 그냥 침이 스스로(自) 마르도록(乾) 내버려 두어야 하느니라."라고 했다고 한다.

 무예를 하는 사람이 다른 사람이 뱉은 가래침이 얼굴에 정통으로 떨어졌다고 참지 못하고 주먹이 하늘로 올라간다면 참고 견디는 인내를 망각한 것이다. 설령 싸우는 기술인 무예를 아무데나 쓰면 시정 잡배나 깡패와 무엇이 다른가 생각해야 한다. 스스로 참는 것 또한 무예의 중요한 덕목이다. 무예인은 항상 '타면자건(唾面自乾)'을 외우고 다녀야 할 격언이다. 무예인은 아무리 화가 나더라도 왼쪽 손을 말아 쥐면서 참고 참는 것이 습관 되어야 한다.

분노를 참지 못하고 오른손을 쥐면 반드시 사고를 낸다는 말이다.

담(膽)·력(力)·정(情)·쾌(快)

무예를 하는 사람은 누구나 수련하고 단련하여 가져야 할 필수 과목이다. 이 말은 무예제보에 '기예질의' 편에 기록된 명나라 장군 허유격에게 한교가 한 질문과 답을 적은 기예질의 이야기에서 나온다.

여기서 담(膽)은 인체에 붙어있는 쓸개(담낭)로 사람의 용기(勇氣)를 주관하는 곳으로 결단심, 결단력을 말한다. 즉, 목숨을 건 싸움에서 결단과 대담성이 있어야 하고, 力(력)은 신체를 단련하여 힘이 배양되어야 하며, 정(情)은 정교한 기교로 기술적으로 훈련이 되어야 하며, 쾌(快)는 빠른 속도로 치고 움직일 수 있도록 훈련이 되어야 한다는 훈련 교언이다.

현대 무술에도 이를 모방하여 대, 강, 속, 경이라는 말로 무기의 움직임 훈련이 크고, 강하고, 빠르고, 경쾌하게 하라고 한다. 무도를 하는 사람은 종목에 관계없이 이를 익히고 몸에 지녀야 하는 기본이며 승리의 원동력이라고도 할 수 있다.

무도인의 4가지
경계해야 할 마음(사계(四戒)

　이 말은 주로 검도하는 사람이 많이 쓰고 있다. 그러나 어떤 무도를 하든지 아니면 인생을 살아가면서 누구나 고쳐야 할 불교의 교훈이다. 불법에 인간에게는 404가지의 병과 108가지의 번뇌가 있다고 한다. 이와 같이 사람의 마음속에는 수많은 욕망과 미망이 항상 가득하게 넘쳐 난다고 한다. 108번뇌는 불가에서 전세, 현세, 내세에 포함된 것으로 생겨나는 인간 감정을 말한다. 이중에서도 네 가지(四戒)를 경계해야 하는 것을 사계라고 하였다.

　이 인생의 4계를 불식하고 해소하는 것이 무도의 수련이고 목적이며 인간 형성으로 가는 기초적 방침으로 훈련해야 할 4가지는 경(警), 공(恐), 의(疑), 혹(惑)이다.

① 우선 경(驚)은 놀라지 말라는 것으로 어떤 사물을 볼 때에 상대편의 기세와 기량 등을 보고 놀라서, 또는 경악해서 자신이 평상심을 잃어버리고 쪼그라들어 경직되거나 당황하고 허둥대는 것을 말한다. 즉, 아무리 큰일을 당해도 흔들리지 말고 부동의 신념을 가져야 한다는 격언이다.
② 두 번째는 공(恐_구懼)으로 두려움을 말한다. 두려움은 공포를 유발하고 상대편의 모습이나 모양, 그리고 크기를 보고 심

신이 위축되어 자신의 모든 기량이나 능력을 발휘하지 못하는 것을 말하며, 어떤 상황에서도 두려워하지 않는 기개와 용기를 길러야 한다는 말이다.

③ 세 번째는 의(疑)로 의심하는 것이다. 상대방의 마음이나 행동을 수상하게 생각하고, 스스로 자신의 마음이 흔들려 안정되지 않아 안절부절 하는 것이다. 또한, 소문에 의해 보지 못한 것을 사실인 양 의심하는 것도 있으며 여우처럼 궁금증에 의심해 사냥꾼의 먹이가 되는 것도 이에 해당한다. 자신의 올바른 수련을 믿고 가슴을 펴 당당한 모습으로 대하는 것이 자신의 실력을 의심하지 않고 스스로 자신을 이기고 상대를 이기는 것이라는 말이다.

④ 네 번째는 혹(惑)하는 마음이다. 이 말은 망설임과도 상통한다. 마음의 갈피를 잡지 못하고, 상대에게 어떻게 대응할까 하고는 주저하는 것으로 결단을 내리지 못함을 말한다. 너무 머뭇거려 공격을 하지 못하고 당하는 것도 마찬가지이다. 또한 재물, 여자와 이득에 마음이 빠져 일을 망치는 경우도 경계해야 한다는 말이다. 또한 적의 속임수에 혹하는 마음에 잘못 빠져 들어가는 현혹 현상도 이에 해당된다.

이와 같이 어떤 일에 부딪쳤을 때 이 네 가지 병을 없애는 것만이 얼마나 중요한지를 알리는 무한의 격언이다. 그래서 무도인은 항상

놀라지 마라,
두려워하지 마라,
의심하지 마라,
망설이는 마음을 경계하라는 것이다.

삼살법(三殺法)

　주로 검도에 나오는 이야기로 상대편과 대적시 이기기 위해서는 상대편의 "기를 죽이고, 칼을 죽이고, 기술을 죽여라." 라는 3가지 방법이다. 쉽게 이야기해 현대의 시합에서는 '3가지 꺾어 누르기'라고도 한다. 주로 상대편의 입장에서 표현한 말이다.
　이와 상반된 말로 수양한 자신의 입장에서 내 마음 속의 불순한 기를 죽이고, 법도가 아닌 칼은 죽이고 옳지 못한 기술을 죽여 자신의 마음에서 버려야 할 세 가지를 말하는 사람도 있다. 이를 '삼잠'이라고 하며, 표현은 다르지만 아타(我他)에 지향하는 바가 같다고 본다.

무념무상(無念無想)

불경 중 '구사론'에서 나오는 말로 념(念)은 분명하게 대상을 기억하지 못하는 상태를 말하고, 상(想)은 생각하는 형상이 보이는 것이다. 따라서, 무념무상은 보이는 것이든 생각하지 못하는 것이든지 모두를 떠나보내고, 허망한 분별을 일으키지 않는다는 것으로 념과 상이라는 대상이 사라지고, 정신통일의 경지에 머무른다는 것이다. 무아(無我)지경에 이른다고도 한다. 무사가 적과 대적할 때 그동안 수련한 자신을 믿고 자신도 모르게 순간의 찰나에서 공방이 이루어져야 하는 것이다.

명경지수(明鏡止水)

장자(莊子)의 덕충부편에 나오는 이야기다. 사람이 흘러가는 물에는 비추어 볼 수 없고 고요한 물에만 비추어 보아야 한다. 그래야만 모든 것이 고요한 것이 고요하게 할 수 있다고 공자의 말을 인용한다. 그래서 명경지수(明鏡止水)는 무위(無爲)의 경지를 말한다. 이를 인용해 인간의 마음이 깨끗한 것을 말하고 무도에서는 자신의 마음이 미세한 파문조차도 없이 고요한 마음 상태나 상대의 공격 내용이 그대로 투영되어 올 때도 이를 인용한다. 즉, 사심이 없고 파문이 없는 조용한 수면 같은 마음이 흔들리지 않고 멈추어 있는 상태를 말한다. 쉽게 이야기해 깨끗하게 비운 마음이다. 이 또한 「반야심경」에서 인용된 말로 마음을 한데 모아 거울을 이루는 경지로, 감성적으로 흐름(Flow)을 보며 불가의 삼매(三昧)로 심일경성(心一鏡成)이라고도 한다.

잔심(殘心)

대한검도에서는 존심(存心)이라고 하기도 하나, 이는 한문을 모르는 사람들이 만들어낸 신조어다. 잔심(殘心)은 잔혹하고 혹독한 마음이 멈추어 있는 것이다(맹자).

옛날 무사들이 사용했던 말이다. 사람을 칼로 베어 놓고 쓰러진 사람이 혹시 일어나 덤비면 어쩌나 하고 경계하여 다시 치려는 잔혹한 마음으로 이를 몸으로 나타낸다. 경계심으로 "꺼진 불도 다시 보자."는 생사를 건 싸움에서 사용하는 말이다. 현대검도 시합에서도 이를 사용한다. 다만 군자나 무인이 평소 한시라도 잊지 않고 마음속에 가져야 할 좋은 마음을 존심(存心)이라고 한다.

여기서 말하는 잔심은 맹자의 잔혹지심(殘酷止心)에서 인용된 말로 잔혹하고 혹독한 마음이다. 무도에서는 어떤 경우가 와도 방심하지 말라고 쓴다.

잔심(殘心)과 존심(存心)은 정반대의 뜻으로 구분하여 사용함이 옳다. 무도인의 평시 마음은 존심, 전시 마음은 잔심이다.

또한, 잔심은 온갖 힘을 다하여 적을 베고 남은 힘이 마치 풀잎에 이슬방울이 맺혀 있는 듯한 상태를 의미한다.

수파리(守破離) → 수리파(修離破)로

불교 경전 중 '반야심경' 수행에 나오는 말이다. '반야심경'은 270자로 구성되어 있고 사서삼경의 '중용'과 같이 사용된다. 불자의 수행 과정을 3단계로 표현한 것을 말한다. 무도에 이를 인용하여 수행의 단계를 3단계로 표현하여 정착시켜 놓았다. 이를 1809년 부자필기(不自筆記)에서 군학(軍學) 용어로 사용하였다.

여기서 수(守)는 "가르침을 지킨다."라고 해석하지만, 그 내용은 처음 배우는 입장에서 스승이 시키는 대로 하고, 스승을 따라서 하고, 자신의 능력을 최대한 끌어올려 스승에게 더 배울 것이 없을 정도의 수행 단계를 말한다. 다시 말해 기본을 충실히 익히고 무예에 대한 이치를 배우고 인격형성의 길을 스승으로부터 충실히 배워서 더 이상 스승에게 배울 것이 없을 정도의 실력과 인성까지 터득한 단계로 초보자의 단계를 말한다.

다음 단계는 리(離)다. 리(離) 단계는 설명하기가 조금 난해하여 쉽게 이해가도록 설명하면, 제철소에서 용광로에 쇠를 녹이려면 1,320도의 열을 가한다. 이때 고체에서 액체로 변하는 순간 밑에서 녹아 오르는 쇳물 위에 마지막 종이 같은 막이 갈라지기 시작하는 것으로 스스로 자신을 억제하지 못하는 순간이다. 즉, 이와 같이 열기에 의해 마지막 찢어지듯 갈라지는 현상을 말하며 쉽게 이야기해 과열상태로 보면 된다. 고려청자의 표면에 열꽃 유리처럼 잔금이 갈라진 것을 본 적이 있을 것이다. 이것을 무도에서는 수(守)단계를 넘어가는 순간의 찰나로 자신의 무예를 스승과 비교하게 되고, 스승의 가르침을 의심하게 되고, 흥분하게 되며 새로운 충동에 몸부림치는 열기와 세상을 다 얻은 것 처럼 환희의 그런 상태가 지속되게 된다. 이런 상태의 단계를 리(離)라고 한다. 스스로 연구하고 수련하면서 또 다른 스승을 찾아 배우는 것도 마찬가지이다. 자신의 무공이 최고라고 스스로 느낄 때 자신을 주체하지 못하는 흥분한 상태다.

다음은 파(破) 단계이다. 리 단계의 연속성이 있지만 자신의 수련이 비약적으로 향상되어 스승과 같은 경지에 도달했을 때 스승을 넘어 독립하는 단계이다. 즉, 스승을 떠나 자신의 길을 가던가, 더 높은 경지의 스승을 찾아가 도전하는 단계로 전문가로서 일가를 이루는 상태로 본다. 이 경우 스승으로부터 면허를 받는다고 한다. 이것은 수행자로서 마지막 길이며, 시작이라는 의미도 있다. 새로운 이법을 개발하고 전문가로서 일가를 이루어 내는 지금보다는 더 향상된 무예의 기술을 개발 발전시키는 단계다. 즉 무예의 수련이 끝나고 다시 시작하는 단계로 독립을 의미한다.

  수파리(守破離)라는 일본의 잘못된 것을 그대로 따르다보니 말이 궁색해진다. 이는 반드시 고쳐야 할 것으로 수리파(修離破)로 되어야 한다. 수파리는 일본 무술의 잘못된 잔재로 배우고 쪼개져 떠난다는 말은 스스로 무지를 말하는 것이다. 일본의 고단자도 이말만 나오면 우물쭈물 대답이 궁색하다.

평상심(平常心)

  불교 용어로 인간이 평상시에 가지고 있는 본래의 마음 상태를 말한다. 적과 목숨을 건 싸움에서 동요되고 흥분하거나 쪼그라드는 마음을 배척하고, 평정하여 정신적으로 평상시 평온한 마음으로 다가오는 변화에 대응해야 한다는 말이다.

공격도 마찬가지다. 마음이 동요되면 적절한 공격과 방어가 이루어지질 않는다. 예로부터 병서에 이기고, 지는 승패는 '병가지상사(兵家之常事)'라는 말은 부담을 가지고 싸우지 말고 평상심으로 싸우라는 이야기다. 너무 이기는 것에 마음을 빼앗기는 것을 경계한 말이다. 이는 싸움에 임하는 자세를 말하며 중용의 길, 부동심, 무념무상, 명경지심 등과 함께 일맥상통하는 말로 많이 쓰인다. 칼도 너무 갈면 날이 넘어서 칼이 무뎌진다. 승부에 지나친 집념도 평상심이 아니다.

유구무구(有構無構)

이 말은 병법에 적의 침공 시 방어 준비에 모든 것을 갖추고 공격을 당해도 꿈쩍하지 않고 지켜낸다는 의미로 사용되었던 것을 최근 무술에 인용한 글이다. 서로 겨누고 있는 대적 상태에서 상대가 공격을 해도 꿈쩍없이 굳게 움직이지 않는 것을 말한다. 그러므로 상대가 당황하고 짜증을 내며 흥분과 동요로 이성을 잃고 공격하도록 하여 혼란에 빠뜨리고, 그 순간 공격하여 승리를 한다는 것이다. 이런 것을 상대방에게 노출시키지 않는 것도 중요하다.

현대 무도의 겨눔에서 겨눔세가 있지만 겨눔세가 없다고도 하여 두 가지를 같이 말하기도 한다. 이 경우 고도의 훈련이 된 고단자만이 가능한 이야기며 일반적으로 겨눔은 겨눈 자세가 있을 때 유구(有構), 겨누는 자세가 없어도 대처할 충분한 준비가 되어 있는 자세를 무구(無構)라고 한다. 또한, 적이 흔들리도록 하여 공격해 승리하는 것도 이와 같다. 이것이 바로 유구무구의 공격이 아닐 수도 없다는 것이다.

허와 실(虛와 實)

손자병법에 나오는 이야기를 인용해 현재 무도에서 사용한다. 여기서 허(虛)는 허술한 약점이고, 실(實)은 충분한 내실이 있는 강점을 말하고 자신의 강점으로 상대의 약점을 공격해 승리하는 싸움의 전략 전술이다.

이와 비슷한 말로 두 가지를 합하여 능동적이고 효과적인 전략 전술을 허허실실(虛虛實實)이라고도 한다. 고로 허(虛)는 색(色)과 같은 의미로 사용하여 적에게 틈이 보이지 않으면 자기 쪽에서 틈과 기수로 유혹하여 공격해 승리하는 것을 색(色)이라고 한다.

실(實)은 방심하지 않는 정신이 맑은 상태이며, 허(虛)는 이와 반대로 대비가 없는 정신없음을 말한다. 사람은 항상 실이 있으면 허도 있다. 강한 데가 있으면 약한 곳도 있는 법으로 반드시 허(虛)를 찾아 약한 곳을 공격하는 것이 중요하다는 것이다.

기(氣)

기(氣)라 함은 몸에서 풍겨 나오는 기세(氣勢)와 숨을 배꼽까지 가라앉혔다가 호흡하는 내공을 말한다. 무도(武道)에서는 호흡보다 사람의 기세를 말하며 검도에서는 기, 검, 체 일치(一致)로 기합과 칼과 몸이 한 덩어리가 되어 동시에 공격하는 것을 말한다. 심기력 일치라는 말도 있다. 여기서 기(氣)는 의욕과 기력을 말하며, 검(劍)은 칼을 적절히 사용하는 것, 그리고 체(體)는 각 신체부위의 근육의 힘을 말하고 신체의 이동과 파워를 말한다. 이것이야말로 어떤 무예를 하더라도 기본적인 행위중 기본으로 가장 훌륭한 조건이다.

기위(氣位)라는 말도 고단자의 오랜 단련에서 풍겨 나오는 것으로 위력이나 위세가 있다는 말이다. 기에 대한 능력을 신통술로 신처럼 행동할 수 있다고 초능력자처럼 행동하는 사기성 호객행위가 많으므로 조심해야 한다. 참고로 기(氣)는 살아 있는 생명의 에너지를 발생하는 것으로 얼굴의 표정, 말이나 소리, 몸에서 풍기는 내면적인 기(氣)와 눈으로 보이는 풍채나 옷에서 보이는 외적 기(氣)가 있다. 내면의 기(氣)는 오랜 수행에 의한 기술의 원숙함과 정신 단련으로 스스로 배어 나오지만 외적 기(氣)는 스스로 만들어 가는 것이다. 호랑이나 표범의 가죽을 벗겨놓으면 개만도 못하다는 말로 대신한다.

묵상(默想)

이 말과 뜻은 불가에서 나온 것이며, 불교 수행자가 오른손을 왼발 위에 놓고 오른손 위에 왼손을 놓아 양쪽 손의 엄지손가락을 서로 대는 책상다리를 하고 경문을 외우는 모습으로 요가 또한 비슷한 자세가 있다. 그러나 무도(武道)에서 말하는 묵상은 수련을 시작하기 전이나 끝나고 전원이 정렬하고, 정좌(正坐)하여 '묵상'하는 형식으로 예(禮)를 취한다. 이런 현재의 '묵상'은 1897년(메이지 30년) 일본에서 시작되었으며, 격렬한 운동 후에 소진한 기(氣)를 채운다는 의미와 호흡을 조정하고 단전에 힘을 주어 몸 안에 정체되어 있는 땀을 밖으로 내보내며, 몸과 마음을 정상으로 회복하는 복식 호흡으로 평상심을 찾아 가는 것이다.

하지만 기독교(천주교)의 묵상은 조금 다르다. 조용하고 외진 방에 문을 꼭 걸어 잠그고 무릎을 꿇고 앉아 두 손 모아 기도 하는 것으로 신과 대화이다. 신(하나님)께 잘못을 빌고 다짐하면서 내일을 위해 희망을 마음속으로 신과 대화하는 것을 말한다. 묵상은 이외도 많은 곳에서 하는 예(禮)의 행위로 반성과 희망을 소망하는 의식으로 행하고 있다.

부동심(不動心)

어떤 경우에도 마음이 흔들리지 않고 태연자약(泰然自若)하는 마음의 흔들림이 없는 상태로 불가의 평상심(平常心)과 같은 말이다. 사람이 갑자기 이상한 일이 생기면 마음이 동요한다. 이것을 경계하는 말로 무도인은 항상 이런 마음을 가져야 한다는 격언이다. 특히 현대 스포츠에서 시합 중 상대편의 이상한 행동에 흔들려서 낭패를 보는 경우가 많다. 이를 경계하는 말로 명경지수라는 말도 이와 유사하다.

흥분하지 말라는 것이다.

일안(日眼)·이족(二足)·삼담(三膽)·사력(四力)

어떤 무술을 하던지 공격을 할 때에는 행동의 순서가 있다. 물론 이 행동은 순간적으로 동시에 일어나지만 이것을 굳이 순서대로 표현한 것이다. 이와 비슷한 말로 심기력 일치(心氣力 一致)라는 말이 있지만 다르다. 그 뜻은 적을 살펴보고, 먼저 보고, 끝까지 보려는 노련함과 신속하고 능란한 발놀림으로 과감한 공격과 판단력으로 힘차고, 크게 공격한다는 것이다. 무예를 수련하는 사람의 기본적 행동 지침으로 이를 습관이 들도록 해야 한다.

공방불이(攻防不二)

이 말은 공격을 받는 순간 방어와 동시에 공격을 하라는 말로써 공방일치(攻防一致)라는 말과 같다. 방어와 공격이 연결되어 있어 반격이라는 말과 같으며 적의 공격을 막고 후에 공격한다는 뜻이 아니다. 무예도 이와 마찬가지로 공격과 방어가 따로 없이 동시에 이루어진다고 보아야 한다. 적의 공격을 당한 후 반격은 없다. 장자의 '후발선지'라는 말도 같은 의미이다. 적의 공격할 기미가 보일 때에 먼저 공격하는 것도 같은 말이다.

기공(氣功)과 선(禪)과 우뚝 선 자세 (自勢)

길을 가다가 보면 건물 유리창에 '기공', '참선', '단학' 또는 '단전호흡' '명상'이라고 붙여놓고 무슨 큰 도(道)를 닦는 수신, 수양을 팔아 사람들을 모이게 한다. 그렇다고 무(巫)도 아니다. 굳이 말한다면 진정한 무도(武道)를 사칭한다고 보는 편이 낫다. 이를 보고 배우다가 낭패를 본 사람이 한 두 사람이 아니다.

원래 기공(氣功)이라는 말은 마음을 다스려 체력을 만든다는 말로 몸 안에 잠재해 있는 살아있는 에너지(氣)를 이용하여 자신의 몸을 단단한 힘으로 무장시켜 언제나 사용할 수 있도록 한다는 말이다. 또한, 참선(禪)은 지심(止心)의 반대말로 멈추어 있지 않은 마음으로 평상심(平常心), 또는 무심(無心)을 훈련하는 것을 참선이라고 한다. 즉, 마음이다. 이 두 가지는 무도정신(武道精神)의 기본 중 기본이며 중심이기도하다. 심기력일체(心氣力一體), 건체강심(建體康心)이라는 무술 수련의 격언으로도 아주 많이 사용되는 같은 말이다. 그렇다고 이를 폄하하자는 것은 결코 아니다.

 무술의 고수가 되어 속을 들여다보면 더 우습다. 마음속의 불순한 기(氣)를 죽인다면서 꾸밈없는 마음으로의 자연체를 요구하고 자연세를 만든다면서 요가를 시킨다. 무술인의 '우뚝선 자세'를 사칭하고도 모자라 선(禪)에서 말하는 "아랫배에 힘을 주고 뒷머리로 천장을 뚫어라." "배꼽과 콧날이 수직이 되도록 자세를 잡아라." 하는 말로 시작하여 불가의 천수관음보살(千手觀音)로 이어진다. 천수관음보살이 1,000개의 손을 가지고 있지만 마음이 한 손에 멈추어만 있다면 999개의 손은 아무 소용이 없다. 1,000개의 손이 자유자재로 움직여 무엇이든지 할 수 있는 기능을 발휘하려면 참선(禪)으로 수련을 하여 멈추지 않는 마음으로 진화되어 평상심, 또는 무심(無心)으로 되어야만 가능한 부처님의 경지다. 좀 더 크게 말한다면 금강경의 무량광(無量光), 무량수(無量水)를 모두 가져다가 붙였다. 이 이야기는 꾸밈없는 마음에서 있는 그대로의 자연세로 한 곳에 멈추어 있지 않은 속마음을 의미한다.

 무도(武道)에서 기술에만 의지하는 무술은 반드시 좌절하지만 마음의 수양을 쌓으면 아무리 어려움이 닥쳐도 모두 이겨낼 수 있다는 말이 있다. 합리적인 자신의 신체 구조와 능력에 맞추어 기구나 체력을 사용함으로써 신체 각 부분의 고른 기능을 발전시키는 것이 바로 외적(外的) 자연세이다. 또한, 복식 호흡으로 폐활량을 늘려 건강한 몸을 만든다는 것은 인간의 호흡은 대개 폐와 가슴, 그리고 복식 호흡으로 나누며 쉽게 말해 중환자가 약하고 얕은 호흡을 가슴으로 숨을 쉬는 것을 폐로 숨을 쉰다고 생각하면 된다. 일반적으로 우리가 보통의 숨을 쉬는 것을 가슴으로 쉬는 것으로 보면 되고, 복식호흡은 격렬한 운동으로 헐레벌떡 숨찬 숨을 쉬는 것과 아주 길고 조용한 호흡으로 변화를 주는 단전호흡을 내적(內的) 자연세라고 한다.

여기까지 말하면 웬만큼 무술을 배운 사람이라면 이것이 매일 자신이 반복하는 습관이라는 것을 알아차릴 수 있다. 무술인의 큰 기(氣)는 꿈을 크게 키우는 대기(大氣), 의리와 용기(勇氣), 근본의 참을성을 키우는 근기(根氣)를 스승에게 배우는 지혜가 필요하다. 여기서 말하는 스승의 정의는 먼저 시작한 사람이 아니라, 먼저 눈을 뜬 사람으로 선각자라는 의미다. 무도의 선각자가 바로 스승이라는 말이다. 유리창에 붙어있는 '기공', '선', '단전호흡', '단학', '요가' 등등의 말에 무도인은 속지 말아야 한다. 무도인이 우뚝선 자세를 만드는 것만으로도 이미 수신과 수양을 보여주는 것이다. 우뚝선 자세는 마음과 몸이 수련된 최후의 징표로 자연스럽게 보이는 힘의 표현이기 때문이다. 마음을 비운 자세(自勢)가 그리 쉽지만은 않다. 무술을 하지 않은 사람이 보아도 범상치 않게 보이는 것이 우뚝선 자세다. 명상을 면허를 주고 받는 수행자는 얼마 가지 않아 스스로 한계에 부딪칠 것이다. 명상의 시조 달마대사는 어떻게 생각할 지 두렵다.

일도삼례(一刀三禮)

　원래 불교에서 나온 말이다. 불상을 조각할 때 칼로 한 번 깎으려면 세 번을 생각하고 합장하고 나서야 칼을 댄다는 말이다. 즉, 진지하게 기원하고 마음을 가다듬어 올바른 자세로 조각하는 것이다. 이런 마음으로 무도를 가르치고 진지하게 반성하는 마음이다. 배우는 자도 항상 이렇게 배워야 한다는 행동 지침이다. 이치를 가르치고 올바른 길을 가르치며 반성을 전제로 가르치고 배우는 이런 마음을 무도에서 인용해서 사용하는 무도인의 진지한 마음과 행동이다.

　한번 칼을 쓸 때에는 예를 갖추어 세 번을 생각하고 쓰라는 말로 이해하라.

계고(稽古)-수련

　공부(工夫)와는 조금 다르다. 공부는 심신을 단련하기 위해서 힘의 배움을 의미한다. 즉, 몸과 마음을 수양한다는 말이다. 계고(稽古)는 서경(書經)의 처음 구절에 나오는 말로 "옛날의 도(道)를 상고하고, 다시 학습한다는 의미"로 옛것이 옳지 않고 버릴 것이 아니라 이를 근본으로 하여 배운다는 것이다.
　이 말은 우리나라, 중국, 일본 등 모든 나라에서 같은 의미로 사용된다. 올바른 것을 의미하며 새로운 개량을 추구하는 의미도 있다. 무예를 수련하는 사람은 이를 인용해서 과거 선생님께 배운 것을 다시 한 번 학습하고, 이를 근본으로 한 단계 발전시킨다는 말로 온고지신과 같이 사용한다.

교학반(敎學半) - 수련

　가르치는 것이 절반은 배우는 것이라는 말을 교학반(敎學半)이라고 한다. 학업을 남에게 가르치면서 스스로 얻는다는 말로 가르치는 것이 곧 배우는 일이 된다는 말이다. 무도에서는 육체의 단련과 동시에 정신 수양을 병행함으로써 필연적으로 스승과 제자로 나눌 수밖에 없다. 따라서 아랫사람에게 좋은 자세나 동작을 보여주고, 그런 가르침으로 인한 스스로의 깨달음을 얻을 수 있는 것이다. 따라서 남을 가르치며 얻는 지식과 가르치기 위해 준비하는 과정에서 얻는 지식이 포함된다는 말이다.

또 다른 입신(入神) 8단(八段) 검도 심사

 세상에서 가장 어렵고 힘든 시험은 무엇일까 궁금하다. 그것은 검도 8단 시험일 것이다. 전일본검도연맹과 대한검도회에서 치르는 8단 승단심사는 낙타가 바늘구멍을 통과하는 것보다 더 어렵다고 한다.

 검도의 8단 심사 내용을 보면 심오한 면을 엿볼 수 있다. 그 내면에는 치열한 내적, 외적인 승부에 관련된 심사규정이 있다. 아무리 사회적 지위가 있고, 고령의 실력자라도 함부로 합격시키지 않는다. 여기서 합격하려면 부동심(不動心)의 검(劍)이 되어야만 합격이 가능하다. 검도 8단 심사는 한·일 양국이 매년 5월과 11월에 심사가 열리면서 검도 심사단 중에서 가장 어려운 시험으로 알려져 있다.
 합격률이 1%~3% 아주 낮다. 그럼에도 일본의 경우 전국에서 모여든 700~1,000명의 7단 중 자격있는 선생, 고수들이 심사를 본다. 한국의 대한검도회도 40~50명의 7단 고수가 시험에 응시하고 합격률이 1년에 1~2명 또는 한 명도 안 되는 경우가 많다. 현재 일본의 검도인구는 3백만명 이상, 한국은 90만명이라고 추정한다. 이 중 2차대전 이후 일본은 400명, 한국은 사망자를 포함하여 70명 정도가 8단에 합격했다. 이 8단은 끊임

없는 수련으로 얻는 사실상 최고 경지의 단(段)이라고 할 수 있다. 신(神)의 계시가 있어야 하며, 꿈을 이루어내는 힘든 신체작업이다.

심사는 아침 9시에 시작하여 저녁 9시까지 오랜 시간에 걸쳐 이루어진다. 심사자는 1차 심사를 무작위 번호를 뽑아 앞 번호와 뒤 번호를 상대로 2회에 걸쳐 자유 대련을 하며 심사위원 10명이 번호만 보고 심사 점수를 채점하여 채점표를 제출하면 10% 내에서 1차 합격자가 발표된다. 1차 합격자는 또다시 무작위 추첨으로 1차와 같이 자유 대련 2회를 하는 2차 시험을 보는데 이번에는 또 다른 8단 심사 원로 심의의원 10명이 평가한다. 이어서 진검으로 검도형 대도 7본과 소도 3본을 두 명씩 선도와 후도를 나누어 약속 대련을 하고, 검의 이치와 도에 관한 필기시험을 치른다. 이 시험이 모두 끝나면 심의 위원들이 한 군데 모여서 최종 심의를 한 사람, 한 사람씩 하게 되는데 10명 중 8명 이상이 동의해야만 합격이 된다.

심사기준은 우선 심사자가 검도 7단에 합격 후 10년 이상을 수련한 뒤 시험에 응시하며 연령이 만 48세 이상으로 검도 수련기간이 35년은 되어야 응시가 가능하다. 따라서, 응시자도 인간적으로 성숙한 사람만이 응시할 수 있다는 이야기다. 심사위원 역시 전문적 검도 실력자로 최소 15년 이상의 8단 경력자로 구성되어 있고, 심사 구조상 특정인을 구분할 수가 없는 오로지 실력으로 평가한다.

　심사 역시 이기고 지는 승패가 기준이 아니라 후보자들의 정신적 내면에서 나오는 기술적 면모를 꼼꼼히 살펴본다. 그 이유는 강인한 정신력과 불굴의 투지를 소유한 수련자인지를 판단하기 위함이고, 우연히 획득한 점수는 인정되지 않는다. 8단 시험에서는 단순한 공격으로는 인정되지 않으며 상대의 평정을 깨트리고 공격을 가해 득점을 해야 하고, 상대의 기회를 이용할 줄 알며 올바른 칼과 자세로 임해야 한다. 상대의 다음 동작을 간파하는 예지력도 보여주어야 한다. 이런 것을 무박자(無拍子) 검이라고도 한다.

　두 사람이 마주보고 진검으로 하는 검도의 본 심사는 더욱더 어렵다. 진검을 다룰 수 있는 수련과 검사로서의 기가 풍겨야 하며 일도양단의 용기가 보여야 하고, 마지막 잔심과 예의를 보여져야만 한다.

　한 가지 분명한 것은 수험자는 깨끗한 용모와 예의로 상호간, 또는 심사 위원을 대해야 하며 겸손한 마음으로 최선을 다하는 모습을 보여주어야 한다. 아무리 실력이 출중하다고 해도 수양이 부족한 모습을 보이면 40년 공부가 허사가 되는 경우도 많다. 그래서 검도는 8단 승단을 입신(入神)이라고 하며, 승단은 신(神)만이 알 수 있다고 한다. 한국과 일본은 세계 공인 단으로서 8단 이상은 없다.

8단이 되려고 나는 이런 공부도 했다

1. 자세 : 반듯한 상체 허리와 올곧은 몸가짐으로 품격 있는 자세를 만들어라. 안 되면 수술해라.
   예) 상의 도복을 입을 때 반드시 뒷면을 먼저 바지 속에 넣고 앞면을 뒤에 넣어 허리를 묶어라. 모양을 내라. 외관에 신경을 써라.
2. 정면 도전으로 시험에 응하고 나쁜 버릇을 고쳐라. 즉 한칼이 있어야 한다.
3. 칼의 이법을 먼저 배워라.
   죽도도 진검과 마찬가지로 운용해야 한다.
4. 상대편 중심을 돌파해야 한다.
5. 밀리지 말고 상대를 몰아서 기회를 잡을 줄 알아야 한다.
6. 손목이나 허리는 반격시 치고 공격은 반드시 머리를 칠 줄 알아야 한다. 머리를 먼저 쳐라.
7. 연격시 밀어 걷기와 큰 호를 그려 정확히(가리가이시) 해야 한다.
8. 진검으로 대도와 소도를 다룰 줄 알아야 한다.
   검의 이치를 배워 각각 10본의 원리와 역사도 배워라.
9. 우리나라 검법(본국검, 예도)도 같다.
10. 심판 규정 한판의 원리를 외우고 실행하라.
11. 예의를 갖추어 행동해야 하고 배움을 부끄러워 하지마라.
12. 속이 빈 모양만 흉내 내어 승단한 단은 단이 아니다.

13. 모르고 치면 10년이고 배워서 치면 30초면 터득한다.
14. 훌륭한 선생님을 찾아라.
15. 의심하지 마라. 혹하는 마음도 없어져야 한다.
16. 다른 방법은 없다. 로비도 실력이 있을 때 이야기다. 그런 8단은 훗날 이름이 없어진다.
17. 것모습에 신중하라. 호랑이도 가죽을 벗겨 놓으면 개만도 못하다.
18. 서도에 악필인 사람도 좋은 글씨본을 받아 열심히 연습하면 웬만한 글씨를 쓸 수 있게 된다. 주인도 좋은 주인을 본받으면 어지간한 주인이 될 수 있다는 것이다. 그래서 좋은 본을 찾아 따라 배우면 된다. 그렇다면 예의범절은 누구, 용기는 누구, 의리는 누구, 머리치기, 손목치기, 연격과 본은 누구인가 어떤 사람을 찾아갈까? 하게 되었다. 그런데 모르는 제자들은 스승의 좋은 점을 본받지 못하고 나쁜 버릇을 보고 따라 흉내내는 사람뿐이라 쓸모가 없다. 본받으려 할 때 한 쪽만 바라보면 된다. 좋은 점만 보면 무엇이든지 좋은 본이 되고 스승이 된다고 믿고 전국을 찾아 다녔다.
19. 자태와 겉모습 그리고 차림새에 대해서도 관심을 가지고 날마다 거울을 보고 고치는 것이 좋다. 이것 또한 비결이다. 사람은 거울을 자주 보지 않아 자태와 겉모습이 좋지 않다. 말과 기합도 연습을 해라. 자신의 훈련모습을 사진이나 동영상으로 찍어서 보아라. 그러면 스스로 잘못을 고칠 수 있다.

나의 수련 8단 승단 독행기

문제는 지금부터다. 1996년 7단에 승단하고 2006년에 8단 승단시험에 응시하게 된다. 그동안 한국플라스틱 전국조합이사장, 자원순환협회장, 중소기업 중앙회 부회장 등 사회활동을 하면서 검도는 조금 등안시했지만 그래도 항상 검도가 나를 내버려두질 않았다. 아무리 급한 일이 있어도 검도 행사에 초대되면 빠짐없이 참석했고, 생활이 어려운 검도인들에게 물심양면으로 도와드렸다. 신문방송에서는 필자의 경영 기사가 나올 때는 검도가 따라다닌다. 사업도 중소 제조업으로 조금 성공했다.

덕분에 대한검도회 부회장으로 취임하게 되었고 현 부회장으로 8단 승단을 위해 홍제동에 있는 원무관(장○○ 사범)에서 수련을 해왔다. 8단 승단 심사에 몇 번인가 낙방한 성남의 허○○ 선생에게도 찾아가 수련을 하면서 많은 문제를 토론하기도 하고, 불합격하는 이유가 억울하다는 그의 넋두리도 들었지만 나는 설마 했던 것 같았다. 저녁이면 유○○ 국장을 불러 홍은동 힐튼호텔 휘트니스 클럽에서 '본국검' 개인지도를 받고, 서대문에 있는 옛 중앙도장 후배가 경영하는 '세○관(이○○ 관장)'에 찾아가 연격과 시합 연습을 배우기도 했다.

이○○ 사범은 참 재미있는 후배다. 이미 그 시절 나는 사회적으로 저명인사고 그의 검도 대선배이며 현직 대한검도회 부회장인데 '연격'을 잘못한다는 이유로 나를 세워놓고 "이렇게 하는 것도 몰라? 똑바로 해야지." 하면서 내 머리를 죽도로 사정없이 내려친다. 말하는 것이 거의 욕 수준의 반말이다. 이건 배우는 것이 아니라 수모를 당하는 느낌이다. 나도 모르게 비굴함에 눈물이 핑 돈다. 그래도 꾹꾹 참고 이 고개를 넘어가보자며 참고 참으며 집으로 돌와서는 정원에 서서 하늘을 보니 이제 막 떠오르는 초승달이 마치 필자의 모습을 보는 것 같아 한없이 서글펐던 적도 있었다.

이렇게 해서 겨우 훈련한 것이 어느 정도 성과도 있었고 무르익어 첫 번째 응시를 했고, 일찍 심사장에 도착했다. 하지만 낙방이었다. 우선 서류심사에서 착오가 있었다는 것이다. 7단에서 10년을 수련하면서 4회 이상의 연수원 교육을 이수해야 응시 자격이 있는 제도가 생겼다는 것을 나는 몰랐던 것이다. 덕분에 다른 사람들의 심사보는 모습을 연수원 창밖에서 유리창 너머로 유심히 살펴보고 밤 늦게야 집으로 돌아왔다. 그 뒤 꼬박 2년을 연 2회씩 연수원 교육을 이수하였다. 이 기간에도 또 다른 착오가 있을 것 같아 칭호심사(교사)도 받았다.

당시 심사 대련 상대자는 최○○(8단) 사범이 되었는데 나는 그가 남자다운 기질이 보여 이렇게 제안을 하였다. 심사시 죽도를 서로 겨누어 공격은 하지 말 것이며 떨어져도 끝까지 버텨보자고 약속을 하고는 시험장에 들어가 동서로 나누어 인사와 함께 죽도를 마주대고는 기합 소리만 질러대고 "오냐, 네가 정말 깡이 있나

보자!" 하고는 끝까지 버텨보았다. 시간이 흐를 수록 긴장감이 올라오고 상대편이 공격을 할 것인가 아니면 내가 먼저 공격할까 하는 번뇌가 멈추질 않았다. 장내의 분위기도 너무나 조용했다. 그런데 누구라 할 것 없이 서로 견주다보니 여러 바퀴 원을 그리며 돌아간다. 그리고 시간을 끝내는 종이 울리는 순간이었다. 심사위원석에서 심사위원장인 이○○ 선생이 뛰어나오면서 내 앞 최○○(8단)에게 "야! 이 새끼야, 지금 너희들 장난 하냐? 두 놈 다 다시 해!" 하고는 재심사를 시킨다. 야단을 당하는 최○○(8단)이 멋적은 모습으로 능청을 떤다. "아닙니다."라고 최사범이 말하니 "뭐가 아니야!"라고 이○○ 선생이 대답한다. 결국 우리는 누구라 할 것 없이 서로 한 번씩 근사하게 머리를 치고받고 끝을 냈다. 다행히 합격하였다. 이후 나는 지금까지 검도인 중에 그 사람(최○○)을 인정하고 있다. 그러는 동안 2년이 지나고 매일 매일 도장에 나가 수련을 계속했다. 혼자 수련도 엄청나게 했다. 장비도 국내 최고급으로 새로 장만하고 도복 역시 수제품으로 맞추어 외모의 품격도 높혀서 좋은 인상을 받도록 신경을 썼다. 깨끗한 외모는 수험생의 예의였다.

두 번째 도전이다. 수험자들은 심사장에 모두 모여 사무국장이 던진 번호가 새겨진 바둑알을 집어 든다. 나이나 경력은 아무런 소용이 없다. 내가 잡은 번호의 앞사람과 뒷사람과 심사위원 앞에서 겨루기 2회를 하고, 그 중 6명 정도를 1차에 합격 후 2차

대련과 본국검 그리고 진검으로 일본검도형(本)을 심사한 후 학과 시험을 치러 1~2명을 합격시키는 것이다. 어떤 심사 때에는 한 명도 합격자가 나오지 않을 때도 있다. 그날 심사장 아래의 연습장에서 마침 내 앞 번호를 뽑은 전○○ 사범을 만나게 되었고 그 사람이 나에게 이렇게 제안을 했다. 그는 그동안 수없이 불합격을 했고 이번에도 확신이 없었다는 것을 뒤늦게 나는 알게 되었다. 다행한 것은 전○○ 사범과 나는 동갑내기로 다른 사람들보다 나이가 많다. 그는 우리 서로 약속을 하고 머리를 치면 서로 상격으로 끝을 내자고 제안한다. 나는 반갑게 그것 좋겠다. 의기투합한 우리는 심사장 아래 연습실에서 약속 대련 연습을 하며 준비를 단단히 했다. 설마하니 내가 현직 부회장인데 나를 떨어뜨리겠냐 하고는 심사장에 들어섰다. 심사위원석 심사위원들에게 인사를 하고는 상호 칼을 겨루며 나는 힘차게 연수원이 떠나가라고 소리를 질러 기합을 주고는 약속한 대로 대차게 머리를 쳤다. 그런데 사달이 났다. 상대가 약속한 대로 머리를 같이 칠 것인 줄 알았는데 내 죽도를 스쳐 받고는 오른쪽 허리가 끊어지도록 크게 치고 나간다. 순간 "어! 방금 전 약속과 다르다." "그래, 한 번쯤은 실수했겠지."하고는 다시 자세를 가다듬고 약속대로 손목을 힘차게 내려치는 순간 내 머리 위에서 죽도가 뽀개질 정도로 소리가 나며 눈에서 불이 나게 얻어 맞았다. 손복을 같이 치기로 약속한 것을 그는 반대로 이용한 것이다.

"어, 이 사람 봐라. 약속을 어기고 나를 속여!" 그 순간부터 깨끗한 검도 겨루기가 아니라 엉겨 붙어 개싸움이 되었다. 치고, 찌르고, 밀고, 당기고, 아수라장이 되어 결국 두 명 모두 불합격으로 쫓겨나다시피 나온다. 그 후 나는 한동안 그 사람을 이해하지 못했다. 그러나 몇 년 후에야 이해하게 된 것은 누구든지 몇 번씩 떨어지다 보면 사람이 간사할 정도로 심사에 집착하게 되고, 자신도 합격의 집념에 사로잡혀 자기도 모르게 그렇게 되는 것이다. 좀 씁쓸하지만 이제는 이해가 된다. 나도 나중에 그런 마음에 흔들린 적이 있기 때문이다.

세 번째다. 당시에는 1차 심사나 2차 심사가 모두 같은 심사위원으로 위원장 (고)조○○, 전○○, (고)고○○, 양○○, (고)유○○, 서○○, 김○○, 박○○ 그리고 이○○ 선생님으로 나와는 개인적인 인연 관계가 많이 있었던 분들이다. 모두들 말로는 나에 대한 관심이 많으셨다. 그럭저럭 또 6개월이 지나 3번 째 도전을 했다. 이제는 손에 못이 박혔고 연습도 나름대로 열심히 했다. 그런데 첫 번째 뽑은 번호가 국가대표 코치로 우리나라 최고의 실력자 박○○과 대결이었다. 하지만 나는 굴하지 않고 처음부터 기세로 밀고 들어가 그의 머리를 보기 좋게 치고 나갔다. 아무리 생각해도 내가 밀린 대련은 아니다. 그런데 또 낙방이다. 이유는 필자의 폼이 즉 자세가 안 좋았고 공격한 머리가 빗맞았다는 것이다. 내가 심사의 주안점을 모르고 있었다. 정말 아쉬웠다. 그 날 나와 겨루었던 박○○ 사범만 승단하게 되었다.

잘해도 잘못해도 불합격은 내가 모르는 무엇인가 있다고 생각했다. 역시 8단은 실력을 전제로 하고 다른 방법은 통하지 않는다. 사실 내가 친 머리는 조금 약했다.

네 번째 도전이다. 이번에는 자세를 고치기 위해 고가의 최고 좋은 호구를 구입했고 도복 또한 손으로 만든 수제로 몸에 딱 맞추어 입었다. 죽도 또한 최고품으로 준비했다. 무엇보다도 등이 굽어 검도의 반듯한 자세가 불가능하다고 하여 그해 강남에 있는 의사 형(서○○)을 찾아가 사정사정 끝에 등에 난 근육을 칼로 갈라서 뽑아내고 12바늘이나 꿰매는 수술을 단행했다. 이제는 허리도 퍼져있고 옷이 날개라고 그럴 듯 해졌다는 외모다. 다행스러운 것은 도장에서 훈련을 하지 못하면 호텔 에어로빅 장소를 빌려 혼자 수련했고 집에 와서는 마루 천장을 높여 내 키보다 큰 거울을 붙박이로 달아놓고 죽도, 목도를 휘둘러 댔다. 덕분에 상당한 경비가 투자되었다. 머리 스타일도 바꾸었다. 품격과 자세에 온 신경을 집중했다.

밤 12시가 되면 집터 위 작은 조각 공원을 찾아 아무도 없는 밤에 혼자서 본국검과 기본자세를 연습한다. 이따금 지나가는 마을버스는 하얀 머리에 매일매일 밤에 칼을 휘두르는 나를 항상 신기하게 바라보고 도를 닦는 도사로 온 동네가 소문이 났다. 그분들은 이 시간이 되면 비가 오나 눈이 오나 내가 있는가를 찾아 보느라고 유리창으로 얼굴을 삐죽 내밀기도 했다.

　이렇게 하고 시험장에 도착하는 순간 심사제도가 갑자기 오늘부터 바뀌었단다. 1차 시험은 무작위 대련을 2번 하는데 심사위원이 둘로 나누어 1차 시험은 젊은 8단 선생으로 8명이, 2차는 심의의원 원로분이 하고, 마지막으로 원로 심의의원 10명 중 8명의 동의가 있어야 합격이란다.

　처음 1차 심사는 응시자들의 이름표를 떼고 번호만 보고 심사하되 점수로 100점 만점 기준으로 심사위원 8명이 성적표를 각각 만들어 제출하고 나가면 1차 합격자는 그 중 몇 명을 발표한다. 그리고 불합격자는 그 자리에서 보따리를 싸고 나간다. 그동안 나는 심의의원만 만날 때마다 잘 부탁한다고 했는데 심사의원이 모두 새로 바뀌었다는 것이다. 누구인지도 피차 모르고 치르는 번호판 심사다. 이번에도 또다시 1차 불합격이다. 도무지 왜 떨어졌는지도 모른다. 심사위원들이 야속했다. 아마도 빽이 없어서 그런가! 아니다. 내가 부회장으로 서열상 두 번째인데 이것이 뭐냐. 돌아오는 길에 이월에 있는 보신탕집에서 만난 서○○ 선생에게 원망만 퍼부었다. 그런데 그의 답변이 8단은 그렇게 쉽게 되는 게 아니라고 더 열심히 하라는 충고다.
　이번 심사제도는 전일본검도연맹 제도에 따라서 바뀐 것이지 이부회장을 떨어뜨리기 위해 만든 것이 아니란다. 더 열심히 하란다.

　다섯 번째다. 이번에는 정말 화가 많이 났는데 처음 응시한 사람이 8단에 합격했다는 것이다. 처음부터 대련을 시켜 우수한 사람을 뽑는 심사가 아니라면 심의의원과의 로비능력이 우수한 사람일까! 소문대로 이○○씨가 성균관 대학 출신이기 때문에 성대 출신만 합격하는 것은 아닌지 소문이 자꾸 의심이 간다. 물론 필자의 죽도 검도 시합 실력은 8단의 실력에 조금 부족하다 하더라도 다른 과목은 우수하고 본인의 나이가 최고령이며 대한검도회 현부회장인데 그럴 리가 없다.

　인간관계라면 심의 위원장이신 조○○ 선생은 저를 가르치신 두 번째 선생님으로 그 분의 아드님 취직은 물론이고 결혼 주례까지 내가 했다. 이○○ 선생도 평소 자주 만났고 인연이 깊다. 고○○ 선생은 필자의 고등학교 직속 선배로 청주 동생들이 잘 모시고 있고, 더욱이 내가 만든 장학재단의 현 이사다. 전○○ 선생은 아들이 우리 회사의 지방 대리점을 하고 있다. 유○○ 선생은 같은 부회장이며 과거부터 인연이 깊고 나름대로 최선을 다해 모셨다. 서○○ 선생은 항상 운동을 같이 많이 하고 자상한 우리의 멘토였으며, 양○○ 선생님이 소속된 대전검도회 회장이 우리 회사 대리점 사장이다. 김○○ 선생은 우리 회사 사장이었던 대학 동창(김○○_전주중 동창) 친구의 절친으로 있었고, 마지막 박○○ 선생은 함께 서울시검도회와 중고검도연맹을 같이 만드신 분이다.

심의의원 모두가 나와는 개인적인 연관이 있으신 분들이며 우리나라 검도 역사상 각종 언론에 가장 많이 보도된 사람이 바로 나였다.

그런데 또 떨어졌다. 그것도 1차에 젊은 사람들과 힘겨루기까지 했는데 말이다. 그때 내 나이 67세였다. 나보다 20세나 아래 사람과 사투를 벌렸다는 것보다도 준비기간이 벌써 16년이 넘었고 심신이 지쳐 온몸에 힘이 빠져 버렸다. 화도 났지만 후회스러웠다. 내가 미친 놈이다. 남들은 모두 보따리 싸서 돌아가는데 나는 연수원장이신 이○○ 선생님 방에 찾아가서 기다리고 있었다. 2시간 정도 지나자 누가 이야기했는지 모르지만 이○○ 선생이 돌아오셨다. 나는 조용히 "선생님, 이제 포기해야겠습니다." 하고는 붉은 눈동자로 쳐다보았다. 그런데 "이봐, 요만큼 모자라. 포기하지 말고 한 번만 더 해봐!" 하시며 손톱으로 손톱 만큼이란다. 돌아서는 내 등 뒤에 대고 "하루에 빠른 머리 500번씩 하면 돼!" 나는 횅하고 돌아섰다. 그리고 "하루 300번만 합니다." 하고는 뒤돌아 보지도 않고 집으로 올라왔다. "이게 인간들이냐?" 하는 소리가 목구멍까지 올라온다.

이튿날 아침 8시 김포비행장에 예약이 있었기 때문에 올라와 잠을 제대로 잘 기분도 아니어서 혼자 먹지도 않던 양주 반 병을 마셨다. 비몽사몽에 새벽 아침 차에 몸을 싣고 김포공항으로 갔지만 이상하게도 하늘이 빙빙 돈다. 어지럽고 땅이 좌우로 기울어져 도저히 걸음을 걷지 못해 출장을 포기하고 영등포 김○○ 병원에 후송되어 입원을 했다. 여기저기 시퍼렇게 멍이 들고 사색이 되다시피 한 내 얼굴을 본 의사는 "나이가 먹을 만큼 먹은 놈이 매나 얻어맞고, 죽으려고 환장했냐?" 하면서 입원실에 눕혀놓고 링겔병을 두 개나 꽂아 놓는다. 꼬박 3일을 병실에 있다가 나오면서 15일 진단서를 끊어 우편으로 각 심의위원들에게 보냈다. "좀 보서라. 뭐 이따위 조직이 있나. 당신들이 사람이냐."라고 그렇게라도 해야 화가 풀릴 것 같았다.

그리고는 심의위원장이신 조○○(9단) 선생님을 찾아가 항의성으로 따져 물었다. 아니 퍼부었다.

"검도가 예(禮)와 의(義)라는데 이럴 수 있습니까? 왜 지난 번 ○○○는 붙여주고 생명의 은인이라는 나는 안 됩니까?" 너무나 흥분한 나에게 이렇게 사죄한다고 하시면서 두 손을 합장하셨다. 그러면서 작은 목소리로 말씀하신다.

"사실 나는 힘이 없네. 용서하게, 미안하네. 정말 인간도리가 아니네." 하신다. "나는 당장 해주고 싶어. 죽을 죄를 지었네." 하시면서 이렇게 하고 있는 집행부를 성토하듯 말씀하시면서 모든 것이 자신의 부덕함이니 용서바란다고 하신다.

이어서 며칠 후 유○○ 선생님을 만나 뵙고 시비조로 목맨 소리를 하는 나에게 심사위원들 모두가 나를 피한다.

"이 사람아 ○○○이야. 다 소용없어. ○○이라니까?" 하시고는 얼른 자리를 피하신다. 이○○ 선생에게 부탁 드리라는 이야기다.

당시 이○○ 선생은 우리나라 검도계의 실질적 리더로서 모든 검도를 총괄했다. 그는 세계검도선수권대회에서 3위 입상을 한 최초의 한국인이며, 명석한 두뇌와 판단력이 뛰어난 리더였다. 그렇다고 나는 그분에게 지고 싶은 생각은 추호도 없었다.

그 날 집에 와서 곰곰이 생각을 했다. 재정적으로 괜찮은 내가 이○○ 선생님을 만나 한 번 내 방법대로 쇼부를 볼까? 망설여진다. 그런데 그동안 본국검과 조선세법의 연구로 인해 나를 싫어하시고 부회장을 같이 하면서도 회의 절차 관계로 그분의 실책에 대해 필자가 너무 많이 항의한 것으로 인해 사이가 좋지 않았다. 항상 자존심이 유독 강한 그분에게 먹혀들까? 생각하는 순간 아니다. 실력으로 보여주자. 그래서 또 다시 우리 동네 조각 공원에 나가 밤 12시 10분이면 하얀 머리의 도사가 이리 저리 뛰면서 칼을 휘둘렀다. 도장에서 집 마루로 다시 조각공원으로 이어지는 수련은 새벽 2시에 일과가 끝났다. 토요일이면 성남 탄천 연무관에서 신세를 지고, 한번은 제주도에 계시는 김○○ 선생을 그곳에 모시고 대도 7본, 소도 3본을 공부했다. 싫어하지 않고 항상 환영하는 허○○ 선생의 충고도 늘 고마웠다. 실력 또한 일천했다.

여섯 번째 도전이다. 1차 심사에 대련 상대를 이번에는 나이순으로 뽑아 불평등한 겨루기를 개선하고 그 덕분에 나는 괜찮은 모습을 보였다. 더욱이 지난 번에 진단서도 심사 위원에게 보냈고 항의성 방문과 볼멘 소리에 당황한 고○○ 선생님의 합격 언질도 받았으며, 서○○ 선생님의 충고도 있어서 만약 내가 8단이 되는 날 대한검도회의 검도 발전을 위해 현금 1억원을 내어 놓겠다고 큰소리 쳤다. 나중에 알게 된 일이지만 4월 1일 회사 직원의 실수로 대한검도회 계좌로 1억원의 기부금이 송금되었다고 한다. 그리고 5월말에 심사를 보게 됨으로서 본의와 관계없이 이상해져 버렸다. 그런데 이 사실을 나는 전혀 모르고 심사에 응했다.

아침 일찍 목욕하고 짧은 수염이지만 깨끗이 밀고 어제 저녁에 줄잡아 다려놓은 도복을 하나하나 챙기면서 오늘은 되겠지 하며 생각했다. 출발하기 전 한국경제신문 기자와 무예신문 기자가 시험장에 따라 붙었다. 사실 나는 중소기업 중앙회 부회장, 한국 플라스틱 전국조합 이사장, 한국 자원순환협회 회장을 역임한 사회적 저명인사였다. 그동안 수십 번의 중앙신문과 방송에 출연하였고 항상 검도가 따라다녀 검도 홍보대사 정도로 공헌하기도 했다. 필자의 8단 도전은 검도업계의 관심보다도 밖의 사회적 관심사가 더 커 언론 또한 중요기사거리의 대상이 되었다. 권오석 무도 후배도 축하해준다고 따라 왔다.

동탑 산업 훈장부터 각종 훈포장과 감사패 등이 수백 개는 족히 되었다. 내가 떨어지는 이유는 이○○의 반대라고 하는 마음에 회사 연습장에 마네킹으로 타격대를 만들어 놓고 앞에 두른 갑상에 이○○이라고 이름표를 써 붙여놓고 죽도로 머리를 부서져라 쳤다. 그리고 목을 힘껏 찔러 타격대가 들썩거린다. 손목도 그냥 친 게 아니다. 소문에 심의의원 9명 중 8명이 8단 승단을 동의했는데도 이건 아니라고 혼자 반대한 결과가 불합격이란다. 그렇다면 나도 낙동강 오리알이다. 그가 졸업한 죄 없는 ○○○ 대학 출신까지도 미웠다. 그들은 합격이 쉬워 보였다. 할 수만 있다면 집으로 인형을 만들어 바늘로 쑤셔대는 강시가 되고 싶다는 충동도 있었다. 내가 데리고 있는 경호원을 보내 선생님 딸 하나를 납치하고 한 방으로 해결할까? 하는 충동도 생겼지만 참고 참았다.

그러면서도 두고보자하는 오기가 생긴다. 너무 많은 타격대 치기에 오른쪽 어깨 앞에 주먹만한 혹이 올라왔다. 다행히 병원 의사는 혹이 아니라 근육이란다. 손바닥이 아파 영천시장 최○○외과에 가 손바닥을 내어 보여주었더니 원장 왈 "혹시 직업이 푸줏간 하십니까?" 하는 소리에 귀가 막혀 말이 안 나온다. 소 돼지 잡는 백정의 손바닥으로 변한 것이다.

손가락 마디마디에 못이 박히고도 모자라 손가락 끝이 휘어 굳어버렸다. 얼마나 죽도, 목검, 진검을 잡았으면 손도 변형되었다. 손가락 지문도 없어졌다. 가끔 사무실에 오신 서○○ 선생, 이○○ 선생, 박○○ 선생도 보셨지만 어느 날 김○○ 선생이 오셔서 이○○이라는 타격대에 붙여 놓은 명찰을 떼었다. 웃으시며 그래도 선생님인데 죽도로 목을 찌르는 것은 너무한다는 것이다. 보이지 않는다고 욕을 하면 남들이 검도인을 어떻게 보겠느냐는 충고였다. 그리고는 공부할 책을 여러 권 주셨다.

그런데도 그날 또 떨어졌다. 밤늦게 돌아 온 나는 커다란 집 정원 감나무 밑에 앉아 눈물만 흘렸다. 울음은 나오질 않는다. 그냥 눈물만 넘쳐 두 뺨으로 흐른다. 옆에 있던 아내가 생전 처음 보는 필자의 눈물에 같이 따라 훌쩍거렸다. 이러는 동안 떨어진 소문이 회사와 언론 기관까지 수군거렸다. "그 사람도 벌써 10년은 그래.", "아무리 세계에서 가장 힘든 시험이 검도 8단(기네스북)이라고 하지만 이건 너무하는 것 아냐." "대한 검도회의 회장은 지○○이라고 ○○대학 후배라고 해. 그놈이 미친놈 아냐." 하는 소리가 들린다. 사회가 나를 동정하는 것이다. "회장이 죽일 놈이야! 바지 회장 아냐?"

　실력 없는 내가 문제지 정의로운 후배 회장이 무슨 죄가 있는가. 오죽하면 동업계의 김○○(신우산업) 회장은 또 낙방한 나를 위로 차 마포 보신탕집으로 끌고가 고기값 비용을 아끼지 않으면서 8단을 이제 포기하길 간곡히 권한다. 그 분은 정말 왕소금으로 검약의 대표적 인물이었다. 더 당황스러운 것은 우리 비서실은 어떻게 되었느냐는 빗발치는 합격 여부 외부 전화에 어쩔 줄 몰라했다. 작은 소리로 "안됐습니다."하는 소리가 옆방에 있는 나를 더 슬프게 했다. 이제 대한검도회가 욕을 먹고 나를 동정하는 사회분위기였다. 이제 모든 마음을 비우고 처참한 패배자 마음이었다. 모든 것을 포기하고 싶었다. 보지도 말고 생각하지도 말고 욕심도 버려라. 하지만 분하고 원통한 마음도 든다. 억울한 생각도 든다. 이제 사람들을 만나기도 두렵다.

　하지만 일곱 째 8단 응시에 다시 도전했다. 내가 7단이 된 지 17년이나 지난 날이다. 그동안 본 책이 수백 권이다. 일본의 검도

관련 VTR뿐만 아니라 장미가 새겨진 가오리 호구가 반들반들하다. 아무리 생각해도 무엇 때문에 떨어지는 지도 무엇을 잘못했는지도 모르겠다. 그렇다면 심의의원에게 찾아가 한 수 지도를 받으면 확실하게 알 것 같았다. "그래 그거다." 한 번 해보는 거다. 그리고 마음도 비웠다. 내 나이 68세로 이때도 안 된다면 떠나자. "가자!" 초심으로 돌아가 다시 배우는 것이다.

역경을 넘어

그리고 첫 번째 찾아간 곳이 서울 신당동에 있는 도장으로 박○○ 선생님이다. 물론 현직 대한검도회 부회장으로 한 수 지도를 부탁드리고 끝나면 도장 식구들과 함께 회식을 하였다. 그렇게 나는 신당동 골목에 있는 도장 문을 두드렸다. 선생님은 나에게 검도의 본 10본 중 대도 7본까지 같이 하시며 몇 가지 고칠 점과 칼끝이 마주치는 순간을 '교인'이라고까지 말씀하시고 죽도 잡는 파지법과 몇 합의 연습 겨루기를 하시고 나머지 관원들과 함께 자유대련으로 나를 소개했다. 저녁시간을 보내고 돌아오면서 그 분의 자애로운 인품과 인정 넘치는 마음이 얼마나 고마웠는지 모르고 그때 연습하던 관원이 요즘 TV에 "나는 자연인이다."에 나오는 윤○○으로 기억이 난다. 무엇인지 내 마음의 평온이 찾아 드는 듯하였다.

두 번째가 연격을 배우고 싶어 찾은 곳이 목동에 있는 강서체육 관 이○○ 선생이다. 나이는 나보다 3~4살 아래지만 경찰 출신 으로 왕년에 대전에서 검도로 날렸다고 한다. 그분은 '밀어 걷기' 가 일품이고 가르침이 딱 부러진다. 내가 만난 검도인 중 밀어걷 기는 대한민국 최고다. 지금도 누가 지도를 부탁하면 거기 가서 연격을 배우라고 소개한다. 한동안 '예도'를 배우셨지만 이○○ 선생님의 벽에 막혀 더 이상 한걸음도 나가지 못하는 것이 안타까 워 보였다. 거기서 연격을 터득했다. 아마도 기리가이시와 밀어 걷기의 연격은 당대 최고수 선생님이라고 말해도 부끄러움이 없 으신 분이다.

세 번째 찾아간 곳이 전주와 익산 고등학교 체육관 전○○ 선생 님이다. 나는 이곳에 두 번이나 찾아 가게 되었던 것은 이상하게 도 허○○ 선생이 전선생님을 존경한다. 그래서 무엇인가 배울 것 이 있을 것 같아서 악착같이 따라갔다. 첫 번째로 새벽잠을 설치 며 전주로 호구와 장비를 짊어지고 갔을 때 허○○ 선생과는 호구 를 착용하시고 시합 연습을 한참 하시는 것을 필자는 유심히 하 나하나 구경을 하였다. 전선생님은 면수건을 벗으시고 이마에 땀을 닦으신다. 그러고는 나를 슬며시 바라보신다. 나는 생각했다. 이제 내 차례다. 나도 한 번 해보자라고 하는 순간 죽도를 들고서 나를 불러서 뛰어나가며 머리 대신 죽도를 치라는 것이다. 이건 기초 초보자에게 도장에서 가르치는 것이다. 8단 승단 심사생에게 이런 인격적 모멸감은 있을 수가 없는 치욕이다. 옛날 같으면 욕을 하고 나왔을 것이지만 이상하게도 화가 나질 않는다. 그저 그런 분위기가 소중하게만 느껴진다.

몇 번이나 앞뒤로 오며 가며 "머리!" "머리!" "머리!" 하면서 치고 나가는데 그만 하시고는 다시 호면을 쓰신다. 그리고는 허○○ 선생과 또다시 시합연습을 하면서 나보고는 저쪽 한구석에서 허공을 보고 머리치기를 하라는 것이다. 기가 막혔다. 서울에서 자가용차로 비싼 기름 넣어가며 여기까지 배우러 왔는데 겨우 허공에 대고 머리치기만 하라니 끝내 호구 한 번 입어보지 못하고 돌아왔다. 속이 타들어가고 욕이 나와야 하는데 한숨만 나올 따름이다. 얼마 후 작심을 하고 다시 찾아 갔다. 이번에도 지난 번처럼 시키시면 어떻게하나 하는 조바심으로 내려갔는데 예상과는 다르게 정말 감명을 받고 돌아왔다.

"검도가 그 정도면 됐어요." "기세도 최고였고 동물적 승부심이 좋아요. 호면속의 눈빛이 호랑이 같아요."

당대 최고의 기세로 상대를 제압하는 능력이 천부적이고 하시며 그런데 꼭 해주고 싶은 말씀은 "검도는 상대를 칠 때 자신의 살은 내주고 상대의 뼈를 잘라야 해요." 즉, 손목을 내주고 머리를 쳐 쪼개야 진정한 검도라는 말씀이다. 절묘한 가르침이다. 이 말씀 한마디가 이후 필자의 검도 실력을 완전히 바꾸어 놓았다. 이것이 마음속에 없으면 상대의 중심으로 내가 절대로 들어가지 못한다는 것이다.

  이분은 이승만 대통령이 관람했던 시합에서 우승을 하신 분이라고 한다. 우리나라의 검도 8단 중에 그분의 제자가 가장 많은 것은 이런 이유였을 것이다. 상대의 중심을 빼앗는 것이다. 손목을 내어 주지 않고 상대의 머리 공격은 있을 수 없는 검도 승부의 진리다. 8단은 머리를 치지 못하면 8단이 될 수 없기에 심사에 절대적이라는 것이다. 이후 나는 머리를 칠 수 있었다. 상대편 죽도 속으로 내 몸을 던진다는 이야기다.

  네 번째가 청주에 계시는 고○○ 선생님으로 청주 대학생과 함께 훈련하는 청주체육관이었다. 이 분은 필자의 고등학교 직속 선배로 중학교 교장선생님까지 하신 분이다. 제1회 대통령배 전국검도대회에서 우승하신 분이다. 옛날에 독립문에 있던 대한검도회 중앙도장에 대표선수 코치로 오셨을 때 필자가 한 번 시합을 해보자고 청해 선생을 당황스럽게 만드신 기억도 잊지 않고 말씀하셨다. 당시 하단자인 내가 갑자기 달려들어 죽도로 선생님의 옆머리를 쳐 그 댓가로 죽도록 얻어 맞았다. 그래도 그때의 돌격적인 기세는 감명적이었다고 말씀하신다. 평소에도 청주에 정○○, 신○○ 등 전국구 건달 동생들이 고선생님을 잘 모셨고, 그날

도 내가 지도를 받으러 간다는 소식에 모 식당에서 기다리고 있었다. 청주 사직동 체육관에서 검도의 본을 직접 지도하시다가 너무 잘한다고 칭찬을 하시고 이윽고 호구를 착용하시며 직접 시합 연습으로 지도하신다. 주로 머리를 치는 방법과 자신이 아끼던 비급의 머리를 가르쳐주셨다. 이어서 청주시청 실업팀과 피 터지는 대련을 하고 그들의 날렵하고 빠른 동작에 나는 무척 당황했지만 "역시 시합용 칼은 득점은 할 수 있어도 검도의 본질은 아니다."라고 느꼈다. 이 날 이후 나는 머리치기 비밀 병기를 항상 감추고 다닌다. 고선생님의 창안 작품이다. 막판에 한번만 사용하는 이 머리치기는 아직 아무에게도 전하지 않았다.

우리가 훈련 후 전 팀원과 함께 동생들이 마련한 역전 앞 식당으로 갔다. 그런데 식당 안 마루에 고선생님과 필자가 자리를 하는 순간 검은 양복을 입은 아이들이 모두 무릎을 꿇고 엎드려 인사를 해서 당황스러웠다. 이후 고○○ 선생님은 나를 훌륭한 사업가가 아닌 깡패 두목으로 옛날 내가 학창시절 싸움이야기를 자주 하셨다. 그 분은 대단한 정력가로 돌아가시기 전 병원에 서○○, 이○○, 김○○ 선생과 함께 위문차 찾아가서 비아그라 한 알을 드린 것을 쥐시고 뼈만 남은 손으로 절대로 놓지 않던 유머가 있는 좋으신 분이었다. 마지막 가시며 저를 빗대어 변명하신 이야기는 나는 믿지 않는다. 내가 후배로서 할 일은 모두 다했기 때문에 부끄럽지 않다는 이야기다.

다섯 번째가 대전에 계시는 양○○ 선생님이시다. 밤이 좀 늦은 시간에 대전 검도장에 도착했고 아주 반갑게 나를 맞이해주셨다. 도장에는 아무도 없이 도복을 갈아 입고 죽도를 쥐고 나오신다. 가냘픈 몸매의 노인이 어디서 힘이 솟는지 나보다 더 험악하시다. 단 두 사람이 치고받는 것이며 당황한 나를 더 압박하신다. 아- 검도가 힘만 세다고 밀어 붙이는 것이 아니구나. 힘이 부족해서가 아니라 이렇게 압박을 가해도 내가 밀려난다. 무엇인가 느낌이 온다. 무려 30분을 지도받았을 때 즈음 대전시검도회 회장 정 사장이 오셔서 저녁을 양선생님이 좋아하시는 보신탕집으로 모셨다. 이 자리에서 나에게 아주 기분 좋은 말씀으로 "지난 번 8단에 합격한 자신의 제자 ○○○ 사범보다 내가 훨씬 좋다."고 하신다. "고맙습니다 선생님, 오늘 또 다른 검도를 배웠습니다. 상대를 압박하는 것이지요." 이렇게 답변하는 나를 보시고 아주 흡족하신 모습이 지금도 생생하다. 그분에게 배운 압박은 무박자 압박이었다. 리듬이 없고 공식이 없는 무념, 무상, 무주의 삼매경 상태를 만들어 공격과 방어를 하는 것이다.

여섯 번째다. 항상 사범처럼 친구처럼 대하시는 서○○ 선생님이다. 나이는 한 살 위지만 그 분은 오래 전에 8단 그리고 범사 칭호를 받으셨고 허○○ 선생과 함께 필자가 가장 많이 만나는 검도인이다. ○○○대학과 ○○항공에서 퇴직한 인텔리로 충실한 성공회 신앙인이다. 대한검도회 사무국장도 하셨고 일본어를 잘해 항상 일본 통역으로 없어서는 안 될 검도인으로서 우리에게는 일본 검도계의 소식을 많이 알려준 분이다. 이○○ 선생님과 ○○대 동문으로 늦게 들어간 이○○ 선생의 선배라고도 했지만 이○○ 선생님의 나이와 위세에 항상 눌려 보이는 것처럼 양보와 솔선수범이 감동적이었다. 기술의 기능적 실력보다 정신적인 도(道)의 인간형성에 솔선수범자이시다.

평소에도 많은 지도를 받았지만 일부러 광화문 통신공사 지하 도장을 찾아가 몇 번인가 지도를 받았다. 너무 건실한 서선생은 기초부터 시작하여 끝날 때까지 관원과 같이 수련을 하신다. 너무 많은 결점이 있는 나를 일일이 지도하시고 검에 대한 예의와 검도계의 역사를 하나하나 일러주시고 대련시 깨끗한 뒤처리(잔심)에 대해 일갈하셨다. 더욱이 그동안 시험에서 낙방한 잘못된 점을 하나하나 기억하시고 고쳐주었다. 정부(방송통신위)청사가 같이 있어 출입하기가 어려워 당시 위원장(최시중)의 협조로 정부청사 출입증까지 만들어 다니며 지도를 받았다. 과외 공부한다고 정부청사 출입증을 받은 사람이 또 있을까? 얼마 뒤 검찰에서 이 출입증에 의심을 했다가 검도를 배우기 위한 것을 알고 허탈해한 에피소드도 있었다. 아직도 그때의 고마운 감사에 사례를 하지 못한 필자가 항상 미안하다.

일곱 번째다. 일요일이면 성남에 있는 허○○ 선생과 유단자들이 모이는 탄천 성남시검도회 연무관에서 지도를 받고 수련을 했다. 사실 나는 중앙도장 출신인데도 성남에 있는 유단자(허○○ 선생 제자)들과 더 가까이 지냈다. 평생을 누구보다도 같이 수련을 한 허○○ 선생은 두 아들이 검도 선수(국가대표)로 ○○○대학을 졸업했다. 실제로 근래에 우리나라 검도인 중에 가장 훌륭하게 많은 제자를 키워낸 인물이다. 허선생은 칼이 무겁다. 칼에 힘이 있다. 그리고 밥 먹는 것 외에는 검도로 산다. 일본 검도에 대한 실전 연구도 우리나라에서 최고다. 오죽하면 공군 장군 출신인 동생이 나보고 형은 만나면 검도 이야기 외에는 안 합니다. 그래서 재미가 없어요라고 할 정도다. 과거 2단 시절 중앙도장에서 나와 한 번 죽도로 시합이 시작되면 도장문 닫을 때까지 두 시간을 하면서 얻어맞아도 아니라고 잡아떼고 다시 시작한 나보다 더한 고수이다. 그는 항상 우리 중앙도장에서 8단이 될 사람은 필자뿐이라고 하시며 다른 사람들에게 자랑도 한다는 소리가 들리기도 했다. 역시 검도의 대련 진수는 이 분을 따를 사람은 아직 보지 못했다. 바른 칼을 써야 된다는 것은 칼날 줄기가 바르게 이루어져야 하고 정확한 각도를 만들어 치는 것을 일본말로 '하쓰지'가 지금도 그의 검도친구다. 그는 이용어가 검도에 있어서 가장 중요하다는 철학을 가지고 있다. 비록 칼은 빠르지 않아도 기회와 시간적 거리로 상대를 제압한다. 그런데 이것을 알아주지 않는다. 나는 지금도 가르침을 바라는 사람이 오면 "성남에 허○○ 선생에게 가서 지도를 받아라! 그는 나보다 이런 면에서 한 수 위다. 그리고 보내면 반드시 그 사람은 뜻을 이루는 것을 많이 보앉다. 그의 가르침을 받는 성남 검도인은 정말 행복한 사람들이다. "3년을 일찍 시작하는 것보다 3년을 늦게 해도 훌륭한 스승을 만나야 성공한다." 는 말을 들려주고 싶다. 내 검도의 50%는 그 분의 지도로 이루어졌다.

이제 여덟 번째다. 그래도 당대에 시합 최고수는 인천시 감독인 박○○ 선생이다. 당시 인천시 전무이며 시청팀 감독으로 내가 찾아갔을 때 인천시 팀과 한참 훈련 중이었다. 내가 소개되자 시청 실업팀 선수들은 모두 자리에 앉아 박○○ 감독과 내가 하는 지도시합연습을 구경하고 있었다. 나이와 직책은 내가 높았지만 검도는 그 분이 훨씬 윗사람으로 나는 예를 갖추고 자신만만하게 들어갔다. 필자의 첫 번째 기세는 100만 명 중에 하나 나올까 말까 하는 사람으로 이○○ 선생까지 말하고 다닌다고 할 기세(氣勢)다. 자세도 이제 그럴 듯하게 만들어져 있다.

그날따라 박○○ 선생을 향한 필자의 돌격형 공격은 많은 제자들 앞에서 보이는 게 없었다. 이미 손목은 전주에서 버린지 오래다. 그런데 이상하다. 필자의 공격은 그렇게 빠르지도 않았는데 박선생의 머리 정면을 둔탁하게 갈랐다. 손목, 허리, 안되는 게 없다. 나도 모르게 신이 났고 던진 칼날에 내 몸이 따라다니며 몸이 하늘로 올라간다. 천하고수이며 8단 대회를 2번이나 우승한 우리나라 최고 대표 선수출신이다. 가끔은 나는 공격을 당했지만 그날만은 필자의 완판 승이다. 이어서 실업팀과 연습에서도 나는 전혀 밀리지 않고 자연스럽게 상대를 눌러 나갔다. 우리는 선수들과 함께 인천에서 제일 유명한 갈비 집에서 내가 한턱 내고 기분 좋게 서울로 올라왔다. 천하가 내 것이고 무림계를 평정한 기분이다. 그동안 전국을 돌아다닌 보람이 있다. 그날 저녁 꿈속에서도 꽃이 보이고 솟구치는 용트림에 잠이 깨었다. 이튿날 아침 일찍 사무실 옥상에서 어제의 일을 회상하면서 타격대를 몇 번 치다가 무엇인가 뒤통수가 따가워진다. 이상한 낌새가 느껴진다.

"아니, 어제 박선생이 일부러 나에게 져준 것 같은 느낌이 든다."

아무리 생각해도 의심이 한 두가지가 아니다. 그렇다. 그 선생은 아예 나와는 상대가 되지 않는 고수 중 고수다. 그러나 필자의 이런 모습에 희망을 주기 위해 자신의 제자들 앞에서 여유를 보여준 것을 모르고 내가 기고만장을 한 것이다. 뒤늦게 느꼈지만 그는 나에게 누구든 자유자제로 공격할 수 있는 용기와 기술을 가르쳐 준 사범님이셨다. 지금도 이 생각만 하면 내 볼이 붉어진다. 창피하기도 하고, 조금 쑥스러워진다. 부끄럽다.

아홉 번째로 중앙연수원 원장 이○○ 선생님을 찾아갔다. 1938~39년에 출생하신 덕수 이씨 이순신 장군의 후손으로 천부적 재능을 가지고 태어난 분이다. 사범학교와 늦게 성균관 대학을 나오셨고 석사 학위까지 받으신 검도인으로서 우리나라 최초로 세계검도선수권대회에서 3위 입상까지 하신 검도 천재다. 더욱이 우리나라 검도 중흥에 한 획을 크게 긋는 많은 일을 하셨고 「본국검」,「조선세법」을 연구하여 보급하는 우리나라 검도계의 큰 인물이시다. 사무국 직원부터 국장, 전무이사, 부회장, 연수원장, 회장까지 40년을 대한검도회의 실권을 장악한 명석한 두뇌와 리더십이 있는 분이다. 검도 또한 실력뿐만 아니라 이론에도 타의 추종을 불허한다. 나에 대한 가장 많은 비평과 칭찬을 하셨지만 훗날에 와서는 나를 계륵처럼 생각하셨고 필자의 두꺼운 얼굴에 "저 사람은 남산 위에 철갑을 두른 사람이야!" 하고는 핀잔을 주기도 하고 음성 연수원 기공식에 내 후원금 덕으로 세운 기념석의 후원자 명단에서 나를 제외시킨 단호한 사람이다. 수많은 검도 선배 후배들이 그 분 앞에 가면 오금이 절일 정도로 말을 못하고 돌아서서는 욕을 많이 먹으신 분으로 오래 사실 것이다. 일에 대한 욕심이 너무 많아 훗날 고생을 하실 것이 걱정된다.

사실대로 말한다면 나 역시 검도에 관해서 그분의 발가락도 못 쫓아간다. 그러나 예도(조선세법)와 본국검 그리고 우리나라 검법에 대한 연구는 필자가 조금 나을 듯하며, 그 외 사회적 재정적인 면에서는 내가 한 수 위에 있다. 그래서 그런지 나는 한 번도 선생님 집을 찾아가 본적이 없고 크게 지도를 받아보기 싫었던 것은 필자 자신이 무시당하는 것을 동물적으로 싫어했기 때문이다.

그래도 내 인생에 가장 많은 영향을 주신 선생님에는 동의한다. 한때는 필자의 진실한 충정을 모르는 것도 섭섭했고 회장을 내가 해야 될 것 같은데 선생님이 하시는 것도 그러했고 조선세법의 이름과 국선(國仙)을 나에게 넘겨달라는 요구와 회장 자리도 내어 달라는 필자의 요구에 나를 싫어하시는 모습이 내 눈에 훤히 보였다. 검도 8단에 계속 낙방하는 것을 옆에서 보던 우리 회사 경호실 직원들이 이〇〇 선생님 아파트 앞에서 선생님 따님을 감시하고 납치하겠다는 이야기에 나는 크게 야단친 적도 있었다. 이런 상황에서도 사제지간의 인사는 아무 거리낌 없는 두 사람이었다. 나는 그분의 입장에서 버릴 수 없는 계륵이었다고도 보지만 내 생각은 그분이 있어 필자의 발전이 가능했다고 인정한다.

　내가 지도받던 중 이런 일도 있었다. 수많은 전국의 7, 8단 고수가 연수원에서 연습 시합을 할 때면 이〇〇 선생님 앞에는 항상 줄을 서서 자신의 순서를 기다린다. 그날 나는 이미 모든 것을 포기한 사람으로 마지막으로 이〇〇 선생님과 죽도를 겨루고 싶어 한참을 기다리다가 기회를 잡았다. 연수원 수련장에는 전국의 모든 7, 8단 고수가 이런 모습을 바라보고 있었고 나에 대한 관심과 실력을 보는 것과 그때에 이〇〇 선생의 반응이 아주 궁금했다고 한다.

　"얏!" 하는 소리와 함께 내가 머리를 공격해 들어갔다. 너무 소리가 크게 울려 퍼져 모두가 바라본다. 그 순간 이〇〇 선생은 고의적으로 옆으로 비켜 앞으로 내려치닫는 내 다리를 걸고 넘어지려는 나를 두 손으로 한번 더 밀어 "꽈당탕!" 마룻바닥에 나뒹굴어졌다. 나는 아래 도복이 반쯤 벗겨졌고 두 허벅다리가 하늘로 올라가 엉덩이가 끊어지는 것처럼 아파왔다. 발에 걸린 오른쪽 발톱 사이로 피가 흘러 나온다. 원내에서 "우~"하는 소리가 들린다.

　지금 나는 선생님과 시합을 하는 것이 아니라 첫 칼은 예의상 크게 치는 것이다. 아랫사람이 윗사람에게 하는 의식적 예의 행위인데 그 많은 사람들 앞에서 개망신을 주자는 것이다. 어느 누구도 와서 일으키는 사람도 없다. 그런데 이상하게도 나는 화가 나지 않는다. 속으로 빙긋 웃음이 나고 천천히 일어나 다시 죽도를 마주했다. 내가 이겼다는 생각이 든다. 이게 평상심인가 보다. 관중도 소리 없이 조용하다. 몇 합을 더하고 끝을 낼 때까지 이선생님은 그래도 미안한지 더 이상 심하게 하시지는 않았다. 항상 사석에서는 나를 장돌뱅이 취급하는 선생님은 아직도 사대주의와 세상을 보시지 못하는 순수한 무술인으로 언젠가 후회하실 것이라 믿는다. 아무튼 이렇게 이○○ 선생님의 지도는 마지막이 되었다. 그래도 그 분은 필자의 영원한 스승이다. 가장 많은 수양을 터득시킨 분이다. 하도 많이 배워서 이것이다라는 기억이 없는 것은 지금은 알고 있다. 그래서 존경한다.

　열 번째다. 조○○ 위원장(9단)과 유○○ 선생님은 너무 많은 수련과 배움을 주시고 필자의 안타까운 독행을 미안해하셨으며 뒤늦게 알았지만 힘이 없으셨다. 선생님은 전국 제일의 손목치기를 나에게 전수해주셨다.
　장○○ 선생은 유독히 키가 크고 상단에 제1인자이시다. 꼭 한

번 지도를 받고 싶어서 무조건 다가가 청해 무려 40분을 경기장에서 연습으로 수련을 하였다. 훗날 이로인해 책망을 들으셨다고 하여 지금도 미안하다. 자주 만나 보는 김○○ 선생님은 이○○ 선생님과 상극이지만 이런저런 인연으로 나를 무척 아껴주셨다. 그 분 역시 '조선세법'이라는 이름을 사용하신 사대주의 의식이 있는 안동 김씨다. 마지막으로 김○○ 선생은 힘이 없어 도와주지 못하는 것을 미안해 죽도 2개를 선물하면서 위로한 착한 친구이기도 하다. 돌아가신 두 분은 지금도 나를 미안해 하실 것이다. 돌아가실 때까지도 미안해하는 조○○ 선생님의 손목치기 기술은 제가 전수하겠습니다. 남겨주신 수제도복 또한 잘 사용하고 있습니다.

  1979년 처음 필자를 가르치신 고 박종규 선생님은 어떤 마음이셨을까? 인간 타격대라는 별명으로 선생은 항상 머리를 내어주어야 제자가 배운다는 것을 몸소 실천하신 분이다. 돌아가시기 전 당신이 쓰시던 호구, 죽도, 목검을 저에게 남기시고 가셨다. 그러나 아직도 그 의미를 찾지 못하고 바라만 보고 있다. 다만 그 분은 필자의 첫 번째 스승이다.

결전의 그날

　이제 이야기는 본론으로 간다. 아무런 마음도 없이 늘 하던 필자의 훈련은 승단심사 전날 홍제동 '원무관(장○○ 관장)'으로 검도회 사무국장 김○○ 8단이 찾아 왔다. 물론 필자의 간청이었지만 얼마나 고마웠는지 모른다. 한 수를 부탁하는 나에게 애처로운 눈빛으로 "부회장님, 이렇게 한 번 해보시죠."하면서 "상대는 분명히 머리를 치려고 들어옵니다. 그때에 오른발 반쪽만 밀고 움직이지 말라면서 상대가 눈치 채면 안 된다는 것이다. 즉 일명 '마중 나가기'라고 한다. 그때 머리 공격은 반드시 들어 옵니다. 의심하지 마세요. 그 순간 머리를 맞든지 말든지 우측으로 나가며 있는 힘껏 허리를 치십시오. 그러면 다음은 상대가 당황하게 되니 그때 마음 놓고 들어가 머리를 치시면 됩니다." 이 말은 정말 신기했다. 시험에 답안지를 미리 알아낸 기분인 것이다. 다음날 모든 것을 포기한 마음으로 심사장에 도착했고 1차 심사에서 전○○ 사범과 장○○ 사범과 대련 시합을 하게 되었다. 전사범은 동갑내기지만 검도를 처음부터 잘못 배워서 연격의 칼이 삐딱하고 도장 시합용으로 어려움을 겪고 있는 사람으로 처음 심사 때 약속을 어긴 사람이다. 이제 그 정도는 요리할 수 있는 고생을 했으므로 그가 무슨 짓을 하든지 개의치 않고 필자의 바른 자세와 밀어 걷기 연격으로 차이를 만끽했다.

　이어서 장○○ 사범은 꽤 이름이 있는 분으로 ○○○대학 출신이다. 오늘은 이 사람이 승단될 것이라고 이미 소문이 났다. 이 ○○ 선생의 후광이라고 한다. 좋다. 나는 포기한 사람이지만 그래도 상대는 안 된다. 오기가 생긴다. 죽도를 마주대고 큰소리로 기합을 주는 순간에 전주의 전○○ 선생님의 "손목을 주고 머리를 쪼개라." "살을 주고 뼈를 잘라라."라는 말이 뇌리를 스쳐간다. 무작정 앞으로 나아가며 손목을 치라고 그의 죽도를 밀어 눌러 들어가며 당황한 그의 머리를 내려쳤다. 그의 머리 호면 갈라지는 소리가 커서 나도 들린다. 그는 당황했다. 이어서 받아치기, 뛰어 들어가 머리, 손목치기, 허리치기 치는 대로 다 들어간다. 적의 중심을 무너뜨리는 것은 용기라는 것이 증명된 한판이었다.

심사가 끝난 후 장○○ 사범은 나에게 와서 언제 그렇게 훈련을 했느냐, 정말 잘하십니다. 하고는 쓸쓸히 그 자리를 떠났다. 1차 합격 후 오후가 되어 합격한 사람 중 김○○ 부천시청 감독과 하필이면 상대로 붙어버렸다. 그는 훤칠한 키에다가 김포 사범으로 내가 추천한 사람이며 김○○ 선생이 아끼는 사람이라고 했다. 더욱이 내가 손가락 부상으로 어려움을 보고 달려와 심사의원들 앞에서 무릎 꿇고 내 호면 뒷머리 끈을 묶어주었던 예의가 바른 분이다. 더욱이 그는 현역으로 부천시청 실업팀 감독이다. 그는 젊다. 평소 실력이라면 중학생과 대학생 정도의 차이가 날 정도다. 그러나 나는 이미 포기한 상태이며 말 그대로 무심(無心)의 상태로 죽도를 겨누는 순간 어제 저녁 나에게 코치를 해주었던 김○○

사무국장이 시작을 알리는 호루라기 신호가 들린다. 순간 "그렇지! 마중을 나가는 게야!"하고 번쩍 머리가 울린다. 아니나 다를까 그가 한 발자국 나를 향해 정면으로 밀어 들어온다. 그것을 기다리던 나는 살며시 반족을 앞으로 내미는 순간 그의 몸이 하늘을 가르며 내 머리를 향해 들어온다. 어제밤 수없이 수련한 그 모습을 그대로 연출하는 한 장면이었다. 귀가 막힌 흥분도 올라온다. 순간 나는 지체 없이 우로 나아가면서 허리를 있는 힘껏 베었다. 두 번째로 칼을 마주했을 때 그는 들어오지 못한다. 나는 서슴없이 손을 앞으로 내밀면서 그의 죽도를 밀어내고 중심으로 파고 들어가며 머리를 공격했다. 나도 모르는 기세가 하늘을 찌른다. 연수원 시험장이 들썩거릴 정도다. 이후 나는 김ㅇㅇ 감독에게 수없이 얻어맞고 시합이 끝났다. 시간이 가면서 실력차이가 났지만 그때도 이ㅇㅇ 선생은 이미 시합은 내가 이겼다고 하시면서 "한 칼에 죽은 놈이 두 번째가 있느냐!" 하신다. 생전 처음 칭찬이시다. 그 때 필자의 기세는 상상을 초월했다고 한다.

두 번째는 기력소진으로 지쳐서 실력을 발휘하지 못하고 서로 상격으로 끝을 맺고 검도형 대도 7본과 소도 3본을 후도로 했지만 진검으로 수없는 연습으로 누구보다도 잘한 것으로 본다. 선수 출신은 본에 약하다. 나는 허ㅇㅇ 선생과 목숨 걸고 배운 본이다. 본국검은 목도로 한 전문가로 국선을 주지 않는 선생님보다 높은 태선(太仙) 이라고 자칭한 실력자이다. 별 문제가 없었다. 더 이상은 없다. 최선을 다했다.

　나는 무릎 꿇고 앉아 모든 것이 끝났다고 머리를 숙여 마룻바닥을 내려 보는 순간 나도 모르게 눈물이 쏟아졌다. 마루에 쏟아진 눈물을 왼쪽 소매로 문지르면서도 어깨가 들먹여 움직인다. 나는 최선을 다했다. 그저 간절한 마음뿐이다. 그리고 나는 하얀 머리 수건을 입에 물고 외쳤다.

　"나는 곰이다."라고

　"나는 미쳤다."라고

　이 날 두 명이 합격했다. 결국 나는 1번으로 합격했고 2번으로 김○○ 감독이 합격하여 얼마나 기뻤는지 모른다. 아마도 김 감독은 내 머리 끈을 무릎 꿇고 매어주는 모습에 많은 심의위원들의 감동을 주었다고 한다. 검도인은 사소한 일도 놓쳐서는 안 된다는 것을 이야기하는 것 같았다. 내가 1번으로 합격한 것은 실력이 좋아서가 아니라 나이가 많아서였다.

　훗날 들려오는 이야기는 이날도 이○○ 선생님은 나를 불합격시켰다고 한다. 합격 판정을 하신 8명의 명단에 없다고 하기에 나는 이렇게 대답했다. "그분은 나에게 의리 없는 사람입니다. 그분은 나에게 더 많은 검도를 바라신다."라고 말이다.

　일념통천(一念通天)이라는 말이 있다. 누구든 뜻을 세우고 한 가지에 전념하여 더 이상 노력할 것이 없다면 마지막 기도을 하라. "하느님 더 이상 할 일이 없습니다. 하늘의 뜻에 따르겠습니다. 부끄럽지 않습니다." 그러면 하느님도 통하리라.

8단 이후의 삶

- 제 1회 세계 학생 무예 대회 개막전야제 우리검도 본국검 예도 시연(진천)
- 3.1운동 100주년 기념 2.8독립선언(동경) 개막 국가보훈처, 우리검도(본국검.예도) 시연(일본 동경 YMCA 강당)
- 2022. 전국학생중고검도대회(용인대총장배, 청양 체육관) 우리검도 예도 개막 시연
- 2022. 9. 25. 서울시 광화문 광장(재능 나눔) 예도 시연
- 검도 8단 심사위원
- 대한검도회 부회장
- 태권도 9단(창무관) 승단
- 태권도 9단(창무관) 유단자 총회장
- 실전우리검도 예도. 본국검 출간(직지) _검(劍)의 이치와 역사 저자
- 수양(修養) 출간(동아일보) _道를 닦는 법 저자
- 무경신서(武經新書) 출간(직지) _武道의 예의와 상식, 국기 예도(國技 銳刀) 저자
- 용인대학교 체육학 명예박사
- 재단법인 한국예도문화 장학재단 이사장
- 대한체육회(대한검도회) 강사
- 용인대학교 동양무예학과 객원 교수

- 서울시검도회 도장 발전 특별위원회 위원장 및 사범
- 예도 국기 전통무예 지정 추진 위원장
- YouTube 우리검도 예도 개설(동영상) 방송

제 6 장

무경 │ 武經

무경칠서(武經七書)

중국의 고대 병가 서적 중 대표적인 일곱 가지를 한 권으로 묶은 것으로 무학칠서(武學七書) 또는 무경으로 불리어 진다. 이 책은 1080년 경 북송(北宋) 때 신종(神宗)의 조서에 의해 선정 된 군사전략과 전술을 연구하는 사람들의 필독서로 정하여 반포했다.

이 칠서(七書)의 내용은 ① 손무(孫武)가 지은 손자병법 3권 ② 오기(吳起)장군이 지은 오자병법 2권 ③ 전양저(田穰苴)가 지은 사마법 3권 ④ 강태공(姜太公) 여상(呂尙)이 지은 육도(六韜)6권 ⑤ 황석공(黃石公)의 3략 ⑥ 율료(율繚)가 지은 율료자 5권 ⑦ 이정(李靖)과 당태종(이세민)의 문답서인 이위공문대 3권이다.

이 책의 내용은 군사총서로 묶어놓은 국가방비서로서 특징이 ① 손자는 전략변화가 무궁무진하고 오묘하다. ② 오자는 정확한 표현과 간결한 요점 ③ 사마법은 치밀한 구성과 근엄하며 ④

육도는 규모가 광활하고 크며 본말이 잘 꾸며져 있다. ⑤ 삼략은 지혜와 술책이 뛰어나며 깊고 ⑥ 율료자는 법령이 엄하고 상벌이 분명하다. ⑦ 이위공문대는 깊은 내용을 문답식으로 분석하고 변증법으로 설명했다는 장점이 있다.

이 병법은 과거 시험 중 무과(武科)시험에 가장 중점적인 과목(科目)으로 무생(武生)들이 연구해야만 했고, 우리나라 조선에서도 무예도보통지, 병기총서와 함께 무과 시험 과목으로 채택했다고 한다. 세조 8년에는 신숙주를 불러 「무경칠서」를 주해하도록 왕명을 내렸다고도 전해진다.

이 책은 무인(武人)들의 사서삼경(四書三經)으로 불리었고 임진왜란 시 이순신 장군의 생즉필사, 사즉필생이라는 용어는 오자(吳子)병법의 필사측생(必死側生)과 행생측사(幸生側死)라는 구절에 나오고 있으며 속어로 개싸움이라는 말도 육도의 마지막 6번 째 견도(犬韜)에서 나온 말이라고 한다. 손자병법은 지피지기로 유명한 "적을 알고 나를 알면 100전 100승(백전백무패)"이라는 말이 대표적이다. 임진왜란에 이순신 장군은 이미 이 책을 통달했다는 것이다. 삼략(황석공)의 경우 유방의 책사 장량이 배워 유명하나 상책, 하책, 중책으로 의미가 커서 「소서」라는 책으로도 소개되었다.

김해병서(金海兵書)

김해병서는 고려의 병서로 각 지방 관료가 필히 읽어야하는 필독서이기도 하다. 이 병서가 가야국의 김해(金海)와 같다고 해서 가야의 무예라고 하는 설도 있고, 본국검의 시초라고 하는 사람도 있다. 본국(本國)이라는 말은 가야국 사신이 중국 송나라에 갔을 때 신라의 침공으로 가야가 멸망해 사신과 송나라 대신과의 대화에 본국이라는 말이 나온다. 그러나 신빙성이 없다.

더욱더 설득력 있는 말은 연개소문이 만들었다는 것이다. 고구려의 연개소문의 호가 김해(金海)이기 때문이다. 연개소문은 우리나라 5,000년 역사에 가장 뛰어난 무인 장수로 그의 나이 7세부터 15년간 집을 떠나 무술과 학문을 닦는다. 깊은 산 속에 나무를 하기 위에 가서 만난 도인에게 배웠다는 그의 무예와 학문은 당태종 이세민과 겨루었고 나당 연합군을 무찌른 그의 무력은 신과 같았다고 한다(신채호의 조선 상고사). 따라서 김해병서는 연개소문이 지은 병서라고 한다. 이 김해병서는 무예도보통지의 '예도(조선세법)'라고도 말한다. 그러나 아직까지는 확인되지 않았다. 다만 '무경칠서'(이위공) 중에 "연개소문은 스스로 병법을 안다고 말했다."고 하였다는 것으로 증명된다. 명나라 모원의가 쓴 무비지에 '조선세법'의 실명은 바로 '김해병서'라고 확신하는 이유도 여기 있다.

이 예도(銳刀)는 고구려 을파소가 처음 시작한 '조의 선인'의 격검을 연개소문이 완성했다는 것이 정설이다.

무오병법(武烏兵法)

　신라의 병서로 무오대사가 썼다고 한다. 신라, 고구려, 백제와 고려를 통해 김해병서(金海兵書)와 같이 대표적인 병서이다. 이 병서는 신라가 삼국 통일 하는데 기여했다고 하지만 현재는 전해지지 않는다. 이 무오(武烏)대사는 신라인으로 당나라에 건너가 불교를 공부하고 돌아왔고, 신라 화랑의 교재로 이 병법을 사용했다고 한다. 다만 아직 그 실체가 발견되지 않아 구체적인 내용이 전해지지 않고 있다. 다만 기능적인 기술 내용보다는 수양 쪽의 도덕적 내용으로 밝혀지고 있다. 신라 원성왕 2년(786년)에 임금에게 바친 병서는 병법 15권, 화령도 2권으로 굴압 현령의 벼슬을 상으로 받았다고 한다.
　내용이 개인 병장기 무예인 김해병서와는 전혀 다른 전략과 전술적인 진법으로 삼국사기에 기록되어 남아 있다.

기효신서(紀效新書)

　척개광(1528~1587) 이라는 명나라 장수가 만든 책으로서, 1584년 처음으로 만들어진 병서(兵書)이며, 명나라를 대표하는 병서이다. 중국 절강성 사람으로 수없이 많은 왜구를 물리치고 승리한 전투 병략가로 이 책은 고금에 무예와 전술을 총망라한 책이며, 임진왜란 시 평양성을 공격해 승리한 명나라 장수 이여송이 이 책의 전략을 사용했다고 한다. 바로 뒤에 나온 모원의의 무비지도 이것을 참고로 했고 조선의 무예제보, 무예도보통지도 이 책을 모태로 삼았다고 한다. 이 책은 무비지(모원의)와 함께 명나라를 대표하는 병서이다.

또한 이 책은 임진왜란 때에 평양성을 처음 수복한 명나라(이여송) 군이 전략으로 사용한 것을 배우기 위해 선조가 이 책을 구하여 한교에게 명하여 만든 조선 최초의 병서「무예제보」의 기본 자료로 사용했다고 한다. 지금도 병서의 아버지로서, 처음 명의 만력 십이년(1584)에 간행되었는데 나중에 개정되어 만력 이십삼년(1595)「주세선본(周世選本)」,「강씨명아당본(江氏明雅堂本)」이 간행되었고, 다시 만력 삼십일 년(1603)에는 「왕상건본(王象乾本)」이 같이 간행되었고, 이밖에 「영회당(永懷堂)」,「갈씨본(葛氏本)」,「광동군정장인서본(廣東軍正掌印署本)」,「초번본(楚藩本)」등이 있다. 그러나 이들 각 책의 목록 내용은 다르며, 주세선본은 18권으로 되어있지만 만력 12년판 및 왕상건본 등은 14권으로 구성되어 있다.

이중에서 무술에 관한 것은 주세선본에 장병, 패선, 단병, 사법 권경의 각편이고, 왕상권본은 수족편이 창, 패, 선, 곤, 파(杷−쇠

갈퀴),사, 권 등의 무술을 해설하고 있다.

　창법은 양가육합팔모창법(楊家六合八母槍法)을, 곤법은 유대유의 검경을 수록하고, 권법은 송태조삼십이세장권(宋太祖三十二勢長券)을 주된 것으로 하여 각파의 뛰어난 기법 32식을 모아 도해(圖解)하고 있지만, 세상에 유포되고 있는 책에는 왕상 권법의 팔도(八圖)가 결락(缺落)되어 있는 것이 많다. 저자 척개광은 산동성에서 태어나 절강성으로 파견된 도사참장(都司參將)으로 왜군의 단병기에 대응하는 전술로 유명하다. 특히, 겉보기만 화려하고 실용성이 없는 기법은 배격했다. 기효신서는 후세에 이르러 가장 많이 인용되었고, 중국에선 무비지(武備志)와 함께 삼재도회(三才圖會)에 전재되었다. 또 조선조에서는 이 책을 기초로 「무예제보와」「무예도보통지」를 편집하였고, 일본에서도 「무술조학(武術早學)」이니 「군법병기(軍法兵記)」이니 「병법오의서(兵法奧義書)」니 하는 이름 따위로 에도시대에 간행되었다고 한다.

무비지(無備志)

　태평 시대가 오면 문(文)을 숭상하고 무(武)를 천시하며 갑자기 전쟁이 나면 문(文)은 겁내고 허둥대면서 도망만 가는 것에 울분을 느껴 쓴 무인의 국가방위책이다. 또한 이 병서로 훈련하면 앞으로 3년 내에 적의 침범은 염려가 없다고 큰소리 쳤다가 적이 쳐들어와 조정을 현혹했다고 파직을 당했고, 더욱이 우리나라 고유의 검술로 세계유일의 국기 검법인 예도(銳刀)를 조선세법으로 개명하여 자기나라 옛날 당나라 무술이라고 거짓 기록한 책이다. 물론 그림도 바꾸었다.

명의 천계 원년(1621년) 모원의(矛元儀)가 15년의 세월을 소비하고서 고금의 병서 2천여종을 검토 정리하여 간행한 책이다. 이 책은 5부 240권으로 구성된다.

1. 병결평 권1 – 권18
2. 전략고 권19 – 권51
3. 진연제 권52 – 권92
4. 군자승 권93 – 권147
5. 점도재 권148 – 권240

이 가운데 권84부터 권92에 걸쳐 궁(弓), 노(弩), 검(劍), 도(刀), 창(槍), 파(金巴), 패(牌), 선(先), 곤(棍), 권(拳), 비교(比較) 등의 무술을 해설하고 있다.

내용을 첨언하자면,

이 책은 명, 청나라 금서로 보관되었던 것을 영조가 중국에 가는 사신들 손바닥에 '武'라는 글자를 써주며 구해오라고 해서 간신히 구해 무예신보와 무예도보통지(1790년, 정조 14년)에 처음으로 실리게 된다. 우리에게는 애증이 교차되는 병서로 잊어서는 안 될 책이다.

모원의(茅元儀)

자는 지생(止生), 호는 석민, 별명은 일사, 동행서생, 동해 파신 등으로 불렸다.

절강성 무상현 출신으로, 조부 모곤은 대명병비 부사를 지냈으며, 일찍이 호종선 막부에 잠입하여 왜구 침략을 막는 각종 활동을 수행했으며 고문으로 이름이 높아 명재 고문파인 당송파의 수자이기도 했다. 부친 모국진은 남경 병부주사를 지냈으며 문장가로서도 이름이 높았다. 모원의는 어려서부터 가학을 배워 7세에 시를 지을 줄 알았으며, 11세에 제문을 짓고, 13세에 제생이 되었다. 18세에 북경 국자감에 유학했고, 20세인 당시의 명류 인사 탕현조, 동기창, 서광계 등과 교유하며, 그 재주로서 당시에 중히 여김을 받았다. 25세에 모언을 저술하고 날로 부패를 더해 가는 조정에 치국의 책략을 건의했다. 26세부터는 군국「군사강국」책략에 관심을 기울여 3년 후 28세에 군사상 대작「무비지」180만 자를 완성하게 된다. 그다음 해에 병부상서 손승정이 출정을 따라 요동 전쟁터에 이르러 손승종의 막부에서 작전참모로 활동한다. 그간에 쌓은 공로가 뛰어나 포상의 명을 누차에 받아, 한림원 대소부총병에 발탁된다. 그러나 당시에 위충현이 정치를 어지럽혀 천계 5년 10월에 손승종이 파직 당하고, 그 다음해 6월에 모원의도 관직을 잃고 만다. 승정 2년에 가서 후금의 철기병사들이 서울을 쳐들어오자 손승종은 다시 독사로 임명받고, 모원의는 이십사기 기마부대로 손승종을 호위하여 동쪽 비상문으로 적의 포위를 뚫고 통주로 들어가서 방어하며, 상처를 싸매고 백전백승하여 공적이 산같이 되었다. 승정 3년에 대장군의 도장을 하사 받고 화도 수군 독각으로 임명되었으나 모함을 받고 투옥되었다가 복건 지방에 유배되어 병사 임무를 맡게 된다. 이 해는 모원의가 37세 되던 때인데 이후 10년간은 그가 비록 숭정황제의 사면을 얻었으나, 반군 군사 세력이 커지고 이자성, 장헌충 등 농민 반란군의 형세가 요원의 불길 같자, 대명왕조는 누란의 위기를 맡게 되었다.

  모원의는 천하가 기울어졌음을 느끼고 충정을 나타낼 길이 없음을 알자, 밤낮으로 분노를 삼키고 술에 빠져 마침내 목숨을 잃게 되었다. 모원의는 학문은 깊고 재주가 많아, 그의 저술이 많았다. 군사 저술「무비지」외에 10여종의 시문집과 역사서와 기타

서적들을 남겼다. 그의 「무비지」엔 명대와 명 이전의 많은 무술 자료들을 보존하고 있는데 고금 무술계의 주목을 받고 있다.

모원의(茅元義)의 거짓말과 애국심

　모원의가 무비지를 쓸 때에 조선세법을 당나라 것이라고 만들기 위해 '검결가'로 논리를 찾았고, 검보에 나오는 그림을 당나라 옷과 일자 검으로 바꾸었다. 당시 조선이나 일본은 모두 한쪽 날과 휘어진 환두대도라는 칼을 사용했기 때문에 양날 일자 검으로 바꿈으로써 완전히 중국 당나라 모습이 되었다. 그러나 글자 하나하나에 나오는 우리 풍습과 검의 이법(理法)은 생각지 못한 것이다. 우리나라에도 검도 최고수라는 분들 중 어떤 분은 아직도 무비지에 나오는 것이 무조건 옳다는 사대주의로 꼭꼭 묶여 있는 분도 있다. 그에 대한 증거는 다음과 같다.

① 무비지는 1621년에 만들어졌지만 조선세법(예도)은 고구려 중반 이후에 만들어진 것으로 본다. 그 이유는 신라의 '본국검'이 조선세법에서 추려낸 주요 실전 검법으로 보아야 하며 '조선 상고사'의 신채호 선생은 연개소문이 만든 검법이라고 추정했다. 또한 신라의 거칠부 장군이 고구려에 숨어들어가 첩자로 배워 왔다는 것도 바로 이것이라 추정된다. 이러한 역사적 사실을 알 수 없는 모원의로서는 당시 한국 이름이 조선

이니까 조선세법이라고 양심선언 한 것으로 본다.
② 삼국(고구려, 백제, 신라) 시대 중반 이후에는 우리나라나 일본은 모두 한쪽날인 도(刀)를 사용하였다. 또한 그 이름을 모두 칼 또는 검(劍) 이라고 명명해 사용했다는 것을 그는 몰랐다.
③ 당시 일본은 백제의 속국 이였으며 신라 사람들이 일본에 가 노략질을 했다고 한다. 따라서 양국의 칼은 효율 높은 한쪽 날도(刀)로 호용되었다고 본다.
④ 조선세법은 양날검으로는 할 수 없는 검법이다. 오로지 두 손으로 잡아 치고, 찌르는 외날 도(刀)법이다. 이유는 다음과 같다.
⑤ 24세 모든 세(勢)가 격자법(擊刺法)으로 되어 있어 양날 일자 검은 사용할 수가 없는 한계와 효율성이 떨어진다.
⑥ 일자형 검은 한 손으로 찌르기 위주로 만들어진 검이다. 한쪽 날 도(刀)는 타격(打擊) 위주로 만들어진 검이다. 타격위주의 검법이다.
⑦ 세법(勢法)상 칼날을 뒤집어 (양세) 치기도 하고, 스쳐서 막기도 하는 것은 양날 일자검은 할 수 없다.
⑧ 자법(刺法)상 찌름(목, 눈, 폐, 명치, 배)에 따라서 칼날을 돌려서 찔러 완전히 제압할 수 있는 것으로 이법상 양날 검은 할 수가 없다. 양날검은 칼날을 돌릴 필요가 없다.
⑨ 세법(洗法)상 스냅으로 베는 것인 봉두세, 등교세, 호혈세는 모두가 둥근 칼 이어야만 가능한 검법으로 양날 일 자 검은 불

가능하다.
⑩ '무예도보통지'에 '본국검'이나 '예도(조선세법)'를 모두 검(劍)을 도(刀)로 바꾸어 놓은 것은 그때에 이미 우리 것을 찾았다는 것이고, 예도(銳刀)는 무비지가 우리나라에 들어 오기 전(효종) 때에 '고후검'이 80여명의 무관에게 이미 오래 전에 지도했다.
⑪ 예도(銳刀)의 이름이 빠른 검으로 일본의 거합도(居合)를 영문으로 쓰듯이 '빠른 검'의 영문 표기를 '퀵 스피드 스워드(Quick Speed Sword)'라고 쓴다.

검법은 한 글자, 한 획이라도 잘못되면 생명을 잃는다. 모원의는 검법을 모를 수밖에 없다. 이유는 '조선세법'이라는 검법을 처음 보았으며 최고의 검법에 흥분되었다고 본다.
차력사가 일자 작두 위에서 춤을 출 수는 있어도 둥근 칼날 위에서는 발바닥이 잘라져 하지 못한다. 더욱이 찌르는 것도 가슴(폐)과 목이나 배를 찌르는 것은 칼날 방향이 전혀 다르게 돌려야만 되어 일자 검으로는 불가능하다. 중국의 일자 검은 타격 시 부러져 사용이 불가능하고 칼날의 각도가 나오지 않는다.

무예도보통지 어정
(武藝圖譜通志 御定)

　이 책은 우리나라를 대표하는 무예서로서 세계문화유산으로 유네스코에 등재되어 있다(북한이 단독으로 등재함).

　그동안 많은 병서가 있었지만 순수한 단병무예만을 그림과 함께 한문과 한글로 쓴 것은 이 책 외에는 없다. 이 책은 조선조 4대에 걸쳐 만들어진 것으로 선조의 무예제보(한교), 광해군의 무예제보속편(최기남), 영조와 사도세자의 무예신보, 그리고 최종으로 완결편인 정조대왕의 어정 무예도보통지이다. 이 책은 서자 출신 천재인 이덕무가 고증을 맡았고, 연암 박지원의 제자인 서예가 박제가가 글을 썼으며, 조선무예 최고라는 백동수가 실연을 맡았으며, 260명의 관원과 장용영의 군영이 총동원 되어 1년 만에 완성했다고 한다. 더욱이 그림을 주도한 화원의 책임자가 화가 김홍도라고 하며, 그 정밀도가 균보법으로 바둑판처럼 361칸으로 나누어 정밀하게 글자 하나에 생명을 걸었다고 한다.

　이 병서를 완성한 정조는 너무 기뻐서 3명의 서자(이덕무, 박제가, 백동수)에게 파주 군수, 연천군수, 예인군수를 제수해 세상을 놀라게 했을 정도로 그 가치가 인정된다. 또 다른 사실은 왜검의 교전을 넣어 일본을 경계하여 그들의 검법을 알아야 하고 앞서가는 그들의 살수를 수련케 하기 위한 병술이며 우리나라 전통 본국검과 예도에서 빠진 것을 찾아 넣었다. 특히 잊어서는 안 될 것은 중국의 모원의가 쓴 「무비지」에 실려 있는 조선세법을 찾아 원명인 예도(銳刀)로 바로 잡고 모원의가 바꾸어 놓은 검을 든 중국 복장을 한국 의복과 우리나라 칼(刀)로 원상회복했다.

근래 우리나라는 일본에서 들어온 무술이 주를 이루어 내용을 잘 모르고 애석하게도 일본인이 쓴 글을 신봉하고 사대주의에 젖어 조선세법이라 부르고 중국식 해석을 해 우리 선조들의 참뜻을 곡해하는 사람이 많다. 정조가 그것을 몰라서 오죽하면 책머리에 어정(御定)이라고 썼을까 하는 생각이 든다. 병서는 글자 하나도 틀리면 안 된다. 또한 무(武)의 법식(法式)이라고 하는 것은 글자, 그림 하나에 목숨이 왔다갔다 한다는 말이다.

임진왜란과 병자호란을 겪으면서 단병 무예의 절실함을 경험한 조선은 단병 무예를 중심으로 한 무예책을 만들게 된다. 무예도보통지는 보병무예 18기와 마상무예 여섯 가지를 합하여 총 24가지를 1790년 4월 4권의 책에 언해본 1권을 더해 목판본으로 편찬한 병서로 군사무예훈련서이다.

현재 이 병서는 서울대학교 규장각, 한국학 중앙연구원 장서각과 육군사관학교 박물관에 소장되어 있으며, 북한은 평양 인민대학습당에 보관되어 있고 해외에는 일본 쯔꾸바 대학 도서관에 1부가 있다. 다만 일본 쯔꾸바 대학 도서관에 보관된 진본은 이 중에서도 가장 오래된 초본으로 춘, 하, 추, 동으로 각 권을 표시한 것이 유일하며 1권, 2, 3, 4권을 표현한 다른 책과 다르게 계절명을 활용한 것이 특이하다.

한편 북한은 2016년에 자신들이 보관하고 있는 이 「무예도보통지」를 유네스코 세계기록유산으로 등재를 요구하였다. 당시 베트남에서 2016년 5월 18~20일 유네스코 세계유산 아시아 태평양 지역 위원회 제 7차 총회에서 심사하여 만장일치로 등재하기를 결정했다. 참으로 어처구니없는 일이 벌어진 것이다. 이후 남한은 공동으로 기록 등재를 요구했으나 묵살되고 2017년 10월에 북한 단독으로 「무예도보통지」를 세계 기록문화유산으로 등재하였다.

주요내용으로 본다면 무예제보는 선조 31년(1598) 한교(훈국랑)가 기효신서에서 발취한 곤봉, 등패, 낭선, 장창, 당파, 장도 등의 여섯 가지에 광해군 2년(1610) 최기남에 의해 권법, 청룡언월도, 협도곤, 왜검 등 4기를 합하고 영조 35년(1759) 군교 임수웅은 사도세자의 명에 의하여 죽장창, 기창, 예도, 왜검, 교전, 월도, 제독검, 협도, 쌍검. 본국검, 권법, 편곤 등 12기를 추가하여 총 18기로 통합 하고 「무예신보」를 편찬하였다. 이것이 「무예18기」로 조선의 국기라고도 말하는 것이다.

여기에 정조 14년(1790) 이덕무, 박제가 그리고 장용영의 창검관 백동수를 주축으로 기마 전술의 마상 무예인 기창, 마상월도, 마상쌍검, 마상편곤, 그리고 격구와 마상재를 추가하여 무예 종류 총 24가지를 수록한 「무예도보통지」가 편찬되어 오늘날까지 이어져 내려온 것이다. 당시 무예는 일반인은 할 수가 없었고 오로지 관군 중 중앙군영인 훈련도감, 금위영, 용호영, 어영청과 특수부대인 '장용영'에서만 의무적으로 훈련하여 전해져 내려온다.(이를 5군영이라 한다)

당시 동양 3국 중 중국과 조선은 민간인은 무술이나 무기를 소지할 수 없었으며, 일본만이 개인이 소지할 수 있어 무기와 무술이 발전되어 내려왔다는 것을 참고하길 바란다. 오늘날 한국과 중국의 무술은 대부분 1940년을 기준으로 이후에 재발견 되거나 탄생되었고 모방된 것으로 발전되어 왔다고 보는 것이 타당하다.

무예도보통지와 기효신서, 무비지의 비교 고찰

「무예도보통지」는 흔히 우리가 말하는 건강 중심의 요즘 스포츠 무술과는 전혀 목적과 개념이 다른 군사용 살상 훈련 지침서이며 특별히 전해지는 무술 비급이 아니다. 적어도 「무예도보통지」를 이해하려면 근본인 「기효신서」를 언급해야만 하는 것은 임진왜란 시 평양성을 탈환한 명군은 「기효신서」대로 싸워서 승리했다고 하는 것이다.

이 말에 선조는 척개광이 쓴 이 책을 구해보려고 무척 애를 썼으나 비밀이라고 명군이 내어주질 않아 역관을 시켜 몰래「기효신서」를 구했다고 한다. 당시 조선은 궁시(弓矢)에 치우쳐서 왜군의 창검에 효과적으로 대응하지 못해 패전의 연속이었다. 당시에 일본군의 쌍수도, 조총과 중국의 당파류 장병기 등은 생소한 신무기였다. 전술 전략도 물론 없었다. 하지만 절강성 출신의 명나라 병사들은 당시 해안가에 노략질하는 왜구의 출몰에 수없이 많은 전투를 했으며 이때에 척개광의 전술로 승리를 맛보았던 군인이었다. 그래서 그들은 강했다.

이「기효신서」는 군사전술을 다룬 책으로 본다면 후에 나온「무비지」는 군사 백과사전으로 점을 치는 방법까지 열거했다.「기효신서」가 다른 병서와 다른 것은 전쟁을 수성 중심에서 적과 근접거리에서 공격하는 병기의 사용법이다. 시시때때로 출몰하는 왜구들에게 도망만 가던 중국 군대를 중국 강남 지역의 늪이 많은 평야지역에 유리한 '원앙진'이라는 접근전의 진법을 발명했다. 이것은 12명이 한 조가 되고, 대장이 앞에 서며 다음으로 두 사람이 등패를 들고, 그 뒤 두 사람이 낭선을 들며 네 명은 장창, 두 명은 단병기, 그리고 맨 뒤에는 한 사람이 화약 병기를가 지고 싸운다. 행군 시는 2열종대로 간다. 이러면 낭선은 등패를 돕고, 장창은 낭선을 도우며 단병은 장병을 지원하는 병기 합병 조합전투 소단위다. 실제로 전투에서 적이 100보 이내 들어오면 화약

병기를 사용하고, 60보에는 궁시를 사용하고 더 가까이 오면 원앙진이 출동하는 시스템이다.

장창과 낭선은 정면을, 등패는 단도와 함께 적을 둘러싸서 적을 죽였다고 한다. 이렇게 「기효신서」는 왜구를 대항하기 위한 전술로 만들어진 것이다. 당시에 이런 전술은 전쟁 개념을 바꾸어 놓았다. 이것을 기초로 한교를 시켜 만든 「무예제보」가 기초가 된 「무예도보통지」와 「무예신보」는 독창적인 것은 아니지만 효율적으로 만든 책이다. 「기효신서」나, 「무비지」의 장대한 내용에서 물량을 중요한 요점만 뽑아 쉬운 그림과 글씨로 무술을 쉽게 이해할 수 있게 만들었으며, 훨씬 종합적이고 체계적이다.

근자에 와서 무술도 모르는 사람들이 자의적인 해석으로 치밀하지 못하게 말하는 것은 목숨이 왔다 갔다 하는 진정한 무술을 모르는 소리이다. 더욱이 안타까운 것은 무비지에서 조선세법은 분명히 근래에 조선에서 호사자가 구해온 책으로 내용을 살펴보니 당나라 것인데 잊어버렸던 것을 찾았다고 했다. 그리고 '검결가'라는 증거를 대고 있으나 안타깝게도 그림을 모두 일자형의 중국검으로 그려놓았다. 그러나 조선세법은 양날 일자검으로는 동작을 할 수 없는 도법(刀法)이다. 즉, 모원의는 검술을 모르는 사람이다.

그림도 가짜로 그려졌다. 그래서 우리 이름을 찾아 '예도(銳刀)'라 한 것이다. 그런데 아직도 일부 사람은 '조선세법'이라고 부른다. 이는 모원의와 같이 중국 무술이라고 하는 증언에 승복하거나 사대주의의 발상이다. 무예도보통지를 만든 정조나 이덕무, 박제가, 백동수, 임수웅, 사도세자, 채제공 등이 이것을 몰라 예도 라고 했을까? 우리는 좀 더 생각하여야한다.

무비지가 1621년 출간 되었다면 지금 동양 3국에서 하고 있는 무술은 이후에 만들어졌거나 고쳐졌다고 보아야 한다. 일본의 검술도 무예도보통지의 '예도'를 모방했다고 봐야 한다. 이렇게보면 우리나라 전통 무예는 18기 중 '예도'와 '본국검'만이 우리 것이고 나머지는 중국, 일본 것으로 보아야 한다. 즉, 아무리 고쳐도 외래 무술의 아류로 보아야 한다.

사도세자와 임수웅이 만들었다는 「무예신보」는 존재하지 않으나 추정할 수 있다. 선조 31년(1598)에 편찬된 「무예제보(武藝提譜)」에는 장창, 당파, 낭선, 쌍수도, 곤봉 등패등 여섯 가지 기예로 만들어졌는데, 영조 35년(1759)에 편찬된 무예신보(武藝新譜)에는 '본국검'과 '예도'가 나온다. 그 답을 찾을 수 있다. 본국검이나 예도는 효종 때부터 숙종 때까지 이르러 많은 기록으로 남아 있다. 결론적으로 말하여 중국과 일본에도 이와같은 무술서는 몇 권 안 되며 한·중·일 모두 비슷한 시기에 무술에 관련된 것이 성립되는 근세적인 현상이다. 우리가 무술의 기원과 민족의 우월감을 가져야 하는 것은 무예도보통지만큼 효율적이고 정확한 유산은 세계에 없다는 것이다.

무예제보(6기)

임진왜란시 평양성이 수복되고 왜군을 패퇴시킨 명나라 전략이 기효신서라는 말을 듣고 만든 책이다. 일명 살수육기(殺手六技), 또는 한교육기(韓嶠六技)라고도 하며 임진왜란 중에 기효신서(척개광저)의 군사 기술을 선조왕의 명에 의해 훈련도감의 낭청이었던 한교가 명나라의 군영을 방문하여 군사들의 살수기예(撒手技藝)를 보고 그 중 단병기 살수 여섯 가지를 만들었다.

이 6기는 훈련도감 가운데 창검병(槍劍法)이던 살수병을 조련하는 기예(技藝)이다.

그 명칭은 대봉(大棒), 등패(藤牌), 낭선(狼列), 장창(長槍), 당파(鎧鈀), 장도(長刀)로 되어 있고, 후대 정조가 발행한 무예도보통지에는 대봉은 곤봉(棍棒)으로, 장창(長槍)으로, 장도는 쌍수도(雙手刀)로 그 명칭이 바뀌었다. 당시 조선에서는 한교를 국사(國士)라고 불러 무술계의 최고 호칭으로 국민적 존경을 받았다고 한다.

세계의 삼대병서(兵書)

『손자병법』

　손자병법(孫子兵法)은 현존하는 중국의 최고(最古)이자, 세계 최고의 병법으로 알려져 있다. 손자병법(孫子兵法)은 기원전 6세기경, 병법가인 손무(孫武)가 썼다고 전해지고 있다. 고대 중국인은 책 제목에 저자의 성(姓)을 그대로 사용하는 경우가 많다. 그러니 손자(孫子)는 손무(孫武)를 지칭하는 것이라 할 수 있다. 즉, 손무(孫武)가 쓴 병법(兵法)이라는 의미로 손자병법(孫子兵法)이 된 것이다.

　오(吳)나라는 장강(長江)의 남쪽에 영토를 가지고 있었는데, 중원(中原)의 제후들은 그곳을 오랑캐의 땅이라고 인식하고 있다. 그러나 손무가 오왕(吳王)을 모신 직후부터 활발하게 군사 활동을 시작해서 남쪽의 웅(雄), 초(楚)나라를 멸망 직전까지 몰고 갔다고 전해진다. 이러한 일련의 전투에서의 승리는 손무(孫武)의 공적이었다.

　손무(孫武)가 오왕(吳王)을 모시던 시기에 병법서를 오왕(吳王)에게 바쳤는데, 그것이 바로 손자병법(孫子兵法)의 원형이 된 책이라 여겨진다. 그 후 수백 년 동안 몇 개의 문장이 빠지거나 첨가 되었을 것이다. 그 중에서 현재의 손자병법(孫子兵法)이 있게 하는데 가장 많은 영향을 미친 사람이 바로 삼국지에 나오는 위(魏)나라를 세운 조조(曹操)이다. 그러나 1997년에 56편으로 이루어진 손자(孫子)의 죽간본이 발굴되어 현재 해석 중이라는 설도 있다. 만약, 이 죽간본(竹簡本)에 대한 해독이 끝나게 된다면 손자병법(孫子兵法)은 새로운 국면을 맞이할 수도 있을 것이다. 물론 다른 여러 병법가 중에 전국시대 초(楚)나라의 오기, 진(秦)나라 시황제를 모신 울로 등도 있었지만 손자병법(孫子兵法)을 쓴 손자처럼 체계적이지 않다는 것이 일반적인 평이다.

그 내용은 계획, 작전, 군의 형태, 기세, 허와 실, 전쟁, 용병의 원칙 아홉 가지, 공격과 주둔, 지형활용, 형세 지형 아홉 가지, 화공작전, 간첩활용 등으로 되어 있다.

손무(孫武, 손자)

세계 3대 병서 중 으뜸을 손자병법이라고 한다. 또한 어느 병법도 이를 능가할 수는 없다고하는 군사 전략가로 불리운다. 춘추 시대 제(齊)나라 낙안(樂安, 山東省) 사람. 전완(田完)의 후예다. 선조가 손씨 성을 하사받았다. 병법(兵法)으로 오왕(吳王) 합려(闔廬)에게 불려갔는데 오왕이 시험하려고 궁중의 미녀 180명을 불러 전투 훈련을 시키게 했다. 이들을 2개 부대로 나누어 왕이 아끼는 총희(寵姬) 두 명을 대장으로 삼았다. 삼령오신(三令五申)하면서 지휘하자 미인들이 큰 소리로 웃으니 총희 두 명의 목을 베어 호령했다. 그러자 모든 미인들이 절제되고 규율 있는 자세를 갖추게 되었다.

오왕이 장군으로 삼아 서쪽으로는 강한 초(楚)나라를 공격해 다섯 번 싸워 다섯 번 승리를 거두고 초나라의 도읍으로 들어갔다. 북쪽으로는 제나라와 진(晉)나라 등을 굴복시켜 합려로 하여금 패자(覇者)가 되게 했다. 그가 저술했다는(그의 후손 孫臏의 저술이라고도 함) 『손자병법(孫子兵法)』은 최고의 군사 지침서로, 단순한 국지적인 전투의 작전서가 아니라 국가경영의 요지, 승패의 기미와 인사의 성패 등에 이르는 내용을 다루고 있다. 그는 "싸우지 않고도 남의 군사를 굴복시키는 것이 최고의 장군"이라고 가르쳤다. 참고로 손자(孫子)라고 불리는 것은 중국에서의 풍습으로 훌륭한 성인을 子字를 붙쳐 부른다. (예. 공자. 노자, 맹자. 순자 등등)

『전쟁론』

독일의 병서로 카를폰클라우제비츠(Carl Von Klausewitz)가 만든 전쟁이야기다. 그는 1780~1831년 사람이며 프로이센 왕국의 태생이다. 장군으로서 불멸의 이 책을 남겼다. 12살에 군에 입대하고, 13세에 최초의 전투를 경험하며 15살에 소위로 임관하게 된다. 21살에 베를린에 있는 군사학교에 입학하여 평생 아버지라고 부르는 스승을 만난 것이 샤튼 호스트라는 사람이다. 23살에 군사학교를 수석으로 졸업하고, 아구스트 왕자의 전속 부관이 되었으며, 1806년 '아우어 슈데트' 전투에서 포로가 되었다가 1807년 11월에 귀환한다. 이후 군사 연구 저술 활동을 하다가 1812년 프랑스와의 전쟁에서 소련군으로 참여했다가 1814년 프로이센으로 귀환 복귀한다. 1815년 제 3군단 참모장이 되었다. 전쟁이 끝난 후 1818~1830년까지 베를린 군사학교 교장으로 근무하면서 그 동안 자신의 전투 경험을 되살리고 연구하고 실제 경험을 바탕으로 과거의 전쟁사와 전쟁 이론을 섭렵하여 「전쟁론」을 집필한다. 1931년 콜레라로 향년 51세 나이로 사망한다. 총 3권으로 되어 있으며 제1권은 전쟁의 본질, 이론, 일반적 전략, 전투, 제2권은 전투력, 방어, 그리고 제 3권은 공격 초안, 전쟁계획으로 총 8편 3권으로 되어 있다.

『오륜서(五輪書)』

일본의 병법서로 세계 3대 병법서라 칭한다. 이 영예로운 대접을 받는 오륜서는 미아모토 무사시가 썼다고 하며, 그는 일본 전국시대 말기(도요토미 히데요시)에서부터 에도시대(도쿠가와 이에야스) 초기를 살았던 전설의 무사로 싸움에서 63전 63승을 한 것으로 유명하다. 이 오륜서는 1742년 '도요다'라는 사람의 기록으로 다소 과장되었다고 한다.

　오륜서의 내용은 땅, 물, 불, 바람, 하늘로 명명된 다섯개의 장으로 구성되었으며 미야모토 무사시가 겪은 수십차례의 목숨을 건 실제 전투 경험이 그대로 녹아 있는 실전의 특징이 있다.

　그는 지금의 효고현 근처 옛날 하리마국 이라는 곳에서 지하 낭인 무사 '무니사이'의 아들 벤노스케로 태어나 '세키하라' 전투에 히데요리 편으로 참가해 패잔병이 된다. 다꾸앙이라는 스님에게 검술과 인성을 배우고, 전국 여러 곳을 떠돌아 다니며 검술을 익혀 양손에 칼을 들고 싸우는 니토류(二刀流)를 개발하고 니텐이치류(二天一流)의 시조가 되었으며 화가로서도 일가견이 있었다. 실제 검술은 아버지로부터 배웠다.

　그의 파란만장한 일대기를 지금도 소설로, 영화로, 만화로 만들어지는 일본 최고의 사무라이로 호평받고 있다. 그 내용은 아래와 같다.

「오륜서」는 땅, 물, 불, 바람, 하늘의 다섯 장으로 구성되어 있으며 각 장마다 단계가 분명하게 나뉘어져 있다.

땅의 장 : 이 장에서는 주로 도에 대한 핵심 이론을 설명한다. 책의 내용이 마치 대지에 난 선명한 길처럼 수행자를 병법의 세계로 인도한다는 이유로 땅의 장이라 명명되었다.

물의 장 : 이 장에서는 주로 미야모토 무사시가 창시한 니텐이치류에 대해서 설명한다. 미야모토 무사시는 병법이 물과 같은 유연성을 지녀 때로는 크게, 때로는 작게, 혹은 둥글게, 혹은 사각으로 변할 수 있는 변화무쌍함을 지녀야 한다고 설명한다. 물과 같은 유연함을 설명한 이 장은 물의 장이라 명명되었다.

불의 장 : 이 장에서는 전쟁에서의 전략에 대해 설명한다. 맹렬한 기세로 타오르는 불은 마치 치열하고 잔혹한 전쟁을 연상시키기 때문에 불의 장이라 명명 되었다.

바람의 장 : 이 장에서는 무사들이 살았던 시대의 각종 유파에 대해 설명한다. 고대의 풍은 풍격 혹은 전통의 의미를 지녔었다. 때문에 각 유파의 서로 다른 풍격을 설명한 이 장은 바람의 장이라 명명되었다.

하늘의 장 : 이 장에서는 '공'의 개념을 통해 병법의 최고 경지에 대해 설명한다. 시작과 끝이 없고 안과 밖의 구분도 없는 하늘은 병법을 충분히 활용하면서도 그의 속박 당하지 않고 적을 제압할 수 있는 무사에 비유할 수 있다. 따라서 이 장은 하늘의 장이라 명명되었다.

참고로 현대 검도의 최고수가 상대편을 압박하여 덤벼들게 만들어 순간을 공격하여 승리하는 기술의 무박자 검법은 미야모토 무사시가 시조라고도 한다. "살을 베게 주고 뼈를 끊는다." "몸으로 닦고 마음으로 벤다."는 말도 한 대목이다. 분명한 것은 무사시의 검법은 기능적 기술보다 정신적인 기(氣)적 요소가 중심이 되어 오래가지 못했고 동시대에 살았던 '이토 이토사이'의 잇도류가 여러 유파로 나누어 현재까지 자리잡고 이어져 내려온다. 또한 오륜서는 그가 죽은 뒤 100년이 지나서 간행되었다.

우리나라의 무경 인물전

거칠부(居柒夫)

내물왕의 5세손으로, 아버지는 이찬(伊湌) 물력(勿力)이다. 할아버지는 각간(角干) 잉숙(仍宿)으로, 소지왕의 장인이면서 486년 이벌찬으로 국정을 총괄한 내숙(乃宿)과 동일인으로 보인다.

어려서 승려가 되어 사방을 유람하다가 고구려에 들어가 혜량법사(惠亮法師)의 강설을 들은 뒤 귀국하여 관직에 진출하였다. 545년(진흥왕 6) 대아찬(大阿湌)으로서 왕명을 받들어 《국사(國

史)》를 편찬하여 파진찬(波珍湌)의 관등을 받았다.

551년 백제와 연합하여 고구려를 공격, 10여 군을 빼앗고 혜량법사와 함께 신라로 돌아와 그를 최초의 승통(僧統)이 되게 하였다. 561년 이찬으로서 진흥왕과 함께 창녕지역을 순행하였고, 568년 이찬으로 대등(大等)이 되어 마운령 지역에 진출하였다. 576년(진지왕 1) 상대등이 되어 군국정사를 총괄하다가, 579년에 죽었다. 고구려에 잠입하여 중으로 변장한 것이 혜량 법사에 탄로되어 죽음을 면하게 해준 혜량 법사를 훗날 고구려 점령 후 은혜를 갚았다는 기록으로 볼 때 당시 거칠부는 고구려에서 배운 예도를 실전 검법으로 바꾸어 본국검이 라는 신라 검법을 만들었다고 본다. 진흥왕 때 화랑도가 꽃을 피운다.

본국검은 검의 이치상 '예도'에서 뽑아 일반 병사들이 훈련할 수 있게 만든 검법으로 거칠부가 고구려에 들어가 첩자로 발각되기도 한다.

김유신(金庾信)

어머니 뱃속에서 20개월만에 출생했다고 한다. 현재도 출생지인 진천 길상사에는 그의 태가 보관 된 태실이 보관되어 있다. 우리나라 역사상 가장 위대한 무예인으로 단칼에 말의 목을 베었다고 한다. 그의 나이 12세까지 진천(鎭川)에서 자랐다.

본관은 김해(金海)이며 만노군(萬弩郡, 지금의 충청북도 진천)에서 태어났다. 금관가야(金官伽倻)의 시조인 수로왕(首露王)의 12대손이며, 금관가야의 마지막 왕인 구해왕[仇亥王, 구형왕(仇衡王)이라고도 한다]의 증손이다. 조부인 김무력(金武力)은 구해왕의 막내아들로 벼슬이 각간(角干)에 이르렀으며, 백제의 동북 지역을 점령해 신주(新州)를 설치하고 관산성(管山城) 전투에서 백제 성왕(聖王, 재위 523~554)을 전사시키기도 했다. 부친은 소판(蘇判)의 벼슬을 지낸 김서현[金舒玄, 김소연(金逍衍)이라고도 한다]으로 그도 대량주(大梁州) 도독(都督) 등을 지내며 진평왕(眞平王, 재위 579~632) 때에 백제·고구려와의 전투에서 활약했다. 모친은 진흥왕(眞興王, 재위 540~576)의 아버지인 입종갈문왕(立宗葛文王)의 손녀 만명(萬明)이다.

《삼국유사(三國遺事)》에는 김유신이 해, 달, 화성, 수성, 목성, 금성, 토성 등 일곱 별의 정기를 타고 태어나 등에 칠성(七星)의 무늬가 있었다는 이야기가 기록되어 있다. 그리고 그의 출생과 관련해서 수미산(須彌山)의 꼭대기 33천의 천인(天人)이 신라에 태어났다는 이야기와 억울하게 죽은 고구려의 점장이 추남(楸南)이 환생했다는 이야기도 전하고 있다. 〈《삼국사기(三國史記)》에는 김유신(金庾信)이 655년(무열왕 2) 태종무열왕(太宗武烈王, 재위 654~661)의 셋째딸인 지조[智照, 지소(智炤)라고도 한다]와 결혼해 김삼광(金三光), 김원술(金元述), 김원정(金元貞), 김장이(金長耳), 김원망(金元望) 등 5명의 아들과 4명의 딸을 낳았으며, 이들 이외에 김군승(金軍勝)이라는 서자도 있었다고 기록되어 있다. 하지만 지조(지소부인)와 결혼했을 때 김유신의 나이는 이미 61살에 이르렀으며, 그녀가 김유신이 죽은 지 40년 가까이 되는 712년(성덕왕 11)까지 생존해 있었다는 기록을 볼 때 두 사람의 나이 차이는 상당히 컸을 것으로 보인다. 따라서 이들이 모두 무열왕의 딸인 지조의 소생인지는 확인되지 않는다. 이 밖에 삼국통일 과정에서 공을 세운 김흠순(金欽純)이 그의 동생이며, 누이동생은 태종무열왕의 왕비인 문명왕후(文明王后)이다. 곧 김유신은 문명왕후의 소생인 문무왕(文武王, 661~681)과 김인문(金仁問)의 외삼촌이기도 하다.

《삼국사기》에 따르면, 김유신(金庾信)은 15세 때인 609년(진평왕 31)에 화랑(花郞)이 되어 낭도를 이끌었는데 그 무리를 용화향도(龍華香徒)라고 불렀다. 그리고 17세 때인 611년(진평왕 33)부터 중악(中嶽, 지금의 경주 단석산으로 추정)과 인박산(咽薄山, 지금의 경주 백운산으로 추정)에 홀로 들어가 수련을 하였다. 《삼국사기》에는 김유신이 중악에서 수련을 할 때 난승(難勝)이라는 노인에게서 삼국을 병합할 비법(秘法)을 배웠다는 이야기가 수록되어 있다.

김유신은 629년(진평왕 51) 신라가 고구려의 낭비성(娘臂城)을 공격할 때 큰 공을 세우면서 무용을 떨치기 시작했다. 당시 아버지인 김서현을 따라서 중당당주(中幢幢主)로 참전했던 김유신은 신라군이 패전의 위기에 몰리자 적진으로 용감히 쳐들어가 적장을 죽여 신라의 승리를 이끌어냈다. 642년(선덕여왕 11) 백제가 대야성(大耶城, 지금의 경상남도 합천)을 점령하며 신라를 압박해오자 김유신은 압량주(押梁州, 지금의 경상북도 경산) 군주(軍主)로 임명되었으며, 644년(선덕여왕 13)에는 소판(蘇判)으로 벼슬이 오르고, 그해 가을 상장군(上將軍)으로 임명되어 백제의 가혜성(加兮城), 성열성(省熱城) 등 7개 성을 공격해 승리를 거두었다. 이듬해에는 백제가 매리포성(買利浦城, 지금의 경상남도 거창)을 공격해오자 상주장군(上州將軍)으로 임명되어 다시 출정하여 백제군을 패퇴시켰다. 647년(선덕여왕 16) 비담(毗曇)과 염종(廉宗)이 반란을 일으켰을 때에도 진압에 공을 세웠다. 《삼국사기》에는 당시 왕이 머물던 월성(月城)에 큰 별이 떨어져 병사들이 동요하자 김유신이 한밤에 불붙인 연을 하늘로 띄워 별이 다시 하늘로 오른 것처럼 꾸며 병사들의 사기를 북돋은 뒤에 반란군을 진압했다는 이야기가 전해진다. 그해 겨울에는 백제가 무산(茂山)·감물(甘勿)·동잠(桐岑) 3개 성을 공격해오자 방어에 나서 수하인 비녕자(丕寧子)의 활약으로 백제군을 물리쳤다.

 백제와 고구려의 공격으로 수세에 몰린 신라는 648년(진덕여왕 2) 김춘추(金春秋)를 당(唐)나라로 보내 원병을 요청했는데, 당나라 태종(太宗, 재위 626~649)은 파병을 약속했다. 압량주 군주로 있던 김유신은 그 해에 대야성 수복에 나서 옥문곡(玉門谷)에서 대승을 거두고 백제 장수 8명을 사로잡았다. 그는 이들을 642년에 대야성에서 죽은 김춘추의 사위와 딸인 품석(品釋)과

고타소(古他炤)의 유해와 교환했으며, 다시 백제의 경내로 쳐들어가 악성(嶽城) 등 12개의 성을 빼앗았다. 그 공으로 김유신은 이찬(伊飡)의 벼슬에 오르고, 상주행군대총관(上州行軍大摠管)으로 임명되었다. 김유신은 이에 멈추지 않고 계속해서 백제의 진례(進禮) 등 9개의 성을 공격해 큰 승리를 거두었다. 649년(진덕여왕 3)에는 좌평(佐平) 은상(殷相)이 이끄는 백제군이 신라의 석토(石吐) 등 7개 성을 공격해오자 도살성(道薩城) 아래에서 이들을 대파하였다.

연개소문(淵蓋蘇文)

연개소문(淵蓋蘇文, ?~665?)에 대한 역사적 평가는 극과 극을 달린다. 김부식은 [삼국사기]에서 임금을 죽인 역적이며, 고구려의 멸망을 초래한 장본인으로 기록한 반면, 신채호는 [조선상고사]에서 위대한 혁명가로, 박은식은 [연개소문전]에서 독립자주의 정신과 대외경쟁의 담략을 지닌 우리 역사상 일인자로 평가했다. 유교사상의 지배를 받던 조선시대까지 왕을 죽이고 나라를 망친 인물로 평가받았으나, 민족의 자주정신이 요구되던 20세기 자주적인 혁명가로 재인식된 것이다.

연개소문은 고구려(660년대) 장군으로 '김해병서'라는 책을 만든 병략가로 지금까지 내려오고 있는 '예도(銳刀)'의 검술이라고도 한다. 연개소문은 642년 혁명을 일으켜 영류왕(27대)을 제거하고 '보장왕'을 세워 인사와 군사권을 총괄하는 '막리지'에 오른다.

　당태종 이세민과의 견해 차이와 신라, 백제의 싸움과 당나라 침략으로 시작 된 전쟁에서 5개월만에 '안시성' 전투의 승리로 당나라 황제 이세민(649년)을 화병에 죽게한다. 계속되는 당나라 침략을 막아선 고구려는 660년 신라와 당나라가 연합하여 백제를 멸망시키고 침략한 나당 연합군을 직접 전투에 참가해 당나라군 전체를 전멸시킴으로서 665년 연개소문이 죽을 때까지 당나라는 고구려를 침략하지 못했다. 연개소문의 죽음으로 후계자가 된 그의 아들 「남생」은 동생과 권력 다툼으로 당나라에 투항하고 연개소문의 동생 '연정토'가 신라에 투항함으로써 나당 연합군에 공격을 받아 멸망하게 된다. 그러나 사가는 우리나라 역사상 최고의 무장으로 첫 손가락에 꼽는다. 또한 무경칠서의 하나인 「이위 공병법(李偉公兵法)」 저자인 당나라 명장 이정(李靖)을 가르친 스승이라고도 한다.

계백(階伯)

　황산벌 전투의 신화 인물이다. 관등은 달솔(達率)이다. 660년 김유신(金庾信)과 소정방(蘇定方)의 5만여 나·당 연합군이 백제의 요충지인 탄현(炭峴 : 지금의 大田 동쪽 馬道嶺)과 백강(白江) 으로 진격해 오자, 결사대 5,000명을 뽑아 황산(黃山 : 지금의 충청남도 連山)벌에 나가 맞이하였다.

그는 전장에 나아가기에 앞서 "한 나라의 힘으로 나·당의 큰 군대를 당하니 나라의 존망을 알 수 없다. 내 처자가 잡혀 노비가 될지도 모르니 살아서 욕보는 것이 흔쾌히 죽어 버리는 것만 같지 못하다."고 하고는 처자를 모두 죽이고 나라를 위해 목숨을 버릴 것을 각오하였다.

또한, 병사들에게도 "옛날 월왕 구천(越王句踐)은 5,000명으로 오왕 부차(吳王夫差)의 70만 대군을 무찔렀다. 오늘 마땅히 각자 분전해 승리를 거두어 나라의 은혜에 보답하라."고 격려하였다. 그의 결사대는 험한 곳을 먼저 차지해 세 진영으로 나뉘어 연합군에 대항하였다.

목숨을 버릴 것을 맹세한 결사대 5,000명의 용맹은 연합군의 대군을 압도할 만하였다. 그리하여 처음 연합군과의 네 번에 걸친 싸움에서 모두 승리를 거두었다. 그러나 반굴(盤屈)·관창(官昌) 등 어린 화랑의 전사로 사기가 오른 연합군의 대군과 대적하기에는 그 수가 턱없이 부족하였다.

결국, 백제군은 패하고 계백은 장렬한 최후를 마쳤다. 계백의 이러한 생애는 후대인들의 높은 칭송의 대상이 되었다. 특히, 조선시대의 유학자들에게는 충절의 표본으로 여겨졌다.

그러나 서거정(徐居正) 등은 계백의 행동을 높이 평가해 "당시 백제가 망하는 것은 필연적인 사실이기에 자신의 처자가 욕을 당하지 않도록 몸소 죽이고, 자신도 싸우다가 죽은 그 뜻과 절개를 높이 사야 한다."고 하였다.

더구나, 백제가 망할 때 홀로 절개를 지킨 계백이야말로 옛 사람이 이른바 "나라와 더불어 죽는 자"라고 칭송하였다. 그 평가는 이후 조선시대 유학자들간에 그대로 계승되어 계백은 충절의 표본으로 여겨졌다. 그 뒤 계백은 부여의 의열사(義烈祠), 연산의 충곡서원에 제향되었다. 오늘날 일본 무사도 정신의 표본이기도 하다. 백제와 일본은 혈맹이었으며 일본 국토의 2/3를 통치했고 문자와 문화를 전수한 우리나라 역사상 최대의 영토를 가진 백제 해양대국이었다.

한교

본관은 청주(淸州). 자는 사앙(士昂), 호는 동담(東潭). 상당부원군(上黨府院君), 칠삭동이, 한명회(韓明澮)의 5대손으로, 아버지는 직장 한수운(韓秀雲)이다. 이이(李珥)·성혼(成渾)의 문인이다.

성리학을 비롯하여 천문·지리·복서(卜筮)·병략(兵略) 등의 학문을 두루 통달하였다. 1592년(선조 25) 임진왜란이 일어나자 의병을 일으켜 적을 토벌하였으며, 그 공으로 벼슬길에 나가기 시작하여 사재감참봉・예빈시주부・군자감판관 등을 거쳐 죽산・의흥의 현감을 역임하였다.

특히, 1594년에는 유성룡(柳成龍)의 추천을 받아 문인으로서는 특례로 훈련도감낭관에 임명되어 새로 들어온 중국의 전술서인 『기효신서(紀效新書)』의 강해(講解)를 받았다.

따라서, 명나라 진중에 자주 왕래하면서 명나라 장수들에게 질의하여 포(砲)・검(劍)・창(槍) 등 무기의 각종 새로운 기법을 터득하고 그림을 그려 책을 만든 다음 가르치게 하니, 이것이 뒷날의 종합무술교과서인 『무예도보통지(武藝圖普通誌)』의 근원이 된 무예제보(武藝諸譜)로 현존하는 최초 무술의 책이다.

광해군 때에는 곡산부사로 벼슬길에서 물러나 아차산(峨嵯山) 아래 광나루에 집을 짓고 은거하였으며, 1623년 인조반정에 참여하여 정사공신(靖社功臣) 3등으로 서원군(西原君)에 봉하여졌다.

1625년(인조 3)에는 서북방에 변고가 있을 것을 염려하여, 상소를 통하여 그 예방책을 건의하였다. 유저로는 『동담집』・『가례보주(家禮補註)』・『홍범연의(洪範衍義)』・『사칠도설(四七圖說)』・『무예제보(武藝諸譜)』・『소학속편(小學續編)』 등이 있다. 그는 조선 최초의 국선(國仙)으로 불리어 왔다.

최기남(崔起南)

임진왜란 후 '무예제보 속편'을 편찬한 병법가로 '무예제보'에 없는 '왜검보'를 최초로 실었으며 일본국 지도와 한글 해설을 함으로써 보물 1321호로 지정 받았다. 병자호란 시 남한산성 항복(인조)으로 유명한 '최명길'이 그의 아들이다.

본관은 전주(全州). 자는 흥숙(興叔). 호는 만곡(晩谷)·만옹(晩翁)·양암(養庵). 장사랑 최명손(崔命孫)의 증손으로, 할아버지는 별제 최업(崔嶪)이고, 아버지는 증좌승지 최수준(崔秀俊)이며, 어머니는 증호조참의 남상질(南尙質)의 딸이다. 성혼(成渾)의 문인이다.

1602년 알성문과에 병과로 급제하여, 성균관전적·병조좌랑·지제교(知製敎)·시강원사서와 형조·예조·병조의 정랑을 두루 역임하고, 1605년 함경북도평사로 나갔다. 이듬해 내직에 들어와 예조·병조의 정랑과 세자시강원시강 등을 역임하고, 1612년(광해군 4) 통정대부(通政大夫)에 승계되어 영흥대도호부사에 임명되었다.

이 때 이이첨(李爾瞻)을 중심으로 한 대북파에 의하여 인목대비(仁穆大妃)를 폐출하는 옥사가 일어났는데, 그에 연루되어 파직되었다. 관직에서 물러난 뒤 가평에 은거하여 만곡정사(晩谷精舍)를 짓고 여생을 보냈다.

선조 때는 군정(軍政)에 관한 많은 상소를 올려 정치를 보좌하였고, 광해군 초기 홍문관에 있을 때에는 군국대무(軍國大務)에

대한 6조의 소를 올리는 등 여러 차례 시정혁폐(時政革弊)를 직언
하였다. 뒤에 아들 최명길(崔鳴吉)의 인조반정 공훈으로 영의정
에 추증되었다.

김체건

조선 숙종 때 인물. 무예도보통지에 실려있는 인물로 무협지같
은 삶을 살았으며, 그의 아들인 김광택은 신선이 되었다고 전해
졌고 김체건은 숙종 때 군교를 지냈다. 아들인 김광택에게 붙은
별칭은 검선(劍仙)으로서 검술의 달인이었다고 한다.

임진왜란 후 일본의 검술에 감명을 받은 조선의 훈련도감에서
는 왜검을 익힐 자로서 무예에 상당히 능했던 김체건을 선발해 왜
검을 익혀오도록 했다. 하나는 조선 내의 왜인들이 거주하던 부
산 왜관에서 배웠다는 것이고, 다른 하나는 조선에서 왜로 사신
을 보낼 때에 사신으로 가서, 일반인으로 위장하여 배워왔다는
것이다. 훔쳐 배운 것치고는 굉장한 경지에 올라, 이후 조선으로
돌아와, 혹은 왜관에서 나와 지고한 경지에 올라, 임금의 앞에서
시연할 때에 워낙에 날래고, 대단하여 임금이 놀랐다고 한다. 재
위에서 검술을 시연하였는데, 그가 한번 기합을 지르자 시범을
보던 이들의 정신이 아득해져 정신이 없었고 마치 춤을 추는 듯
우아하고 아름다웠으며, 재에 발자국 조차 남지 않을 정도로 날
랬다고 한다.

김광택전은 전설 비스무리한 것이라, 신뢰도가 좀 떨어진다는 점을 감안했을 때 객관적 사료라고 할 수 있는 무예도보통지나 실록의 기록으로서 추측해보자면, 김체건은 당시 왜로 파견된 무리에 자신의 이름이나 정체를 숨기고 파견되었고, 이후 일본에서 3년 동안 따로 떨어져 나와 시간을 보냈으며, 일본 전국을 돌아다니며 수행을 쌓은 것으로 보인다. 아니면 검보를 얻어 수행을 한 것으로 보이기도 한다.

무예에 상당한 식견이 있는 것으로 보아 당시 조선에 전해지던 '예도'나 본국검법에 능했던 것으로 보인다. 검(劍) 자체에도 재능이 있었는지, 저 정도로 대단한 경지에 오르기까지 걸린 시간은 고작 3년이었다고 한다. 이후에 조선으로 돌아온 후 청으로도 보내져 청의 무예를 익히고 왔을 가능성도 있다.

우리나라의 무협영웅 같은 존재가 아닐까 싶지만, 이러한 김체건을 뛰어넘는 이로서 그의 아들인 김광택이 있다. 하지만 김광택의 경우 객관성이 있는 사료에는 서술이 없다. 다만 무예도보통지의 왜검보가 백동수에게 전수되어 실린 것으로 알려져 있다. 다만 경종의 수행 경호를 맡았었다는 이야기도 있다.

김체건은 부산에 있던 일본 역관에 숨어 들어가 일본 무술을 배웠고, 일본에 사신으로 따라가 검술을 익혔다고 한다. 그는 일본

검법 '토유류(土由流)', '운광류(運光流)' 등을 터득하여 검보(劍譜)를 남기고 군사훈련관으로 활동했다. 그의 무술 실력은 달리기를 잘하고 엄지손가락으로 물구나무서기로 걸었다고 한다. 이 소문에 숙종은 복도에 재를 뿌리고 그 위에서 무술 시범을 하도록 했는데 재 위에 발자국이 없었다고 전해져 내려온다. 조선의 국기라 하는 무예도보통지의 18기에 운광류(運光流)가 왜검보로 들어가 있으며 그의 아들 김광택은 축지법을 썼다고도 하며, 무예도보통지를 만든 실전 무술인 백동수의 스승으로 남산골에 살았다고 한다. 일본 검술을 배우고 도입해 우리의 것으로 개조한 조선 최고의 검술인으로 불려진다.

백동수(白東脩)

서얼로는 크게 성공한 무관이다. 본관은 수원(水原)이며, 자(字)는 영숙(永叔)이다. 야뇌(野餒) 혹은 인재(靭齋)라는 호(號)를 사용하였다. 무예가 뛰어나 당대에 창검(槍劍)의 일인자로 꼽혔고, 마술(馬術)과 궁술(弓術)에도 뛰어났다. 박지원(朴趾源)·이덕무(李德懋)·박제가(朴齊家) 등 북학파 실학자들과도 깊이 교유하여 학문에도 높은 성취를 이루었고, 서예에도 능해 전서(篆書)·예서(隸書)를 특히 잘 썼다고 전해진다.

1743년(영조 19년)에 한양에서 용양위(龍驤衛) 부호군(副護)를 지낸 백사굉(白師宏)의 아들로 태어났다. 증조부인 백시구(白時耉)는 병마절도사를 지낸 무반(武班)이었지만 조부인 백상화(白尚華)가 서자였기에 서얼의 신분이었다. 누이가 같은 서얼 신분인 실학자 이덕무에게 시집을 가서 그와는 매부와 처남 관계로 매우 가깝게 지냈다.

왜검(倭劍)을 조선에 전한 김체건(金體乾)의 아들인 김광택(金光澤)에게 무예를 배웠으며, 1771년(영조 47년) 식년시(式年試) 무과에 급제하였으나 관직에 오르지는 못했다. 1773년에 가족과 함께 강원도 기린협(麒麟峽, 지금의 강원도 인제)에 은거하여 농사를 지으며 무예를 연마하였다.

정조가 즉위한 뒤 이가환(李家煥)·정약용(丁若鏞) 등을 중용하고, 1779년 이덕무·유득공·박제가 등 서얼 출신의 인사를 규장각(奎章閣) 검서관(檢書官)으로 임명하자 1780년(정조 4년)에 다시 한양으로 돌아왔다. 1785년(정조 9년) 정조가 친위군영인 장용영(壯勇營)을 창설하자 추천되어 집춘영(集春營)과 어영청(御營廳) 초관(哨官)을 역임하고 1788년부터 장용영 초관으로 근무했다. 1790년(정조 14년)에는 왕명으로 이덕무·박제가와 함께 〈무예도보통지(武藝圖譜通志)〉를 편찬했는데, 그는 직접 기예를 시험해 보면서 편찬 작업을 감독하는 역할을 맡았다. 4권 4책으로 편찬된 〈무예도보통지〉는 24종에 이르는 각종 무예를 그림을 덧붙여 자세히 설명하고 있는 훈련용 병서이다. 현재 이 책은 유네스코에 문화재로 등록(북한) 된 귀한 무예 자산이다.

  1790년 병사들의 병서 강습과 무예 훈련을 담당하는 훈련원(訓鍊院) 주부(主簿)가 되었으며, 이듬해 종5품의 부사직(副司直) 직위에 올라 훈련원 판관(判官)이 되었다. 1792년에는 충청도 비인현감(庇仁縣監)이 되었다가 1795년에는 종4품의 훈련원 첨정(僉正)이 되었다. 무예도보통지 편찬의 공로로 현감에 올랐지만 임금에게 오는 배가 풍랑에 전복되어 그 책임으로 현감에서 파직되는 안타까움을 겪는다.

  정조가 죽고 순조가 즉위한 뒤에는 평안도 박천군수(博川郡守)로 임명되었다가 뇌물을 받았다는 죄로 유배되었다가 풀려났다. 1806년(순조 6년)에는 영의정 이병모(李秉模)의 주장으로 다시 유배되고 관직에 오르지 못하도록 하는 금고형(禁錮刑)을 받았다. 1810년에는 서용되어 종3품의 군기시(軍器寺) 부정(副正)이 되었으나 1816년(순조 16년) 경기도 양주땅에서 74세의 나이로 사망했다.

서정학 (徐廷學)

한국인으로는 일본 검도 최고 단자로 해방을 맞은 사람이다. 1917년 3월 26일 출생으로 일본 칸사이대학에서 수학했으며 항상 지역 대표 검도 주장으로 활동했다. 1945년 한국인으로는 유일하게 일본 검도 5단에 등록되었다. 해방 후 경찰 국장, 경호 실장과 강원도 도지사를 역임했다. 민영환공의 외가집으로 가문이 좋았다. 출생지는 경기도 연천군이다.

1953~1957년 대한 검사회(현 대한검도회)를 창립하고 초대 이사장을 취임. 1958~1960년 제 3.4대 회장, 1964~1965에 7.8대 회장과 1968~1972년 제 10.11.12대 회장 회장을 역임함으로서 그는 신생 대한민국의 최고 검사(劍士)였다.

지금도 일본의 무술 계통에서는 그의 일본 활동에 아낌없는 찬사와 경의를 표한다. 살아생전 사람의 목을 칼로 쳐서 베었다는 진실을 죽기 전 고백한 기록이 남아있다. 이 시대에 진정한 무술인으로 추앙 받는다. 우리나라 최초의 대한검도회 검도 9단으로 승단했다. 대부분 근대 무술이 일본 유학생으로부터 우리나라에 전수되었으며 대부분 저단자들이었으나 유일하게 서정학 선생만 고단자로 명성을 날렸다.

최홍희

　최홍희(1918-2002)는 함경북도 명천에서 태어났다. 그는 1959년 대한태권도 협회를 창립하여 우리나라 태권도를 정립하였으며, 대한태권도 협회 창립과 군장병에게 태권도를 보급하는 계기를 마련하였다.
　또한 태권도 명칭을 제정했으며, 해외 태권도 순회 시범단을 만들어 운영하고 해외 태권도 보급과 해외 태권도 사범 진출에 기여하였으며, 태권도 품세를 처음으로 만들어 보급하였다.

　그는 일본 주오대학에서 법학을 공부하였으며, 일본 유학 중 중앙대학에서 무술 단련을 시작하였다.
　1966년 국제태권도연맹(ITF)을 창립하였고, 2002년 국제태권도연맹 (ITF) 총재가 되었다. 그는 태권도 세계화에 기여하였으며 영문판〈태권도교본〉,〈태권도 백과사전〉등을 저술하였다.
　그는 6.25 당시 남한의 국군 장교로 참전하여 혁혁한 공을 세우고 장군으로 예편하였다. 말년에 북한을 필두로 공산국가에 태권도를 보급하였으며, 2002년 6월 평양에서 83세로 사망하여 북한의 애국열사능에 안장되었다.
　자서전으로〈태권도와 나〉를 남겼다.

제 7 장

무담 — 武談

김유신 장군의 칼솜씨는
지금 검도로 몇 단의 실력일까?

 참고로 몇 년 전 일본에서 최고 검객으로 역사적 인물 중 미야모토 무사시의 검도 실력은 얼마나 될까? 하는 것이 화제였다. 급기야 그동안 '미야모토 무사시'의 전투 역사와 시합 내용을 '컴퓨터'에 넣어 현재의 검도와 비교하는 '시뮬레이션'을 하였고, 그 결과는 기대와 다르게 참혹하게 나왔다.
 현대 죽도 검도로 시합을 한다면 검도 3단은 넘고, 4단에는 못 미칠 듯하다. 이것이 쑥스러운지 일본인은 진검 승부는 지금도 미야모토 무사시가 세계에서 최고라 한다. 하기야 고 손기정 마라톤 선수가 베를린 올림픽 당시 세계 신기록으로 우승할 때가 2시간 40분대라고 하면 지금 초등학교 선수 정도의 기록으로 보여진다.
 미야모토 무사시는 실제 진검을 가지고 싸웠기 때문에 지금의 죽도로 시합하는 것과는 전혀 다르겠지만 63전 63승을 한 무사로 불과 400년 전 사람이다.

그럼 김유신은 신라 사람으로 1,400년 전 충북 진천에서 태어난 사람이다. 그는 칼을 들고 말의 목을 한 칼에 베었다고 한다. 물론 후세의 기록이지만 동국여지승람(東國輿地勝覽)에 보면 김유신이 소시(小時)에 기생 천관(天官)의 집 앞에서 술에 취했는데 타고 온 말이 평소 버릇처럼 천관(天官)의 집으로 향했다. 절대로 그녀의 집에 가지 않겠다는 어머니와의 약속을 어기게 되었다. 이에 본인 스스로 부끄러워 그 자리에서 칼을 뽑아 말의 목을 베었다는 기록이다. 말의 목이 사람보다 3배 이상의 굵기와 가죽으로 이 정도의 검술이라면 최고단자의 실력으로 보아야 할 것이다. 또한 일연의 삼국유사에 보면 그는 나이 18세에 검을 수련하여 득도했고 국선(國仙)의 반열에 올랐으며 열박산에 들어가 하늘에 고유(告由)하고 병법(兵法)을 기도했다고 한다(당시 劍法을 兵法이라고 했음).

뿐만 아니라. 단석산(斷石山)에 들어가 검술을 연마하고 신의 계시를 받아 바위를 쪼갠 것이 지금도 남아 있다(현재는 경주 일출산(日出山)). 더욱이 629년 '청주의 낭비성'에서 고구려 장수의 목을 베어 싸움을 승리로 이끌고 공을 세운 것으로 볼 때 그의 검술 실력은 가히 짐작이 간다.

다만 지금의 죽도 시합으로 본다면 당시의 신체조건, 기술 개발로 볼 때 일본의 최고의 무사 미야모토 무사시가 4단이라면 그보다 1,000년이 앞선 김유신은 높게 보아도 초단 상급으로 보는 것이 타당하다. 이는 필자의 주관적인 판단임으로 독자 스스로가 유추해 보길 바란다.

참고로 1960년대에 우리나라 평균 남자 키가 162cm였으나 2000년대에 우리나라 남자평균키는 172cm로 보면 1400년 전 김유신의 키는 120cm를 넘지 못했을 것이다. 그리고 옛날의 척도는 지금과 다르다는 것을 인식해야 한다.

무사도(武士道)

일본사람들이 일본의 정신을 나타내는 말을 사무라이 정신이라고 한다. 이런 말이 예부터 내려 온 단어는 아니지만 그 근본정신을 〈은엽 (하까꾸레)〉이라는 책에서 찾아보면 "무사는 죽음을 두려워하지 않는다. 죽음을 깨닫는다."며 "주군을 위해 목숨을 내어 놓는다."고 하며 이를 가례(家禮)라고도 했다.(요시모토) 따라서 일본 역사에는 많은 사람들이 할복자살을 하는 것이 명예로운 죽음으로 국민적인 추앙을 받아 왔다. 이렇게 죽는 것이 스스로 영광이라고 생각했다. 또한 무사도라는 것은 "義와 利를 분명히 하고 사리사욕을 버리고 정의를 일관 실천하는 정신"으로도 말하고, 선비 정신으로 온 국민이 지켜야 할 의무적 정신이라고도 했다. 막부말기 개혁사상가 요시다 쇼인은 이것을 일명 사무라이 정신이라고 했다. 결론적으로 말하면 대화혼(大和魂, 야마토 다마시)이라고도 한다. 그러나 정작 무사도(武士道)라는 말은 다음과 같은 유래가 정설이다.

 1899년 서양 사람들에게 일본 문화를 알려주고자 니토베 이나죠라는 일본 유학자는 무사도(Bushido)로 〈The spirit of JAPAN〉이라는 책을 내면서 세상에 알려지게 된다. 니토베 이나죠는 이 책으로 인해 일본 문화를 서양에 알린 최초의 학자로 일본화폐 5,000엔에 그의 얼굴이 새겨져 영광의 인물이 되었다. 그는 유학시절 일본인으로는 드물게 미국 여자와 결혼을 하게 되고, 그 덕으로 부인과 같이 서양 사람들과 만날 기회가 많아지던 중 어느 날 벨기에의 법학자 라불레씨 집으로 초대를 받아 갔을 때 이렇게 질문을 받는다.
 "우리 서양은 교회에서 인성 교육을 받는데 당신 나라에서는 종교 교육도 없을 것인데 어떻게 자손들을 도덕적으로 교육을 시키는가?"라고 야만인 취급을 하며 묻는다. 이에 아무 말도 못한 그는 일본으로 돌아와 '무사도'에 대해 깊이 연구하게 되고 드디어 〈무사도〉라는 책을 썼다고 한다. 그리고 미국 펜실베이니아에서 처음으로 출판하게 된다.

이 책의 구성은 서양의 기사도와 일본의 무사도를 조목조목 비교하여 그 우월성을 표현했다. 의와 명예를 위해 목숨을 버리고 할복 자살과 이를 옆 사람이 목을 처서 도와주는 칼부림에 서양 사람들은 혀를 내두를 수밖에 없었다. 이로 인해 그동안 일본인을 3등 국민으로 대접하던 서양 사람들의 태도가 달라져 1등 국민으로 대접하게 된 동기가 되었다. 그는 하급 사무라이 집안에서 태어났지만 미국, 캐나다, 독일에서 수학하고 학위도 받는다. 하지만 그의 논지가 너무 과장되어 설명하기 어려운 점도 있다. 그는 홋카이도 대학, 동경대학 등의 교수로 재임하다가 지금의 UN전신인 '국제국가모임'의 사무국장으로 재직중 죽게 된다. 아무튼 이 책의 주장은 서구의 기사도가 일본의 무사도와는 비교가 되지 않는다고 한다. 일본 무사는 목숨을 내어놓고 수양을 한다는 말에 서양 사람들을 감동시켰다.

 이 일본의 무사도 정신이 일본인의 뿌리인 문화 전통이라면서 줄줄이 무사들이 지켜온 역사를 나열하여 할복의 죽음을 미화하였다. 그것이 오늘날 일본인의 무사도이며 야마토 다마시(대화혼)가 된 것이다. 여기서 무사도(武士道)라는 말이 처음으로 세계로 퍼져나갔다. 그 후 무사도(武士道)는 일본 사무라이의 정신으로 변질되어 일본을 상징하는 고유명사로 인식되어 오고 있다.

 당시 일본 국민의 82%는 성도 없는 평민으로 무사계급이 아니었다.

나이 듦의 기준을 말하다

사람이 나이를 먹는 데 일반적으로 어떤 기준을 적용할 수 있을까? 해와 달을 기준으로 삼는 역(曆)도 해와 달이 길고 짧기에 매년 일정하지는 않다. 그러니 이것을 가지고 사람의 늙고 젊음을 정하는 것은 너무나 단순한 구분법이다. 어느 한 사람의 늙고 젊음을 따질 때 꼭 태양이나 지구의 회전만으로 정해지는 것은 아니다.

예를 들어 이런 구분이 있을 수 있다. "나는 작년과 비교해 올해는 달랐다. 즉 작년에 술 때문에 많은 실수를 했지만 올해에는 그런 일이 없었다." "작년에는 다른 사람들을 험담했지만 금년은 칭찬만 한다." "작년에는 시기하고 질투했지만 금년은 그러지 않는다."

이런 기준으로 가르면 본인의 결심과 실천으로 이전과 비교해 어느 정도 높은 향상을 이룬 상태를 '나이듦'이라고 볼 수 있다. 당연히 이 때는 나이의 개념이 조금 달라진다. 그리고 이것이야말로 진짜 나이를 먹었다고 말 할 수 있는 기준이라고 생각한다. 여기서 말하는 나이는 쓸데없이 세월만 보내는 것을 가리키지 않는다. 몸이 늙어갈수록 정신은 젊어지고 활발해져 노쇠하지 않고 성숙해지는 상태를 말한다.

그렇다면 '청년'의 개념도 마찬가지로 적용할 수 있을 것이다.

'청년(靑年)'은 아직 앞일을 모르는 막막함, 푸르게 싹이 난 풀잎이라는 의미로 생성되었다는 것이 정설이다. 푸른색은 봄을 상징하는 색으로, 중국의 오래된 고서에는 봄을 가리켜 '청제(靑帝)'라고 일컫기도 한다. 그런가하면 다음과 같은 시도 있다.

"봄에 보는 산야는 모두가 푸르니 한 가지 풀인가 하노라.
가을이 되어 보니 모두가 다른 열매를 맺었노라."

이 시는 청년이 봄의 산야처럼 푸르며, 그것이 어떤 종류의 꽃을 피우고 열매를 맺을지 모른다는 것을 말하고 있다. 반대로 생각해보면, 장래에 아주 큰 꿈을 이룰 수 있다는 희망이 '청년'이 되는 것이다.

사람은 나이를 먹을수록 새로운 것에 대한 도전을 두려워한다. 젊었을 때는 실패해도 다시 일어설 수 있는 에너지와 기회가 남아 있지만 나이가 먹어서 실패하면 다시 재기하기가 힘들다고 믿기 때문이다. 어떤 중요한 일을 눈앞에 두고 소신을 갖고 결단하는 용기를 낸다는 것도 결코 쉽지 않다. 그래서 때때로 시작하기도 전에 실패하면 어쩌나 하는 두려움에 휩싸인다. 그러나 설령 육체적 나이를 먹었더라도 용기 있고 슬기로운 사람이라면, 실패할지 모른다는 두려움과 위기감 때문에 시작도 하지 못하는 일은 없을 것이다.

다시 말해 청년은 거대한 포부와 꿈을 가진 자를 말하며 나이가 많고 적음은 그리 중요하지 않은 정신적 의미를 내포하고 있다. 그런 까닭에 희망이 없는 사람은 아무리 나이가 젊어도 수명이 얼마 남지 않은 것과 다를 바 없으며, 희망과 꿈이 있다면 마흔 살이든 여든 살이든 나이와 관계없이 청년이라고 부를 수 있다. 청년은 미래와 꿈, 그리고 앞을 보며 나아가는 희망이라는 이야기다.

무인은 항상 청년의 마음으로 매사에 정진하고 죽음을 두려워 해서는 안 된다.

우리가 꼭 기억해야 할 이야기

울지 않는 두견새는 목을 쳐라. 매질을 해라. 기다려라. 그래야 운다. 일본의 자랑거리 이야기 중 대표적인 무사 이야기다. 일본 천하를 처음 통일한 사람들로 오다 노부나가, 도요토미 히데요시, 그리고 도쿠가와 이에야스를 빗대어 하는 말로 미래에 대한 번영과 영혼을 한마디로 표현했다.

즉, 일본사람들이 좋아하는 새가 두견새(꾀꼬리)다. 이 새의 울음소리가 아주 아름다워 집안 정원에서 기른다고 한다. 하지만

이 새가 울면 좋은데 울지 않는다면 노부나가는 칼을 들어 목을 치다고 하고, 히데요시는 울지 않는 두견새를 칼등으로 두들겨 패서 어쩔 수 없이 아파서라도 울게 한다는 것이며, 한편으로 이에야스는 울지 않으면 울 때까지 기다린다는 참을성과 인의 사랑으로 대한다는 이야기다. 결론은 이런 세 사람의 성격 때문에 노부나가는 통일 후 3년, 히데요시는 30년 그리고 이에야스는 300년 동안 일본을 통치했다는 이야기다.

 이런 세 사람의 미래에 대한 인재 등용과 교육도 한 번 살펴보자. '두견새 이야기'로 유명한 오다 노부나가와 도요토미 히데요시, 그리고 도쿠가와 이에야스, 세 사람은 모두 고금을 통틀어 명장이었지만 그 인생관에 있어서는 각각 독자적 경지를 열어 나갔다. 노부나가는 무기(대포)를 모아 무기에 죽고, 히데요시는 천하의 명기(도자기)를 모으다 명기와 함께 망했다. 이에야스는 천하의 인재를 모아 도쿠가와 가문 3백 년의 기초를 쌓고 무장으로서 최대의 치적을 남겼다. 그래서 지금까지도 여전히 3인 3색의 삶의 방식과 3인 3색의 교훈을 후세에 남기고 있다.

 노부나가는 철포의 위력을 알고 재빨리 그것을 전쟁에 활용하여 다케다의 대군을 격파하고 천하를 거의 대부분 손에 넣었다. 그러나 무기를 가지고 천하를 취하려던 그는 혼노지에서 화살 세례를 받고 그 뜻을 못 이루고 종말을 맞는다. "인생은 겨우 50년,

돌이켜보면 꿈처럼 덧없는 것. 잠깐 이 세상에서 삶을 누리다가 죽지 않는 것은 없으리." 그는 오케하자마로 출진할 때 이렇게 노래하며 춤을 추었으나 혼노지의 불길 속에서 "이 세상에 죽지 않을 자가 있겠느냐."고 말하며 48세를 일기로 저 세상으로 갔다.

히데요시는 명기를 모았다. 지금의 우리들에게는 아무리 천하의 명기라 해도 한낱 도자기나 찻그릇이지 별 거일까 싶지만, 그 당시의 명기는 한 나라 한 개의 성과 바꿀 만한 가치가 있었다고 한다. 하나의 예로, 마쓰다이라 다다나오가 오사카 성을 가장 먼저 점령한 수훈을 세웠을 때 50만 석의 가치가 있다고 했는데, 그 상이 불과 하쓰하나라고 하는 찻잔 한 개였다. 나라시바라고 하는 다기는 오토모 가문과 아키즈키 양가가 가운을 걸고 대쟁탈전을 벌이기도 한다. 하카다 소단은 히데요시가 간절히 바라는 다기를 "일본의 반을 준다면 드리겠습니다."라고 말했다는 것이다. 전국 무장이 명기를 얼마나 소중히 생각했는 지는 우리들의 상상을 훨씬 넘어서는 것이다. 히데요시가 금력과 권력을 통해 모은 명기와 보물이 대단히 귀중한 것이었는지 모르지만 그들 대부분은 오사카 성 함락과 함께 잿더미로 변하여 히데요시의 과시욕도 집념도 한바탕 꿈으로 사라져 버렸다. 그가 바로 임진왜란을 일으켰던 인물이다.

그에 비하면 이에야스는 과연 명장이었다. 무기보다는 무장을 모으고, 명기보다는 명장 모으기에 더 정열을 바쳤다. 히데요시 말년쯤 모모야마 문화의 진수를 모아 놓았던 후시미 성에서 각 다이묘가 자기 가문의 보물과 명기를 뽐내느라고 이야기꽃을 피울 때 이에야스는 히데요시에게서 "그대 집안에는 어떠한 명기가 있는가?"라고 질문 받자 "아무리 명기라 하더라도 만일의 경우에는 소용이 없고 보물 가운데 보물은 그야말로 인재인 것입니다."라며 미카와 무사의 충성스러움과 용맹스러운 기질을 드높여 대답했다. 결국 그의 인재 발탁주의가 그를 지켰고 도쿠가와 가문을 자손만대의 평안함으로 이끌었다고 전해진다. 이를 막부시대라고 한다.

그들은 지(知), 인(仁), 용(勇)으로 비교하자면 노부나가는 용장이요, 히데요시는 지장이고, 이에야스야말로 인의 명장이라고 말할 수 있을 것이다. 인자무적(仁者無敵)이란 말처럼 지나 용도 인에는 미치지 못한다는 것을 웅변하는 대목이다. 어느 시대나 인재는 어떠한 무기보다 귀하고 어떠한 명기보다 귀중한 것이다. 실로 천하에 쓰일 만한 사람을 기르는 사람이야말로 참다운 정치가요, 교육자요, 천하의 명군이라고 불러 마땅할 것이다.

오늘날 사회가 물질 만능시대가 되었지만 영혼만은 사라지면 안 된다. 아무리 혼란과 정신적, 정서적으로 황폐해도 그 근원은 사람이다. 이것이 바로 사람을 키우지 않은 업보라고 본다면 백년

계획을 세워서 후배를 양성하는 것에 태만해서는 안 된다. 뒤늦게 잃어버린 것을 원망하고 후회하는 일이 없어야 할 것이다.

우리나라가 역사적으로 무인(武人)이 문인(文人)에게 같은 양반이면서도 차별받은 것은 국난의 시간보다 평화시대가 길었다는 이유도 있었지만 무인(武人) 스스로도 훌륭한 제자나 후배를 양성하지 못한 것도 사실이다. 그 길을 만들었어야 했다.

무도를 하는 사람도 학문을 게을리해서는 안 된다.

검도(劍道)가 한국이 원조냐? 일본이 원조냐?

먼저 일본이라면 무조건 거부하는 생각과 자격지심을 버려야 한다. 말하자면 발끝까지 가리는 기다란 치마바지를 두르고 시퍼런 칼로서 엄숙하게 주위를 압도하여 보는 사람들의 기를 죽이려는 진검 시범과 수시로 일본에 건너가 일장기 아래에서 죽도를 휘두르며 머리를 조아리는 세계에서 일본 다음으로 검도 인구가 많은 나라가 한국이라고 비아냥대는 사람도 있다.

숙종 때 군교 김체건(金體乾)이 사신을 따라가 일본 검보를 가져와 검술을 배우고 만들어 '교전보', '왜검'을 18기 종목에 넣었지만 대나무를 네 조각으로 만든 죽도로 머리, 손목, 허리를 맞추는 것이 무슨 의미가 있는가. 검도는 왜놈 것으로 퇴출되어야 한다. 세상에 이미 가고 없는 사람을 가지고 친일 청산을 하느니 마느니 하는 것보다 이 땅에 깊이 박혀있는 일본도(日本刀)부터 뽑아내고 식민지 문화유산이 분명한 검도도 청산 되어야 한다. 이런 말을 100% 부정하지는 않지만 무술인이 해서는 안 된다. 그런 사람은 일본 무술을 모르는 사람들이다.

검도는 옛날에 우리나라에서도 격검, 또는 검술이라고 했다. 이 검술은 이미 삼국시대 이전부터 존재했고, 신라 때에는 신라인들이 일본에 건너가 노략질을 했다고도 한다. 다른 문화 역시 중국, 한국, 일본으로 흘러간 것이 삼국시대에 일본은 백제의 지배를 받았고, 천왕의 피가 한국인이며 글자 역시 백제의 왕인에 의해 배우고 가르쳐졌다. 백제의 근초고왕이 선물했다는 '칠지도'의 칼과 가야에서 들어간 철용광로와 가공기술도 있다. 문제는 임진왜란 때나 무예도보통지가 나올 때에도 일본의 검법은 지금과는 아주 다르다는 것이다.(무예제보속편, 최기남)

이 때에 나온 일본의 거합도 시조라는 민치환도 훗날 임(林)씨로 한국 성씨다. 더욱이 지금 일본 검도에서 중요시하고 있는 대일본검도 '형'도 90% 이상 '예도'에서 인용된 검법이다(참조, 「실전우리검도(직지)」). 이와 같이 검의 이치나 역사가 같다고 한다면 일본 검도는 우리가 선조다.

 문제는 지금 검도다. 비록 수련을 단에 따라서 죽도, 목도, 진검을 사용하고 있지만 그 모습이 목검이나 진검을 대신해 죽도가 만들어졌고 사용하는 용구(호면, 갑, 갑상, 호완)도 일본이 개발해 사용했다. 뿐만 아니라 사용하는 용어, 규칙, 방법 등 모두 일본이 만들었다. 검도라는 용어도 일본에서 무도와 같이 변형되어 사용한 것도 사실이다. 하지만 검의 이치, 검술의 이치가 모두 예도(조선세법)의 중요한 핵심을 가져다가 만든 것이라는 것이다. 일본의 거합도(居合道)도 마찬가지다.

 비록 죽도로 경기하고 수련하지만, 그 속에는 진검을 사용하는 것과 같은 이치로 훈련한다는 것이다. 시합의 중요성이나 수련하는 것도 충만한 기세, 적정한 거리, 칼날을 바로 하고 칼날의 적정 부위로 상대편 목표물을 힘차게 내려 친다는 것이다. 비록 대나무로 만든 죽도와 나무로 만든 목도라도 진검과 같이 다룬다는 것은 일반인은 모른다. 진검으로 집단을 베거나 대나무를 자를 때도 예를 다하고 경건한 마음과 행동으로 하며, 자른 물체의 결과 속, 그 각도까지도 본다면 수련 정도가 나온다.

 지금 중국이나 한국은 고려 이후 문인정치로 무인의 문화가 모두 없어졌지만 일본은 막부시대 300년과 지금까지 사무라이 문화가 잘 이어져 왔고 발전되었으며, 우리보다 높은 기록 문화와 문화재 관리로 잊어버린 무(武)의 자료는 일본 외에는 없다. 이를 모르고 글자 풀이로 검법, 또는 다른 무술을 재연하고 찾았다는 것은 새빨간 거짓말이다. 엉터리라는 것이다. 무술은 몸에서 몸으로 전해지는 것이지 문자로 전해지는 것이 아니다. 18기의 기예를 누가, 누구에게 전했는가. 1790년 정조 때부터 한번 순서대로 말해보라.

일본 검도를 모르고는 본국검이고 예도도 찾을 길이 없다. 그나마 우리 전통 무술을 찾을 수 있던 것이 일본이 있어서라는 것을 필자는 목숨 걸고 말하고 싶다. 지금 남아 있는 변변한 책 한 권도 일본만이 가지고 있다는 것과 이에 대한 연구도 가장 많이 일본이 하고 있다는 것도 알아야 한다. 우리는 역사적으로 일본이 원수지만 그들이 옆에 있다는 것이 얼마나 다행인줄도 한번 생각해야 한다. 일본의 것이라고 무조건 배척해서는 우리의 미래를 찾을 수가 없다. 과거도 마찬가지다. 그렇다고 일본을 존경하라는 것은 아니다. 임진왜란 시 선조도 "우리나라 중국 병사는 일본군을 만났을 때 일본군 1명에 아군 5명이 아니면 싸우지 말고 활을 쏘고 돌멩이를 던지고 도망가라. 그놈들은 칼을 잘 써서 우리는 그들에 적수가 되질 않는다." 라는 말을 우리는 상기해야 한다.

마지막으로 무예도보통지에 '본국검'은 신라의 화랑도 황창랑의 그 연기를 두고 만들어졌음을 설명하고, 그 끝말에 "신라는 일본에 이웃하고 있으므로 검법과 칼이 반드시 전해졌으나 상고할 수는 없다."는 것으로 지금 일본의 검법과 옛날 검법 모두 우리나라에서 전해진 것은 틀림없다. 백번을 생각해도 부끄럽지만 일본에서 찾아 배워야 한다. 우리가 자랑하는 「무예도보통지」 초본 동, 서, 남, 북의 4권이 모두 일본 쓰쿠바 대학교 도서관에 보관되어 있다는 사실도 직시해야만 한다.

전통놀이 해동죽지(海東竹枝)

1925년 4월 25일 즉 일제에 의하여 우리나라가 통치되던 시절에 '제국신문' 주재를 지내고 있던 최영년(崔永年)이 지은 책이다. 이 책은 우리나라 전통 풍속을 주제로 쓰였고 그 중 놀이편에 씨름(角抵), 탁견(託肩), 줄다리기(引索戲), 제기차기(雉毬), 강강수월레, 돈치기(打錢戲), 손바닥 때리기(手癖打), 연싸움(鬪風箏), 공기놀이(五卵戲), 팽이치기, 줄넘기(跳索戲), 그네뛰기, 널뛰기 등등 모든 세시풍속과 민속놀이를 모아 설명하고 이에 대한 한시(漢詩)를 덧붙여 설명한 책으로 무술 책은 아니다. 이 책은 본인 사후에 만들어진 책으로 민속놀이를 썼다. 예로 탁견은 서로 마주보고 다리를 차고 어깨를 차고 높은 수준의 사람은 상투까지 찬다. 이것으로 원수도 갚고 여자도 빼앗아 법으로 금하여 지금은 이런 장난이 없다. 이것이 탁견이다. 또한 수벽타는 예전에 칼을 쓰는 기술에서 온 것이다. 근래에 해동검도라는 말도 여기서 유래되었다고 한다.

조선의 무예(武藝)「18기」

 지금까지 밝혀진 무예는 고구려 연개소문이 만들었다고 하는 김해병서, 그리고 신라의 무오대사가 만들었다 하는 무오병법이 말로만 전해질 뿐 아직 실체가 발견되지 않는다. 다만 임진왜란 후 선조의 명에 의해 한교가 쓴「무예제보」가 최초 무예서로 밝혀졌고 광해군 시절 무예제보 속편을 최기남이 쓴 것이 최근 발견되었다. 근자에 신채호 선생은 김해병서가 예도(조선세법)라 하며 연개소문이 지었다고 한다.(조선상고사)

 이후 영조왕 시절 사도세자가 '무예신보'라는 무예서를 발간하며 여기에 기록된 것이 '죽 장창' 등 12기와 무예제보에 실려 있는 6기를 합하여 18기(十八技)로 명칭을 처음 사용한다. 이후 그의 아들인 정조가 이덕무, 박제가, 백동수 등 240명의 인원을 동원하여 1790년 완성한 동양 최고의 무예서「무예도보통지」를 만든다. 이때 이 18기에 6가지(마상무예)를 추가하여 24가지를 수록하였다고 한다.

이 책은 '어정' 무예도보통지라고 임금의 어보가 각인되고 서문은 당시 영의정인 채제공의 글씨로 국법에 의한 법(法)으로 출간되었다. 이 책은 현재 세계문화유산으로 유네스코에 등재되어 있다. 조선의 국기라 할 수 있는 증거는 바로 이 책 서문에 '十八技之名'이라는 말은 18가지의 병장기 무술이 18기로 이름한다 라고 본다. 또한 병기총서에 '本朝武 十八段之名'으로 명시됨으로 조선의 '18기'가 조선을 대표한다고 보아야 할 것이다. 참고적으로 18기는 다음과 같은 병장기다.

① 본국검, ② 예도, ③ 낭선, ④ 제독검, ⑤ 월도, ⑥ 쌍검, ⑦ 곤봉, ⑧ 협도, ⑨ 왜검, ⑩ 교전, ⑪ 기창, ⑫ 쌍수도, ⑬ 장창, ⑭ 죽장창, ⑮ 당파, ⑯ 등패, ⑰ 편곤, ⑱ 권법

이 18기 중 본국검과 예도는 순수 우리나라 검법으로 많은 무술인들이 연구하고 있으며 대한검도회(이종림)는 이를 현대 검도의 급심사와 단심사의 필수과목으로 채택했으나 폐지됐다.

정도술(합기도)을 수련하던 임동규가 광주에 '경당'을 설립하여 연구와 보급하였고, 18기 보존회(신성대)의 끊임없는 연구로 큰 발전에 기여했고, 최근 한국예도문화원 이사장 이국노가 일본검법, 중국검법의 이법과 이치를 비교하고 연구하여 예도(조선세법) 28세와 본국검을 실전에 입각해「실전 우리검도」로 출간하고 제 1회 세계 학생 무술대회 개막 시연과 3.1독립선언 100주년 2.8독립선언 기념식인 동경에서 시연한 바 있다.(2019.2.8.)

  근래에「우리검도」로 예도 28세를 유튜브 방송으로 직접 시연하여 방영하고, 동아일보(구자홍 기자)와 무예에 대한 대담을 방송으로 실증함으로써 우리나라 전통 무예에 대한 국민적 호응을 얻고 있다. 또한 전국 중·고등학생검도대회(용인대 총장배대회, 충남 청양, 2022. 7. 16)와 서울 광화문 광장에서(2022. 9. 25) 예도를 시연하였다. 다만 18기 중 예도만이 우리 무술이라는 것이 안타깝다. 그래도 '예도'는 조상이 주신 호국신검으로 반드시 국기와 문화재로 남아 후손에게 전해져야 한다. 이것이 바로 호국무술이다.

사육신(死六臣) 그리고
무인(武人) 차별과 교훈

사육신은 1456년 6월 1일(세조2년) 단종을 복위시키려고 반정을 하려다가 미수로 발각되어 희생된 6명의 충신 성삼문, 박팽년, 하위지, 이개, 유성원 그리고 유응부를 이르는 역사적 고유명사다. 충절의 표상으로 국가대표격인 아름다운 의인(義人) 이야기를 사람들은 500년을 변함없이 공감하며 이야기한다. 참고로 당시 상황을 좀 더 들어가 보자.

당일 창덕궁 광연전에서 명나라 사신을 접대하는 행사가 베풀어져 세자와 상왕인 단종과 함께 세조가 조정 대소신료들을 참석시킨 성대한 접대성 연회였다. 이러한 큰 행사에는 왕의 위엄을 과시하기 위해 임금 뒤 좌우로 큰 칼을 손에 들고 경호하는 무장을 세우게 되는데 이를 별운검(別雲劍)이라고 한다.

이날 이 운검에 성삼문 아버지「성승」과 무반으로 강골인「유응부」그리고 박쟁이 선발되어 천재일우의 기회를 잡았다고 한다. 그동안 호시탐탐 기회를 노리고 모의해왔던 성삼문, 박팽년과 집현전 학사들은 이날 연회에서 강골인「유응부」와 무장들이 세조와 그의 일당들을 주살하고 상왕을 복위시키기로 뜻을 모았다. 이들은 세조가 보위에 오른지 2년만에 은밀한 쿠데타로 성공의 확신을 가지고 실행에 옮기려 하였으나 한명회(칠삭동이)의 주청으로 운검을 서기위해 연회장에 들어서려는 무장 세 명이 모두 어명에 의해 금지되어 거사는 실패하게 된다. 이에 「유응부」는 "내 친김에 결행하자. 연기하면 누설되어 실패한다라며 결행을 주장했으나 성삼문, 박팽년은 뒷날을 기약하자고 하면서 쿠데타를 연기하게 된다.

문제는 다음날 바로 변절자 김질과 그의 장인 우찬성 정창손에 의해 고변이 들어가고 이어 '사육신이 참변'을 당하게 되며 한 달 동안 100명이 넘는 인물이 참수를 당했다. 혹독한 고문 중 유성원은 스스로 목을 찔러 먼저 죽었고, 박팽년은 고통을 못 이겨 옥중에서 죽었으며, 주모자격인 성삼문의 다리와 팔을 잘랐다고 한다. 하위지 역시 모진 고문 끝에 같이 처형되었다. 유성원은 발각됨을 감지하고 집안에 있는 사당에 들어가 스스로 칼을 뽑아 자결했으나 그 뒤 죽은 시체를 수습하여 다시 능지처참했다고 한다.

문제는 유응부다. 무관출신인 유응부의 강직함에 무사를 시켜 살가죽을 벗기고 신문하는 고문에 옆에 있는 성삼문 등 문신을 바라보며 "사람들이 서생(書生)과는 큰일을 도모하지 마라했더니 과연 그러하구나! 지난 번 사신을 초청하여 연회하는 날 내가 칼을 쓰자고 그렇게 말을 했는데도 굳이 제지하면서 만전(萬全)을 기하는 계책이 아니다라고 하더니만 꼴 좋다."하고는 "그대들은 사람이면서도 일을 도모할 줄 모르니 짐승이로다." 그리고는 세조를 바라보면서 "더 이상 묻고 싶으시면 저 어리석은 선비에게 물으시오." 하는게 마지막 말이고 더 이상은 말을 하지 않았다고 한다. 문신(文臣)과 다른 무신(武臣)의 기개가 엿보인다. 이에 세조는 더욱 진노하여 불에 달군 인두로 배 밑을 지지고 인두가 식으면 다시 아랫배에 지저 내장이 보였지만 끝내 굴복하지 않았다고 한다. 그는 거사를 모의할 때에도 주먹을 불근 쥐면서 "권람과 한명회를 죽이는데 이 주먹이면 되지 칼이 뭐냐?" 라고 했다고 한다. 그가 죽던 날 그의 아내가 통곡을 하면서 길 가던 사람들에게 이렇게 말했다고 한다.

"살아서도 평생 도움이 못되더니 죽어서도 화(禍)만 남기는구나." 그는 충북 음성 출신으로 기계 유씨다. 슬하에 딸만 둘을 두고 처형당했다.

이들 외에도 목숨은 잃지 않았으나 평생을 벼슬길에 나가지 않고 초야에 묻혀 살았고 귀머거리, 장님으로 방성통곡하거나 두문불출하고 단종을 추모하며 여생을 살아 충신으로서 생육신으로 추앙받는 인물들이 있었다. 죽지는 못했지만 충절은 있다고 절재를 지킨 김시습, 원호, 이맹전, 조려, 성담수, 남효온(南孝溫)을 말한다. 이 중에서도 김시습(金時習)은 강릉 김 씨 증시조로 사육신의 시신을 수습하여 장례를 치르고 기인행세로 지냈으며 남효온은 사육신이 처형될 때에 불과 3살이었다. 의령 남씨다. 그의 나이 25세에 성종에게 '시정혁파' 상소문으로 인한 탄핵을 당해 미친 선비라는 별명을 달고 유랑했고, 사육신 사건의 전모를 조사 수집하여 최종 6사람의 충신을 선정하여 「육신전(六臣傳)」을 쓰게 되어 오늘날 사육신이 전해져 내려온 것이다. 이 육신전은 「추강집」에 포함되어 숨겨져 내려오다가 1511년(중종 6년)에 우여곡절 끝에 간행되었고 1513년 남효온은 인정받게 된다.

그런데 문제가 생긴다. 유응부가 무관이라고 자격이 없다는 것이다. 돌아가신 지 500년이 지난 1977년 사육신이 한 명 바뀌었다고 하면서 사육신 유응부는 김문기를 잘못 기재했다는 기사가 연일 신문과 방송에 나오고 논란 끝에 국사편찬위원회에서 사육신묘는 그대로 놔두는데 김문기의 허묘도 만들어도 된다고 하여 서울시 당국은 아침 새벽 기습적으로 사육신묘 옆 무덤을 하나 더 추가하여 만들었다.

이유는 이러하다. 사육신 여섯 분 중 유응부만 제외하고 5명이 모두 집현전 학사 출신 문인의 신분이다. 단종 부위운동 사건의 주최가 문신으로 몸통이며 주축으로 그 보좌역인 성승과 유응부는 무신으로 주축인 육신에 들어 갈 수가 없다는 것이다. 그러므로 문신으로 작전회의에서 외부 군동원을 맡은 김문기가 육신에 들어가고 무신인 유응부가 들어갈 수 없다는 말이다. 그러면서 당시의 문신, 무신의 차별을 거론하여 무신인 유응부를 제외하자는 억지 논리다.

당시 중앙정보부장으로 있던 김재규(박정희 대통령 시해자)는 금녕 김씨로 김문기의 후손으로 출세한 후손의 붓끝으로 조상의 벼슬이 올라간다는 속설을 이 시대에 노량진 언덕 사육신묘에 나타나 회를 치고 있는 것이다. 결국 권력 앞에 사육신묘는 변태적으로 사육신(死六臣)에서 사칠신(死七臣)이 되어 비웃음의 모양세가 되었다. 아무리 권력 앞이라도 이 문제는 조선 왕조에서 정조 15년(1791)에 단종의 무덤인 장능에 왕명으로 배식단(配食檀)을 세워 육신(六臣)을 추앙함에 있어 충신들의 제향을 위해 어정배식록에 이조판서 민신, 병조판서 조극관, 공조판서 김문기를 사육신이 아닌 삼중신(三重臣)으로 예우하고 배식 순서를 최상위에 안평대군, 금성대군과 다음 차례에 황보인, 김종서, 정분을 삼상신(三相臣)으로 했으며 그 다음이 삼중신(三重臣)으로 김문기가 포함된 것이다.

더욱이 중요한 자료는 당시 세조 2년 6월 1일 단종 복위 사건이 일어나고 그로부터 6일 후인 6월 7일에 의금부에서는 그 사건과 관련된 모든 피의자의 국문이 끝나 사건 주모자에 대한 보고를 한다. 그 내용은 박팽년, 유성원, 허조 등은 지난 해 겨울부터 성삼문, 이개, 하위지, 성승, 유응부, 권자신 등과 결당 모반하였다고 되어 있어 당시 명단에 김문기(金文起)는 이름이 없다. 이 기록은 사관이 목숨을 걸고 쓴 기록이다. 다만 유응부가 무인(武人)이라서는 차별로 유추하는 일부 문인들의 행패는 지금도 이어져 온다는 웃지 못 할 이야기다. 중앙정보부장 김재규는 그의 조상 김문기를 사육신으로 공인받으려고 협조를 거부하는 부하는 좌천시켰다고 한다. 군(武)이 존경받고 제복을 사랑하는 민족이 바로 부국강병이라는 국민의식이 살아 있을 때 우리는 미래가 안전하다는 것을 잊어서는 안 된다. 무인(武人)이라는 이유로 차별받는 나라는 우리나라뿐이라는 것이다. 참으로 안타깝고 통탄스러운 일이다.

조선시대 500년 동안 대신의 숫자가 365명이나 된다 그 중에서 무사출신은 단 7명 뿐이며 이 분들조차 개국공신, 정란공신으로 전쟁에서 세운 공적으로 대신이 된 것이지 무(武)의 가치로 된 사람이 없다는 사실에 경악을 금치 못한다. 따라서 무술이 발전되어 전승된다는 것은 불가능하다.

화랑세기(花郎世記)

『화랑세기(花郎世紀)』는 진골귀족(眞骨貴族) 출신으로 704년(성덕왕 3) 한산주(漢山州) 도독(都督)이 된 김대문(金大問)이『고승전(高僧傳)』·『악본(樂本)』·『한산기(漢山記)』·『계림잡전(鷄林雜傳)』과 함께 저술하였는데 다만 그 내용은 다음과 같다.

화랑(花郎)은 선(仙)의 무리다. 즉 국화(國花), 원화(源花)로 예쁜 여자(女子)를 두어 받드는 사람을 의미했고, 신라 법흥대왕(法

興大王)이 위화랑(魏花郎)을 사랑하여 '화랑'이라 부른 것이 최초이다. 이러다가 남장과 남자로 바뀌었고 처음에는 신(神)을 받드는 일을 주로 해오다가 무리가 도와 의(道와 義)로 발전되어 어진 관료와 충성스런 신하가 나오고 훌륭한 장수와 용맹스러운 군인이 많이 생겼으므로 삼국 통일의 뿌리가 된다.

이를 발전시킨 것은 진평왕 11년(589)에 진나라에 유학한 고승 원광대사(圓光大師)가 부처님 계율에 보살계 10가지 중 세속에서 수행할 수 있는 5계를 골라서 말한다.

① 임금을 충성으로 섬기고
② 부모를 효도로 섬기며
③ 벗과 믿음으로 사귀며
④ 전쟁에서는 물러나지 말 것.
⑤ 생명을 죽일 때 가려서 하라.

오계(五戒)를 만든다. 이에 우두머리를 풍월주로 했다가 국선(國仙)으로 불리었으며 총 32대까지 지속된다.

참고로 「1세 위화랑」「3세 모랑」「5세 사다함」「7세 설화랑」「8세 문노」「10세 미생랑」 그리고 삼국통일의 주역인 「김유신이 15대」「김춘추 18대」이고 김유신의 동생인 「흠춘공은 19대」에 풍월주가 되고 「32대 신공」이 마지막 국선이다. 이때가 692년 9월 7일 효소왕 때다. 따라서 국선은 임기제는 아니지만 대부분 2~3년 단위로 교체되었다.

김해병서〈金海兵書〉

 고구려의 연개소문이 완성한 병서로 김해(金海)는 연개소문의 호라고 하며 고구려의 '조의선인'과 고려(1040년 정종) 때에도 지방으로 가는 병마사에게 주었던 무술병서였다고 한다. 이 김해병서는 연개소문이 젊은 시절 집을 나와 수행하던 중 산 속으로 나무를 하러 갔다가 신선(神仙)을 만나 배웠다고 한다.

 신채호의『조선상고사(朝鮮上古史)』에 의하면, 연개소문은 이 병서로 당나라의 명장 이정(李靖)을 가르쳤으며, 무경칠서(武經七書)의 하나인 이정이 저술한『이위공병법(李衛公兵法)』원본에는 이정이 연개소문에게서 병법을 배운 이야기를 자세히 쓰고 연개소문을 숭앙한 구어(句語)가 많았다. 그러므로 당·송 사람들이 이를 수치로 여겨 그 병서를 없앴다고 한다.
 신채호는 지금 전하는『이위공병서(李衛公兵書)』는 서문에 "연개소문은 스스로 병법을 안다고 하였다(莫離支 自謂知兵)."는 말을 넣어 연개소문을 헐뜯고 있다고 하였으며 그는 이 병서를 위서(僞書)로 보았다. 분명한 것은 무략지요결(武略之要訣)로 역대 최고의 병서임에는 틀림없다. 다만, 현존하지 않는『김해병서』의 저자가 연개소문이든 그렇지 않든지 간에 그 당시에는 우리나라는 물론 중국에까지 일정한 영향을 끼친 무경(武經)의 하나였을 개연성은 있다고 본다. 또한 신라로 전해져 만들어진 것이 '본국검'

으로 보며 오늘날 세계적 유산(유네스코)으로 지정된「무예도보통지」의 '예도'(조선세법)로 유추한다. 을파소 때부터 시작한 조의선인 검법을 연개소문이 완성한 것이 정설이다.

신라의 삼국통일

654년(진덕여왕 8) 진덕여왕이 죽은 뒤에 원래는 알천(閼川)이 왕으로 추대되었으나 김유신은 알천과 상의해 진지왕(眞智王, 재위 576~579)의 손자인 김춘추를 왕으로 세웠다. 그리고 655년(무열왕 2) 태종무열왕의 딸인 지조(智照)를 아내로 맞이하고, 백제의 도비천성(刀比川城)을 공격해 승리를 거두었다. 이 무렵 그는 백제에 포로로 잡혀갔던 급찬(級湌) 조미압(租未押)을 통해 백제의 내정을 자세히 파악하고는 백제를 병합할 계획을 본격적으로 추진하였다. 김유신은 660년(무열왕 7) 상대등(上大等)으로 임명되었다. 그리고 그해 소정방(蘇定方), 유백영(劉伯英) 등이 이끌고 온 당나라 군대와 연합해 사비성(泗沘城)을 점령하여 백제를 멸망시켰다.

백제가 멸망한 뒤 당나라는 사비성에 계속 주둔하며 신라를 침공하려고 꾀했는데, 김유신은 다미공(多美公)과 함께 백제인으로 위장해서 당나라 군대를 공격하자는 계책을 냈다. 그러자 이러한 동향을 알아차린 당나라는 낭장(郎將)인 유인원(劉仁願)이 이끄는 일부 병력만 남기고 철군하였다. 무열왕은 백제의 병합에 기여한 공적을 높이 치하해 기존의 17등급 작위 위에 대각간[大角干, 대서발한(大舒發翰)이라고도 한다]이라는 직위를 새로 만들어 김유신에게 주었다.

김유신은 661년(문무왕 1) 소정방이 이끄는 당나라 군대가 고구려의 평양성 공격에 나서자 대장군(大將軍)으로 임명되어 신라군을 이끌고 출병했으며, 김인문 등과 함께 평양성 인근으로 진군해 당나라 군대에 군량을 제공했다. 그리고 663년(문무왕 3) 백제의 잔존세력이 왜인(倭人)과 함께 두솔성(豆率城, 지금의 충청남도 청양), 임존성(任存城, 지금의 충청남도 예산) 등지에서 부흥운동을 펼치자 이를 진압하기 위해 출병했다. 664년(문무왕 4) 김유신은 왕에게 퇴직을 청했으나 왕은 이를 허락하지 않고 그에게 궤장(几杖)을 하사했다.

한편, 이렇듯 김유신의 정치적 영향력이 커지자 당나라 고종(高宗, 재위 649~683)은 665년(문무왕 5) 사신으로 파견한 양동벽(梁冬碧)을 통해 봉상정경 평양군 개국공(奉常正卿平壤郡開國公)으로 봉하고 2천호의 식읍(食邑)을 지급한다는 칙서를 보내 그를 회유하려 했다. 그리고 666년(문무왕 6)에는 김유신의 맏아들인 대아찬(大阿飡) 김삼광(金三光)을 좌무위익부중랑장(左武衛翊府

中郎將)으로 임명해 당나라로 불러들여 볼모로 삼았다.

668년(문무왕 8) 당나라가 고구려 침략에 나섰을 때 김유신은 대당대총관(大幢大摠管)으로 임명되었으나 직접 참전하지 않고, 병사를 이끌고 출병한 문무왕을 대신해 내정을 책임졌다. 고구려를 멸망시킨 뒤에 문무왕은 김유신이 삼국 병합에 세운 공을 치하하며 새로 태대각간[太大角干, 태대서발한(太大舒發翰)이라고도 한다]이라는 직위를 만들어 그에게 내리고, 5백호의 식읍도 주었다.

김유신은 673년(문무왕 13)에 79세의 나이로 죽었다. 문무왕은 그의 죽음을 슬퍼하며 채색비단 1천 필과 벼 2천 석을 보내 장례를 치르게 했다고 한다. 그는 금산원(金山原, 지금의 경주시 송화산으로 추정)에 매장되었다. 《삼국사기》에는 그가 죽기 전에 군복을 입고 병기를 든 수십 명의 군사들이 유신의 집에서 울면서 나오다가 홀연히 사라지는 기이한 일이 벌어졌으며, 김유신이 자신을 보호하던 음병(陰兵)이 떠난 것이라며 죽음을 예견했다는 이야기가 전해진다. 신라의 제33대 성덕왕(聖德王, 재위 702~737)은 712년(성덕왕 11) 김유신의 아내인 지조를 부인(夫人)으로 봉했으며, 해마다 1천석의 곡식을 주었다. 그리고 제42대 흥덕왕(興德王, 재위 826~836)은 835년(흥덕왕 10)에 김유신을 흥무대왕(興武大王)으로 추존했다. 하지만 《삼국유사》에는 제54대 경명왕(景明王, 재위 917~924)이 그를 흥호대왕(興虎大王)으로 추존했으며, 그의 묘가 서산(西山) 모지사(毛只寺)의 북동쪽

봉우리에 있다고 기록되어 있다. 김유신은 조선 시대에도 삼국 통일의 주역으로 높이 숭배되어 명종(明宗) 때인 1563년(명종 18)에 최치원(崔致遠), 설총(薛聰)과 함께 경주의 서악서원(西嶽書院)에 배향되었다. 지금도 경주의 단석산에서 바위를 자르면서 닦은 무예와 무술의 신기를 얻었다는 전설은 계속 내려오고 있다.

싸우지 않고 이기는 병법이 최고다

일본 역사에 한 번도 패한 적이 없는 스카하라 보쿠텐은 가시마 신토류로 유명하다. 그는 칼집에서 검을 빼는 것과 상대를 양단하는 것을 동시에 한 박자로 벤다. 그는 진정한 고수라면 검을 빼지 않고 이기는 사람이며 위험은 피하는 것이 명인의 자세라고 한다. 그가 젊어서 무사수행 중 어느 날 오우미(시가현)에서 강을 건너는 나룻배를 타게 되었다. 그 작은 배에는 8명이 타고 있었다. 그 중 한 사람은 건장하게 생긴 검객이었고 그는 시종일관 사람들에게 자신이 천하무적 검객이라고 자랑과 거드름을 피우는 것이 가관이었다. 보쿠텐은 이를 본 척도 않고 배 한 모퉁이에서 잠을 청하고 있었다. 검객은 보쿠텐이 자신을 보지도 않고 겁도 없이 무시하는 것에 화가 났는지 앞으로 다가가 소리를 버럭 지른다.

"당신이 칼을 찬 것을 보니 무사인 것같은데 자신이 있소? 한 번 겨누어 봅시다?"

눈알을 부라린 그의 모습에 보쿠텐은 감은 눈을 뜨면서 "귀하께서 검술의 달인이시라는 말씀은 잘 들었습니다. 저도 검술에 뜻을 두고 있으나 아직은 부족한 점이 한 두 가지가 아니라서 상대를 이긴다는 것보다 지지 않으려 애를 쓰고 있습니다!" 이렇게 겸손하게 대답을 하는 보쿠텐을 몰라본 그는 거만한 자세로 "그러면 자네의 검술 유파는 무엇이라고 하는가?" 하고 되묻는다. "글쎄올시다. 별 볼일 없다고 하지만 그래도 굳이 말씀드리자면 무테카스류(無手勝流)라고 손과 검 없이도 이기는 유파라고 합니다."라고 웃으면서 말한다.

그때서야 자신이 지금 조롱당하고 있다는 것을 깨달은 무사는 더욱더 화를 내면서 포악하게 "그래! 그러면 옆구리에 찬 검은 장식이냐? 검 없이 이긴다고 저 앞에 보이는 섬에서 나와 대결을 하자!"고 도전을 하게 된다. 이에 보쿠텐은 더욱 여유 있는 모습으로 "검은 상대를 베기 위한 것이 아니라 내 마음속에 생기는 자만심과 잡념을 베기 위한 것인데, 귀하가 시합을 원한다면 그렇게 합시다. 그런데 말입니다. 내 칼은 선인(善人)에게는 활인검(活人劍)이지만 악인(惡人)에게는 반드시 살인검(殺人劍)이라는 것을 아시요!"라고 말했다. 이윽고 배가 섬에 닿자 이 검객은 빠른 속도로 배에서 뛰어내려 섬에 오른 후 좋은 자리를 차지하고는 칼을 빼면서 소리를 질러댄다. "빨리 와라! 빨리 와!" 그런 그를 바라보던 보쿠텐은 사공에게 배를 강 가운데로 멀리 떨어지게 부탁한다. 배가 점점 멀어지자 검객은 속은 것을 알고 비겁자라며 고래고래 소리를 지른다. 보쿠텐은 이것이 싸우지 않고 이기는 무수승류(無手勝流) 검법이라면서 손을 흔들며 한마디 한다.

"억울하면 헤엄이라도 쳐서 와 봐라?" 그러면서 다시 눈을 감고 잠을 청한다. 그제서야 배에 남아있던 사람들이 그가 보쿠텐이라는 것을 알았다고 한다.

두 번째 이야기다. 어느 날 아주 아끼던 제자가 말을 매어 놓은 마장 뒤를 무심코 지나다가 갑자기 말이 뛰면서 뒷발질로 그를 걷어찼다. 그러나 무예에 통달한 제자는 슬쩍 뒷발질을 피하고 아무런 일없이 유유히 걸어간다. 그 모습이 너무나 태연했다. 이를 옆에서 본 다른 제자가 스승인 보쿠텐에게 자랑스럽게 보고한다. "스승님, 그 순간 너무도 감탄했습니다." 그런데 스승인 보쿠텐의 안색이 좋아하지 않고 나무란다. "무예의 고수는 말은 뒷발질을 언제라도 할 것이라는 것을 예상하고 조금 멀리 가야하지.."라고 혀를 찬다. 모든 일을 당해서 피하라는 민첩성보다 위험의 여지가 있는 것에 주의를 기울이는 것이 더 좋다는 말이다.

세 번째는 이 보쿠텐이 마지막 후계자를 고를 때 이야기다. 들어오는 문에 왕골 발을 쳐놓고 그 위 보에 베개를 올려놓아 들어오는 순간 베게가 떨어지도록 해놓았다. 그리고 첫 번째로 나이가 어린 후계자를 불렀다. 그는 들어오면서 발을 한 손으로 젖혀 들어올 때에 머리위에서 무언가 떨어진다. 순간 허리에 찬칼을 뽑아 베개를 두 동강 내고 들어왔다. 두 번째 들어온 후계자는 베개가 떨어지자 슬쩍 피하고 오른손으로 칼자루를 잡고는 사방을 경계 후 자리에 앉는다. 세 번째로 가장 나이가 많은 제자가 들어왔다. 그는 문 앞에서 들어오려다가 이상한 분위기를 눈치채고 문 위를 살펴보았다. 그리고 문 위에 있는 베개를 한 손으로 안전하게 내려놓고 방으로 들어왔다. 결국 세 번째 제자가 가업을 이어 후계자가 된다. 싸우지 않고 이기는 것은 출중한 준비와 힘이 있을 때만 가능하다는 것인데 힘이 없고 준비가 덜 된 사람은 이길 수 없다는 이야기다. 손자병법에 이르기를 싸우지 않고 이기는 것이 병법의 최고라는 말은 이런 것을 가리키는 것이다.

하수는 자신이 패한 것도 모르고 진다

야규 신가게류(柳生新陰流)를 창시한 도쿠가와 이에야스가의 무술 사범 야규 무네요시와 그의 손자 미쓰요시 주베에 이야기다. 이 손자 주베에는 한 쪽 눈을 잃은 외눈박이 검객으로도 유명하다. 그가 어렸을 때 할아버지는 이 손자를 무척이나 사랑했지만 화가 나면 주위에 아무거나 마구 집어 던지며 야단을 치는 괴팍한 성격이었다고 한다. 어느 날 어린 주베에를 야단치다가 찻잔을 던져버렸는데 하필이면 이 사랑하는 손자의 한쪽 눈에 맞았다. 안구가 터져 피가 흘러내려오는데도 어린 손자는 이상하게도 다친 눈을 놓아두고 다치지 않은 다른 눈을 손으로 가리고 할아버지로부터 도망을 친다. 이상히 여긴 다른 사람들이 그 이유를 물어보자 "어차피 다친 눈은 버렸기 때문에 순간적으로 할아버지가 또 다시 찻잔을 던진다면 다치지 않은 눈을 지켜야 한다고 생각했습니다." 라고 말했다는 것이다. 아주 영특한 아이였다.

그가 검술의 달인으로 청년이 되고 쇼군 도쿠가와 이에미스를 보좌할 때 어느 번에서 검술 시합을 한 적이 있었다. 물론 번의 우두머리인 다이묘가 보는 앞에서 몇 명의 대표 무사를 이기고 돌아서는 순간 마지막으로 번의 최고무사가 나타났다. 시합은 목검을 들고 하게 되어 목숨은 그리 염려되지 않고 진행되었다. 서로 겨누는 순간 동시에 상대편 머리를 내리쳤다. 서로 친 목검이 부딪치며 상격(相擊)으로 승부가 나질 않았다. 이에 다이묘는 다시 시합을 해서 승부를 내라고 명령한다.

주베에는 이 무사와 두 번째 대결에서도 목검이 동시에 부딪쳐 탁! 소리를 내며 가슴부위에서 함께 엉켜 승부가 나질 않는다. 그러나 주베에는 칼을 겨두고 뒤로 몇 발자국 물러나면서 인사를 한다. 이에 무사는 "아직 승부가 나질 않았으니 한 번 더 겨룹시다!"하고 시합을 요구한다. 이에 주베에는 "승부는 끝났소. 소인이 승리했습니다."라는 대답에 그동안 이 모습을 보고 있던 다이묘와 가신 그리고 당사자인 무사는 놀림을 당하고 무시를 당한 것 같은 생각에 화가 치밀어 올랐다. 결국 무사의 요청대로 목숨을 걸고 진검으로 겨루도록 다이묘의 승인이 떨어진다. 그래도 주베에는 이런 일로 목숨을 버리는 것은 무사가 할 행동이 아니니 제발 물러나라고 사정사정 했지만 이미 칼을 빼고 공격의 칼날이 번뜩했다. 어쩔 수 없이 주베에는 이전과 똑같이 상대를 향해 내리쳤다.

　이번에도 똑같이 두 칼이 동시에 번쩍 하는 순간 주베에가 뒤로 한 발자국 물러났다. 그러나 무사는 움직이질 않는다. 잠시 후 놀랍게도 무사는 얼굴과 가슴이 양단되어 앞으로 무너져 쓰러진다. 숨을 거둔 것이다. 이 놀라운 관경에 구경꾼들이 주베에를 보니 옷 앞에 맨 옷고름이 잘려나가 바닥에 굴러다녔다고 한다. 그리고 의아해하는 다이묘에게 "목검으로 칠 때는 잘 보이지 않지만 진검의 경우 나와 상대편의 간격(間)이 중요합니다. 상대와 나와의 검의 길이는 물론 발걸음의 폭도 계산되어야 합니다." "패한 무사는 이것을 간과했습니다."라고 말했다. 아무리 동시에 검을 내리쳤다고 하더라도 한 사람의 칼이 2~3cm만 차이가 나도 한 사람은 살이 베어지고 또 한사람은 옷깃이 베어진다는 말이다. 무술은 이런 '실제의 거리'와 '시간적 거리' '마음의 거리'도 절대적으로 요구된다는 말이다.

　임진왜란 때에 일본군의 칼은 우리군의 칼보다 3cm가 더 길었다. 이것이 일본군과 대적할 때에 가장 큰 패인이었다고 한다.

임진왜란과 나팔모자

　우리가 어려서 초등학교 운동회 때에 보면 종이를 말아 뾰족한 모자를 쓰고 청군, 홍군 또는 백군으로 나누어 경기를 즐겼다. 이 모자가 일본 싸스마번 오늘날 가고시마 군인들의 모자였다. 이곳에는 시현류(示現流)라는 검법으로 칼을 들어 그대로 내리치는데 멈추지 않고 삼천지옥 끝까지 내려친다고 한다.

　이 검법의 창시자 도오고 시게카타는 어느 날 들개를 베고 온 아들들 앞에서 갑자기 검을 빼어 들어 순간적으로 앞에 있는 두꺼운 바둑판을 내리쳤다. 놀란 제자들이 보니 두꺼운 바둑판이 두 동강 나고 밑에 깔아놓은 다다미 바닥을 자른 뒤 이를 받쳐놓은 토대목 대들보까지 잘라졌다고 한다. 이렇게 무장된 군사가 임진왜란에 도요토미 히데요시의 명에 의해 일만 오천 명의 군사를 조선에 파병하게 되고 이 군대는 사천(泗川) 즉 지금의 진주성에서 조명 연합군과 전투를 벌인다. 당시 명나라군은 20만 명 싸스마

군은 1만 명의 병력으로 싸웠지만 명나라가 패했다. 당시 명나라 군인 38,700명이 죽었다. 그래서 명나라 군은 이 일본군을 귀신이라고 하였다.(鬼石蔓子)

　일본식으로 '시마즈'라고 불렀다고 하며 조선이나 명나라가 가장 두려워했던 일본군이다. 철군 후 일본에 돌아간 뒤 1600년 세키가하라에서 도쿠가와 이에야스와 도요토미 가문(미스나리)과의 전투에 서군으로 참가한 1500명의 싸스마 군은 패전 뒤 이에야스 본진으로 뛰어들어 죽음을 각오한 덕으로 유일하게 탈출하여 싸스마고향으로 돌아갔다고 한다. 이때 20명만 살아 돌아갔다고 하며 일본 막부말기 사이고 다카모리를 우두머리로 동경에 온 싸스마 군의 위력에 당시 신선조 두목격인 곤도 이사미도 싸스마의 첫 칼은 피하라고 했다고 한다.

　당시 전투장에서 이 군대와 싸우다 죽은 병사는 머리부터 가슴으로 두 동강으로 갈라져 죽은 시체뿐이었다고 이를 본 다른 군인들이 싸스마 군을 보면 싸우지도 않고 도망쳤다고 한다. 일본을 통일한 오다 노부나가, 도요토미 히데요시, 도쿠가와 이에야스 모두 이 지역을 점령한 사람이 없는 유일한 지역이었다고 한다. 이외에도 실전 무술로 전해 내려오는 것으로 미아모토 무사시의 니덴류(天流)로 두 개의 검을 사용하며 일본을 대표하는 호쿠신 잇도류(北辰一刀流)가 현재의 검도에 주류로 발전되어 왔다. 한편 우리가 자랑하는 「무예도보통지(1790)」에 왜검과 교전을 훈련할 때에는 반드시 이 나팔 모자를 쓰게 했다고 한다. 신라무술인 본국검의 첫 번째 대적세가 이와 아주 유사하다. 따라서 신라 검법이 전해지지 않았나 생각한다. 참고로 도쿠가와 쇼군 가의 무술 사범으로 이토 이토사이의 일도류가 지금까지 일본의 검술을 대부분을 지배하고 있다. 그 유명한 북진 일도류도 마찬가지다.

영조, 정도 임금도 장용영을 비롯한 5군영에서 나팔모자를 쓰고 왜 검과 교전보르 연습하여 일본을 경계한 것은 지금도 본받아야 한다. 무조건 매일하는 것은 애국이 아니다.

일본의 무도

일본의 무술은 칼의 문화다. 후대에 와서 유도(유술), 공수도(가라데), 합기도 등 많은 무술이 나왔지만 이런 무술은 대부분 칼이 없어진 패도령 후에 발전되었다. 따라서, 일본의 무술은 칼(刀)을 전제로 해야 한다. 일본 천하를 통일했다고 하는 오다 노부나가, 도요토미 히데요시, 도쿠가와 이에야스는 무사를 대표로 하지만 실제로 개인적인 무사는 스가하라 보쿠텐(1489~1571)으로 '일지태도(一之 太刀)'라는 검법으로 위에서 아래로 내려 베는 단순한 초식으로 된 일격필살 검법이다.

그는 19회의 진검승부와 37번의 전투에서 한 번도 패한 적이 없다. 이후 미야모토 무사시는 이도류(二刀流)로 양손에 칼을 들고 싸우는데 건장한 체격이었다고 하며 63전 63승을 한 무패의 전설무사이다. 그가 죽은 지 100년이 지나 1742년 도요타가 「오륜서」라는 책을 남겼다.

또한 도쿠가와 이에야스의 사범으로 유명한 야규 무네노리가 만든 '다미아류', '신가케류'가 있고 그의 유작으로 밝혀진 「병법 가전서(兵法 家專書)」가 활인검으로 또 다른 축을 이루어 낸다.

일본의 대표적 무사 영웅 이야기를 싣는다.

스가하라 보쿠텐

보쿠텐은 싸우지 않고 이긴다는 이야기다. 어느 날 여러 명이 작은 배를 타고 강을 건너 갈 때였다. 같이 탄 손님 중에 한 무사가 보쿠텐 앞으로 다가와 "그대가 보쿠텐이냐?" 하고 묻는다. 이에 그렇습니다. 하고 대답하는 보쿠텐에게 칼자루를 내밀며 한 판 붙어보자고 소리를 지른다. 그러나 보쿠텐은 싸움을 거절하고 배 한쪽 귀퉁이에 앉아 다른 곳을 쳐다보고 응대를 하지 않았다. 이 무사는 계속 따라다니면서 독설을 퍼붓고 야유를 하며 계속 도전을 자행했다. 참다못한 보쿠텐은 중간에 배를 세우고 둑방 위에서 승부를 걸자고 승낙하고는 그를 먼저 내려가서 기다리라고 한다. 흥분한 무사가 배에서 뛰어 내렸다. 그때 보쿠텐은 뱃사공의 돛대를 빼앗아 배를 반대 방향인 강 한복판으로 저어갔다. 강둑에 올라간 무사는 이 모습을 보고는 속았다는 것을 알고는 고래고래 소리를 질렀다. "보구텐 이놈! 사기꾼아! 도망을 가느냐?"하고 소리를 질러댄다. 그러나 보구텐은 "어이! 이 사람아 이것이 싸우지 않고 이기는 것이야."하면서 아무렇지 않게 강을 건너간다. 이 모습을 본 뱃사공과 손님은 모두 혀를 내둘렀다고 한다.

미야모토 무사시

　미야모토 무사시는 당시 많은 무사들에게 도전을 받는 최고의 무사였다. 그 중에서도 사사키 고지로는 강적이었다. 그는 호수에 날아다니는 제비를 칼로 베는 당대 최고의 무사로 시모노세키 인근 간류도라는 섬에서 일전을 하게 된다. 무사시는 날짜, 일기, 시간, 환경을 미리 연구하고 대결시간을 늦추어 햇빛과 자신을 혼동하게 만든다. 물론 돛대를 깎아 상대편 칼보다 길이를 더 길게 칼을 만드는 지혜도 발휘한다. 늦게 배에서 내려오는 순간 기다리던 고지로가 칼을 빼들고 뛰어나와 무사시를 내려친다. 그러나 물빛과 햇빛이 비추어져 거리 감각의 착각으로 그의 칼은 무사시의 머리를 빗겨가게 된다. 거리가 짧았던 것이다. 순간 길게 만든 무사시의 노대 목검이 고지로의 머리를 둔탁하게 내려쳐 승부를 가른다. 그리고는 식은땀을 흘리며 도망치듯 배를 타고 도망을 간다. 당시 고지로의 칼날에 무사시가 머리에 맨 수건 매듭이 잘려 나갔다고 한다. 쓰러진 고지로는 이 모습을 햇빛 때문에 잘못 보여 무사시의 목으로 착각하며 씁쓸한 입가에 미소를 지으며 죽었다고 하는 무사시에 관한 야사이다. 지금도 그곳에 가면 초라한 고지로의 무덤과 무사시가 타고 간 배가 전시되어 있다. 오늘날 일본의 남자 영화배우는 이 무사시 역을 한 번 하는 것이 최고의 영광으로 생각하고 있다고 한다. 하지만 그는 사실 세키가하라 전투 시 패잔병으로 도망치던 하급병사에 불과했다.

이외에도 일본 최고의 고류 검술 유파 '신가케류(新陰流)' 창시자 야규는 신가케류를 만들고 죽도를 개발하고 현재의 승단제도 원천인 초급, 상급 면허소지(멘교가이텐)를 시작했다.

지금의 거합도(居合道)의 창시자인 하야시자키 진스케 시게노부는 칼을 뽑는 동작과 공격을 한 동작으로 합친 발도술의 원조로 칼자루가 일반 칼보다 길어 가공할 위력으로 상대를 제압했다고 한다. 그는 죽은 아버지의 원수를 갚기 위해 5살 때부터 검술을 연마하여 13살에 '구마노 묘전'에 들어가 수행 2년차에 꿈속에서 원숭이에게 '신묘비술의 순수 발도술'을 배웠다고 한다. 그의 나이 17세(1559)에 득도하여 1561년 아버지의 원수 가미슈젠을 동경에서 베고 고향에 돌아와 자수하고 칼을 봉납하였다. 이때 그의 이름을 민치마추(民流丸에)서 하야시 자키 진스케(林氏)로 바뀌게 된다. 이후 전국을 다니면서 검술 지도를 하였다. 바로 하야시 진스케(林氏)는 한국성으로 임씨라고 하여 그의 조상이 한국인이라는 사람도 있다. 민씨도 한국 성이다.

  이외에도 도사변의 나카야마 하꾸도의 '무소신덴류', '영신류'와 야규세키 슈사이의 '신가케류(新陰流)'와 '다미아류', '신도무네류' 등과 가고시마의 '시현류'가 있다. 1919년 무술이나 격검이 무도(武道)로 명명 되며 검도, 유도, 궁도가 무도로 정의된 「일본 무덕회」가 탄생한다.

  이후 일본의 수백 개의 검술 유파 중 대표적인 12개 유파를 선정하여 처음은 7개 항목으로 다음에 3가지 형을 포함시켜 1980년 3월 전 일본검도연맹 지정기술 거합형이 완성되어 오늘에 이른다. 물론 죽도로 하는 '경기 검도'도 대일본 형인 '본(本)'이라는 이름으로 대도(大刀) 7가지, 소도(小刀) 3가지로 하고 있다. 한 가지로 통합한 일본형이지만 다른 류파가 지금도 한 장소에서 같이 시연하고 이를 인정하는 것이 일본 검도의 특징이다. 유도나 가라데와 합기도는 별도로 기록했다. 오늘날 일본 검도는 죽도로 하는 경기 검도로 세계 50여 개 국에 보급되어 있으며 우리나라는 두 번째로 검도 인구가 많다. 또한 3년마다 세계 대회를 열고 있으며, 2006년 대만에서 열린 제13회 세계검도선수권대회 우승을 제외하고는 한 번도 일본을 이긴 적이 없이 2등만 하는 한국 검도가 현실이다. 검도는 일본이 종주국이다. 다만 수백개가 넘는 유파가 있다고 하지만 대부분 초식이 1, 2개로 소문과는 거리가 멀다.

하가쿠레(葉隱)

하가쿠레는 불과 280년 전 1716년 일본의 야마모토 쓰네토모(山本常朝)가 말한 것을 다시로 쓰라모토가 정리했다고 한다.

일본의 무사도(武士道)의 근원으로 지난 300년 동안 수많은 사람들이 자기 수양과 정신적 지주로 삼아온 성스러운 책으로 분류된다. 하가쿠레(葉隱)라는 제목은 7년 동안 나뭇잎 그늘 초가집 추녀 밑에서 이야기하고 듣고 쓴 구술서라는 이야기로 은둔 생활을 하는 자신의 이야기다. 이것은 지금까지의 일본의 모든 문학 작품과 일본인의 정신적 정서에서만큼은 기본적 토대로 삼아 전해진다.

여기서 무사도(武士道)란 "죽음을 깨닫는 것이다."라는 한마디로 정의를 내린다.

언제든지 죽을 수 있다는 각오와 수치스러운 삶보다는 깨끗이 죽겠다는 마음으로 하루하루를 살아간다는 것이다. 이 말은 죽는 것이 사는 것이다(死卽生)라는 강한 메세지를 내포한다. 즉 생(生)과 사(死) 둘 중 하나를 선택하라고 한다면 죽음을 선택하면 된다는 이야기다. 생각할 필요도 없다고 하면서 "목적을 이루지 못하고 죽는 것은 개죽음이다."라는 말은 경박한 무사도라고 꾸짖는다.

중국 소림사 한 손 세워 아미타불

　인간이 할 수 있는 자세 중 가장 경건한 자세가 합장이라고 한다. 이 합장은 양손을 합쳐 쥐고 손바닥을 가슴 높이로 모으는 동작으로 모든 종교에서 사용되고 있다. 특히 기독교에서 기도를 할 때와 불교에서는 인사하는 수단으로도 널리 사용된다. 따라서 합장은 고맙다는 뜻도 있지만 자신이 하나로 합쳐진 일체가 된 경지를 말하기도 한다. 좌우 손바닥에는 각각 음과 양의 자연 에너지가 발생하는 기(氣)가 +와 −로 합쳐져 결국은 0이라는 답이 나오며 공(空)과 무(無)가 됨으로 이는 자신의 모든 것을 비우는 삼매 상태가 된다고도 하고, 또한 무아 상태의 세계로 이루어진 신(神)의 의미로도 생각한다는 것이다.

　그런데 소림사 중만 오른손 한 쪽만 세워 '아미타불' 하면서 인사를 한다. 이런 장면은 또 중국 무술 영화에 단골손님으로 소림사 스님이나 무술 수련자의 인사법으로 통용되고 있다. 이유는 이렇다. 소림사 권법의 시조 선종인 달마대사가 바위 동굴 속에 들어가 수도하던 중 신광(神光)이라는 천재 승려가 찾아가 도전을 하게 된다. 그의 나이 40세였다. 아무리 말을 걸고 시비를 걸어도 달마대사는 꿈적도 않고 벽만 바라보고 주문만 외운다. 시간이 흐르면서 달마대사의 위엄이 느껴지고 자신이 순화되어 마음이 잔잔해지고 그동안 자신의 수도가 헛그림자로 느껴져 교만감이 없어지며 자신의 모든 것을 받쳐 섬기고 싶은 마음이 생겨났다. 깨달음을 얻은 것이다.

한겨울 폭설이 내리고 추위가 엄습해와 신광은 무릎 꿇고 밤을 새우면서 엎드려 제자가 되기를 간절히 청한다. 새벽이 되자 이미 얼어 죽었을 신광이 오히려 몸과 얼굴에 김이 모락모락 피어오르는 모습을 본 달마대사가 한 말씀 던졌다.

"믿음의 징표를 보이거라."
"너의 신심(信心)을 확인하고자 한다."

그러자 신광(神光)은 조금도 거리낌이나 주저 없이 칼을 들어 자신의 왼팔을 내리쳤고 팔은 잘려나가 흰 눈밭에 나뒹굴었다. 이를 확인한 달마는 "이제 너의 법명은 혜가(慧可)다."라고 하며 제자로 삼았고 혜가는 달마대사의 법맥을 이어 중국 선종의 2대 조가 되었다고 한다.

그로부터 혜가는 소림사에서 6년을 더 수도한 뒤 떠났지만 팔이 하나밖에 없어 인사를 오른 손 하나로 했다고 한다. 이후 제자들은 이를 따라 한 손으로 아미타불하고 합장 인사를 하게 된 계기가 되었다.

※ 아미타불은 극락세계에 항상 머물러 계시며 법(法)을 설파한다는 부처님으로 그 이름을 지극한 마음으로 염(念)하면 극락

왕생(往生)한다고 한다. 또한 무량수(無量水), 무량광(無量光)으로도 보며 우리나라에는 불국사와 수석사에 금동 아미타여래 좌상과 소조아미타여래 좌상이 유명하다. 기독교로 굳이 말한다면 "하늘에 계신 우리 아버지" 또는 "할렐루야" 정도로 생각하면 될 것이다.

사바세계와 108번뇌

일반적으로 낙원을 파라다이스라고 하며 우리가 살고 있는 이 세상을 불가에서는 사바세계라고 한다. 이 말은 산스크리트어로 "참고 견디어 나가는 세상"이라는 뜻이다. 우리가 살고 있는 세상은 온갖 것을 참고 살아야 하는 땅이라고 하니 시련과 난관을 극복해야 할 사명이 있는 곳으로 판단되며 이것을 참지 못하고 견디지 못해 일어나는 것이 비극이라는 말이다. 참기 어려운 것을 참기 위해 108번뇌를 한다는 것이다.

사람이니까 누구나 자신의 감정을 드러내어 표출하고 살아간다. 그런 감정은 세 가지로 분류한다면 '좋다', '싫다', '그저 그렇다'로 보면서 이것을 인간의 6가지 감각기관인 육근(六根)에 접목시킨다. 즉 눈에는 '보기 좋다', '보기 싫다', '그저 그렇다'

라는 반응이며, 귀에서는 '듣기 좋다', '듣기 싫다', '그저 그렇다' 라는 반응이고, 코에서는 '냄새가 좋다', '냄새가 싫다', '그저 그렇다' 라는 반응이며 입에서는 '맛이 좋다', '맛이 싫다', '그저 그렇다' 라는 반응이며 몸에서는 '촉감이 좋다', '촉감이 싫다', '그저 그렇다' 라는 반응이며, 마음은 '느낌이 좋다', '느낌이 싫다', '그저 그렇다' 는 반응이다. 이런 18가지 마음에다가 가지고 싶은 마음과 분쟁의 마음을 합하면 36가지로 불가에서 표현을 전세(前世), 현세(現世), 내세(來世)인 삼세(三世)와 맞물리면 36×3=108번뇌라고 한다. 즉 인간의 기본적 근본적 감정이다. 여기서 한 가지만 줄여도 번뇌는 1/3이 줄어든다는 것으로 이것을 바로 극복하기 쉬운 방법이 수양의 길이기도 하다. 사람으로서의 감정으로 희·노·애·락이 발생되는 느낌으로도 표현한다.

운명의 선천치(先天齒)

 스산한 밤이다. 늑대의 울부짖음과 산 노루의 비명소리가 함께 들리고 한 길이 넘는 겨울 눈 위로 매서운 찬바람은 영하 30도가 넘어간다. 반쯤 뚫린 문풍지 사이로 들어오는 차가운 바람 소리에 가슴까지 덮었던 솜이불을 힘껏 당겨 얼굴을 가리고 새우잠을 잘 때다. 갑자기 앞에 있던 장지문이 와장창 부서지며 시커먼 호랑이가 날카롭고 하얀 이빨을 드러내면서 만삭의 어머니 가슴속으로 돌진한다. 으르렁 꽈당탕!

 너무 놀라 잠에서 깨어난 어머니는 "으악"하는 비명소리와 함께 벌떡 일어나 핏덩어리에 쌓인 사내아이를 출산한다. 산파를 하시던 외할머니가 하얀 광목 기저귀에 싸서 방금 나온 아이를 어머니 옆에 보여주는 순간 아이가 "으앙!"하고 울어댄다. 겨우 산고를 치루고 고개를 돌려 아이를 보던 어머니는 순간 "으악!"하는 비명소리와 함께 어머니는 기절을 하고 만다. 방금 태어난 아이에게서는 볼 수 없는 이상한 모습이었다. 짐승을 낳았다. 핏덩어리 아이에게 하얀 이빨이 두 개나 보였으니 말이다. 그런 상황에서도 경험이 많으신 외할머니는 단단한 명주실로 방금 나온 아이의 이빨을 뽑으셨다. 태어날 때 이빨이 있으면 악인이 된다고 하시면서 당장 뽑아 버려야 한다는 것이다. 아마도 어머니의 젖꼭지가 상할까 하는 염려셨을 것이다.
 이윽고 아이가 울어대는 소리가 온 동네가 울릴 정도였다. 아이의 입 속은 피범벅이고 방바닥 여기저기 핏자국이다. 그리고는 외마디 비명소리와 함께 아이는 정신을 잃고 네 다리를 파르르 떨며 힘없이 고개가 꺾인다. 이때서야 겨우 잃었던 정신을 차린 어머니는 죽은 아이를 끌어안고 한없이 울며 옆에 계시는 외할머니의 치맛자락을 잡아당겨 원망의 눈물로 하소연한다. 이번에 이놈을 잃으면 벌써 두 번째 아들을 잃는다고 한다.

이렇게 1947년 동짓달 그믐에 밤 1시에 세상에 나온 것이 나의 출생이었다. 요즘 같으면 세계 토픽 기사다. 이 와중에도 문밖 마당에서는 할아버지가 손자의 출생 사주를 보시느라 자, 축, 인, 묘, 진, 사, 오, 미, 신, 유, 술, 해를 흥얼거리시면서 육갑을 집고 왼쪽 손가락을 하나하나 접으신다. 사주가 괜찮단다. 다만 누구보다도 살(殺)이 많으니 이름으로 막아야 한다. 국노(國老)라고 지어라. 큰 이름이어야 한다. 그리고는 크게 기뻐하셨다고 한다.

아니 방에서는 아이 모습에 놀란 며느리가 기절을 하고, 방금 태어난 손자는 피범벅이 되어 빠진 이빨의 아픔에 까무러쳐 정신을 잃고 있는데 밖에서는 귀한 손자 나왔다고 기뻐하는 할아버지가 정상인가? 이렇게 세상에 나온 것이 어머니 뱃속에서 20개월 만이라고 한다. 아마도 아이가 이빨이 나오려면 태어난 후 10개월이 지나야 가능하니 결국은 기간이 맞아 떨어진다.

훗날 알았지만 내가 태어난 진천에서는 신라의 김유신 장군이 태어났고 그 분도 어머니 배 속에서 20개월 만에 태어났다는 기록으로 보면 무엇인가 아이러니컬하다. 김유신 장군이 소년 시절에 놀았다는 장군봉 밑 백곡면 용덕리 유곡이라는 아주 오래된 마을에서의 일이다. 지금도 이곳에는 500년이 넘는 느티나무가 마을 한복판에 서있고 흙토, 백토, 점토가 나오는 도자기 터와 고려청자 파편이 수두룩한 절터가 남아 있다. 어머니는 아버지보다

키가 더 큰 건장한 평양여성이셨다. 그래서 지금도 친구모임에서 너는 무슨 띠냐? 하면 나는 항상 이렇게 말한다. "그래 난 말이야 개+돼지띠야."라고. 병술년에 생겨 정해년에 나왔지 하고 웃어댄다.

사람의 목을 베어 보았는가?

검도를 한 사람이라면 누구나 한 번쯤은 사람의 목을 베면 어떻게 될까 하는 생각을 가져보았을 것으로 생각된다. 나 역시 예외는 아니다. 내가 처음 서울에 올라와 삼각지, 종로 5가, 명동에 돌아다니며 수없이 싸움질을 했고 군에까지 가서도 사고를 쳐 부모님은 피해자 치료비에 넌더리를 냈다. 그래도 부러지고 찢어지고 했어도 사람의 목을 쳐본 적은 없었다.

몇 년 전 김두한 이래 최고 주먹이라는 조창조씨를 자주 만나 싸움에 대한 경험을 이야기하다가 우리는 싸움의 공통점이 있었다. 싸움은 무도와 다르다. 무도는 가격하는 급소가 있고 규칙이 있지만 싸움은 급소가 없고 규칙이 없다. 그저 눈에 보이는 대로 치는 것이며 선방을 칠 수 있는 용기와 도망을 잘 할 줄 알아야 한다는 것이다. 다시 말해 공방이 없다는 이야기다. 싸움은 주먹이든 칼이든 한 방으로 먼저 치면 끝이다. 두 번은 없다는 결론에 서로의 생각이 다다랐다. 안타깝게도 지금 조창조씨는 뇌종양 수술로 대구에서 요양 중이다. 그런 그도 사람의 목을 쳐본 적이 없다는 것이다. 자신은 한번도 손에 무기를 들지 않고 맨주먹으로 싸웠기에 스스로 협객이라고 늘 자화자찬 한다.

  오래 전 내가 왕십리의 한 사무실에서 책상을 두 개 놓고 강철훈이라는 초등학교 선배와 플라스틱 사업을 함께 할 때였다. 저녁 6시가 지나 혼자 책상에 앉아 무엇인가 설계도를 그리고 있는데 갑자기 문 앞에 작업복을 입은 청년이 손에 쇠붙이 무기를 들고 들어왔다. 그리고는 쳐다보는 나를 향해 달려들며 손에 든 긴 꼬챙이를 나의 가슴에 대고 찔러 들어온다. 도무지 무슨 일인지 정신을 차릴 수 없는 순간 나는 몸을 옆으로 슬쩍 피하면서 손에 잡힌 50cm 대나무 자를 번쩍 들어 힘껏 내려쳤다. 책상 위에 있던 것은 단지 그것뿐이었다. 나는 무의식 중에 집어든 대나무 자로 어디 특정부위를 겨냥한 것도 아니고 달려드는 그를 그냥 내려친 것이지 그것이 머리인지 몸뚱이인지도 모르고 휘두른 것이었다. 그런데 그 순간 나를 찌르려던 그 괴한의 고개가 숙여졌고 나는 대나무 자를 그의 목 중간 등을 수직으로 내려친 것이다. 그는 비명도 못 지르고 시멘트 바닥에 엎어져 나자빠졌다. 목은 옆으로 힘없이 꺾여 젖혀져 있고 입에서는 하얀 거품이 스멀스멀 스며 나온다. 눈자위가 하얀색으로 변하며 눈이 뒤집혀서 눈동자가 보이지 않았다. 그리고 그의 두 다리는 개구리를 두들겨 패면 쭉 뻗듯이 파르르 떨고 있는 모습이었다.

얼마 후 그는 엠뷸런스에 실려 갔고, 나는 경찰에 연행되어 성동경찰서로 갔다. 밤새도록 수사를 받았지만 나도 모르는 사건으로서 정당방위라는 결론에 이르렀고, 이튿날 새벽 1시에 겨우 풀려났다. 조사결과 그는 나의 동업자를 나로 잘못 오해해서 일어난 사건으로 몇 달 후 동부지청에서 소환장이 왔다. 결론적으로 무도인이라는 이유로 정당방위가 특수 폭력죄로 벌금형을 받게 되었다. 그것도 정상을 참작해서 한다는 것이 검사의 논리였다. 이 전과로 인해 나는 평생 전과자라는 꼬리표를 달고 다녀야 하는 괴로움과 적지 않은 피해를 받으며 살았다. 그는 6개월을 기브스하고 병원에서 퇴원했다고 한다.

어느 무도인이 서정학 선생님을 만나 사람 목을 베어 보셨느냐고 질문했을 때에 그분은 6.25 전쟁시 북한포로를 두 명이나 베었다고 한다. 그 상황이 어떠했냐고 물었다. 서정학 선생님은 이렇게 대답했다. "사람 목은 아주 쉽게 잘라져. 짐승도 마찬가지야." 하셨다는 이야기를 듣고 나는 진실이라고 믿었다. 사람의 목은 의문투성이다.

김유신 장군이 천관녀를 찾아간 말의 목을 단칼로 쳤다는 것이 거짓이 아닐 것같다.

근자에 와서 본국검과 예도(조선세법)를 연구하면서 스승이신 이〇〇, 김〇〇 선생님과 다른 전통무예 연구자들의 허구성은 참으로 안타깝다. 그분들은 돼지 항목살도 모르시는 분들이다. 그분들은 사람 목을 쳐보지 않아서 항세를 모르시는 것이다. 항세는 치는 것이 아니라 원심력으로 베는 것이다. 사람들은 그 느낌을 잘 모르겠지만 나는 그 때의 감각을 몸으로 기억하고 있어서일 것이다. 사람의 목은 집단보다도 약하며 쉽게 절단된다. 사람이 검을 이끌어 가는 것이 아니라 검이 스스로 사람을 목적지까지 이끌어 간다고 본다.

나무젓가락으로 파리를 잡다

　내가 고등학교 시절 태권도에 흥미를 느껴 방학 때면 시골 동네 앞 개천에 있는 밤나무에 모래를 넣은 포대를 매달아 놓고 이단 옆차기, 발차기를 수련했고 송판 껍데기에 새끼줄을 곱게 묶어 세워놓고 손등에 못이 박히도록 정권 단련을 했다. 벽돌이 없어 작은 돌을 깨는 훈련도 수없이 했다. 검도에 미쳐 칼을 들고 산에 올라가 멀쩡한 소나무만 잘라대고 해수욕장에 찾아가 달밤에 파도를 자른다고 헛칼질만 수없이 기도하고 쓸 데 없는 산짐승만 때려잡아 보았다.

  그래도 무협소설이나 일본 무사 미야모토 무사시처럼 젓가락으로 파리를 잡아 보겠다고 검은 콩을 방바닥에 쏟아 놓고 나무젓가락으로 집어 다시 그릇에 담는 훈련도 했지만 파리는 도무지 안 잡힌다. 결국 나는 포기하고 말았다. 할 수 없는 일이다.

  그런데 어느 날 김포공장에 상공부 고급 공무원들이 방문을 하게 되었고, 그 때가 이명박 대통령 초기라 점심을 구내식당에서 대접을 하게 되었다. 중요한 행사라 식당 아줌마와 담당직원이 철저하게 청소하고 위생 시설 점검은 물론 작은 벌레까지도 다 잡아냈다. 나와 우리 회사 간부는 서쪽, 상공부 간부들과 손님은 동쪽으로 앉아 양편에서 서로 바라보며 점심 식사를 하려고 할 때다. 천장에서 파리 한 마리가 "왱왱!" 날아 다니다가 가장 가운데 있는 내 앞에 삶아 놓은 양배추 쌈 위에 앉는다. 정말 창피하기도 하고 부끄러워 얼른 손에 잡은 것이 앞에 놓인 나무젓가락이었다. 나는 삶은 양배추 잎에 앉은 파리를 나도 모르게 얼른 젓가락으로 집어내어 왼손으로 눌러 잡고 슬며시 식탁 아래에 버렸다. 그런데 갑자기 "아–" 하는 감탄 소리가 난다. 그러고 보니 나의 이런 행동을 양쪽 모든 사람들이 보고 있었던 것이다. 모두 감탄과 기가 막힌다는 표정이었지만 더 이상 말이 없이 헤어졌다. 그저 파리 한 마리다.

  그런데 그날 돌아간 그분들이 과천 청사에 가서 소문을 내게 되고 소문은 점점 커져 일주일 후에는 파리가 10마리로 늘어났으며 날아다니는 파리로 둔갑해 젓가락으로 잡는 것을 직접 보았다는 것이다. 그 사람이 검도 고수 이국노라는 것이다. 아마도 그 파리는 설마 내가 젓가락으로 잡을 줄은 꿈에도 몰랐을 것이라고 나는 생각한다. 방심한 파리는 이렇게 목숨을 잃었다.

훗날 이야기를 들은 이○○ 선생은 그 파리가 병이 들어서 그렇게 되었다고 전해들었다. 그러면서 "그놈은 검도를 안 했으면 평생 깡패 두목이나 했을 놈이야." 라고 말했다는 소리도 들었다. 그러나 병든 파리는 아니었다.

영화 「맨홀」의 신재영 감독이 어렸을 때의 일이다. 그가 외갓집인 우리집에 왔다가 젓갈질을 잘하지 못하는 것을 보고 빈방에 가두어 놓고는 검은 콩 한 되를 방바닥에 흩어 놓고 젓가락으로 하나 하나 됫박에 담아 넣게 하였다. 어린 그는 반나절이나 울면서 그 콩들을 모두 원 됫박에 넣고 다시는 우리집에 오지 않았다. 훗날 그의 젓갈질은 도사 격이 되었다. 누구든지 훈련만 하면 파리잡는 것은 어렵지 않다. 그러나 이것은 무술이 아니다.

현 대한골프협회 회장 이중명씨는 이 이야기를 듣고 스위스그랜드 호텔 일식집으로 필자를 초청하여 긴 나무젓가락으로 반들거리는 콩장을 집어서 옮기라고 하였다. 나는 몇 개의 콩을 집어 던졌다. 다행히 실수가 없었다. 이후 지금도 필자를 젓갈로 파리잡는 사람으로 부른다.

제 8 장

수양 ― 修養

수양(修養)은 오랜 기다림의 시간이 필요하다. 눈 밝은 목수의 손을 거쳐 베어내고 건조하고 다듬는 일련의 과정을 거쳐야 비로소 최고의 재목이 탄생한다.
진정한 수양은 "오늘 남과 비교하기보다 어제의 나와 비교"하는 데서 시작된다.

– 수양(修養)

지식의 정의

불교 교리 중에 팔식(八識)이 있다. 유식설(唯識設)에서 여덟 가지 마음의 움직임을 설명하고 있는 인식의 체계이다. 이는 곧 안식(眼識), 이식(耳識), 비식(鼻識), 설식(舌識), 신식(身識), 의식(意識), 말나식(末那湜), 그리고 아뢰야식(阿賴耶食) 이다. 이 중에서 앞의 여섯 가지는 감각과 상호작용하는 마음이며, 말나식은 전(前)의식, 아뢰야식은 잠재의식이라고 볼 수 있다. 먼저 앞의 여섯 가지, 즉 육식(六識)을 살펴보자. 눈은 물질의 대상을 구별하는 마음, 귀는 소리의 대상을 구별하는 마음, 코는 냄새의 대상을 구별하는 마음, 혀는 맛의 대상을 구별하는 마음, 몸은 촉감과 같은 감각으로 대상을 구별하는 마음, 기억은 의식으로 유무형의 삼라만상을 구별하는 마음이다.

나머지 일곱 번째인 말나식은 만들어진 세계를 자기의 것으로 소유하고 집착하는 마음, 여덟 번째 아뢰야식은 진성의 세계를 종자(種子)로 간직하는 진심이다. 말나식은 모든 사물이 타자에 의지하여 관계를 맺는 반면에, 아뢰야식은 마음이 간직하는 '종자'로 되어 있다. 그래서 말나식은 마치 자기가 대상 세계를 만드는 주체인 것처럼 생각하지만, 자기라는 의식도 없이 종자를 키우는 마음인 아뢰야식이야말로 근본이 되는 식이다. 그런 까닭에 아뢰야식을 종자식(種字識), 또는 장식(藏識)이라고도 한다. 종자식이라는 이름에는 씨가 자라서 나무가 된다는 생각이 반영되어 있다.

이처럼 불교에서는 식(識)을 단계별로 세분화해 해석하고 있으며, 마찬가지로 깨달음에도 단계가 있다고 한다. 육식 단계에서 깨달음은 범부(凡夫)의 깨달음으로서 무상정(無想定)이라고 하며, 말나식가지 정화하여 법(法)을 자신과 동일화해 얻은 깨달음의 상태를 멸진정(滅盡定)이라고 한다. 즉, 일체의 마음 작용과 그 작용을 일으키는 마음을 없앤 상태의 선정(禪定)을 말한다. 또한 대승기신론(大乘起信論)에서는 깨달음을 그 단계에 따라 완전치 않은 깨달음인 비구경각(非究竟覺)과 완전한 깨달음인 구경각(究竟覺)으로 나누기도 한다.

우리가 세상에서 배우는 지식도 마찬가지로 각각의 단계가 있다고 볼 수 있다. 검도에도 물론 단계에 따른 배움이 있다. 그런데 처음 검을 잡고 몇 가지 기술을 익히고, 대련을 하다 보면 '잔기술'에 대한 욕심이 늘어감을 알게 된다. 얕은 수로 꾀를 부려 눈앞의 상대를 이기고 싶은 마음이 드는 것이다. 때로는 그것이 효과를 발휘해 이기기 어려운 상대를 꺾는 이변도 일어난다. 그러나 그런 잔기술 재미에 매몰되어 기초 수련을 게을리 하면 그 이상의 발전을 기대하기 어렵다. 속도가 더디다고 해서 지름길을 택하다 보면 지금 가는 방향이 어디인지 알지 못해 길을 잃을 위험이 있고, 머릿속이 쓸데없는 지식으로만 가득 차 있다면 그에 맞는 가벼운 성취밖에 이룰 수 없다.

청년은 모름지기 모든 지식을 흡수해야 하겠지만, 나쁜 지식을 배척하고 배우지 않는다고 해서 큰 지장이 있는 것은 아니다. 인정을 알려고 하면 정말 고상한 인정을 배워야 하고, 세상의 사정을 알려면 그래도 건전한 사정을 아는 것이 좋다. 괴테의 〈파우스트〉에서도 쓸데없는 지식에 대한 호기심을 이렇게 비난한다. "사람은 몰라도 되는 것을 알고, 알아야 할 것을 반대로 모른다."

사람은 불필요하고 쓸데없는 지식 탓에 손해를 보기도 한다. 엉뚱하게 나쁜 지식을 휘두르며 영웅인 듯 행동해 실없는 사람이 되는 것이다. 자기 할아버지는 커녕 부모님의 한자 이름도 모르면서 유명 연예인의 프로필은 꿰뚫고 있는 젊은이들이 주변에 많다. 그러다가도 니체가 어떻고 조조의 고향이 어디라고 신이 나서 말한다. 어떤 사람은 하늘의 별자리가 좋지 않으니 내일 외출을 삼가라고 충고하면서 자신이 세상을 다 알고 있는 예언자처럼 행동하기도 한다. 우리 속담에 "모르는 것이 약이다."라는 말도 있다. 간혹 어떤 지식은 알 필요가 없다. 순수한 백지 상태의 젊은이가 잘못된 지식에 집착하다가 자칫 사람 잡는 선무당이 되어서는 안 될 일이다.

어떻게 뜻을 세울 것인가

사람에게는 빠르든, 느리든 앞으로 세상을 살아갈 뜻을 세우고 결정할 시기가 찾아온다. 공자는 "나이 열다섯에 학문에 뜻을 두었다."라고 말했다. 열다섯에 장래 어떤 학문을 연구하고, 어떤 뜻을 세울 것인지 결정했다는 것은 지금과 비교해봐도 놀라운 일이 아닐 수 없다. 쉽게 말해 중학교 2~3학년 나이에 어느 대학을 나와 어느 방면에서 일할지 결정했다는 것이다.

공자같은 성인과 평범한 우리는 다르다고 생각할지 모르지만, 사실 전혀 다를 바가 없다. 뜻의 내용 면에서는 높고 낮음의 차이가 있을 수 있지만 뜻을 세운다는 측면에서는 별반 차이가 없다. 물론 그렇게 세운 뜻을 실천해나가는 측면에서는 차이가 드러날

지도 모른다. 평범한 사람은 계속해서 위태롭게 흔들리며 약간의 난관에도 절절매지만 비범한 사람은 어떤 고난에 직면해도 흔들리지 않고 계속해서 나아간다. 굳이 따지자면 이것이 성인과 평범한 사람과의 차이인 듯하다.

아무리 꿈을 꾸기 어려운 시대라고는 하지만 요즘 청년들도 저마다 뜻을 세울 것이다. 그런데 대개는 그 뜻이란 게 한때의 감정이나 막연한 희망에 근거한 환상일 때가 많다. 그저 이유없이 이게 좋고, 저건 싫다는 식의 애매모호한 감정이 아주 큰 영향을 끼치는 듯하다.

그 종류도 다양하다. 어떤 사람은 가슴에 수많은 훈장을 달고 찬란한 별이 번쩍이는 모자를 쓰고 허리에 권총을 차고 사열차 위에 올라 사열을 받는 멋진 지휘관이 된 모습을 상상한다. 어떤 사람은 대통령이 되어 전 국민 앞에서 큰 소리로 연설하는 모습을 상상한다. 또 사업가가 되어 큰돈을 벌어 넓은 저택에 살며 좋은 차를 타고 출퇴근하는 모습을 그려보는 사람도 있다. 아니면 박세리 선수나 최경주 선수처럼 프로 골프 선수가 되어 세계를 정복하고 유명스타로 살고 싶다는 꿈을 꾸기도 한다.

하지만 이것은 한마디로 꿈일 뿐이다. 현실을 냉정하게 판단하면서 뜻을 세우는 사람은 드물다. 사람이 뜻을 세울 때는 삶의 수단으로 갖고자 하는 직업의 모습이 남에게 어떻게 보일지를 생각하기보다 그 직업에서 실패했을 경우 어떻게 되는지도 고려하고 결정해야 한다. 즉, 좋은 면만 바라보지 말고 어두운 면도 냉정하게 관찰하고 판단해야 한다.

예를 들어, 직업군인이 되기로 마음 먹었다면 모자와 어깨에 달린 빛나는 별만 바라보지 말고 그 자리에 올라가기까지 얼마나 힘든 일을 겪는지 생각해 보아야 한다. 매번 승승장구한다면 그리 큰 문제가 없을 테지만 전투에서 패해 수 많은 부하의 목숨을 잃는다면 어떻게 될까. 군인으로서 평생을 살아가는데 커다란 부담으로 남을 것이다. 국가 최고 통수권자인 대통령은 어떨까. 대통령이 되면 국민의 종복(從僕)으로서 24시간 국가를 위해 고민해야 한다. 프로 운동선수가 되면 돈도 많이 벌고 인기도 누릴 수 있다고 생각하겠지만, 수많은 운동선수 가운에 성공하는 사람은 극소수에 불과한 게 현실이다.

사업도 마찬가지다. 잘나가는 사업가도 있지만, 파산하거나 실패하는 경우도 부지기수이다. 경기가 좋아 활발하게 공장을 가동하고 많은 이익을 내던 제조 공장이 갑자기 가동을 멈추기도 한다. 은행에서 빌린 돈을 상환하지 못하고, 자금 융통이 완전히 막혀 심적 고통을 겪는 경영자도 우리 주위에서 쉽게 찾아 볼 수 있다.

어떤 일이든 그 내부를 들여다보면 밖에서 보는 것처럼 좋은 일만 있는게 아니다. 인생에는 밝은 빛만 있는 것이 아니라, 암흑 같은 어두움도 있다. 겉모습에 나타나는 명예와 이익에 정신이 팔려 맹목적으로 일생의 뜻을 새우려 한다면 아주 위험한 노릇으로, 자칫 잘못하면 허황된 꿈이 되기 십상이다. 무릇 청년은 미래를 설계하고 꿈을 펼칠 때 이런 사정을 깊이 고려해야 한다.

뜻을 세웠다면 흔들리지 마라

저자는 철저한 유교 집안에서 태어났지만, 아내는 천주교를 믿었다. 저자도 그 덕에 성경을 접하게 되었지만, 읽다보니 도저히 이해되지 않는 부분이 생겼다. "갈비뼈로 사람을 만들 수 있을까?" "예수는 인간일까, 하나님일까?" "믿으면 무조건 복이 오는 걸까?" 생겨나는 의구심이 한둘이 아니었다.

그런데 아내는 이런 나의 의구심에도 아랑곳하지 않고 흔들림 없이 신앙생활을 해나갔다. 그리고 나에게 이렇게 충고했다. "언젠가는 믿음과 신앙으로 그 의심이 풀릴 거예요." 신앙을 갖고 계속 앞으로 나아가면 반드시 의심이 해결될 수 있다는 말이었다. 그 말을 듣자 순간적으로 어떤 깨달음이 찾아왔다. 의심이 생겼을 때 이를 버티고 나아가는 것, 또한 의지의 힘이라는 생각이 들었다. 나는 속아보자는 마음 반, 진심 반으로 세례를 받고, 그동안의 잘못을 회개하면서 앞으로는 더 이상 잘못을 저지르지 않아야겠다고 다짐하고 노력했다. 성경 외에 불경도 접해보고, 이런 저런 잡문도 읽어나갔다. 그러다 보니 비로소 그동안 가졌던 종교에 대한 의구심이 사라지고 믿음 같은 것이 생겨났다.

김수환 추기경이 생전에 내게 하신 말씀 중에 이런 말이 있었다. "세상 사람들이 모두 성경 말씀을 의심할 수 있다. 그렇더라도 저는 성경을 믿습니다. 이유는 다른 게 아닙니다. 그게 바로 하나님 말씀이니까요."

이와는 조금 다른 경우지만, 목숨을 건 싸움을 하는 무사들에게도 믿음이 가장 중요하다. 단칼 승부를 낼 때 자신의 실력을 의심하는 자는 반드시 패하게 된다. 어떤 일에 뜻을 두고 목적을 향해 걸어갈 때에는 의구심이 생겨도 계속 정진해야 한다. 그러다 보면 스스로 그 위구심이 확신으로 바뀌는 지점에 도달하게 된다. 세상에는 과학으로 확인할 수 없는 일도 많이 있다.

인간의 수양(修養) 단계도

처음은 제구실도 할 만한 것이 못되고, 중간단계는 아직 쓸모는 없지만 자기가 스스로 서툰 것도 알고 남의 불충분함을 안다. 높은 단계는 모든 것을 터득해서 자만도 하고 남의 칭찬에 기뻐하며 다른 사람들의 불충분을 개탄한다. 이렇게 되면 쓸모가 있다. 그 이상 최상이 되면 스스로 모르는 척하고 있고 남도 상수라는 것을 알아본다. 대개가 이 정도에서 끝난다. 그러나 한 단계 더 뛰어 올라가면 표현할 수 없는 경지가 펼쳐져 감히 들어가면 들어갈수록 끝이 없는 무한한 세계임을 깨닫고 멈추지 못한다. 자신의 불충분을 알고 평생 완성했다는 생각도 접어 자만심도 없고 남을 비하하지도 않는다. 오직 혼자 나아가는 길을 간다. 남을 이기는 길은 모르고 자기를 이기는 길만 터득하여 실행한다. 즉 오늘은 어제보다 내일은 오늘보다 더 잘하도록 힘을 써 하루하루 다듬어 나가는 것이다. 이것이 끝없는 고수의 세계라는 것이다.

이런 말도 있다. 셈이 빠른 사람은 비겁한 사람이다. 셈이란 매사 손해냐, 이득이냐 하는 잣대로 이해타산이 마음속에 도사리고 있다. 죽음은 손해고 삶은 이득이므로 죽기를 꺼리는 것이 아쉽다. 학문 꽤나 한 사람은 겁이나 본심을 이론으로 가리려 한다. 따라서 큰일에 오판하기 쉬운 점을 알아야 한다라는 말과 함께 사람은 바름(理)과 그름(非)의 형체는 "바름은 모가 나서 자리를 잡은 체 움직이지 않는다. 그러나 그름은 동글어서 옳고 그름을 간교하고 정지하지 않아 아무데나 굴러다닌다."는 교훈도 남긴다. 이렇게 사리분별과 명예와 처신 그리고 승리하는 방법으로 끝을 맺는다.

오로지 무인(武人)은 바른 마음으로 충성하며 나라를 위하여 목숨을 바칠 용기(勇氣)가 있어야 한다. 용기(勇氣)는 글이나 말로 하는 것이 아니라 몸으로 하는 것을 말하며 죽음을 알아야 한다. 다시 말해 죽을 때와 죽을 장소를 선택할 용기(勇氣)가 있어야 한다. 이것이 무인(武人)의 수양(修養)이다.

수양(修養)

좋은 나무는 결코 쉽게 크지 않으며, 좋은 재목은 거저 얻어지지 않는다. 나무의 떡잎이 좋다고 해서 물과 거름만 준다고 자연적으로 최고의 재목이 만들어지는 것이 아니다. 시시때때로 변화하는 날씨와 기온에 따라 세심히 관리하고 가지도 쳐주어야 마침내 좋은 나무로 성장하게 된다. 그리고 나서도 오랜 기다림의 시간이 필요하다. 눈 밝은 목수의 손을 거쳐 베어내고 건조하고 다듬는 일련의 과정을 거쳐야 비로소 최고의 재목이 탄생한다.

　사람도 마찬가지다. 그저 때에 맞춰 학교와 학원에 보내고 도장에서 운동을 시킨다고 해서 누구나 훌륭한 인물로 자라나는 것이 아니며, 인간으로서의 가치를 높이려면 또 다른 의미의 수련이 필요하다. 이것이 바로 이 책에서 말하는 '수양(修養)'의 의미다. 일반적으로 말하자면, 수양이란 겉으로 보이는 몸가짐을 가다듬고, 입으로 내뱉는 언어를 다듬으며, 머릿속에서 신중하게 판단해서 범사에 처신하고, 나아가 단련을 통해 가슴속에 있는 뜻을 고양해나가는 일체의 과정이라고 정의할 수 있다.

　그렇다면 수양의 목적은 무엇이며, 구체적으로 수양은 과연 어떻게 해나가야 하는 것일까요. 한마디로 수양의 목적은 정의로운 기운을 길러서, 새로운 삶을 만들어나가기 위함이다. 그러므로 필자는 이 땅의 모든 청년들에게 이렇게 권하고 싶다. "젊음으로 뜻을 세우고 성취하라. 아무때나 함부로 힘을 쓰지 마라. 좌절하거나 자만하지 말며, 끈기를 다해 궁리하고 개선하라. 매일매일 자신을 반성하며, 솔직하고 담백한 태도로 당당하게 인생과 싸워나가라."

　세상을 살다 보면 반드시 어려운 순간이 닥친다. 그때를 대비해 체력과 재물, 덕(德)을 저축하는 것 또한 일종의 수양이다. 또한 때로는 사람은 눈앞의 이익에 혹해 넘어지기 쉽고, 사사로운 관계에 얽매여 실수를 저지르기도 한다. 이때를 대비해 멀리 내다보고 가까운 곳을 살피며, 주위 사물을 통찰할 수 있는 능력을 배양해야 한다. 이것 역시 수양의 과정이다.

사람은 누구나 출세하고 높은 지위에 올라가기를 원한다. 명령받기보다 명령하기를 좋아하고, 부자가 되길 원하면서도 부자를 경시한다. 남의 공적은 좀처럼 인정하지 않으면서도 자신의 능력은 과대 포장하기 일쑤다. 하지만 그런 식으로 헛되이 열망만 한다고 해서 자신의 삶에서 성공을 이룰 수 있을까요. 진정한 수양은 "오늘 남과 비교하기보다 어제의 나와 비교"하는 데서 시작된다.

예전에 박정희 대통령도 "귀와 입으로 일을 하면 아무것도 이루어지지 않는다. 다리나 눈으로 일을 해야 한다."라고 했다. 지혜와 덕을 기르고 용기를 갖추어 행동해야 비로소 수양의 본질에 가 닿을 수 있다. 용기 있게 행동하지 않는 고루한 외침은 아무런 소용이 없다.

세상이 혼란할수록 우리의 눈과 귀를 사로잡는 솔깃한 유혹도 늘어만 간다. 저 말을 따른다면 뭔가 좋은 것이 기다리고 있을 것처럼 느껴지기도 한다. 누군가 이 책을 읽고 크든 작든 도움을 받겠지만, 혹은 그렇지 못한 독자도 있을 것이다. 그러나 이 책에 담은 내용은 적어도 얕은 재주를 부리거나 거짓으로 포장한 이야기는 아니다. 진리는 시간과 장소를 막론하고 결코 변하지 않는다. 해는 동쪽에서 떠서 서쪽으로 지며, 비가 하늘에서 내리면 모든 만물이 자라난다. 이 거대한 자연 그대로의 이치를 거스르는 도(道)는 없다. 필자가 이 책에서 강조하는 수양의 도(道) 또한 마찬가지다.

우리는 누구나 저마다의 도(道), 즉 길 위에 서있다. 자신이 선택한 길 위에서 갈팡질팡하며 어딘지 모를 목표를 향해 나아간다. 종종 길이 보이지 않을 때도 있다. 그러나 방황하고 괴로울지언정 우리에게는 자신이 선택한 길을 꾸준히 걸어가는 강인한 용기가 필요하다. 그래야 비로소 목표에 도달할 수 있는 것이다. 이 책은 그렇게 자신의 길 위에 홀로 선 젊은 청년들에게 드리고 싶은 선물이자, 건강한 대한민국을 만들고 싶은 필자의 간절한 바람이다.

무엇을 버리고
무엇을 선택할 것인가

　일반적인 선(善)과 악(惡)을 판단하는 것은 아주 쉽다. 남의 물건을 훔치거나 험담하는 것은 악이며 남에게 도움을 주거나 은혜를 베푸는 것은 선이다. 그러므로 이 경우 선과 악 가운데 어느 것이 더 옳은가, 어느 쪽이 더 나은 결정인가에 관해서는 누구나 신속하게 판단할 수 있다.

　그러나 뜻을 세우고 나아가는 과정에서 우리에게 어쩔 수 없는 선택을 강요하는 여러 상황은 생각만큼 명료하게 판단할 수 없다. 예를 들어 조선시대 선조 때 한교(韓嶠)가 처한 선택의 문제를 생각해볼 수 있다.

　선조는 임진왜란을 겪고 유성룡의 건의를 받아들여 훈련도감을 설치했다. 뒤늦게 국가 방위의 중요성을 실감한 선조는 훈련도감 낭청(郞廳)으로 있던 한교에게 병서를 만들라고 명한다. 이에 한교는 명나라 척계광(戚繼光)의 병법서인 〈기효신서(紀效新書)〉를 바탕으로 우리나라 최초의 병서 〈무예제보(武藝諸譜)〉를 만드는 작업을 착수하게 된다.

　그런데 병서를 편찬하던 도중 고향에 계신 부모를 한꺼번에 잃는 불행을 당하고 말았다. 임금의 명령을 어기고 몇 달씩 상을 치르자니 불충이 되고, 임금의 명을 받들자니 불효자가 되는 진퇴양난의 처지라 아주 괴로웠다. 조선시대는 효를 중요시했던 때이다. 특히 나라의 녹을 먹는 관리라면 더욱 그러했다. 하지만 당시는 임진왜란 직후였던지라 국방의 중요성이 절실하던 때이기도 했다. 아마 한교는 지금의 우리는 짐작하지도 못할 고민의 무게를 오롯이 견뎌야 했을 것이다.

 이처럼 뜻을 세운 사람에게는 적어도 한두 번은 크든 작든 예상치 못한 선택의 순간이 찾아온다. 그 순간에는 어느 것이 옳고 무엇이 우선인지 가려내기가 어렵다. 이런 경우에는 지금 하고 있는 현시점을 정점으로 판단하고 지속적으로 행해야 기왕 세운 목적을 달성할 수 있다.

 결국 한교는 부모님의 장례를 치르지 못했다. 한교 개인으로서는 어마어마한 불효이자 아픔이었을 것이다. 하지만 그럼으로써 한교는 우리나라 최초의 병서를 완성해 후대에 남기는 목적을 달성했다. 판단하기 어려울 때에는 목적의 경중을 따져야 한다고 본다.

진정한 용기는 정의에서 나온다

격투기 선수가 링 위에 올라가 상대 선수와 승부를 가를 때, 군인이 전쟁에 나가 적과 싸울 때, 밤중에 갑자기 나타난 강도와 싸울 때는 용기가 필요하다. 이런 용기도 마찬가지겠지만, 이보다 큰 용기, 즉 도덕적 용기를 수양하는 데는 더욱 많은 단련이 필요하다. 그런데 이런 큰 용기는 도덕적으로 예(禮)와 도리(道理)를 전제로 하지 않으면 이해할 수 없다.

공자는 "군자가 용기가 있되 도리가 없다면 혼란만 야기하며, 소인이 용기가 있되 도리가 없다면 도둑놈이 된다"라고 했다. 또 "도리를 보고도 행동하지 않는 사람은 용기가 없는 사람이다"라고도 했다. 천천히 공자의 말을 곱씹어보면 도리를 보고 행함을 용기라 뜻한다는 사실을 알 수 있다.

물론 용기는 쉽게 기를 수 없고, 그래서 수양이 필요하다. 아무리 겁이 많은 사람이라도 훈련을 통해 수양하면 용기를 얻을 수 있다. 겁이 많은 사람은 대부분 성격이 예민하다. 그렇기 때문에 약삭빠르게 행동할 때도 있다. 이와 달리 용기 있는 사람은 느긋하고 행동이 크며 겁을 내지 않는다. 언뜻 보자면 무신경한 사람 중에 큰 용기를 갖춘 사람이 많다.

셰익스피어는 "당당하라, 그리고 두려워하지 말라." 하고 말했다. 정의를 지키는 것이 용기의 근본이며, 두려워하지 않는 마음이 바로 용기라는 뜻이다. 정의에 기초를 두지 않은 용기는 좋을 바가 없다. 맹수처럼 본능적인 충동에 휩싸여 날뛰는 것에 불과하다. 그런 용기라면 동물과 다를 바 없으므로 수양도 필요가 없다. 이 책에서 말하고자 하는 용기는 진정한 용기로서, 어디까지나 정의를 기초로 삼는 용기다. 소인이 생각 없이 혈기만 믿고 함부로 부리는 만용은 절대로 용기가 아니다.

"목숨을 초개와 같이 버리는 화랑에게 화랑도보다 더 중요한 것은 아무것도 없다." 화랑 관창이 계백 장군 앞에서 이렇게 외치며 죽음을 두려워하지 않고 세 번씩이나 달려들던 순간을 상상해 보자. 그가 죽음을 눈앞에 두고도 두려워하지 않고 도전한 것은 자신의 행동이 옳다는 용기가 있었기 때문이다.

맹자가 바라보는 용기 또한 무력이나 창칼에 있지 않았다. 그런 용기는 고작 한사람만 대적할 수 있을 뿐이다. 맹자가 보기에 천하를 대적할 수 있는 용기의 근원은 마음이었다. 그래서 맹자는 "스스로 돌이켜보아 옳지 않다면 누더기를 걸친 사람도 두려워하겠지만, 스스로 돌이켜보아 옳다면 천만 명이 쳐들어와도 능히 대적할 수 있다."라고 말했다. 혼자서 천만 군대와 맞설 수 있는 용기는 마음에서 나온다. 즉 도리를 지켜야만 용기의 첫걸음을 뗄 수 있다는 뜻이다. 진정한 용기는 스스로 돌아보고 또 돌아보아도 자신이 옳다고 판단할 때 나오는 법이다.

세상을 바라보는 관점을 달리하라

우리가 살고 있는 요즘 사회는 인정이 없다고 한다. 어려움에 처한 사람들은 저마다 "인정이 메말랐다." "세상은 무정하다. 쓰러진 사람을 짓밟아버린다."라고 한탄만 늘어놓는다. 어느 집 개 한 마리가 짖어대면 온 동네 개가 다 함께 짖어대듯이, 한 명이 험담을 하면 모두가 맞장구치며 똑같이 험담해댄다.

다른 사람이 어떤 일에서 즐거움을 찾으면 함께 기뻐하고 유대감을 나누어야 하건만, 남이 즐거워하는 것을 보면 왠지 자기가 손해 보는 것처럼 여기는 사람이 많다. 남을 시샘하는 것은 심리적, 병적 현상이다. 남이 나보다 훌륭하면 그 사람을 따라서 하려고 노력하면 된다. 이럴 때는 역경도 긍정적 자극이 된다고 말할 수 있다.

다른 사람을 시샘하는 것은 마음이 협소해서 생긴 결과다. 자기보다 잘되거나 나은 사람을 공연히 미워하고 싫어하는 것이다. 부러움은 본인이 욕망하는 대상을 가지고 있지 않지만 상대방이 그것을 가지고 있을 때 느끼는 괴로운 감정이다. 이를 없애기 위해서는 마음에 여유를 갖고 다른 사람에게 좋은 일은 자기에게도 좋은 일이라는 점을 알아차리도록 노력해야 한다.

흔히 옆 사람이 이득을 보면 자기는 손해를 본 것처럼 생각하고, 다른 사람이 돈을 잘 벌면 자기 것을 빼앗긴 듯한 기분이 든다. 다른 사람이 명예를 얻으면 자기는 모욕을 받은 것처럼 느끼고, 다른 사람이 새로운 것을 배우면 자기 지식이 줄어든 것처럼 느낀다. 다른 사람의 월급이 올라 좋아하는 모습을 보면 자기는 벌금을 부과 받은 듯 느끼고, 남이 승진한 것을 보면 자기는 한 단계 내려간 것처럼 느낀다. 바로 이런 것들이 이른바 시샘의 감정이다. 이때는 공동의 이해(利害)를 생각해야 한다. 크든 작든 협동생활이라는 관점에서 세상을 바라보아야 한다. 예를 들어 열 가구 정도 살고 있는 시골 동네에서 한 집에 불이 났다고 가정해 보자. 그때는 불이 난 원인을 따지기 보다는 일단 동네 사람들 합심해서 불을 꺼야 한다. 그렇게 하지 않으면 나중에 큰불이 되어 진화하기 어려워지기 때문이다. 공동의 적을 막는 데 급급한 터라 시샘할 겨를조차 없다. 이렇게 보면 사람은 개인의 이익보다 더 큰 이해를 생각할 때 다른 사람을 시샘하는 마음이 줄어듦을 알 수 있다.

평소에 별로 마음에 안 드는 친구라 할지라도 그가 국가 대표로 출전해 외국과 경기할 경우에는 손뼉을 치고 응원하고 싶은 마음이 생긴다. 이런 경우에도 시샘이라는 감정이 없어진다. 더욱이 그가 승리를 거두면 그 행복이 나에게도 전해진다.

시샘하는 마음이 생길 때마다 공동의 이해가 있는 쪽으로 사고를 달리해 생각한다면 점차 남을 시샘하는 나쁜 마음이 약해질 것이다.

나를 이기는 수양

　극기(克己)란 무엇일까요. 우리는 때때로 매우 힘든 훈련을 통해 자신의 육체적. 정신적 한계점을 시험하고 이를 극복하는 물리적 수련을 한다. 이런 것을 보통 극기 훈련이라고 말한다. 이런 훈련은 자신의 능력을 배양하고 이를 통해 완벽에 가까워지는 '숙달'을 의미한다.

　그렇다면 극기의 극(克)이라는 글자에는 무슨 뜻이 담겨있을까요. 여러 가지 의미가 있겠지만 일단 "할 수 있다." 또는 "아주 뛰어나다."로 해석할 수 있다. 다른 무도도 마찬가지지만 일본의 영향을 많이 받은 검도나 유도는 여름철 가장 더울 때 모여 하는 모서(冒暑) 훈련, 겨울철 가장 추울 때 하는 모한(冒寒) 훈련을 통해 극기를 수련한다. 여기서 말하는 극기는 하기 어려운 일을 해내는 것이라고 보아야 하며, 일반인보다 뛰어난 신체 능력을 만드는 데 초점을 둔다.

　그런데 '극'은 목적어가 필요한 글자로, 반드시 '무엇'을 이길 것인지 그 주제를 정해야 한다. 그러므로 무엇무엇을 이긴다는 극기는 상대의 존재를 쓰러뜨리는 승리(勝利)와는 다르다. 오히려 무한의 상황을 적으로 가정해 그것을 타파할 힘을 축적하고 그 힘을 자기 발전에 사용한다는 뜻이다. 이러한 힘은 적당한 때나 기회가 오면 자동적으로 작동한다. 즉 유형의 적과 싸우는 게 아니라 자기 내면을 닦는다는 점이 극기에 숨어 있는 묘미이다.

이것은 종교적으로 불교의 무아론(無我論)과도 연결된다. 무아(無我)는 일반적으로 제법무아(諸法無我)라는 명제로 설명된다. 모든 법과 일체 사물은 인연에 따라 생겨난 것이므로 변하지 않는 참다운 자아(自我)라고 할 만한 실체는 없다는 사상이다. 불교의 근본 진리인 연기설(緣起說) 또한 이 무아설을 기초로 만들어졌다.

불교에서는 무아행(無我行) 이라는 실천적인 측면을 강조한다. 즉 이 세상의 모든 것은 고정성이 없고 끊임없이 변화하고 있으므로, 우리의 수양이나 노력에 따라 역경을 극복해 상황을 발전시키거나 극복할 수 있다는 뜻이다.

불교의 이상인 열반(涅槃)은 이 무아행이 철저하게 이루어진 경지를 말한다. 다시 말해 고정된 실체는 존재하지 않으므로 마침내 자신을 잊고 자신을 이김으로써 오히려 자신을 발전시키는 수행이 바로 극기다. 그러므로 수신(修身)을 실천하는 견지에서는 서로 다를 바가 없다. 극기는 자신의 한계를 넘어 또 다른 능력을 배양하는 일이다.

염치와 수치를 알아라

무사도의 진수 가운데 염치(廉恥)가 있다. 염치란 체면을 차릴 줄 알며 부끄러움을 아는 것이다. '치'의 형태를 보면 귀 이(耳)에다 마음 심(心)을 붙여 만든 글자로서 "자기 귀가 울려서 양심에 가책을 받는 것"으로 보면 된다. 즉 "자기 마음에 책임을 묻는 것이 곧 부끄러움인 것이다." 또한 부끄러움은 자신의 염치없는 행동을 타인이 비난함으로써 생겨나는 감정으로, 즉 수치심(羞恥心)이 된다. 수치심은 남 앞에서 조소당하거나, 거부당하거나, 조롱당했다고 믿을 때 생겨난다.

세상에서 가장 무서운 총은 기관총이나 권총이 아니라 '눈총'이며, 가장 무서운 실탄은 '지탄'이라고 한다. 남에게 손가락질 받는 것이 가장 부끄러운 일이라는 말이다. 반면에 부끄러움을 아는 것이야말로 정의의 근원이며 인간성을 기르는 토양이라는 말이 있다. 이것은 명예와도 관련이 있다. 그래서 목숨을 잃어도 이름은 더럽힐 수 없다며 차라리 그 자리에서 죽음을 택해 자신의 신념을 지킨 역사적 예도 많다.

그러면 우리가 염치를 알아야 하는 이유는 무엇일까요? 한마디로 말하자면 묵자(墨子)가 이야기한 교상리(交相利)이다. 풀어서 말하면 상대방의 처지를 고려한 이익으로, 서로에게 이익이 될 수 있어야 한다는 뜻이다. 즉 염치란 "서로를 이롭게 하는 관계 맺기"를 위한 마음과 행동의 기둥이라고 할 수 있다.

한편으로 수치를 당하는 문제뿐만 아니라 자신이 혹시 남을 비웃고 조롱하지는 않았는지도 생각해보아야 한다. 겉으로는 존경하는 것처럼 몸을 낮추지만 마음속으로는 경멸하고 비웃는 것은 가장 부끄러운 짓이다. 얼굴을 마주 볼 때는 "선생님, 선생님" 하며 마음에도 없는 말로 알랑거리면서도 마음속으로는 "뭐 저런 자식이 있지." 하고 경멸하는 사람이 많다. 겉과 속이 다른 행동은 상대방뿐만 아니라 자신에게도 좋지 않다. 지금 남을 비웃는다면 언젠가 남도 자기를 비웃는다는 사실을 깨달아야 한다.

명예를 훼손당했을 때의 마음가짐

사람이 사회적 동물로 살아가려면 좋든 싫든 이름이 필요하다. 명예를 원하지 않는 사람도 이를 얻어야 할 때가 있으며, 이름을 버렸다고 말하는 사람이라도 자신의 명예가 훼손되면 기분이 나쁠 수 있다. 더욱이 오해로 인한 명예 훼손은 그 정도가 더하다. 제아무리 성인군자라고 해도 오해로 인해 명예가 훼손될 때는 죽음을 무릅쓰고 명예를 지키려 들 것이다. 평범한 사람도 명예를 지키려는 마음은 같다. 그러므로 명예가 훼손되었을 때 어떻게 대처해야 하는지 깊게 생각해 볼 필요가 있다.

명예를 사전에서는 "세상에서 훌륭하다고 인정되는 이름이나 자랑, 또는 존엄이나 품위"라고 정의하고 있다. 즉 명예란 인격적 가치에 대한 개념인데, 그에 대한 평가와 관련해 세 가지 의미를 지닌다.

첫째, 자기 또는 타인의 평가와는 독립하여 객관적으로 인격에 내재하는 가치로서의 내부적 명예다. 내부적 명예는 고유한 가치다. 당연히 타인으로부터 침해받을 수 있는 성질의 것이 아니므로 법률적 보호의 범위 밖에 있다. 둘째, 인격적 가치에 대한 사회적 평가로서의 외부적 명예다. 셋째, 자기의 인격적 가치에 대한 자기 자신의 주관적 평가로서의 감정이다. 이는 주관적 의사와 감정의 정도에 따라 개인차가 있다.

여기서 불법 행위가 되는 명예의 대상은 두 번째의 외부적 명예, 즉 사람의 품성, 덕행, 명성, 신용 등 인격적 가치에 대해 사회적으로 받는 객관적 평가다. 결국 명예훼손이란 사람의 품성과 덕행 등에 대한 객관적인 사회적 평가를 위법하게 저해하는 행위를 말한다. 따라서 내부적 명예나 주관적인 명예 감정을 침해한 것만으로는 명예훼손이 성립되지 않는다.

명예를 실추당하는 것은 고통스러운 경험 중 하나다. 명예를 부당하게 실추 당했을 때 대부분은 "이래서 어디 살겠나." "더러워서 못살겠네." 하면서 낙담한다. 억울함과 분함을 어디에 하소

연해야 할지 몰라 자포자기한 심정이 되기도 한다. 이런 부조리한 상황에 닥쳐도 용기를 내고 반드시 명예 회복이 될 것이라는 확신을 가져야 한다. 아무리 이 시대에 도덕적 관념이 없어졌다고 해도 도(道)는 항상 실천되고 선(善)이 최후의 승리자가 될 것이라고 믿어야 한다. 세상을 지배하는 권력도 십 년을 가지 못하고 활짝 핀 꽃도 열흘이 가지 않는다(權不十年, 花無十日紅)는 말이 있다. 오히려 그럴수록 마음의 균형을 잃지 않도록 조심, 또 조심해야 한다.

마음의 균형을 잃는다는 것은 무엇을 말할까요. 첫 번째는 분노하는 것이고, 두 번째는 비관하는 것이며, 세 번째는 자포자기에 빠지는 일이다. 대부분 이런 경험을 해보았을 것이다. 남에게 험담을 듣거나 비난을 받으면 순간 발끈하고 화가 난다. 특히 기가 약한 사람들은 이런 불명예스러운 일을 당하면 어쩔 줄 몰라 한다. 분하다고 한탄하며, 이런 일을 당하느니 차라리 죽고 싶다고 울며불며 인생자체를 비관하기도 한다.

세 번째의 자포자기는 세간의 오해를 그대로 인정하고 포기하는 데 지나지 않는다. 이런 경우 능동적으로 해결하려는 의지에서 벗어나 수동적인 상태가 된다. 옷이 비에 젖기 전에는 이슬도 피하지만 일단 젖고 나면 아무리 젖어도 신경 쓰지 않는 것과 같습니다. 처음에는 그럴 생각이 없었지만, 일단 명예를 훼손당했으니 당한 대로 그냥 사는 것이다.

그렇다면 과연 명예를 훼손당했을 때 어떤 마음으로 대처해야 할까요?

첫 번째 방법은 타인을 얕잡아 보고 스스로 위로하는 것이다. 남의 험담을 늘어놓는 사람은 대개 보잘것없고 어리석거나, 아니면 다른 꿍꿍이속이 있는 악당이다. 어느 쪽이든 상대할 가치가 없는 것은 두말할 필요도 없겠죠. 그저 "참새가 어찌 봉황의 뜻을 알겠는가" 하고 껄껄 웃어넘겨도 좋다. 물론 이 방법은 조금 소극적이다. 악인은 내버려두면 세상에 또 다른 피해를 유발할 수도 있기 때문이다. 따라서 스스로 위로하는 측면에서는 활용 가치가 있지만, 그리 좋은 방법이라고 볼 수는 없다.

두 번째는 타인의 험담과 비방을 부질없는 속세의 일이라고 받아들이는 도승(道僧)의 방법이다. 누구나 살다 보면 먼지도 마시고 소나기도 맞는다. 좋은 일을 해서 사람들에게 칭찬을 받기도 하지만 때로는 사람들에게 비난받을 수도 있다. 그런 게 세상사라고 생각하면 조금은 초연해질 수 있다.

다른 사람에게 비난받은 것을 마음에 두지 말고 무관심한 태도를 취해보시오. 바위에 달걀을 던지면 바위는 더러워지지만, 시간이 지나 비가 오면 금세 깨끗해진다. 지금 시끄럽게 떠들어대는 사람은 전혀 나에게 영향을 주지 않는다고 믿고, 스스로 높은 경지에 올라서 마음을 가다듬어봅시다. 이런 태도를 취하는 것은 어려워 보이지만 사실 그리 어려운 일은 아니다. 덕이 높은 도승도 어쨌든 그 시작은 평범한 일반 사람과 다르지 않았을 것이다. 참는 것도 일종의 수양이며 수련이다.

세 번째 방법은 남의 험담을 바탕으로 자신의 부족함을 반성해 단점을 보완하는 데 활용하는 방법이다. 첫 번째나 두 번째 방법이 비교적 소극적인 데 비해, 세 번째 방법은 좀 더 적극적이다. 즉 명예를 훼손당했을 때 그 불쾌감을 발판 삼아 한층 더 높은 곳으로 오르는 적극적인 실행 방법이다.

예를 들어 "그런 험담은 전혀 사실 무근이며 말도 안 되지만 그 말이 나온 데는 내가 부덕한 탓도 있을 것이다."라면서 스스로 반성하는 것이다. 만일 마음에 걸리는 사실로 인해 오명을 입었을 때에는 이를 계기로 자신의 잘못을 성찰할 수 있는 재료로 삼는다. 사람들에게 비난받고 자신의 명예를 훼손당했을 때 이를 역으로 이용해 자신을 돌아보고 반성하는 데 활용하면 비난을 받기 전보다 한 단계 진보한 이익을 얻을 수 있다. 억울하게 창피를 당했을 때 이런 모습을 보인다면, 그는 분명히 한층 더 높은 수양의 경지에 도달한 사람이다. 여기서 한 걸음 더 나아가 나를 함부로 모욕한 사람을 사랑할 수 있는 수준까지 끌어 올리는 것도 가능하다.

예를 들어 옛날에 그리스도가 책형을 받을 때 예수를 밀고하고 동조했던 사람들이 십자가 아래서 계속 그를 매도하자 예수는 오히려 "신이여, 저들에게 사랑을 베푸소서. 저들은 지금 자기들이 무슨 짓을 하고 있는지 모르고 있다." 라고 기도했다고 한다. 사실 이런 경지에 도달하기는 매우 어렵다. 평범한 사람은 커녕 군자라도 쉽게 할 수 없는 일이다. 그러나 비록 미치지 못한다고 하더라도 이상만큼은 높은 경지에 두어야 한다. 명예를 훼손당하고 모욕을 당해 화가 나더라도 그렇게 모욕을 한 사람들을 끌어안고 사랑할 수 있도록 힘써야 한다. 그렇게 하면 적어도 남과 세상을 증오하는 일은 멈출 수 있을 것이다.

변하지 않는 인간의 길
효(孝), 의(義), 예의(禮義)

효(孝)는 유교의 중심 사상이다. 그래서 유학에서는 학문을 가르칠 때 먼저 효를 가르치라고 한다. 효가 만물의 근원이라고 하는 것은 바로 이 때문이다. 자녀는 부모가 살아 계실 때는 육신을 봉양하고 죽은 뒤에는 제사를 지내 모셔야 한다.

불교에서는 효를 윤회사상과 인과응보의 교리로 보고, 보은 차원에서 이루어지는 필수적인 수행 실천 덕목으로 삼는다. 나아가 조상과 부모를 고통에서 구제하는 것으로 본다. 이것은 기독교도 다르지 않아서 십계명에는 "부모를 공경하라."라고 하여 효도를 강조하고 있다. 효는 과거 내려오는 풍습에 따라서 행해지는 방법과 형태가 다를 뿐 그 정신은 동서양 모두가 같다.

 의(義)는 정의(正義)라고도 한다. 맹자는 이렇게 말했다. "인(仁)은 사람의 마음(人心)이며, 의(義)는 사람의 길(道)이다." 그리고 개탄하면서 "사람들은 닭이나 개를 잃으면 되찾으려 하지만 마음(人心)을 잃으면 되찾으려 하지 않는다."라고 했다.
 '의'란 인간이 잊어버린 낙원을 되찾기 위해 걸어가는 외길이다. 그러므로 '의'를 행하는 것이 곧 '도'가 된다. 다시 말해 '정의(正義)'와 '도리(道理)'의 뒷 글자를 모아 '의리(義理)'가 된 것이라 할 수 있다.
 훗날 일본에서 '의'는 용기를 가지고 행하는 결단력(決斷力)을 가리키게 되었다. 즉 도리에 맞추어 결단하고 조금도 주저하지 않는 마음이 '의'이다. '의'는 몸의 뼈와 같아 이것이 없으면 사람이 바로 설 수 없다. 제아무리 학문이 뛰어나고 훌륭해도 사회적으로 바로 서지 못한다는 것이다. 따라서 박사나 명인 등 학식이나 기술이 뛰어난 사람에게 주는 어떤 존칭보다 의사(義士)라는 이름이 높은 평가를 받는다. '의'는 변할 수 없는 길인 탓이다.
 마찬가지로 예의(禮儀) 또한 변하지 않는 길이라 할 수 있다. '예'가 타인이나 그에 해당하는 물체에 대한 깊은 헤아림의 감정 또는 마음이라고 한다면, 예의는 이것이 내외부로 표출되면서 생기는 언행이나 형태이다. 아울러 '예'는 법(法)의 아버지로 법의 근원이기도 하다. 또 이것의 개념을 최고 형태로 바꾸어놓은 것이 사랑(愛)이다. 「고린도전서」13장에 나오는 다음 부분에서 '사랑'을 '예의'로 대치해 넣으면 정도(正道)가 된다.

사랑(예의)은 오래 참고 사랑(예의)은 온유하며 투기하는 자되지 아니하며 사랑(예의)은 자랑하지 아니하며 교만하지 아니하며 무례히 행치 아니하며 자기의 유익을 구치 아니하며 악한 것을 생각지 아니하며 불의를 기뻐하지 아니하며 진리와 함께 기뻐하고 모든 것을 참으며 모든 것을 믿으며 모든 것을 바라며 모든 것을 견디느니라.

서양에서는 예의범절을 인간의 사고를 지나치게 규제하는 행위로 정의하는 사람도 있다. 그러나 동양은 다르다. 예의는 인애(仁愛)와 겸손의 마음으로부터 생겨나는 것으로 타인의 감정을 통찰하는 갸륵한 태도로 움직이는 동정(同情)의 아름다운 표현이라고 말한다.

일본의 무사도는 여기서 한 걸음 더 나아가 외적으로 예의 형식을 바르게(正) 함으로써 도덕적 인격 수양을 성취할 수 있다고 본다. 철저하게 '외적형식'의 예의를 형(形)으로 습관화하는 것이다. 여기서 예(禮)의 근본은 경(敬)이다. 심지어 이것에 대한 결과는 다른 사람 앞에 자신을 두려운 사람으로 인식시키고 월등히 우뚝 선 독립적 존재로 부각시키는 수단이다. 다시 말해 예의를 통해 자신의 강한 모습을 보여주려는 목적으로도 이용된 것이다. 따라서 행동과 언어를 통해 밖으로 표현되지 않으면 '예의'라 말할 수 없다.

〈맹자〉에 이런 말이 나옵니다. "사(士)는 곤궁할 때도 의(義)를 잃지 않으며 출세해도 도(道)를 떠나지 않는다. 곤경에 처해서도 의를 잃지 않기 때문에 선비는 자신의 지조를 지키고, 출세해도 도를 떠나지 않기 때문에 백성이 실망하지 않는다. 옛사람들은 자신의 뜻을 이루면 그 은택이 백성에게 베풀어졌고 뜻을 이루지 못하면 자신의 몸을 닦아 세상에 드러냈다. 곤궁한 상황에 처하면 홀로 자신의 몸을 선하게 하고 출세하면 함께 천하 사람들을 선하게 했던 것이다."

삶이 힘들어 곤궁할 때도 일이 잘 풀려 영달할 때도, 결코 사람이 지켜야 할 도리를 잃어서는 안 된다는 가르침이다.

진리로 나아가는 바른 길
팔정도(八正道)와 무아(無我)

　모든 종교가 그렇지만, 특히 불교를 알면 여러 면에서 수양에 도움이 된다. 불교 수행에는 여덟 가지의 올바른 길이 있다. 이 길을 걸으려고 노력해야 성불(成佛)로 이어진다는 말이다.

　첫째는 정견(正見)으로 바른 인생관 또는 세계관이며, 둘째는 정사유(正思惟)로 바른 생각이다. 셋째는 정어(正語)로 바른 말이며, 넷째는 정업(正業)으로 바른 행동이고, 다섯째는 정명(正命)으로 바른 생활 또는 바른 생업이며, 여섯째는 정정진(正情進)으로 바른 정진이다. 일곱째는 정념(正念)으로 바른 의식이고, 여덟째는 정정(正定)으로 바른 선정이다.
　이를 중도(中道)의 최고 수행법이라 한다. 즉 열반에 이르는 바른 길은 감각적 쾌락을 구하는 데 있는 것이 아니며, 지나치게 자신을 학대하며 고행하는 데 있는 것도 아니라는 뜻이다. 이것은 불교에서도 상당히 중요한 교리로서, 고통을 소멸하는 참된 진리이다.
　'무아(無我)'라는 말도 수양에서 많이 쓰는 단어 중 하나이다. 무아는 불교「금강경」에 나오는 무아행의 실천으로, 3대 실천 과제 중 하나이다. 첫째로 현재 보이는 세계가 실체 없는 무(無)임을 깨닫고, 둘째로 나(我)라는 생각이 멸진되어 다른 본체와 융합하는 무아의 경지를 말한다. 다시 말해 무념(無念), 무상(無相), 무주(無主)로 분별하는 생각을 일으키지 말고, 보이는 것이 보이는 그대로가 아닌 것으로 보아야 하며, 그 어디에도 마음이 머물거나 집착하지 않는 상태를 말한다.

'나'라는 이기적인 생각에 머물지 말고 '나'에 대한 집착에서 벗어나서 더 이상 죄를 짓지 말라는 뜻이며, 있고 없음을 초월해 무아의 경지에서 기쁨을 얻으라는 가르침이다. 이 때문에 부처님은 공덕이 높은 사람도 어떤 특정 대상에 마음을 주거나 머물러 있으면 아무것도 볼 수 없는 캄캄한 밤 한가운데 있는 것과 같다고 말씀하셨다.

가난을 이기는 극기(克己)

사람은 누구나 자신이 노력한 것보다도 더 많은 이익과 혜택을 바라고 기대한다. 뿐만 아니라 한 쪽 마음속에는 남이 알아주기를 바란다. 내가 배우고 노력한 무도의 수련이 다른 사람보다도 투자와 단련의 시간이 많았으니 원하는 대로 다 이루어지리라 기대를 했지만 그 꿈이 단 번에 무너질 때도 있다. 가지고도 갖지 못한 좌절의 한순간이 오기도 한다. 이 경우는 그래도 부족함을 메울 수 있는 희망이라도 있다. 문제는 노력한 것보다 더 많이 보상을 받은 운 좋은 사람 이야기다.

이런 사람은 받은 보상을 기회로 삼지 않고 즐기려는 습관으로 일관하다가 자기도 모르게 스스로 무너진다. 이런 경우를 혹자는 가졌으면서도 갖지 못한 사람이라고도 하고 작은 것에 눈이 멀어 목숨을 잃는다고 실패한 인생이라고 한다.

무도인이 자신의 노력의 보상으로 이룬 최고의 단이 되면 스스로 더 정진하지 못하고 남의 대접과 푼돈에 눈이 멀어 스스로 파경의 길을 걸어간다. 그런데 그것을 모른다. 정신도 없어지고 깨달음의 능력조차도 잃어버린다. 눈치도 채지 못하는 게 이 단물이다. 그래서 여기 불교 경전에 나오는 우화 중 안수정등(岸樹井藤)의 비유를 소개한다.

갑자기 달려드는 코끼리를 피해 도망가던 무사가 우물을 만났다. 급하게 등나무 줄기를 붙잡고 우물 아래로 내려가자 바닥에는 구렁이 독사가 우글우글 입을 벌리고 쳐다보고 있다. 다시 머리 위를 올려다보니 등나무 줄기를 흰쥐와 검은 쥐가 갉아먹고 벌떼가 난리를 치는 중이다. 줄기가 반은 잘라져 보인다. 그때 머리 이마 위로 무언가 떨어졌다가 흘러내려 입안으로 들어온다. 맛을 보니 꿀이었다. 달콤한 향기가 흐른다. 무사는 죽을 위기에 처한 것도 잊어버리고 정신없이 꿀만 받아먹었다. 이 상황에서 무사가 벗어날 생각은 하지 못하고 꿀에 정신이 팔려 죽는 것도 모른다면 무사의 수행이 부족한 무사일 것이다.

　방법은 하나다. 줄을 타고 올라와 코끼리와 싸워야 한다. 죽음을 각오한 싸움은 승률이 높기 때문이다. 용기를 가지고 싸워 이기면 그는 훌륭한 무사로 다시 태어날 것이다. 이런 상황을 극기로 본다면 그 다음은 이런 상황을 다시는 만들지 않으려는 조심성의 행동으로 무사의 미래가 보장 될 것이다. 그리고 밝은 삶이 보장된다.

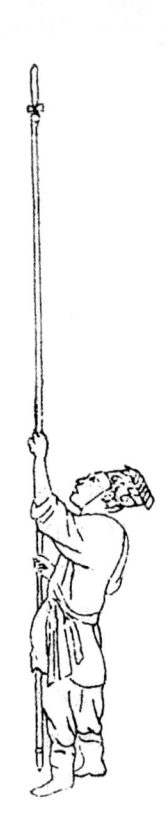

에필로그

　오늘 이 책을 내는 필자의 마음은 무도인으로서 최소한 이 정도는 알아야 하지 않을까 하는 소견과 노파심의 충고로 보아주시길 바란다. 사람은 자신이 앓고 있는 병을 숨기고 들어내지 않는 습관과 자신의 잘못을 남이 바로 잡아주는 것을 싫어한다는 이유다. 하지만 그러면서도 의사의 필요성은 누구나 인정한다. 평생을 무도인으로 살아온 내가 남기는 마음이 이와 다를 바가 없다.

　옛날에 어느 늙은 부모가 아들의 지게에 실려 아무도 살지 않는 깊은 산속으로 고려장을 가게 되었을 때였다. 효심에 찬 아들은 눈물을 흘리며 불쌍한 어머니를 지게에 지고 깊은 산 속으로 들어 가는데 등에 업혀 있는 어머니는 꾸부러진 허리를 필사적으로 펴서 길가에 늘어진 나뭇가지를 꺾어서 지나온 길 위에 조심스럽게 던진다. 행여나 아들이 나중에 돌아가는 길을 잃지 않을까 하는 걱정 때문이었다. 이 마음 또한 부모의 마음이며 스승의 마음이라고 생각한다. 그래서 이 글을 쓰게 되었다.

　다만 해야 할 말과 하지 말아야 할 말, 그리고 가슴속에 묻어 두어야 할 말을 구별하지 못하고, 생각나는 대로 있는 그대로 쓰는 것이 정의라고 생각하여 이 글을 남기는 것이 어리석고 부끄럽다. 혹시 오탈자가 발견되더라도 깊은 배려와 용서를 빌고 사과드린다.

이책의 인세는 저자의 뜻에 따라 전액
(재)한국예도문화체육장학재단에 기부됩니다.
-저자 이국노

무도의 문화를 선도하는 단체

건강한 대한민국을 만들어 갈 건강한 청소년·무도인에게 장학금 및 생활비를 지원합니다

주요 핵심 사업

무도 수련 학생에게 장학금을 지급한다.
원로 무도 공로인에게 포상금을 지급한다.
전국 우수 무도 도장을 육성하고 지원한다.
(사)대한검도회를 비롯 각 무도 경기단체을 지원한다.
전통무예 표준화사업을 육성하고 지원한다.
유단자들로 국민을 위한 경호 및 경비업무 봉사를 지원한다.
전통무예 박물관건립 및 운영을 지원한다.

건강한 체력을 바탕으로 건강한 정신을 함양한 창의적인 글로벌 인재 양성

본 도서《무경신서》의 저작권료 전액은
(재)한국예도문화원의 각종 사업에 쓰여집니다.

한국예도문화장학체육재단
서울시 영등포구 양산로 88-1 지주빌딩
전화번호 : 02-2068-0129 (내선504)
팩스 : 02-2677-4044
E-mail : lee-kn101@hanmail.net